VERLAG
FRITZ
MOLDEN

Maurice Mességué

DAS MESSÉGUÉ HEILKRÄUTER-LEXIKON

MIT 810 REZEPTEN VON 111 HEILKRÄUTERN,
MIT 32 FARBTAFELN UND 81 ZEICHNUNGEN IM TEXT

VERLAG FRITZ MOLDEN · WIEN–MÜNCHEN–ZÜRICH

1. Auflage
1.–20. Tausend

2. Auflage
21.–23. Tausend

Aus dem Französischen übertragen von
JULIA SEBESTYEN

Titel der französischen Originalausgabe
MON HERBIER DE SANTÉ

Schutzumschlag und Ausstattung: Hans Schaumberger, Wien
Lektor: Johannes Eidlitz
Technischer Betreuer: Herbert Tossenberger
Schrift: Garmond Garamond-Antiqua
Satz: Filmzentrum Deutsch-Wagram
Druck und Bindearbeit: Welsermühl, Wels
ISBN 3-217-00720-4

Inhalt

EINLEITUNG

Dieses neue Buch entspricht einem Bedürfnis.

Nach der Veröffentlichung der Bücher „Von Menschen und Pflanzen“ und „Die Natur hat immer recht“ haben mich Tausende von Lesern um Auskunft gebeten über Schöllkraut, Schafgarbe, Bohnenkraut und viele andere Pflanzen, die sie zwar vielleicht jeden Tag sehen, über die sie aber nichts wissen: wo kommen sie her, wie unterscheidet und wo findet man sie, wie baut man sie an, wie und wann pflückt man sie und, selbstverständlich, worin bestehen ihre medizinischen Qualitäten und wie kann man sie verwenden?

Mein „Heilkräuter-Lexikon“ gibt Antwort auf alle diese Fragen, erhebt aber keinen Anspruch auf Vollständigkeit. Es gibt ungezählte Arten von Heilpflanzen. Wenn ich mich hier auf die Beschreibung von einhundert beschränkt habe, so deshalb, weil mir diese Zahl angemessen scheint, sämtliche „Bedürfnisse“ einer ganzen Familie zu befriedigen, die aus den heilsamen Eigenschaften der Pflanzen Nutzen ziehen will. Im allgemeinen habe ich die Arten gewählt, die am häufigsten vorkommen, denn sie sind genauso wirksam wie die ausgefallenen. So hat jedermann die Möglichkeit, sich mühelos seine kleine „Apotheke zum lieben Gott“ anzulegen. Außerdem habe ich unter unseren Feld- oder Gartenblumen giftfreie ausgewählt, die dennoch beste therapeutische Wirkung zeitigen. Es ist weitaus besser, die Verwendung wirklich gifthaltiger Gewächse wie Herbstzeitlose, Eisenhut, Belladonna, Bilsenkraut, Schierling oder Hahnenfuß den Apothekern zu überlassen. Meine Pflanzen dagegen, wie Thymian, Bohnenkraut, Salbei, Veilchen, Königskerze oder Rose, wirken geradezu Wunder gegen alle möglichen Beschwerden, sind aber völlig unschädlich und können von jedermann verwendet werden: nach dem ärztlichen Grundsatz: *primum non nocere*, in erster Linie nicht schaden . . .

Das vorliegende Werk sollte nicht in einem Zug gelesen werden, wie meine vorhergehenden Bücher, die obendrein noch zahlreiche Rezepte enthielten. Dieses hier ist ein Ratgeber für den Alltag, wenn man an Krankheiten wie Grippe, Angina, Magen- und Leberbeschwerden oder Schlaflosigkeit leidet.

Schlagen Sie im *Krankheitsregister* am Ende dieses Buches nach und befolgen Sie die dort gegebenen Anweisungen: Sie werden gewiß auch ein Mittel gegen Ihr kleines oder auch größeres Leiden finden . . .

Sie können sich auch – Pflanze für Pflanze – dem „Studium“ der Geheimnisse von Gesundheit und Schönheit widmen, die ich Ihnen verrate. So sind Sie gewiß jeder Situation gewachsen. Der aufmerksame Leser des Werkes erwirbt sich zusätzlich die Anfangsgründe einer echten Heilkräuterkenntnis: Er erfährt, wo sie in der Natur vorkommen und wie man sie günstig im Garten anpflanzen kann. In Zukunft werden

Sie die Zeit der Kräuterernte nicht mehr versäumen und sich endlich ihre Naturapotheke anlegen können.

Nur mit viel Geduld kann man die Wirkung einer bestimmten Pflanze in einem bestimmten Fall fühlen oder voraussagen. Aber es wird Ihnen sicher gelingen, und Sie sind dann Ihr eigener Phytotherapeut (Pflanzenheilkundiger).

Für mich wäre kein anderer Beruf in Frage gekommen: mein Vater hat mich die Magie der einheimischen Kräuter gelehrt; ich selbst habe im Laufe meiner langjährigen Praxis einen großen Schatz an Erfahrungen über Pflanzen gesammelt; es ist nur recht und billig, daß ich diese Erkenntnisse allen zugute kommen lasse. Ich habe ein wenig das Gefühl, durch dieses Buch zukünftigen Generationen eine Botschaft zu hinterlassen. Hoffen wir, daß die Umweltverschmutzung und die Zerstörung der Natur ein Ende nehmen, damit unsere Kinder wenigstens die Möglichkeit haben, Kornblumen, Klatschmohn und Heckenrose bewundern zu können . . . bevor sie sie verwenden, um mit ihnen zu heilen. In den Abschnitten, die ich jeder der hundert hier geschilderten Pflanzen gewidmet habe, werden Sie alle Angaben finden, die für ihre botanische Beschreibung notwendig sind. Ich habe einfache, für jedermann verständliche Begriffe verwendet; die Angaben sind absolut unerläßlich; wenn etwa der Leser sich nicht an sie hält, so könnten Verwechslungen vorkommen – er könnte statt wilder Möhre oder Petersilie etwa tödlichen Schierling pflücken.

Ich habe mich bemüht, die zahlreichen Vorzüge jeder Pflanzenart hervorzuheben. Alle Heilpflanzen sind nicht nur auf eine besondere „Zielscheibe“ wirksam (etwa Leber, Herz, Magen, Nieren), sondern entfalten außerdem ihre Heilkräfte für ganze Gruppen wichtiger, vitaler Funktionen, so zum Beispiel den Blutkreislauf, die Verdauung, die Urinausscheidung usw. Dem Fall entsprechend muß man eine genaue Auswahl treffen. Bei Urinverhaltung etwa, verbunden mit Herzschwäche, wird man eher Weißdorn nehmen, der harntreibend aber auch gleichzeitig herzstärkend ist, und nicht Kirschenstengel, die nur harntreibend sind. Leidet jemand unter Appetitlosigkeit oder auch an Magenschmerzen, so wird man ihm Enzian geben und nicht Wermut usw.

Nach dem Erscheinen meiner letzten Bücher haben mir viele Leser geschrieben, daß sie nur zu gerne meine Ratschläge befolgen würden, aber weder Bescheid wüßten, wo man die Pflanzen finden kann, noch über die Jahreszeit, in der man sie pflücken soll, damit sie am wirksamsten sind. Diese Fragen will ich nun hier beantworten, und darum habe ich in jedem einzelnen Fall einen ganzen Absatz über das Pflücken und über die Aufbewahrung der betreffenden Pflanze geschrieben. Ich glaube, daß die Wahl der Jahres- und der Tageszeit, in der die Blüten, Blätter, Wurzeln und Samenkörner geerntet werden müssen, entscheidend ist. Darüber hinaus spielen die Art der Trocknung und der Aufbewahrung bei der Wirksamkeit meiner Rezepte eine wichtige Rolle.

Eine Pflanze, die ungeschickt gepflückt und unvorsichtig aufbewahrt wurde, kann nicht nur ihre ganze Heilkraft verlieren, sondern sich sogar in Gift verwandeln . . . Dementsprechend habe ich – Sie werden es bemerken – nicht versäumt, auf die Gefahr hinzuweisen, die den Pflanzen (und den Menschen, die sie verwenden) durch die starke Anwendung von Kunstdünger, Unkraut- und Insektenvertilgungsmitteln sowie Giften aller Art drohen. In diesen Fragen bin ich zu keinem Kompromiß bereit: ich weiß, daß meine Haltung nicht gerade die Sympathie gewisser „industrieller Züchter“ von Heilkräutern erweckt hat. Das ist mir aber gleichgültig. Meiner Meinung nach ist es besser, auf die Verwendung bestimmter Pflanzen für medizinische Präparate zu verzichten, als eine Arsenikvergiftung oder eine Vergiftung durch Insektenvertilgungsmittel zu riskieren.

In meinen früheren Werken habe ich schon eine gewisse Anzahl meiner Lieblingsrezepte veröffentlicht, doch war der Platz nur knapp bemessen, und es handelte sich damals vor allem darum, auf die Wohltaten der Pflanzenheilkunde hinzuweisen. Nachdem nun der Beweis für ihre Wirksamkeit erbracht worden ist, kann ich die Heilungsmethoden selbst viel ausführlicher beschreiben. Ich erinnere nicht nur an die schon öfters erwähnte Osmosebehandlung, auf die ich den allerhöchsten Wert lege und über die ich hier auch im einzelnen berichte, sondern veröffentliche zusätzlich Hunderte von Rezepten, die ich alle erprobt habe: Rezepte für Kräutertees, Aufgüsse, Absude, Beizen, Blumenweine, Kompressen, Breiumschläge usw. Ich gebe Ihnen nicht nur jene Kenntnisse weiter, die die „Pflanzenmeister“ von Gavarett im Laufe von mehreren Generationen erworben haben, sondern auch einen großen Teil meiner eigenen Entdeckungen, die ich in mehreren Jahrzehnten der Praxis gemacht habe. Allerdings habe ich, wie schon erwähnt, jene Rezepte weggelassen, die gefährliche Pflanzenarten enthalten: Ich empfehle keinem, sie je zu verwenden.

In „Von Menschen und Pflanzen“ habe ich geschrieben, daß ich mit dem Ergebnis meines Wirkens als Pionier der Pflanzenheilkunde zufrieden sei. Ich fühle mich in meinem Glauben an die Zukunft der „Heilung durch Pflanzen“ bestätigt. Jedoch bin ich überzeugt, daß noch vieles zu entdecken bleibt. Deshalb möchte ich noch etwas anmerken: Gestern war ich nichts weiter als ein Quacksalber (das ist der Ausdruck, den meine Feinde verwendeten), ein Kurpfuscher, den man mit Prozessen verfolgte, insgeheim aber um Rat fragen kam, wenn alle Mittel versagten. Ein wahrer Umsturz in den Lebensauffassungen war notwendig, um die breite Masse von der Bedeutung der Pflanzenheilkunst zu überzeugen. In der Tat läßt unser Jahrhundert durch die galoppierende Umweltverschmutzung das Schlimmste für die Zukunft der Menschen befürchten. Schon wendet man sich allerseits den alten Techniken, dem alten Wissen zu, die die Menschen glücklich gemacht haben. Sind unsere heimischen Pflanzen wie das Schöllkraut, die Rose, der Knoblauch, der Borretsch oder der Salbei, sind diese wunderbaren Freunde unseres Körpers und unserer Seele etwa wirkungslos? Meist schreibt man den Drogen, die aus fernsten Ländern kommen – oder jenen, die am teuersten sind –, die größte Heilkraft zu. Im Laufe der vielen Jahre, in denen ich mit Pflanzen geheilt habe, bin ich zu der Überzeugung gekommen, daß man recht oft am anderen Ende der Welt sucht, was man vor der eigenen Haustür finden könnte, wenn man nur bereit wäre, in die Natur hinauszugehen, hinaus in den strahlenden Sonnenschein, um die Lungen mit etwas Sauerstoff zu füllen . . .

Eine gute Medizin muß alle jene Möglichkeiten ausschöpfen, die Natur und Intelligenz den Menschen zur Verfügung stellen. Nichts darf unbeachtet bleiben. Die Heilkunst ist keine Errungenschaft des 20. Jahrhunderts: Selbst wenn die Wissenschaft in einigen Jahrzehnten beachtliche Fortschritte gemacht hat, so ist dennoch nicht zu leugnen, daß schon unsere Vorfahren viele Methoden entdeckt haben, um diese oder jene besonderen Beschwerden zu heilen.

Meiner Erfahrung nach gibt es allzu viele Kranke, die auf ihr Leiden mit Kanonen feuern, wo eine Flinte vollauf genügen würde . . .

Pflanzen sind kleine, leichte Waffen, deren Heilkraft einer Vielzahl von Leiden entgegenwirkt, gerade deswegen glaube ich an sie. Betrachten Sie den Lavendel, nehmen Sie die Brennessel oder die Minze: Sie sehen bescheiden aus; man würde schwören, daß sie Sinnbilder der Demut sind. Und dennoch lassen allein diese drei Pflanzen schon genauso viele Störungen verschiedenster Art verschwinden, wie eine bis zum Bersten gefüllte Hausapotheke.

Man mißverstehe meine Worte nicht; niemals habe ich von einer ärztlich-pharmazeutischen Behandlung oder auch nur vom Arztbesuch abgeraten, um dann nichts weiter als Kräuteraufgüsse, Kräuterumschläge oder Pflanzenbäder an deren Stelle zu setzen. Ich empfehle die Heilkräuter einzig und allein für harmlose, meist chronische Beschwerden, oder um die Behandlung von ernsthaften Beschwerden zu unterstützen. Andernfalls wäre die an mir geübte Kritik gerechtfertigt. Ich hoffe, daß ich mich klar und deutlich ausgedrückt habe, daß nun keine Mißverständnisse mehr aufkommen können. Verwenden Sie meine geliebten Pflanzen den Anleitungen entsprechend, die ich Ihnen gebe. Fragen Sie aber immer, wenn es notwendig ist, Ihren Arzt. Auch bei vollem Vertrauen in die Natur darf man auf die Entdeckungen der Wissenschaft nicht verzichten.

EINIGE RATSCHLÄGE ZU MEINEN PRÄPARATEN

Alle Ihre Pflanzen müssen von natürlichen oder von Menschenhand geschaffenen Ernteplätzen stammen – wie Gärten, Äckern usw., die niemals von gefährlichen Chemieprodukten infiziert worden sind: Kunstdünger, Unkraut- und Insektenvertilgungsmittel, Industrieabgase, alle Arten von Verschmutzung. Alle diese Bedingungen sind heute schwer zu erfüllen, wenn man bedenkt, daß schließlich schädliche Substanzen über die ganze Erde verbreitet sind und daß man DDT selbst im Fett der Pinguine in der Antarktis findet ... Da also alles relativ ist, versuchen Sie, so reine Blumen, Blätter, Knospen, Wurzeln oder Samenkörner zu besorgen wie nur möglich.

Die Pflanzen müssen – wenn ich im speziellen Fall keine besonderen Anweisungen gebe – bei trockenem Wetter, morgens, nach dem Tau, gepflückt und an einem gut gelüfteten Platz im Schatten getrocknet werden. Ihre Wirksamkeit hängt von der richtigen Aufbewahrung ab. In der Rubrik „Ernte", die in der Monographie jeder Pflanze aufscheint, werden Sie alle zusätzlichen Erklärungen finden, die Ihnen beim Sammeln, beim Anbau und bei der Aufbewahrung der Heilkräuter helfen sollen.

Sie werden bemerken, daß ich bei jedem einzelnen Präparat alle notwendigen Informationen darüber gebe, in welchem Verhältnis Pflanzen und Wasser gemischt werden sollen, wieviel Aufguß oder Absud zu trinken ist, wie Bäder und Kompressen zusammengesetzt sind usw. Es gibt unendlich viele Kombinationsmöglichkeiten, und Sie werden rasch lernen, die richtige Dosierung und das erforderliche Mengenverhältnis „einzuschätzen". Ich möchte aber trotzdem eine gewisse Anzahl von Ausdrücken, die ich immer wieder verwende, erklären.

1. DOSIERUNG

Im allgemeinen habe ich Ihnen die für Ihre Präparate erforderliche Pflanzenmenge pro Liter (Wasser, Wein, Alkohol usw.) angegeben. Eine einfache Division genügt natürlich, um für einen halben Liter, für einen viertel Liter usw. die entsprechende Menge herauszufinden. Man trifft aber in den meisten Fällen leichter das Richtige, wenn man verhältnismäßig große Arzneimengen herstellt, anstatt sich nur auf eine Tasse zu beschränken.

Wenn ich von einer Prise Pflanzen spreche, meine ich jene Menge, die man zwischen Daumen und Zeigefinger halten kann, und nicht zwischen drei Fingern; einer Prise entspricht etwa ein oder zwei Gramm Blüten, Blätter usw. Eine kleine Handvoll ist jene Menge, die man in der Hand halten kann, wenn die Finger ungefähr über der Mitte des Handballens liegen. Bei e i n e H a n d v o l l sind die Finger über dem hinteren Teil des Handballens und berühren diesen (eine geschlossene hohle Hand!). Bei e i n e g u t e H a n d v o l l ragen Blumen oder Blätter aus der hohlen Hand heraus, und die Finger berühren den Handballen nicht mehr (eine „gehäufte" Handvoll!). Dies alles gilt für eine durchschnittlich große Hand; ich habe natürlich nicht damit gerechnet, daß dieses Buch von einem Riesen gelesen werden könnte, dessen Faust so groß ist wie drei andere! Unter diesen Umständen, und für jene, die bei der Dosierung genauer sein wollen: eine halbe Handvoll entspricht etwa 30 Gramm, eine Handvoll etwa 50 Gramm, und eine gute Handvoll etwa 70 Gramm.

Die Flüssigkeiten (Pflanzensaft, Pflanzenmark) können in der Dosierung von einem Kaffeelöffel, einem Suppenlöffel, einem Likörglas (etwa fünf Zentiliter) oder einem normalen Glas (das bedeutet einen Inhalt von etwa zehn bis fünfzehn Zentiliter) eingenommen werden, fünf Zentiliter entsprechen im allgemeinen 50 Gramm, zehn Zentiliter sind 100 Gramm und so fort.

2. ZUBEREITUNG

Sie können die Pflanzen entweder durch innerliche oder durch äußerliche Anwendung wirken lassen. Im ersten Fall haben Sie die Wahl zwischen dem Aufguß, dem Absud, der Beize, dem Saft, der Tinktur, dem Pulver usw. Im zweiten Fall können Sie Breiumschläge, Lotionen, Kompressen, Verbände, Augentropfen, Gurgelwasser, Klistiere, Vaginalspülungen, Handbäder, Fußbäder oder Vollbäder verwenden.

DER AUFGUSS

Beim Aufguß werden die Blüten, Blätter, Wurzeln usw. der Pflanze mit kochendem Wasser übergossen, dann läßt man das Ganze einige Minuten lang stehen (ziehen). Dieses Verfahren ist besonders für zarte Pflanzen und für Blumen geeignet. Die Ruhedauer ist je nach Pflanze verschieden: drei bis fünf Minuten für Lindenblüten, Salbei oder Minze, aber bei einer zähen Pflanze wie etwa der Klette kann sie bis zu zehn Minuten reichen. In gewissen Fällen, bei der Kresse zum Beispiel, ist die Pflanze so empfindlich, daß sie nur mit lauwarmem Wasser übergossen werden darf.

DER ABSUD

Beim Absud wird die Pflanze je nach der speziellen Vorschrift in kaltes, lauwarmes oder bereits kochendes Wasser getan und einige Minuten lang gekocht. Nach der allgemeinen Regel bezieht sich diese Zubereitungsart auf eher zähe Pflanzenarten oder Pflanzenteile (Zweige, Rinde, Wurzeln, Samenkörner). Auch hier ändert sich die Kochzeit je nach Widerstandsfähigkeit des Pflanzengewebes gegen Hitzeeinwirkung.

DIE BEIZE

Bei der Beize läßt man die aktiven Teile der Pflanze sehr lange (zwischen einem halben Tag und vierzehn Tagen) in einer Flüssigkeit stehen (ausziehen). Wasserbeizen dürfen nicht länger als einen halben Tag dauern, denn sie begünstigen die Entwicklung von wahren „Nährbrühen" für Mikroben. Aus diesem Grunde zieht man im allgemeinen Beizen aus Wein (weiß oder rot), aus Alkohol (45prozentiger Branntwein), ja sogar aus Apfelwein oder Bier vor.

DER MARKSAFT

Um einen guten Pflanzensaft zu erhalten – auch Fruchtsaft zählt dazu –, verwende man sehr frische, eben erst gepflückte Pflanzen oder Früchte. Man zerdrückt sie sehr sorgfältig (mit einer Stampfe, unter einer Flasche) und passiert den so erhaltenen Brei durch ein sehr sauberes und sehr feines Tuch. Heute gibt es Obstpressen, die beide Verfahren gleichzeitig ausführen können. Man kann entweder puren Pflanzensaft mit einem kleinen Löffel einnehmen oder, in den meisten Fällen, den Saft mit Milch, Molke, Marmelade oder Honig mischen. Er läßt sich auch äußerlich für Kompressen, Verbände usw. verwenden.

DIE TINKTUR

Sie muß sehr sorgfältig zubereitet werden, denn die Wirkstoffe der Pflanzen sind hier sehr hochkonzentriert. Daher darf man nur ungiftige Pflanzen verwenden. Bei der Herstellung müssen die pulverisierten Pflanzen (oder Pflanzenteile) in 90prozentigem Alkohol mazerieren, das heißt zwei oder drei Tage lang zur Auslaugung ruhen lassen, und dann durch ein sehr feines Tuch gefiltert werden. Außer bei gegenteiligen Angaben sollte man die Tinktur nur bei schweren Krankheitsfällen oder nur äußerlich anwenden.

DAS PULVER

In manchen Fällen ist es ratsam, Heilkräuter in Pulverform zu verwenden. Dazu muß man die Wirkstoffe enthaltenden Teile der Pflanze ausreichend pulverisieren. Man nimmt einen Kaffeelöffel voll Pulver, meist mit Honig. Wie bei der Tinktur sind auch hier die Wirkstoffe sehr konzentriert; man muß die angegebene Dosierung gewissenhaft einhalten.

DER BREIUMSCHLAG

Mit dem Breiumschlag kommen wir zu jenen Präparaten, die zur äußerlichen Anwendung bestimmt sind. Je nach Bedarf lege man die Heilkräuter oder Pflanzen in Form eines großen Pflasters einige Minuten lang direkt auf die Haut, darüber decke man ein Tuch. Man kann die Heilkräuter auch in Verbandgaze einschlagen oder in Säckchen aus feingewebtem Leinen geben und dann auf die zu behandelnde Stelle legen. Die Wahl zwischen der einen oder der anderen Lösung hängt von der Wirkungsstärke der Pflanze ab. Ist sie mild, schadet sie der Haut nicht, wie dies zum Beispiel bei Kohl der Fall ist. Falls sie reizt und ätzt oder dazu neigt, Rötungen hervorzurufen, wird man ihre Wirkung abschwächen, indem man die Haut mit einem Tuch schützt. Diese Vorsichtsmaßnahme ist bei den echten, stark ableitenden Mitteln zu ergreifen, wie etwa beim Senf.

Die Temperatur des Breiumschlages soll, im Gegensatz zur weitverbreiteten Meinung, nicht sehr hoch sein: Von 50° C an verlieren die meisten Pflanzen ihre ableitenden, durchblutenden oder beruhigenden Eigenschaften, 45° C ist die beste Temperatur. Unter gewissen Umständen können Sie sich damit begnügen, die Pflanze mit dem Bügeleisen zu erwärmen, wie ich es mit Kohl mache. Lassen Sie Ihre Breiumschläge nicht länger als fünf Minuten auf der Haut. Mehrere aufeinanderfolgende, durch Pausen unterbrochene Behandlungen sind besser als eine einzige, die sehr lange andauert.

DIE LOTION

Dazu verwendet man Aufgüsse, Absude oder ein spezielles Präparat. Die Wirkflüssigkeit wird über die zu behandelnde Zone verteilt und gründlich einmassiert. Ist diese Massage schnell und sehr energisch, spricht man von einer Friktion. Lotionen und Friktionen sind besonders wertvoll für die Behandlung von Hautkrankheiten und von Krankheiten des Haarbodens.

DIE KOMPRESSE

In diesem Fall wird ein großes Stück Watte, Zellstoff oder viermal gefalteter Flanell mit einem flüssigen Präparat getränkt (Absud, Aufguß, Tinktur, usw.), dann einige Minuten lang direkt auf die zu behandelnde Stelle gelegt. Die Zeit der Einwirkung (zwischen fünf und zehn Minuten) richtet sich nach der Wirkkraft der verwendeten Pflanze und nach der Ernsthaftigkeit der zu behandelnden Beschwerden.

DER VERBAND

Das ist eine Kompresse, zubereitet mit einem weniger konzentrierten Produkt, das man langsam einwirken läßt. Die ersten Verbände (auf eine Wunde, ein Geschwür usw.), müssen ungefähr alle zwei Stunden gewechselt werden. Danach kann man sie in größeren Zeitabständen auflegen, niemals aber in Abständen von mehr als zwölf Stunden.

AUGENTROPFEN

Da die Augen höchst empfindliche Organe sind, müssen die Tropfen unbedingt aus sehr milden Pflanzen (Kornblumen, Dotterblumen . . .) und in schwacher Konzentration hergestellt werden. Leichte, mit kochendem Wasser zubereitete Aufgüsse sind die besten Augentropfen. Bei der Anwendung muß das Präparat gerade noch lauwarm sein.

GURGELWASSER

Als Gurgelwasser dienen die verschiedensten Präparate: Aufgüsse, Absude, Beizen usw. Sie müssen heiß oder sehr warm verwendet werden, um die Wirksamkeit zu verstärken.

DAS KLISTIER

Dies ist eine besonders stark wirkende Behandlungsmethode. Das Klistier ist natürlich in erster Linie für Darmkrankheiten, Durchfall, Verstopfung usw. gedacht, ist aber bei zahlreichen anderen Beschwerden wie Kreislaufstörungen, Leberfunktionsstörungen usw. ebenfalls sehr wirksam. Trotz seiner raschen Wirksamkeit liegt die Gefahr der Vergiftung nahe. Daher darf man nur schwach konzentrierte Pflanzenpräparate (Aufgüsse, Absude) verwenden. Im allgemeinen soll man täglich nur ein Klistier verabreichen; und nicht mehr als ein halber Liter – das ist schon viel –; die Idealtemperatur liegt bei 37° C.

DIE VAGINALSPÜLUNG

Sie ist als Heilmethode für Frauen, die an Menstruationsschmerzen, an Weißfluß usw. leiden, geeignet. Sie ist genau wie das Klistier sehr wirkungsvoll, daher sind schwach konzentrierte Präparate (Aufgüsse, Absude) sowie eine milde, der Körpertemperatur entsprechende Wärme (37° C) Voraussetzung. Zwei Vaginalspülungen täglich sind bei hartnäckigen Beschwerden das Äußerste, sonst könnten die empfindlichen weiblichen Organe gereizt werden und sich entzünden.

DIE BÄDER

Bäder bilden den Hauptteil der Osmosebehandlung, die ich von meinem Vater gelernt habe und für eine der wirksamsten Behandlungsmethoden halte. In der Tat dringen die Substanzen, die die Heilkraft der Pflanze ausmachen, durch die Haut rasch ein; zuweilen erreichen sie die kranken Stellen sogar viel früher als die gleichen Substanzen bei innerlicher Anwendung. Unter gewissen Umständen wählt man ein Sitz- oder ein Vollbad, für das man viel Wasser und eine große Pflanzenmenge benötigt. Zur allgemeinen Belebung oder Anregung des Kreislaufes ziehe ich jedoch Hand- oder Fußbäder vor, weil sie am einfachsten zuzubereiten und Hände und Füße die empfänglichsten Körperteile sind.

Um ein gutes Fuß- oder Handbad zu erhalten, bringt man zwei Liter Wasser zum Kochen, läßt es fünf Minuten lang stehen und mengt dann die vorgeschriebene Portion getrockneter Pflanzen bei, die ich in diesem Buch in jedem einzelnen Fall angegeben habe. Ich empfehle jedoch eher mein Spezialpräparat, das zwar etwas mehr Zeit erfordert, aber auch viel wirksamer ist. Beginnen Sie mit der Herstellung dessen, was ich ein Basispräparat nenne: Bringen Sie einen Liter Wasser zum Kochen, anschließend lassen Sie es fünf Minuten lang stehen. Wenn die Flüssigkeit kaum noch lauwarm ist, geben Sie die für ein Zweiliterbad vorgesehene Pflanzenmenge hinein und halten Sie sich an die Dosierungen, die ich für jede einzelne

Gattung angegeben habe. Lassen Sie diese Mischung, vor Staub geschützt, vier bis fünf Stunden lang stehen.

Wenn Sie dann Ihr Fuß- oder Handbad nehmen wollen, lassen Sie zwei Liter Wasser aufkochen und fünf Minuten lang stehen. Gießen Sie sodann den Liter Basispräparat hinein. Nehmen Sie Ihr Bad. Danach können Sie dieses Präparat acht Tage lang aufbewahren und jeden Tag verwenden, wobei Sie es einfach nur aufwärmen müssen. Sie dürfen es aber nicht kochen und auch keine weiteren Pflanzen dazugeben.

Verwenden Sie für Ihre Bäder keinen Metallbehälter, der nicht emailliert ist. Plastik ist ebenfalls nicht empfehlenswert (es ist jedoch noch besser als Metall). Das Beste ist natürlich eine Tonwanne. Fußbäder nehmen Sie außer bei gegenteiliger Anweisung morgens auf nüchternen Magen acht Minuten lang. Das Bad muß so warm sein wie nur möglich, natürlich nicht kochend. Handbäder abends vor dem Essen ebenfalls acht Minuten lang, ebenfalls so warm wie nur möglich, ohne das Wasser kochen zu lassen.

Die Zubereitungsart von Hand- und Fußbädern kann auch für Klistiere und Vaginalspülungen angewendet werden.

MEIN HEILKRÄUTER-LEXIKON

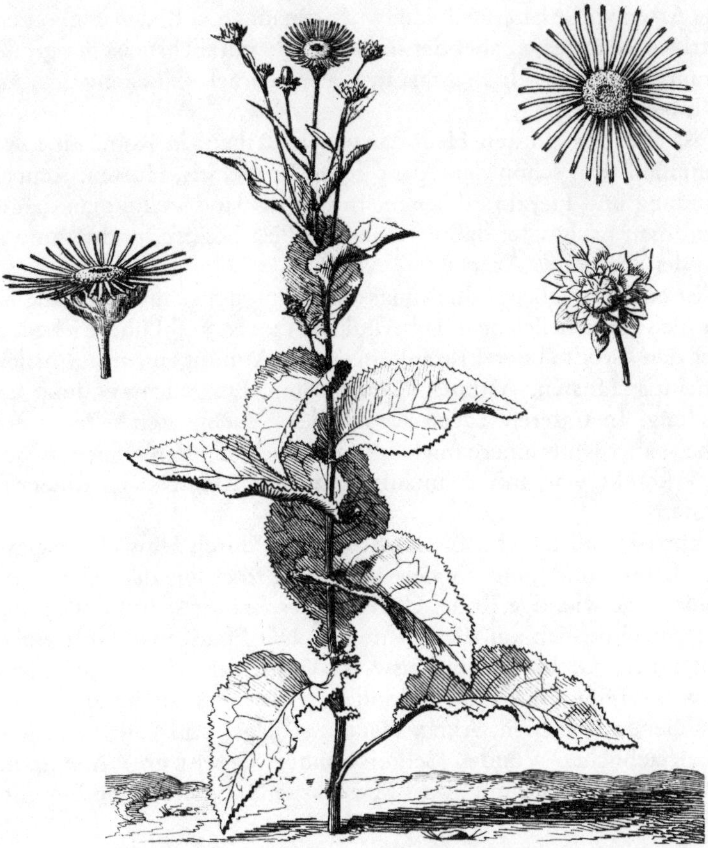

DER ALANT

Inula helenium L.
Familie der Korbblütler;
gelbe Blüten

Der Alant blüht vom Beginn des Frühlings bis spät in den Herbst; dieser große Verwandte der Margarite hat gelbe Blüten, so strahlenförmig wie eine von Kinderhand gemalte Sonne. Man züchtet ihn häufig als Zierpflanze, und in der Natur findet er sich in Gräben und feuchten Wäldern. Er hat breite, oben rauhe und unten wollige Blätter.

Es gibt viele Arten von Alant (auch Heilwurz genannt): z. B. den englischen Alant, den weißblättrigen Alant usw., aber der schönste und nützlichste ist der große Alant, auch Alantkraut, Alantwurzel, Brustalant, Galantwurzel, Glockenwurz, Helenenkraut oder Oltwurz genannt.

Der Alant ist eine der ältesten Heilpflanzen. In Athen, in Rom, im Europa des Mittelalters empfahl man schon den Alant gegen Bronchitis, Husten, Keuchhusten, Lungenentzündung und Herzkrankheiten. In Deutschland stellte man daraus einen Wein her, dem man nachsagte, daß er sogar die Pest besiege, und nannte ihn „St. Pauls Wein" oder „St. Pauls Arznei".

Der Alant ist ein vorzügliches Stärkungs- und Anregungsmittel für alle Schleimhäute. Früher hieß es, er heile sogar Tuberkulose. Das ist wohl übertrieben, aber ich glaube, daß er den Großteil der Erkrankungen des Atmungsapparates heilen kann: Angina, Bronchitis, Husten, Asthma, Keuchhusten, Lungenentzündung und Rippenfellentzündung. In unseren Tagen kommt der Keuchhusten seltener vor als in meiner Kindheit; aber ich erinnere mich sehr gut, wie mein Vater einem Kind, das an Keuchhusten erkrankt war, mit Alantaufgüssen und Alantbädern Linderung und Heilung brachte.

Wenn es wahr ist, daß die chronische Bronchitis, durch Umweltverschmutzung hervorgerufen, heute mindestens so viele Menschen tötet wie der Infarkt, dann hat der Alant wieder eine wichtige Rolle. Übrigens beschränkt sich die Wirkung dieser Gattung nicht ausschließlich auf die Atemwege. Die Pflanze ist harntreibend, also gegen Nierenträgheit, Gicht, Rheuma usw. zu empfehlen, sie ist schweißtreibend, antiseptisch und sie reinigt das Blut. Besonders wirksam ist sie bei der Behandlung von Hautkrankheiten (Flechten, Akne, Hautausschläge) und von Infektionskrankheiten und oberflächlichen Wunden (Schnittwunden, Geschwüre). Außerdem ist sie appetitanregend. Sie unterstützt die Magenarbeit, beruhigt Sodbrennen und bekämpft Übelkeit.

ERNTE

Vom Alant werden Sie hauptsächlich die „Wurzel" verwenden, die aus einem dicken, kurzen unterirdischen Stiel (Rhizom) und aus zahlreichen daranhängenden Wurzeln besteht. Die meisten Wirkstoffe enthält sie im Herbst. Bürsten Sie die Wurzel sorgfältig ab, schneiden Sie sie in Scheibchen und lassen Sie sie trocknen. Mit der Zeit entwickelt sie einen köstlichen Veilchenduft. Um die Pflanze im Garten zu züchten, wählen Sie einen saftigen, kühlen und sehr tief umgegrabenen Boden.

ZUBEREITUNG UND ANWENDUNG

AUFGUSS

Gießen Sie eine halbe Handvoll zerstoßener Wurzeln mit einem Liter Wasser auf und trinken Sie davon zwei bis drei Tassen täglich.

ABSUD

Ziemlich herb im Geschmack, daher besser zur äußerlichen Anwendung geeignet, also für Kompressen, Verbände usw. Lassen Sie eine halbe Handvoll Wurzeln in einem Liter Wasser aufkochen.

HAND- UND FUSSBÄDER

Gleiches Mengenverhältnis wie bei dem vorigen Rezept. Sie können je nach Jahreszeit zusätzlich auch frische Blüten der Pflanze dazugeben.

ALANTWEIN

Geben Sie eine gute Handvoll in Scheibchen geschnittener Wurzeln in einen Liter Weißwein und lassen Sie sie eine Woche lang stehen. Süßen und ein kleines Glas zu jeder Mahlzeit trinken.

ZUM INHALIEREN

Gegen alle Krankheiten des Atmungsapparates: Atmen Sie unter einem Tuch den Dampf eines sehr heißen und sehr konzentrierten Absudes ein (zwei Handvoll Wurzeln auf einen Liter Wasser).

DER ANIS

Pimpinella anisum L.
Familie der Doldengewächse;
weiße oder rosa Blüten

Der Anis ist einer der besten Freunde des Verdauungsapparates. Jeder der ihn als Aperitif trinkt, wird mir recht geben. Aber Vorsicht, daß keine Irrtümer bei der Klassifizierung entstehen! Als Anis bezeichnet man mindestens drei sehr verschiedene Pflanzengattungen: Den chinesischen Anis oder Sternanis, eine nur mit Vorsicht zu verwendende Pflanze, die aus China stammt; den Kümmel oder Vogesenanis; und den echten Anis, der eine Bibernelle ist und zur selben botanischen Familie gehört wie die Möhre (Doldengewächse), und nur diesen verwende ich.

Man nennt ihn auch Arnis, Eins, Ems oder europäischen Anis. Er stammt wahrscheinlich aus dem Orient und wächst in Europa nicht wild, sondern muß angepflanzt werden. Sein gerillter Stengel trägt verschiedene Blattarten, die unteren

Blätter sind gerundet und nicht geteilt, die folgenden zeigen drei herzförmige Teilungen, die wiederum folgenden drei oder fünf schmale Teilungen; die letzten schließlich sind mehrmals in feine Streifen geschnitten. Seine gelblichweißen, zu lockeren Sträußen (Dolden) gruppierten Blüten bilden kleine, eiförmige Früchte, in denen zwei haarige Körner liegen. Dieses letzte Merkmal ist sehr wichtig, denn daran und an dem typischen Duft, den die ganze Gattung ausströmt, erkennt man den Anis. Er kann leicht mit dem giftigen Schierling verwechselt werden, der z. B. Sokrates tötete.

Der Anis ist eine der alten chinesischen und indischen Medizin vertraute Pflanze. In Europa wird er seit dem 8. Jahrhundert erwähnt und im 13. Jahrhundert von Albertus Magnus empfohlen. Zur Zeit unterscheidet man davon mehrere Abarten: den Touraine-Anis, sehr grün und sehr süß; den russischen Anis, schwärzlich; den

Anis von Albi, weißlich; und den spanischen Anis, aschfarben – der berühmteste von allen.

Die Früchte des Anis regen alle Körperfunktionen an, aktivieren die Sekretionen, unterstützen die Herzarbeit, erweitern den Atmungsaustausch, verstärken die Abwehrkräfte des Organismus gegen Infektionen und steigern die Leistung der Nervenzellen – also des Gehirns und des Rückenmarks. Isoliert ist die Essenz dieser Früchte ein wahres Rauschgift! Nun wird aber zur Herstellung der im Handel erhältlichen Anisaperitifs gerade die Essenz verwendet: also Vorsicht beim kleinen Gläschen zwischen elf und zwölf Uhr mittags und zwischen sechs und sieben Uhr abends . . .

Anis empfehle ich besonders zur Anregung des Verdauungsapparates und gegen Verdauungsstörungen wie Migräne, Schwindelgefühle, blähende Koliken. Allerdings darf es in Mund, Speiseröhre und Darm keine gereizten (entzündeten) Stellen geben. Die Pflanze wirkt ebenfalls ausgezeichnet gegen Husten, Asthma, Bronchitis und gegen schlechten Blutkreislauf. Frauen, die an Menstruationsschmerzen leiden oder die nicht genug Milch haben, um ihr Kind zu stillen, verordne ich mit viel Erfolg lokale Bäder mit Anis.

ERNTE

In der freien Natur werden Sie keinen Anis finden, in Gegenden aber, in denen keine allzu großen Temperaturunterschiede zu befürchten sind, kann man ihn sehr gut im Garten anpflanzen. Wählen Sie ein lockeres, warmes, durchlässiges Erdreich, südseits. Säen Sie in einer Linie, nach den letzten Frosteinbrüchen. Ernten Sie die Fruchtbüschel zwischen August und September, wenn sie eben braun geworden sind. Arbeiten Sie morgens, wenn der Tau fällt, damit die Körner nicht vorzeitig abfallen, und lassen Sie sie in der Sonne oder im Schatten trocknen. Anschließend dreschen Sie sie und bewahren sie an einem trockenen Ort auf.

ZUBEREITUNG UND ANWENDUNG

AUFGUSS UND ABSUD

Nehmen Sie fünf bis zehn Prisen Anisfrüchte pro Liter Wasser. Trinken Sie dann eine bis zwei Tassen täglich als Anregungsmittel gegen schlechte Verdauung und Menstruationsschmerzen.

PULVER

Vor der Hauptmahlzeit zwei bis drei Prisen Aniskörner fein zerstoßen und mit Honig, Zucker, Wasser oder mit beliebigem Kräutertee täglich nur einmal einnehmen.

ABSUD

Zur äußerlichen Anwendung, namentlich für Brustkompressen, damit bei Stauungen die Milch einströmt: Nehmen Sie 15 bis 20 Prisen Früchte pro Liter Wasser.

HAND- UND FUSSBÄDER

Einen Suppenlöffel voll Körner pro Liter Wasser.

ANDERE VERWENDUNGEN

Während Sie anishältige Liköre und Aperitifs meiden sollten, können Sie sehr gut eine angenehme Aniskur machen, indem Sie einige Samenkörner in Kuchenteig und Marmeladen usw. mischen. In guten Kräuterhandlungen gibt es Anis-Pastillen, die einen angenehmen Geschmack im Mund hinterlassen und zusätzlich die Verdauung fördern.

AUFGUSS

Für alle, die an schlechter Verdauung oder an Blähungen leiden: zwei Prisen Anis, Fenchel, Salbei und Minze pro Liter Wasser.

FÜR DIE SCHÖNHEIT

Trinken Sie gegen fette Haut abwechselnd:
an einem Abend Anistee (zwei Prisen pro Tasse),
am nächsten Tag einen Tee mit folgender Zusammensetzung: eine Prise Orangenblüten, Lindenblüten, Rosmarin.

DER APFELBAUM

Pyrus malus L.
Familie der Rosengewächse;
rosafarbene Blüten

Eva kostete den Apfel, sie reichte ihn Adam weiter, und damit nahm das Paradies auf Erden sein Ende ... Im Apfel findet man Vitamine, assimilierbaren Zucker, Enzyme, die für das Gleichgewicht des Organismus unentbehrlich sind, lebenswichtige Säuren (Apfelsäure) und die Minerale des Lebens selbst (Pottasche, Natrium, Kalzium, Magnesium, Phosphor ...). Der gehaltvollste Teil der Frucht ist zweifellos

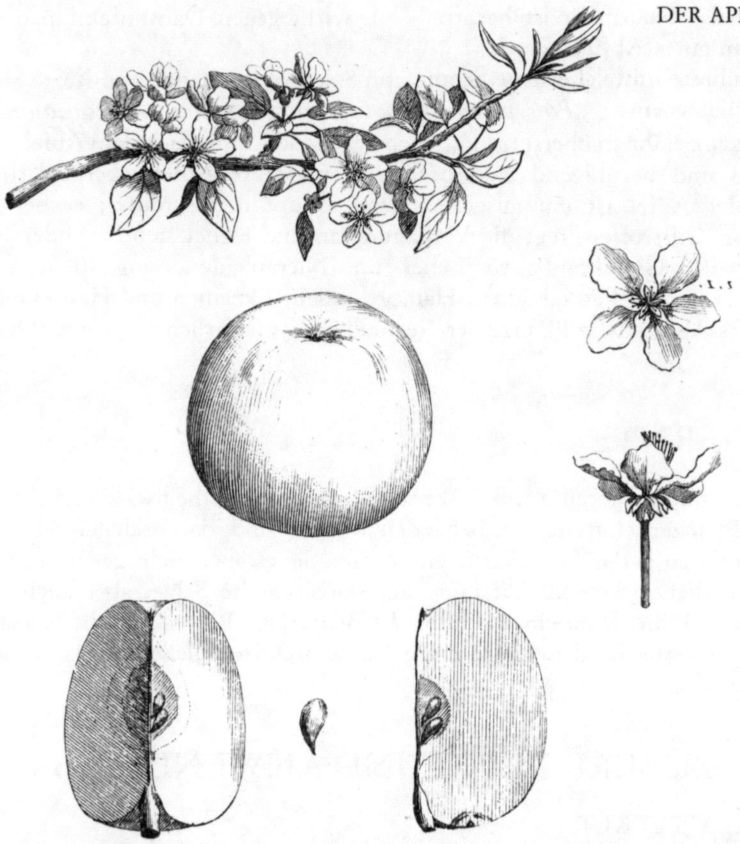

gerade die Schale. Moderne Schädlingsbekämpfungsmittel vergiften leider auch die Apfelschale. Es empfiehlt sich, Äpfel nur geschält zu essen.

Der wilde Apfelbaum, auch Buschapfel oder Waldapfel genannt, wächst in ganz Europa. Von alters her preisen die Schriftsteller die Heilkraft des Apfels. Im Mittelalter empfahl die heilige Hildegard nicht nur die Früchte des Baumes, sondern auch seine Blüten und Blätter gegen Augenkrankheiten, seine jungen Reiser gegen Gichtanfälle und seine Knospen gegen zahlreiche Beschwerden, besonders gegen Kopfschmerzen, Gelbsucht, Verdauungsschwierigkeiten, Magenübersäuerung, Koliken und Verstopfung. Die Rinde des Apfelbaumes ist anregend, senkt das Fieber und zieht ausgedehnte Gewebe und Blutgefäße wieder zusammen. Sie ist ein vollgültiger Ersatz für Chinin. Die Blätter und Blüten der Pflanze sowie ihre Knospen sind stark harntreibend: Ich habe mit einer Mischung aus diesen drei Pflanzenteilen einen Mann von schwerer Nierenentzündung geheilt; ebenso empfehlenswert sind sie gegen Harnsteine und Erkrankungen der Harnblase (besonders Harnblasenentzündung). Apfelgenuß wirkt beruhigend; abends einen guten Apfel, und der Schlaf kommt schneller. Er ist erfrischend, befreit die Bronchien und die Nase von lästigem Schleim und senkt das Fieber. Er ist harntreibend, wirkt gegen Darminfektionen und ist zugleich ein gutes Abführmittel.

Die berühmte mittelalterliche Schule von Salerno, der zahlreiche Ärzte angehörten, verkündete einst: „*Post pirum da potum, post pomum vade cacatum.*" Man könnte das ungefähr so übersetzen: „Nach der Birne – Pipi, nach dem Apfel – Kaka". Abführend und beruhigend sind besonders gekochte Äpfel; aber ob roh oder gekocht, der Apfel ist ein ausgezeichnetes Blutreinigungsmittel; er befreit den Körper von Giftstoffen, regt die Verdauung an und eignet sich besonders gut für Rheumakranke, Gichtkranke, für Leber- und Nierenleidende und für jene, die an Arterienverkalkung, Fettleibigkeit, Hämorrhoiden, Ekzemen und Hautkrankheiten leiden. Evas Apfel, diese Pflanze der Gesundheit, ist natürlich auch eine Pflanze der Schönheit!

ERNTE

Pflücken Sie nur gut gereifte Äpfel. Wenn Sie mit Bestimmtheit wissen, daß die Äpfel nicht mit Pflanzenschutzmitteln behandelt worden sind, dann schälen Sie sie nicht, denn Sie würden ja das Beste verlieren. Wissen Sie es aber nicht genau, dann lieber schälen und lieber weniger Vitamine und mineralische Salze, aber auch weniger Giftstoffe . . . Pflücken Sie im Frühling die Blätter, die Blüten und die Knospen des Baumes und lösen Sie dann auch seine Rinde ab. Anschließend alles im Schatten trocknen lassen.

ZUBEREITUNG UND ANWENDUNG

APFELKUR

Eine jährliche Apfelkur kann ich Ihnen gar nicht oft genug empfehlen; es ist wirklich leicht, sich auf diese Art eine Gesundheitsreserve zu schaffen. Wählen Sie für die Apfelkur sehr reife und wenn möglich frisch vom Baum gepflückte Äpfel. Entfernen Sie das Kerngehäuse und die Kerne, reiben Sie das Fruchtfleisch und die Schale sehr fein und geben Sie dies in eine Salatschüssel. Essen Sie zwei Tage lang nichts anderes (1 kg bis 1,5 kg täglich, ohne Zucker) und trinken Sie nur klares Wasser. Vom dritten Tag an können Sie zusätzlich noch einige leichte Speisen zu sich nehmen. Sie werden das Gefühl haben, daß Ihr Verdauungsapparat, die Leber, die Nieren und das Blut wie ausgewechselt sind. Dank dieser Kur habe ich ein Kind gerettet, das an schwerer Darmentzündung erkrankt war, und habe vielen Kranken geholfen, die an chronischer Verstopfung, an Ruhr, an gefährlichem Durchfall und an Nervenfieber litten.

AUFGUSS ODER ABSUD

Aus Blättern, Blüten, Rinde oder Knospen: Gießen Sie je eine Handvoll dieser drei Pflanzenteile mit einem Liter Wasser auf und trinken Sie davon zwei bis drei Tassen täglich. Ein nur aus Blüten hergestellter Aufguß wirkt mildernd bei Halsschmerzen und Husten.

APFELSAFT

Nach Belieben entweder pur oder mit Honig oder auch als Sirup: Nehmen Sie 1/2 kg (ein Pfund) Apfelsaft für 3/4 kg (1 1/2 Pfund) Zucker. Wenn man die Haut mit Apfelsaft einreibt, wird das Gewebe gestrafft und verschönt.

APFELWEIN

Apfelwein ist das Ergebnis der Gärung von Apfelsaft, enthält nur wenige Prozent Alkohol und ist (bei niedriger Dosierung) ein gesundes Getränk. Stark dosiert greift er die Magenwände an und fördert die Neigung zu Geschwürbildung. Was den Apfelschnaps – oder Calvados – betrifft, so fordert er in der Bretagne und in der Normandie so viele Opfer, daß ich über ihn lieber schweige.

DER APRIKOSENBAUM

Prunus armeniaca L.
Familie der Rosengewächse;
weiße Blüten

Dieser Baum ist von den Göttern gesegnet, er ist ein Baum der Gesundheit. Ich erinnere mich, daß ich als Kind in die Obstgärten meines Heimatdorfes schlich, um die schönen, gelben Früchte zu plündern.

Botaniker klassifizieren Pflanzen ganz seltsam. So ist in ihren Augen der Aprikosen- oder Marillenbaum ein Pflaumenbaum – zwar einer aus Armenien, aber dennoch nur ein Pflaumenbaum. Tatsächlich stammt dieser Baum mit den messing- oder altkupferfarbenen Früchten aus Zentralasien. Wilde Aprikosenbäume findet man noch zwischen Peking und der Großen Mauer. Nach Südeuropa haben ihn zuerst die Römer und dann die Araber gebracht.

Pflanzenheilkunde ist eine Kunst, die kluge Leute vor Jahrtausenden entdeckt und die die Menschheit dann wieder vergessen hat. Ein großer arabischer Chirurg verwendete Aprikosen gegen Ohrenschmerzen, Nasenschmerzen und Hämorrhoiden. Mein Vater tat dies ebenfalls. Wenn Aprikosen reif und nicht durch Insektenvertilgungsmittel verseucht sind, kann man aus ihnen ein köstliches Kompott bereiten. Sie sind reich an Vitamin A und C und besonders gut für Kinder, Blutarme und Geistesarbeiter. Ich empfehle sie gegen Augenbeschwerden, warne aber Magen- und Leberkranke. Man kann sie Rheumakranken in Form von Kompott verabreichen, kann sie in frischem Zustand als Abführmittel verwenden oder sie gegen Durchfall in Öl kochen. Die kleine Mandel, die im Kern enthalten ist, wird genauso

verwendet wie die Bittermandeln oder die süßen Mandeln (siehe Mandelbaum); sie hilft gegen Würmer, darf aber wegen des gefährlichen Giftes Blausäure (Cyanwasserstoffsäure), das sie enthält, nur in sehr niedriger Dosierung verwendet werden.

ERNTE

Wenigstens ein Aprikosenbaum sollte in Ihrem Obstgarten wachsen: sein Anblick wird sie bezaubern. Zumindest sollten Sie sich um die allerfrischesten und so wenig wie möglich mit chemischen Mitteln besprühten Aprikosen bemühen. Verwenden sie diese schönen, goldenen Früchte zu medizinischen Zwecken nur während ihrer Ernte (rund um den Monat Juni). Jene, die sie außerhalb der Erntezeit kaufen können, sind, abgesehen von ihrem hohen Preis, meistens mit chemischen Mitteln präpariert.

ZUBEREITUNG UND ANWENDUNG

Essen Sie Aprikosen in jeder Form: frisch, als Marmelade, als Kompott oder in Öl gekocht. Aber bereiten Sie auch die folgenden Arzneien zu:

FRÜCHTEABSUD

Für Kompressen gegen Ohren- und Nasenkrankheiten: Nehmen Sie 100 Gramm geschnittene Aprikosen pro Liter Wasser.

SITZBAD

Gegen Hämorrhoiden: Gleiches Mengenverhältnis.

VOLLBÄDER, HAND- UND FUSSBÄDER

Mit Aprikosensaft besonders zur Schönheitspflege der Haut: Nehmen Sie einen Liter Saft für eine volle Badewanne oder ein großes Glas voll für ein Becken. Im Handel gibt es Badesalze mit Aprikosenzusatz.

DIE ARNIKA

siehe Farbtafel I
Arnica montana L.
Familie der Korbblütler

Die Vielzahl der volkstümlichen Namen dieser großen, orangengelben „Margarite" der Berge, deren Blätter an der Basis alle rosettenförmig angelegt sind (außer zwei gegenständigen mitten auf dem Stengel), sagt allein schon fast alles. Man nennt sie Arnick, Wohlverleih, Gemswurz, Kraftwurzel, Bergwegebreit, Leopardwürger, Bluttrieb, Mönchskappe, Christwurz, Stichkraut, Verfangkraut und Fallkraut. Sie hat zahlreiche Eigenschaften: Arnika regt das Nervensystem ebenso an wie Verdauung, Atmung und Kreislauf. Sie ist appetitfördernd und harntreibend, wirkt abführend und ist zur Bekämpfung von Fieber geeignet. Sie befreit die Bronchien von Schleim und begünstigt den beschwerdefreien Ablauf der Menstruation. Sie ist ausgesprochen wirksam bei Gicht und Ruhr. Ich konnte ihre Vorzüge bei Keuchhusten, Lungenentzündung und Angina pectoris nachprüfen. Arnika ist das Universalheilmittel für Verletzungen durch Stöße und Stürze. Äußerlich aufgelegt, regeneriert sie das Gewebe und läßt besser als jedes andere Medikament Blutstauungen, blaue Flecken, Quetschungen, Verrenkungen und Verstauchungen verschwinden. Ich habe die daraus hergestellte Tinktur mit Erfolg nicht nur gegen Schlagverletzungen verwendet, sondern auch gegen tiefe Wunden und Furunkel. Manchmal wirkt sie Wunder in Fällen von hartnäckiger Akne, die jeder Behandlung widersteht.

ERNTE

Man findet Arnika nur auf Bergwiesen, auf saurem Boden. Sie blüht von Juni bis August. Pflücken Sie ihre „Blüten" vor dem Aufblühen (für Botaniker handelt es sich um Blütenköpfe, das heißt um Blütengruppen), vergessen Sie aber nicht, auch sorgfältig ihre Blätter einzusammeln und die Wurzeln auszuziehen. Die Pflanze trocknet erstaunlich gut und hält sich im Schatten viele Monate lang.

ZUBEREITUNG UND ANWENDUNG

Bei innerlicher Anwendung muß Arnika vorsichtig dosiert werden, denn sie kann Schwindelgefühle, Zittern und nervöses Schütteln hervorrufen.

AUFGUSS UND ABSUD

Aus den Blüten: Nehmen Sie keinesfalls mehr als zehn Prisen frischer Blüten pro Liter Wasser, fünf Prisen genügen schon. Getrocknete Blüten sind weniger aktiv, daher können Sie davon bis zu 15 Prisen nehmen. Filtern Sie Ihr Präparat sorgfältig, bis kein einziger Federbusch von der Pflanze zurückbleibt, der die Kehle beim Trinken reizen würde. Nehmen Sie davon eine kleine Tasse täglich ein, als Anregungsmittel, Harntreibemittel, Aperitif und gegen Fieber.
Aus den Blättern: Nehmen Sie nicht mehr als 15 Prisen getrockneter Blätter pro Liter Wasser und trinken Sie davon eine Tasse täglich.
Aus den Wurzeln: Nicht mehr als fünf Prisen gehackter Wurzeln pro Liter Wasser, einmal täglich eine Tasse davon trinken.

TINKTUR AUS TROCKENEN BLÜTEN

Gegen Gicht, Keuchhusten, Lungenentzündung, Angina pectoris: Weichen Sie zehn Prisen getrockneter Blüten zwei Wochen lang in einem Glas mit 90prozentigem Alkohol ein. Nehmen Sie diese Tinktur nur tropfenweise und in mildem Kräutertee ein. Am ersten Tag einen Tropfen, am zweiten zwei und so fort bis sieben, um dann nach und nach wieder mit einem zu enden.

VERDÜNNTE TINKTUR

Zur äußerlichen Anwendung bei Verletzungen, blauen Flecken, Schlägen, Wunden usw.: Bereiten Sie die Tinktur genauso wie oben angeführt, und verdünnen Sie sie dann mit mindestens der dreifachen oder besser noch mit der zehnfachen Wassermenge. Sie können Ihre Tinkturen aus der ganzen Pflanze herstellen. Es gilt immer das gleiche Mengenverhältnis.

Farbtafel I

DIE ARNIKA

Arnica montana L.

Familie der Korbblütler

Farbtafel II

DAS BASILIKUM

Ocimum basilicum L.

Familie der Lippenblütler

Farbtafel III

DAS BOHNENKRAUT

Satureja hortensis L.

Familie der Lippenblütler

Farbtafel IV

DAS EISENKRAUT

Verbena officinalis L.

Familie der Eisenkrautgewächse

Farbtafel V

DER ERDEFEU
Gundermann
Glechoma hederaceum L.
Familie der Lippenblütler

Farbtafel VI

DER ERDRAUCH

Fumaria officinalis L.

Familie der Mohngewächse

Farbtafel VII

DER FAULBAUM

Rhamnus frangula L.

Familie der Hartriegelgewächse

Farbtafel VIII

DER FRAUENMANTEL

Alchemilla vulgaris L.

Familie der Rosengewächse

DIE ARTISCHOCKE

Cynara scolymus L.
Familie der Korbblütler;
violette Blüten

Ich brauche Ihnen diesen großen Verwandten der Distel und Margarite nicht in allen Einzelheiten vorzustellen. Von dieser „aristokratischen" Pflanze essen Sie nicht viel mehr als den Boden und den unteren Teil der Blätter, also den Fruchtboden, der die Blätter trägt, und die falschen Blätter oder Deckblätter, die sie umgeben.

Ich selbst verwende alles. Die gemeine Artischocke, von der die Gemüsegärtner Dutzende von verschiedenen Abarten gezüchtet haben, stammt sehr wahrscheinlich von der wilden Kardune ab. Mit ihrer Zucht haben die alten Ägypter begonnen, und den Arabern ist es zu verdanken, daß erst Spanien und Italien (im 15. Jahrhundert), und dann, im 16. Jahrhundert, Frankreich und England sie kennenlernten.

Jene Pflanzenteile, die man verspeist, sind leider am wenigsten heilkräftig. Der

Rest ist unglaublich bitter, aber auch außergewöhnlich gut dazu geeignet, die Gallensekretion und die Ausscheidung von Harnstoffen anzuregen. Die Artischocke hilft vor allem bei ungenügender Leber- oder Nierenfunktion, bei Leber- oder Nierenkoliken, bei Gelbsucht, Gicht, Fettleibigkeit, Nesselfieber, Rheumatismus, Asthma und Ekzemen. Ferner ist sie gut für den Kreislauf, denn sie beugt gegen die Mehrzahl der Störungen vor, die durch Cholesterol entstehen: Arterienverhärtung, Angina pectoris, Infarkt, Schlaganfall . . .

ERNTE

Wenn die Temperatur in Ihrer Wohngegend im Winter nicht unter −10° C fällt, so pflanzen Sie ruhig die Artischocke im Garten – im Gemüsegarten oder sogar im Ziergarten – an. Sie ist das beste Vorbeugungsmittel gegen die Störungen „in den Fünfzigern", unter denen allerdings auch junge Menschen heutzutage schon leiden. Falls Sie keinen Garten haben, dann suchen Sie sich einen verläßlichen Lieferanten, von dem Sie regelmäßig Blätter und Wurzeln beziehen können, die zur gleichen Zeit gepflückt wurden wie das Gemüse selbst. Achten Sie darauf, daß Sie so „biologisch" wie nur möglich (ohne Insektenvertilgungsmittel und Gifte) gezüchtet worden sind.

Bei eigener Züchtung wählen Sie für Ihre Gartenartischocken eine kühle und trockene Stelle, pflanzen Sie sie tief und stützen Sie sie im Herbst sehr hoch, um sie vor Frost zu schützen. Ernten Sie die Blätter und Wurzeln im Sommer.

ZUBEREITUNG UND ANWENDUNG

AUFGUSS UND ABSUD

Aus Blättern und (oder) Wurzeln: Geben Sie eine halbe Handvoll Pflanzenteile in einen Liter Wasser. Süßen Sie großzügig mit Honig, denn diese Präparate sind überaus bitter; trinken Sie davon dreimal täglich eine Tasse vor den Mahlzeiten.

FRISCHER BLÄTTERSAFT

Drei oder vier Suppenlöffel täglich in Honig, Milch, Weißwein oder Madeira, um den bitteren Geschmack zu mildern.

FUSS- UND HANDBÄDER

Nehmen Sie eine gute Handvoll Blätter und Wurzeln pro Liter Wasser (gegen Akne, Flechten, Ekzeme, Leberbeschwerden, leberbedingte Migräne, Verstopfung und Leberkoliken).

TINKTUR

Zwei bis drei Wochen lang 400 bis 500 Gramm Blätter in einem Liter Alkohol ausziehen lassen und anschließend filtern. Nehmen Sie davon einen Suppenlöffel voll täglich.

ANMERKUNG

Verzichten Sie ja nicht auf Artischocken als Gemüse, weil Sie meinen, daß sie nicht so aktiv sind wie die Blätter und Wurzeln. Im Gegenteil, essen Sie soviel wie Sie mögen – je mehr, desto besser.

DER BÄRENKLAU

Heracleum spondylium L.
Familie der Doldengewächse;
grünliche Blüten

Brechen Sie seine Stengel auseinander und lassen Sie sie in der Sonne trocknen. Sie werden darauf kleine Tröpfchen aus geronnenem Zucker erscheinen sehen. Auf dem Lande rund um Gavarret zählte dies zu den Freuden meiner Kindheit.

Der Bärenklau ist der große Verwandte der Möhre: mannshoch, mit dicken, gefurchten Stengeln, die hohl und über und über behaart sind, große, zusammengesetzte Blätter und breite, aus winzigen, makellos weißen Blüten bestehende Dolden. Er erinnert mich an Darstellungen aus der Frühzeit unseres Planeten, besonders an eine dieser ungeheuerlichen Pflanzen in den Wäldern, in denen die Rieseninsekten hausten . . . Meistens gedeiht er auf sauren Wiesen und auf Lichtungen und macht sich innerhalb eines Jahres auf den brachliegenden Äckern breit. Er blüht vom Frühling bis zum Herbst, und seine Früchte sind so rund und abgeflacht wie Linsen; kleine Vögel lieben sie und fressen ungeahnte Mengen davon.

Er ist entweder zweijährig oder hält sich länger (je nach den klimatischen Bedingungen), und bei uns auf dem Lande hat er so hübsche Namen wie Heilkraut, Bärwurz, Kuhpastinak, Roßfenchel, Roßstingel, Scharling oder Prest . . . Sein erster lateinischer Name *heracleum* beweist, daß er einst Herkules gewidmet war, teils wegen der Kraft der Pflanze selbst und teils wegen ihrer vielen Vorzüge. Ich muß anerkennen, daß die Slawen und die Bewohner des Nordens den Bärenklau viel besser kennen als ich, der ich ein reiner Südländer bin: Aus seinen Blättern machen sie Borscht (eine Art saure Kraftsuppe), und aus dem Mark seiner Stengel bereiten sie köstliche Süßigkeiten. Die Schweden halten die Wurzel des Bärenklau für wirksam

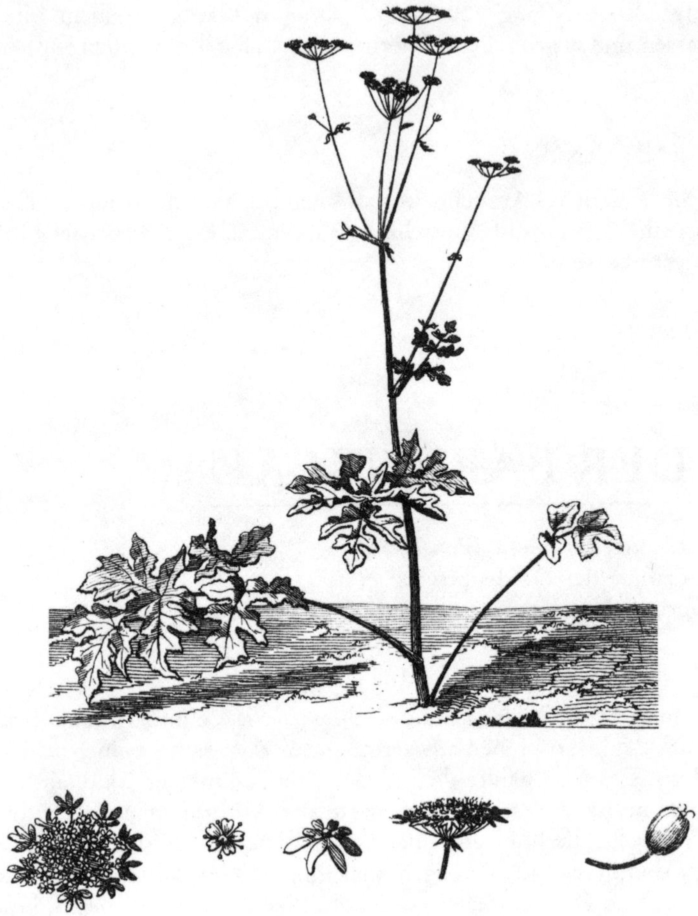

gegen Hysterie und Epilepsie. Die Russen gewinnen daraus eine Arznei gegen alle Verdauungsstörungen (Magenträgheit, Durchfall, Ruhr), und verwenden ihn ferner gegen Eingeweidewürmer.

Sie sollten ihn noch aus anderen Gründen kennenlernen. Erstens habe ich bemerkt, daß er äußerlich angewendet (Blätter und Wurzeln müssen zerdrückt werden) Furunkel, Karbunkel, Geschwüre, Abszesse und Insektenstiche bekämpft. Vor allem aber habe ich von meinem Vater gelernt, daß Bärenklau das beste aller Aphrodisiaka ist; mehr als nur ein impotenter Mann, mehr als nur eine frigide Frau konnte (und kann noch, dank dieser Pflanze) die unentbehrliche sexuelle Gesundheit, ohne die Körper und Geist krank sind, wiedererlangen.

ERNTE

Es ist besser, die Blätter des Bärenklaus im Sommer zu pflücken, wenn sie gut ausgebildet, von den Insekten aber noch nicht allzusehr angegriffen worden sind. Die Wurzeln kann man zu jeder Zeit ausziehen. Zu empfehlen ist allerdings der Herbst, denn dann enthalten sie mehr Wirkstoffe.

ZUBEREITUNG UND ANWENDUNG

ABSUD

Aus Wurzeln (gegen Verdauungsstörungen): Geben Sie eine kleine Handvoll frischer Wurzeln in einen Liter Wasser und trinken Sie davon zwei bis vier Tassen täglich.

BREIUMSCHLÄGE

Aus zerdrückten Wurzeln und Blättern, gegen Furunkel usw.: Wechseln Sie den Umschlag alle zehn Minuten.

FUSS- UND HANDBÄDER

Zur Bekämpfung von Frigidität und Impotenz. Nehmen Sie zwei Handvoll frischer Blätter und in Streifen geschnittene Wurzeln pro Liter Wasser; zweimal täglich baden.

SAFT

Aus ganzem Bärenklau gegen Impotenz und Frigidität; einen Kaffeelöffel voll täglich einnehmen.

DAS BASILIKUM

siehe Farbtafel II
Ocimum basilicum L.
Familie der Lippenblütler;

Das Basilikum stammt aus Indien. Es ist ein schöner Vetter der Minze, des Bohnenkrautes und des Thymians, und es war zweifellos Alexander der Große, der ihn aus diesem fernen Land zu uns mitgebracht hat. Das Basilikum – das Königskraut

– wurde in den Gärten der Cäsaren und seit dem 12. Jahrhundert im Süden von Frankreich gezüchtet. Diese Pflanze verströmt viel Duft. Sie bildet einen ganz kleinen Strauch, zwischen 15 und 50 cm hoch, mit fein gezähnten Blättern und weißlichen oder rosa Blüten, von denen jede eine Blumenkrone mit einer zart abgerundeten oberen Lippe und einer in vier gleichgroße Lappen geteilten unteren Lippe zeigt. Man verwendet die Blätter der Pflanze in der Küche als Gewürz. Ich selbst nehme außerdem noch ihre Blüten, besonders wegen ihrer verdauungsfördernden Eigenschaften. Ich versäume niemals, das Basilikum auch hochgradig nervösen Menschen, Kindern, die schlecht schlafen, und auch allen Erwachsenen zu verschreiben, die an Schwindelanfällen, Koliken, Husten, Angina oder Keuchhusten leiden. Es hilft sogar bei nervöser oder gastritisch bedingter Migräne. Für eine Nacht voll gutem Schlaf garantiert ein guter Basilikumtee! Ich habe noch zwei andere Vorzüge der Gattung entdeckt: Basilikum regt die Milchproduktion bei stillenden Frauen an und heilt Mundfäule, wenn man es in Mundbädern verabreicht.

ERNTE

Falls Sie das Glück haben, im Süden zu wohnen, rate ich, Basilikum im Garten anzupflanzen. Säen Sie es zwischen Februar und März, und pflanzen Sie es im Mai um. Pflücken Sie die Blätter und die Blüten der Pflanze unmittelbar bevor sie aufblühen, also zu Beginn des Sommers. Natürlich können Sie dies alles auch in einer guten Kräuterhandlung kaufen, aber vergewissern Sie sich der Frische und der Herkunft. Die für die Küche bestimmten, zerstoßenen Blätter, die man beim Lebensmittelhändler bekommt, sind untauglich, denn sie stammen größtenteils von Intensivkulturen, wo sie mit viel Kunstdünger und vielen Insektenvertilgungsmitteln behandelt wurden . . .

ZUBEREITUNG UND ANWENDUNG

AUFGUSS

Gegen Nervosität, Angstzustände, Migräne, Husten, Angina: Gießen Sie 20 bis 40 Prisen getrocknete Blätter und Blüten mit einem Liter Wasser auf und trinken Sie zwei bis drei Tassen täglich davon.

ABSUD

Anregend und – wie schon erwähnt – zur Vermehrung der Brustdrüsensekretion bei stillenden Frauen geeignet. Man rechnet mit einer kleinen Handvoll Pflanzen pro Liter Wasser. Zwei Tassen täglich davon trinken.

KONZENTRIERTER ABSUD

Gegen Mundfäule, für Mundbäder: Nehmen Sie zwei Handvoll Pflanzen pro Liter Wasser.

HAND- UND FUSSBÄDER

Nehmen Sie ein bis zwei Handvoll frischer oder halbfrischer Pflanzen pro Liter Wasser. (Einmal in der Woche.)

DER BESENGINSTER

Sarothamnus scoparius (L.) WIMMER
Familie der Schmetterlingsblütler;
gelbe Blüten

Von der stacheligen Schar der Ginstergewächse, auch spanischer Ginster, Flügelginster, Färberginster usw. genannt, rate ich Ihnen, vorzugsweise den Besenginster oder Besenstrauch zu verwenden; der Giftgehalt ist minimal, der „Gesundheitsertrag" höchstwertig.

Er ist der seltsame Gast steiniger Gelände und von Heidekraut überwucherter Felder. Sie finden ihn an unbebauten und verlassenen Stellen, in der Nähe von entlegenen Wäldern oder auf Lichtungen.

Seine mittlere Größe (selten höher als 1,50 m), seine fünfkantigen, mit scharfen Stacheln bewehrten Zweige, seine kleeähnlichen Blätter und typischen Schmetterlingsblüten in gelber Farbe machen ihn leicht erkennbar. Er blüht gewöhnlich von Mai bis Juli, aber oft im Herbst ein zweitesmal.

Der Ginster erinnert mich immer wieder an einen bestimmten Krankheitsfall. Ein alter, wassersüchtiger Mann, der an schwerer Harnverhaltung litt, suchte mich eines Tages auf und war nach einer intensiven Bäderkur mit den goldenen Blüten dieser Pflanze innerhalb von zwei Monaten geheilt. Aber außer ihrer harntreibenden Fähigkeit (wertvoll in allen Fällen von Albuminurie [Harneiweiß], von Harnsteinen, Wassergeschwülsten, Gicht, Rheumatismus usw.), besitzt die Pflanze auch Heilkräfte gegen zu niedrigen Blutdruck, gegen Lungeninfektionen, gegen Gebärmutterblutungen und gegen Mängel der endokrinen Drüsen (namentlich der Schilddrüse).

ERNTE

Achten Sie gut darauf, daß der Ginster, den Sie verwenden wollen, ein Besenginster ist (örtlich Grünling, Hasenheide, Hasengeilkraut, Heideschmuck, Judenrute, Pfingstpfriem usw. genannt); das wesentlichste Merkmal sind die fünfkantigen Zweige. Pflücken Sie im Frühling einige junge Blüten für sofortigen Gebrauch. Ernten Sie die Blüten unmittelbar vor dem Aufblühen, und lassen Sie sie rasch im Backofen trocknen, um ihnen ihre bewunderswerte goldene Farbe zu erhalten. Sie können den Ginster im Garten pflanzen. Eine einzige Bodenart ist ihm feindlich: Kalkerde. Streuen Sie im Sommer den Samen locker aus, und pflanzen Sie die schönsten Stöcke um, wenn diese kräftig genug sind.

ZUBEREITUNG UND ANWENDUNG

(Nur zur äußerlichen Anwendung geeignet)

AUFGUSS UND ABSUD

Aus getrockneten Blüten: Nehmen Sie 10 bis 15 Prisen Blüten für einen Liter Wasser. (Geeignet für Kompressen, Lotionen usw.)

ABSUD

Aus jungen Trieben und frischen Blüten: Gießen Sie höchstens 15 Prisen dieser Mischung mit einem Liter Wasser auf. Für Kompressen, Lotionen, örtliche Auflegungen usw. geeignet.

HAND- UND FUSSBÄDER

Man rechnet eine Handvoll getrockneter Blüten pro Liter Wasser. (Ein Bad täglich.)

BREIUMSCHLÄGE

Aus frischen oder aus getrockneten und angefeuchteten Blüten (auf Geschwülste, Wassergeschwülste oder im Falle von Harnverhaltung oberhalb der Harnblase auflegen). Wechseln Sie den Umschlag alle zwei Stunden.

DIE BIRKE

Betula alba L.
Familie der Birkengewächse;
gelbgrünliche männliche Kätzchen

In Indien, in Sibirien und den Indianern Amerikas gilt sie als magischer Baum. Mit ihrem Stamm aus weißem Satin und mit ihren zerzausten Wipfeln bildet die schlanke Birke den geheimen Schmuck der feuchten Wälder und Torfmoore, aus denen in der Morgenröte Nebelfetzen aufsteigen . . . Sie ist der Baum der Weisheit (darum hielten im Mittelalter die Lehrer immer einen Birkenzweig bereit, um faule Schüler zu bestrafen). Je nach Gegend wird sie Maibirke, Weißbirke, Pfingstbirke oder Haarbirke genannt. Man erkennt sie mühelos an ihrer weißen, manchmal köstlich rosa

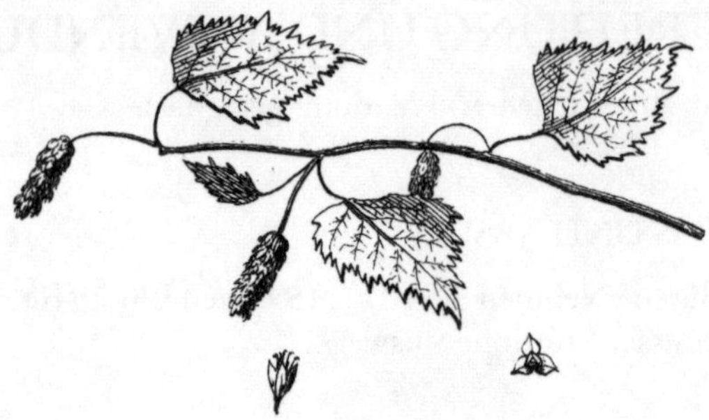

oder blaßgrün gefärbten Rinde, die sich in Streifen ablöst und stellenweise herrliche anthrazitfarbene Nebenkronen zeigt. Ihre ovalen und gezähnten Blätter verwandeln sich im Herbst in reines Gold. Im Frühling tragen ihre kürzeren Kätzchen (die zunächst aufgerichtet sind) die weiblichen Blüten. Die männlichen Kätzchen, gelblich und herabhängend, überlassen dem frischen Wind wahre Wolken von Blütenstaub.

Im 12. Jahrhundert empfahl die große Pflanzenheilkundige, die heilige Hildegard, die Blüten der Birke gegen hartnäckige Geschwüre und Wunden. Der italienische Arzt Matthiole war im 16. Jahrhundert der erste, der die erstaunlichen Eigenschaften des Baumes gegen Nieren- und Blasenleiden erkannte: er gab der Birke den Namen „europäischer Nierenbaum".

Mein Vater hatte gewiß nicht Matthiole gelesen, als er diese Pflanze gegen Nierensteine, Nierenkoliken, Rheumatismus, Gicht, Albuminurie (Harneiweiß) und Zellulitis als Harntreibemittel verwendete; die Blätter, die Knospen, die Rinde und der Saft des Baumes entfalten ihre Heilkraft sowohl in Form von Tee, als auch bei äußerlicher Anwendung (Bäder, Lotionen, Kompressen). Ferner regen sie die Verdauung an, bekämpfen Grippe, senken Fieber, desinfizieren Wunden, heilen den Großteil der Hautbeschwerden, schützen den Haarboden, verringern den Haarausfall und verleihen dem Teint junger Mädchen die Farbe von Rosen . . .

ERNTE

Im Frühling, wenn nach dem winterlichen Schlaf sich die Kräfte der Welt wieder zu regen beginnen, ist die richtige Zeit gekommen, die Birke um ihre Knospen, ihre Blätter, ihren Saft, ihre Kätzchen und ihre Rinde zu bitten. Wählen Sie schöne, pralle Knospen, pflücken Sie nur die allerzartesten Blätter, schneiden Sie den Stamm ein, und lassen Sie ihn Tränen aus dem „steigenden Saft" weinen. Reißen Sie die Kätzchen so früh wie nur möglich ab, noch ehe die männlichen Blüten ihren Blütenstaub ausschütten und die weiblichen befruchtet worden sind. Lösen Sie die Rinde so ab, wie sie sich natürlich löst, also in runden Plättchen. Den Saft der Birke erntet man, indem man einen Ast des Baumes im Frühling ansägt. Ein kräftiger Ast kann täglich vier bis fünf Liter Saft liefern.

ZUBEREITUNG UND ANWENDUNG

AUFGUSS

Aus Blättern, harntreibend: Gießen Sie eine kleine Handvoll frischer Blätter mit einem Liter Wasser auf; drei Tassen davon täglich trinken.

ABSUD

Konzentrierter Absud aus Knospen wirkt harntreibend: Nehmen Sie vier Handvoll Knospen für einen Liter Wasser; lassen Sie bis zur Hälfte einkochen; zwei oder drei Tassen täglich davon trinken.

Aus Blättern und Knospen, gegen Zellulitis: Geben Sie eine Handvoll dieser Mischung in einen Liter Wasser; drei Tassen täglich davon trinken.

Aus Rinde, gegen Fieber: Nehmen Sie eine halbe Handvoll Rinden auf einen Liter Wasser; zwei bis drei Tassen täglich davon trinken. Dieses Präparat wirkt auch gegen schlechte Verdauung.

BIRKENVOLLBAD

Zum Abnehmen: Man rechnet mit einer halben Handvoll frischer Blätter pro Liter Wasser.

HAND- UND FUSSBÄDER

Gegen Rheuma, Gicht usw.: Vier bis sechs Handvoll in Stücke geschnittener Rinden in ein Gefäß mit Wasser geben. Lassen Sie dies eine halbe Stunde lang stehen und wärmen Sie es dann auf; zweimal täglich anwenden.

SPEZIALTEE

Gegen Grippe: 15 Prisen Birkenblätter und zehn Prisen einer Mischung aus wilden Stiefmütterchenblüten und Lindenblüten in einem Liter Wasser; drei oder vier Tassen davon täglich trinken.

KOMPRESSEN

Aus frischen Blättern, gegen Hautbeschwerden und Wunden; Kompresse mehrmals täglich wechseln.

LOTION

Gegen Haarausfall: Bereiten Sie einen Rindenabsud, geben Sie einige Tropfen frischen Baumsaft dazu und massieren Sie gründlich damit den Haarboden.

EAU DE TOILETTE

Bereiten Sie einen Absud aus Blättern und Knospen. Filtern Sie sorgfältig und verwenden Sie diese Flüssigkeit zur Reinigung Ihrer Haut; anschließend mit destilliertem Wasser oder – noch besser – mit Rosenwasser abspülen.

DER BIRNBAUM

Pyrus communis L.
Familie der Rosengewächse;
weiße, manchmal zart rosa gefärbte Blüten

Für mich hat die Birne die Gestalt des Glücks: ausgewogen, breit, prall, voller Harmonie. Sie ist so wohlgeformt wie eine schöne Frau, so rund wie die Wangen lachender Kinder und hat den unvergleichlichen Duft jener Früchte dieser Erde, die unter den liebkosenden Strahlen der Sonne gereift sind und wie Nektar auf der Zunge schmelzen.

Der Großteil der gezüchteten Birnbäume ist auf Quittenbäume gepfropft, und die wilden Birnbäume (die Feldbirne, die Waldbirne) sind meistens mit langen Stacheln gespickt. Heute kennt man mehr als 1500 verschiedene Abarten dieser Gattung (Schmalzbirne, Christbirne, Williamsbirne usw.); sie alle haben ihre Vorzüge (Geschmack, Ertragsleistung, Widerstandsfähigkeit gegen Parasiten ...). Bei den alten Ägyptern war der Birnbaum unbekannt, die prähistorische europäische Bevölkerung dagegen kannte ihn bereits ebensogut wie später die Griechen und die Römer. Er wird sogar in der Odyssee von Homer erwähnt. Plinius zählte im ersten nachchristlichen Jahrhundert bereits sechsunddreißig Birnensorten. Die Birne diente als Nachspeise, war aber auch wichtiger Grundstoff für die Herstellung von gegorenen Getränken (Birnenmost) und von Schnäpsen. Die Birne ist weniger gut verdaulich als ihr Verwandter, der Apfel; sie ist aber sehr erfrischend und reich an Vitaminen. Ihre Zucker bilden für Diabetiker nur eine geringe Gefahr. Essen Sie reichlich Birnen, wenn Sie dieses Obst lieben. Ich habe nur einen einzigen Vorbehalt: Die Frucht muß – wegen der überreichlichen Verwendung von Insektenvertilgungsmitteln und von Giftstoffen in den heutigen Obstplantagen – unbedingt geschält werden.

Sie können aber die Rinde, die jungen Zweige, die Knospen, die Blätter und die Blüten des Birnbaumes ebenfalls verwenden. Diese Pflanzenteile sind, wie die Frucht selbst, harntreibend, ein wenig abführend und beruhigend; sie senken leichtes Fieber und hohen Blutdruck und ziehen Gewebe wieder zusammen, das sich durch Infektionen oder durch die Erkrankung von nahegelegenen Körperteilen allzusehr gedehnt hat. Verwenden Sie Blätter und Blüten dieses Baumes besonders gegen Harnverhaltung und Blasensteine.

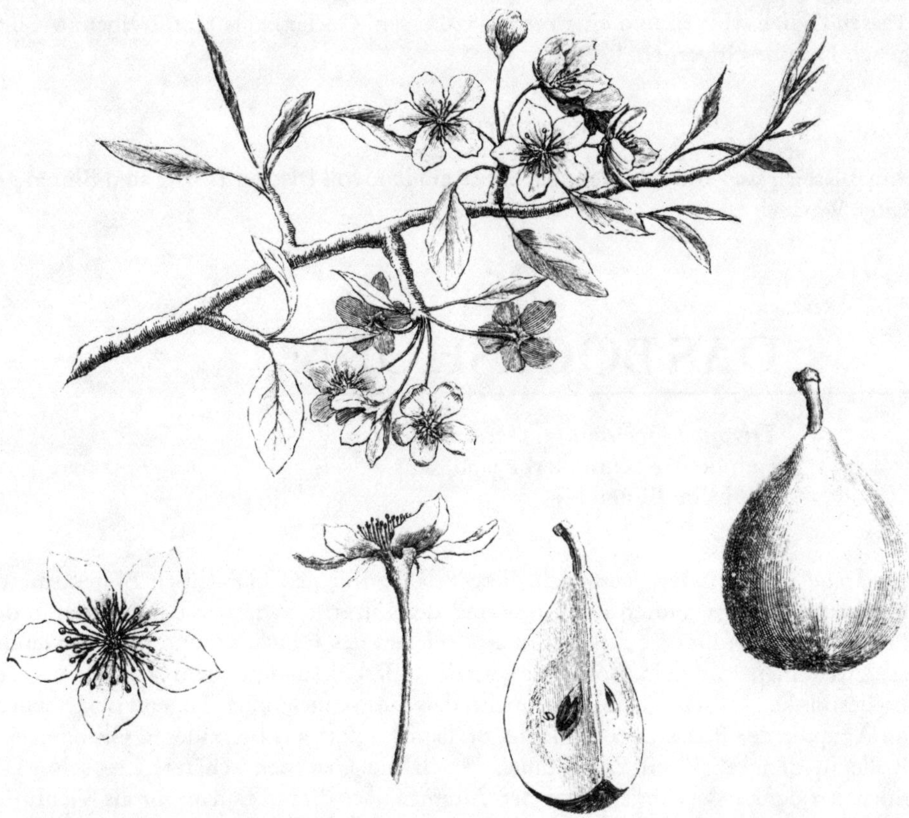

ERNTE

Pflücken Sie die Birnen dann, wenn die Früchte reif sind, und wählen Sie eine beliebige Zubereitungsart (rohe Birnen, gekochte Birnen, Birnenkuchen, Birnenkompott usw.). Alle anderen heilkräftigen Teile des Birnbaumes müssen im Frühling gesammelt werden (wenn der Saft steigt und kurz bevor die Blumenkronen schneeweiß aufblühen); dann legt man sie zum Trocknen in den Schatten.

ZUBEREITUNG UND ANWENDUNG

AUFGUSS ODER ABSUD

Aus Blättern, aus jungen Zweigen, aus Rinden, aus Knospen oder aus Blüten: Geben Sie jeweils zwei Handvoll einer Sorte (oder zwei Handvoll der Mischung) in einen

Liter Wasser; je nach Bedarf eine Viertelstunde lang ziehen oder kochen lassen; drei Tassen täglich trinken und eine Birne dazu essen. Geeignet als Harntreibemittel und gegen Harnbeschwerden.

HAND- UND FUSSBÄDER

Aus Blättern und Blüten: Nehmen Sie zwei Handvoll frischer Blätter und Blüten pro Liter Wasser.

DAS BOCKSHORN

Trigonella foenum – graecum L.
Familie der Schmetterlingsblütler
blaßgelbe Blüten

Ich freue mich immer, wenn ich diese Pflanze mit den blaßgelben Blüten, diesen bescheidenen Verwandten des Klees und der Luzerne zwischen den Steinen in der Heide entdecke: Das Bockshorn ist ein Zeichen des Glückes, denn man verwendet es, zusammen mit dem Bohnenkraut, dem Bärenklau und dem Schöllkraut, für Liebestränke . . . Man glaube aber nicht, daß dies seine einzige Tugend ist. Es wurde im Ägypten der Pharaonen gezüchtet und spielte dort aus besonderen Gründen eine Rolle in den religiösen Zeremonien. Auch die Griechen schätzten es sehr. Der nüchtern denkende Römer Cato der Ältere wollte diese Pflanze nur als Viehfutter verwenden, aber die Mönche des Mittelalters pflanzten sie zur Bekämpfung von vielerlei Übeln, angefangen von Leber- und Nierenbeschwerden, über Blutvergiftung, Nachlassen der Sehkraft und Fieber, bis zu Herzklopfen an. Es gibt zwei Arten von Bockshorn (auch Kuhhornklee, griechisches Heu, gemeiner Hornklee, Ziegenhorn, Fönu-Grek, Bockshornklee oder Schötchenmutterkraut genannt): die eine ist wild und wächst gewöhnlich im Süden; die andere wird gezüchtet und ist allgemein verbreitet. Beide Arten stärken und verhelfen zu neuen Kräften, aber sie wirken nicht wie „Dopings". Im Gegenteil, sie beruhigen und regen zugleich die Gesamtheit der Organfunktionen gerade im richtigen Maße an.

Das Bockshorn gibt erschöpften Kranken den Appetit wieder (schöne Orientalinnen verwendeten es, um Rundungen am richtigen Ort zu erwerben); reich an notwendigen Elementen (Phosphor, Eisen, Schwefel usw.), speist es die „Chemiefabrik" der Zellen, führt dem Blut neue rote Blutkörperchen zu und stellt verlorene Energiebestände wieder her. Dank der mildernden Substanz (Pflanzenschleim), mit der es reichlich versehen ist, „ölt" es außerdem das Räderwerk des Organismus. Ich empfehle es nicht gegen irgendeine besondere Krankheit; aber ich rate bei allen Schwächezuständen (Blutarmut, Apathie) und bei Infektionskrankheiten in allen Stadien zu einer Kur mit Bockshorn.

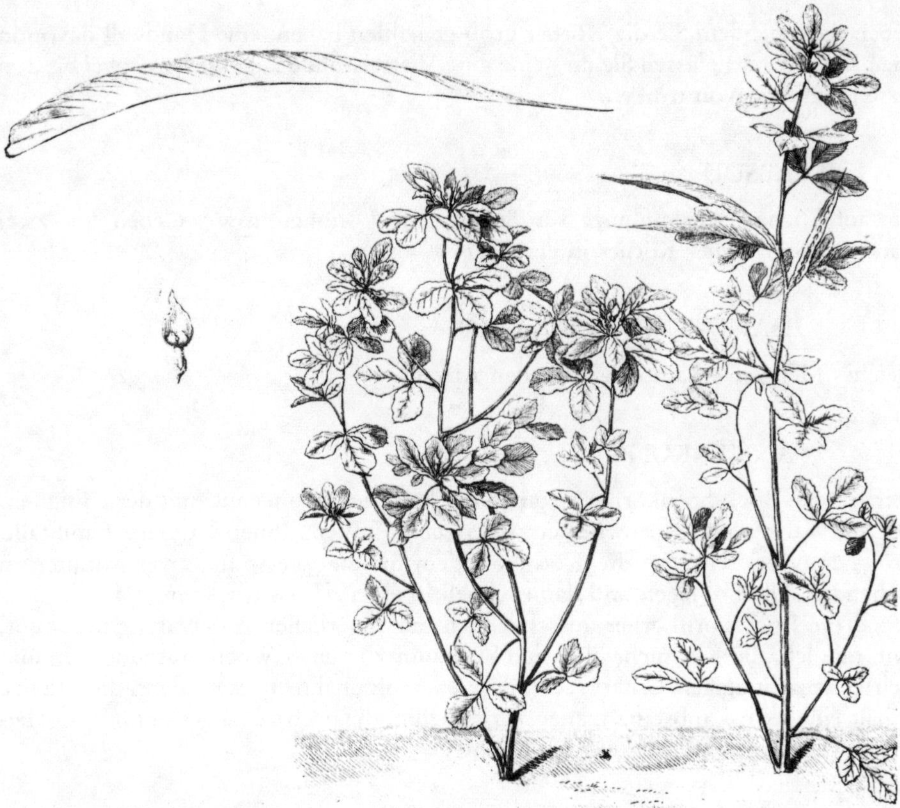

ERNTE

Wenn Sie Gelegenheit haben, dann pflücken Sie das Bockshorn in der Natur; ich halte es jedoch für sehr viel einfacher, ein kleines Beet im Garten damit zu bepflanzen. Es liebt tonhaltige und kalkige Böden und verabscheut allzuviel Wasser. Pflanzen Sie es entweder im Herbst oder im Frühling und ernten Sie die Schoten (die ein wenig an die Schoten von grünen Erbsen oder von Bohnen erinnern), wenn sie schön reif sind. Lassen Sie die Schoten auf einem sauberen Bretterboden trocknen und lösen Sie dann die Körner aus, die ja den aktiven Teil der Pflanze bilden.

ZUBEREITUNG UND ANWENDUNG

GESTOSSENE KÖRNER

Täglich zwei Kaffeelöffel mit Honig, Lebkuchen, Schokolade usw.

KÖRNERABSUD

Geben Sie, nachdem Sie die Körner grob gemahlen haben, eine Handvoll davon in einen Liter Wasser; lassen Sie dies eine gute Viertelstunde lang kochen; zwei bis drei Tassen täglich davon trinken.

ABSUD

Zur äußerlichen Anwendung, für Spülungen, Lotionen usw.: Geben Sie zwei Handvoll gemahlener Körner in einen Liter Wasser.

HAND- UND FUSSBÄDER

Gleiches Mengenverhältnis wie für den Absud.

ANMERKUNG

Getrocknete Bockshornkörner strömen ein kräftiges Aroma aus (mit der Fähigkeit, Motten, Wanzen und Kornwürmer zu vertreiben). Wenn Ihnen der Geruch mißfällt, dann „desodorieren" Sie die Körner, indem Sie sie zuerst für zwei Minuten in kochenden Alkohol legen und dann schnell in einem Tuch trocknen.

Sind die Bockshornkörner ausschließlich zur innerlichen Anwendung bestimmt, dann rate ich, die Kur nicht über den Zeitraum von einer Woche auszudehnen und nach einer achttägigen Unterbrechung wiederaufzunehmen usw., denn die Pflanze enthält eine aktive Substanz namens Trigonellin, die nach zu langer ununterbrochener Anwendung gefährlich werden könnte.

DAS BOHNENKRAUT

siehe Farbtafel III
Satureja hortensis L.
Familie der Lippenblütler

Mein Vater schätzte das Bohnenkraut sehr. Wenn wir gemeinsam auf die Hügel gingen, um Bohnenkraut zu suchen, sagte er mir: „Mein Kleiner, das ist die Pflanze des Glücks!" Ich freute mich sehr über dieses Herumschweifen auf dem Lande, bei dem er mir alle Geheimnisse der Pflanzen verriet. Aber ich habe erst später verstanden, welches Glück er damit meinte. Früher durften die Mönche kein Bohnenkraut in ihren Gärten pflanzen: es ist nämlich ein Aphrodisiakum. Ich bereite den „Liebestrank“ aus Bohnenkraut, Bärenklau und Schöllkraut. Manchmal gebe ich Paaren, die ihr Eheglück auffrischen wollen, auch nur den Rat, ihre Fleischgerichte mit Bohnenkraut zu bestreuen, dies aber vorher in der Pfeffermühle zu zermahlen. Oder ich bleibe den Osmosebehandlungen treu, die ich von meinem Vater gelernt habe, und rate impotenten Männern und frigiden Frauen: „Reiben Sie die Wirbelsäule mit Absud aus Bohnenkraut und Bockshorn ein ...“

Man kennt zwei Arten von Bohnenkraut: Den Sommersaturei (Pfefferkraut, Gartenquendel, Käsekraut, Kalbszwiebel, auch Köllenkraut genannt) und den Wintersaturei. Beide sind nahe Verwandte des Thymians, des Lavendels und des Salbeis (Familie der Lippenblütler). Man erkennt das Bohnenkraut mühelos an seinen grauen Blättern, seinen ein wenig roten Stengeln und an seinen winzigen, weißen oder rosafarbenen Blüten. Es stammt aus dem Mittelmeergebiet, wo es meist auf steinigen Böden und trockenem Heideland wächst. Der Sommersaturei verträgt Kälte und Feuchtigkeit besser als der Wintersaturei. Er gedeiht gut und ist weit verbreitet.

Das Bohnenkraut besitzt außer seinen Eigenschaften als Aphrodisiakum noch viele andere Vorzüge: die heilige Hildegard und Albertus Magnus empfahlen es im Mittelalter gegen Gicht, Lähmungen, Durchfall sowie gegen Weißfluß und das Ausbleiben der Menstruation bei Frauen. Ich selbst halte es für ein besonders gutes Anregungsmittel. Es fördert die Verdauung: das ist ein guter Grund, es in der Küche zu verwenden. Bohnenkraut hilft selbst die schwersten Gerichte gut zu verdauen – Wild, Ragouts, stärkehaltige Nahrungsmittel usw. Außerdem verhindert es Blähungen und wirkt gegen Durchfall (sowohl gegen akuten als auch gegen chronischen). Es ist reinigend, heilt Wurmbefall, ist harntreibend und daher empfehlenswert in allen Fällen von Selbstvergiftung (Gicht, Rheumatismus, Harnsteine usw.) oder von Vergiftung durch Parasiten (Bandwürmer, Spulwürmer). Es wirkt vorzüglich gegen Magenkrämpfe, beruhigt Asthmaanfälle, heilt Mund- und Halserkrankungen, ist gut für die Lungen, die es von Schleim befreit. Außerdem kräftigt es zarte Kinder.

ERNTE

Falls Sie im Süden wohnen oder dort Ihre Ferien verbringen, kann ich nur empfehlen, dort nach dem Bohnenkraut zu suchen: Sie werden dabei viel Sauerstoff einatmen und von Ihrem Spaziergang das nützlichste aller Heilkräuter heimbringen. Das Bohnenkraut blüht während des ganzen Sommers. Sie können den Sommersaturei aber auch im Gemüsegarten anpflanzen: er liebt leichten und ziemlich reichen Boden. Südlich der Loire sät man zwischen Februar und März, nördlich davon im April. Danach erhält sich Ihr Bohnenkrautbeet von selbst, wenn Sie nur einige Stücke in Samen schießen lassen. Man pflückt vor der Blütezeit die ganze Pflanze unmittelbar über der Wurzel ab und läßt sie in kleinen Sträußen an einem Faden aufgehängt im Schatten trocknen.

ZUBEREITUNG UND ANWENDUNG

AUFGUSS

Geben Sie eine kleine Handvoll frisches oder getrocknetes Bohnenkraut in einen Liter Wasser. Trinken Sie zwei bis vier Tassen täglich, davon eine vor dem Schlafengehen.

AUFGUSS ODER ABSUD

Zur äußerlichen Anwendung als Lotionen, Kompressen, Massagen, Gurgelwasser: Nehmen Sie eineinhalb Handvoll Pflanzen pro Liter Wasser.

HAND- UND FUSSBÄDER

Gleiches Mengenverhältnis.

ZUSAMMENGESETZTER AUFGUSS

Gegen Impotenz: Trinken Sie 40 Tage lang morgens und abends einen Aufguß aus sechs Prisen Bohnenkraut, zwei Prisen Rosmarin, zwei Prisen Minze und zwei Prisen Eisenkraut pro Liter Wasser; nehmen Sie anschließend drei Tage lang reinen Bohnenkrautaufguß (pro Topf sechs Prisen in kochendes Wasser).

DER BORRETSCH

Borago officinalis L.
Familie der Rauhblattgewächse
blaue Blüten

„Der Borretsch kann sagen, und das ist die Wahrheit: ich mache leichte Herzen, bringe Fröhlichkeit."

Diese beiden Verse der Schule von Salerno schildern den Gebrauch, den die Alten von dieser Pflanze machten: Sie behaupteten, daß sie in der Lage sei, die Melancholie zu vertreiben. Und wie sieht dieses heitere Gewächs aus?

Blüten von herrlichem Blau bilden die Spitze von dicken Stengeln voll starrer Haare. Der Borretsch erhielt seinen Namen vom lateinischen burra, „grober Stoff"; einige glaubten, in Borretsch eine Verballhornung des arabischen abu rash zu sehen, wörtlich „Vater Schweiß"; diese Ethymologie ist aus der Luft gegriffen, hat aber den Verdienst, die schweißtreibende Eigenschaft der Pflanze hervorzuheben. Das

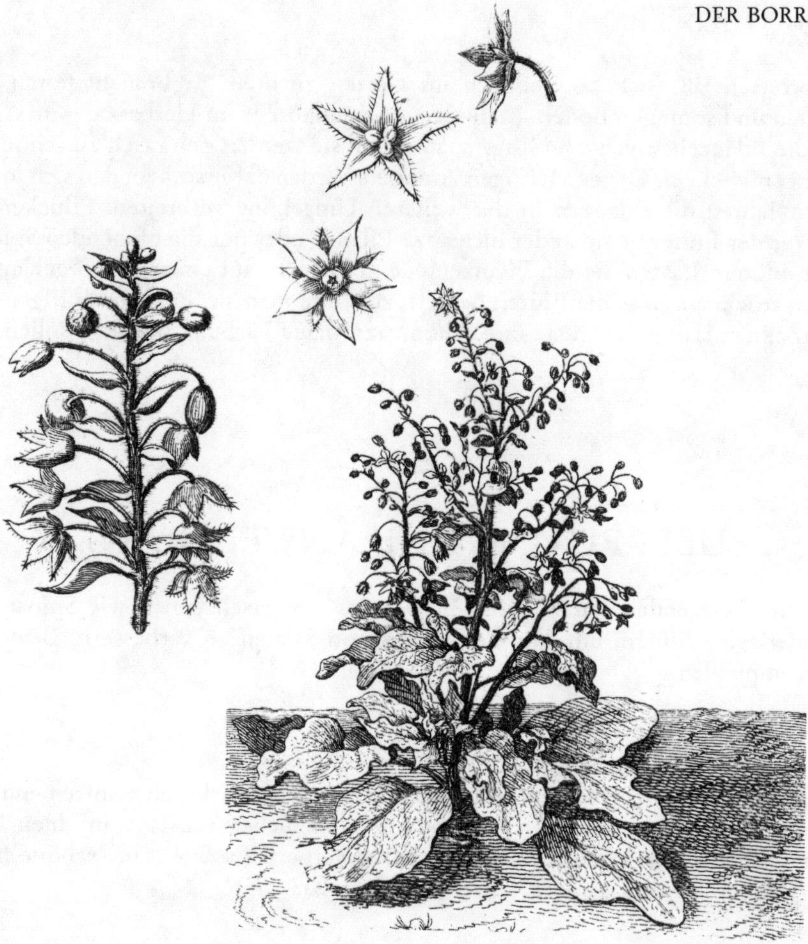

Gewächs kam wahrscheinlich aus Nordafrika zu uns und kommt teils durch natürliche Verbreitung in ganz Europa und Amerika vor. Man erkennt es entweder an seinen dicken und behaarten Blättern oder seinen azurblauen Blüten, die aus fünf sternförmig angelegten Blumenblättern bestehen und dicke, braunschwarze und schnabelförmig zusammengefaßte Staubfäden tragen.

Schon im Mittelalter nannte Albertus Magnus den Borretsch den „Erzeuger guten Blutes". Im Italien des 16. Jahrhunderts empfahl ihn Matthiole gegen Herzschwäche, um Fiebernde zu erfrischen und um ihre Fieberträume zu beruhigen. Mein Vater nannte diese Pflanze „die Ganz-Sanfte", denn sie verschafft den von Bronchitis, Katarrh, Infektion der inneren Membrane (Brustfell, Bauchfell), Blutanhäufung in den Organen oder Rheumatismus befallenen Kranken wirklich ein köstliches Gefühl der Erleichterung. Ich habe sie mit größtem Erfolg bei Fußbädern gegen Erkältung und in Breiumschlägen gegen Brandwunden und Gichtanfälle verwendet.

ERNTE

Der Borretsch läßt sich sehr einfach im Garten züchten. Er braucht fetten, gut gedüngten und sonnigen Boden. Man sät die Samenkörner im Herbst oder im April, lichtet die Pflänzchen vierzehn Tage später, und sie werden sich rasch zu schönsten Pflanzen entwickeln. Die geschäftigen Ameisen werden dafür sorgen, daß sich in den nächsten Jahren die Pflanzen in der weiteren Umgebung verbreiten. Pflücken Sie gerade vor der Blütezeit entweder die ganze Pflanze oder nur die blühenden Spitzen und die Blüten. Lassen Sie die Pflanzenteile in kleinen, auf einen Faden gehängten Sträußen trocknen. Was die Blüten betrifft, so sollte man sie an einem luftigen Ort rasch trocknen lassen, wenn sie ihre schöne azurblaue Färbung behalten sollen.

ZUBEREITUNG UND ANWENDUNG

In manchen Gegenden ißt man die Blätter des Borretsch genau wie Spinat und verwendet seine Blüten, um den Geschmack von Salaten zu verbessern. Beides ist sehr zu empfehlen.

AUFGUSS

Aus der ganzen Pflanze oder aus getrockneten Blüten: Er wirkt schweißtreibend und beruhigend: Man gibt eine kleine Handvoll pflanzlicher Substanz in einen Liter Wasser und läßt nur ganz kurz ziehen, sonst verliert der Tee seine schöne blaue Farbe. Trinken Sie drei bis vier Tassen täglich davon.

ABSUD

Schmerzlindernd: Gleiches Mengenverhältnis, gleiche Dosierung wie oben.

HAND- UND FUSSBÄDER

Nehmen Sie eine halbe Handvoll frischer oder getrockneter Pflanzen pro Liter Wasser. (Zwei Bäder täglich).

BREIUMSCHLÄGE

Brandwunden behandelt man mit einem Brei aus frischen Pflanzen. Auf die besonders empfindlichen Gelenke von Gichtkranken legt man einen mit sehr konzentriertem Absud aus Blüten und Blättern getränkten leichten Umschlag. Dosierung für den Absud: zwei Handvoll Pflanzen pro Liter Wasser.

SAFT

Harntreibend: Drücken Sie den Saft der sorgfältig gereinigten Pflanzen mit einem Tuch aus. Trinken Sie davon täglich ein halbes Glas, in zwei Portionen; kann auch in Milch eingenommen werden.

DIE BRENNESSEL

Urtica dioica L.
Familie der Brennesselgewächse;
grünliche Blüten

Warum heißt es von unnütz gewordenen Gegenständen, „man kann sie nur mehr zu den Brennesseln werfen"? Das ist sehr ungerecht. Besser müßte es heißen: Was man liebt, soll man zu den Brennesseln werfen. Denn die Brennessel, die einen wegen ihrer „brennenden" Eigenschaft schreckt, kann uns auch zum Schutze dienen. Sie wächst in dicken Büscheln neben alten Mauern, neben Lachen, auf Ödland oder in gut gedüngten Gärten. Ich verbiete es meinen Bauern ausdrücklich, sie auszureißen; dafür schicke ich dreimal jährlich meine Kräutersammler aus, sie pflücken große Säcke voll Brennesseln ...

Es ist leicht, diese großen Pflanzen mit den charakteristischen Blättern zu erkennen. Sie ist über und über mit stechenden Härchen, den Nesseln, besetzt; diese Härchen stoßen ein Gift aus, das große Mengen von Ameisensäure und Enzymen enthält, verwandt mit jenen, die sich im Schlangengift finden. Gerade diese Reizflüssigkeit bildet den ganzen Wert der Pflanze. Man muß lernen, sie richtig zu pflücken, entweder mit Handschuhen oder indem man sie ganz unten anfaßt. Einer meiner alten Gascogner Freunde, ein unverbesserlicher Schürzenjäger, preist folgende Kur an: Er wälzt sich regelmäßig in einem Brennesselfeld, um wieder mit ganzem Herzen bei der Sache zu sein ... Er handelt dabei nur im Sinne der Volksweisheit, die behauptet, daß die Nesseln dieser Pflanze den Organismus anregen. Kindern, die mit Waden voller Brennesselschwellungen heimkehren, sagt man, daß sie ihr ganzes Leben lang gesund bleiben würden und daß sie jedenfalls niemals Rheumatismus bekämen. Ein Freund bekräftigte die Meinung des lateinischen Dichters Petronius, der erklärte, daß man bei Männern „die Stelle unter dem Nabel, die Lenden und das Gesäß" mit einem Brennesselstrauß peitschen solle, um ihnen ihre Männlichkeit zurückzugeben. Die „Urtikation", das heißt das Peitschen mit Brennesseln, wurde früher auch für das beste aller ableitenden Mittel gehalten: man verschrieb es gegen viele Arten von Fieber, gegen Rheumatismus, Schlaganfälle und gegen das Ausbleiben der Menstruation bei Frauen.

Brennesseln wurden seit jeher genauso gegessen wie Spinat, oder sie wurden als

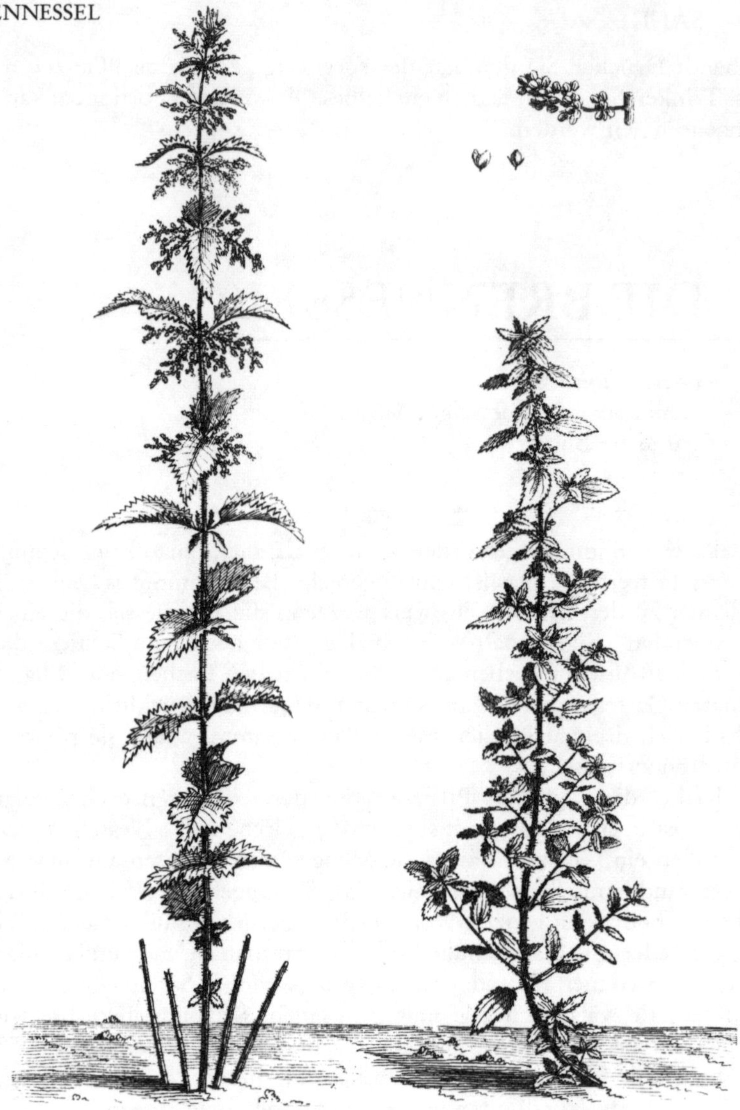

Suppe gekocht. Diese Pflanzen sind sehr nahrhaft, ihr reicher Gehalt an metallischen Stoffen (Eisen, Magnesium usw.) ist für die Gesundheit unerläßlich. Die Brennessel hat im Gegensatz zu Spinat einen nicht allzu hohen Säuregehalt, so daß sie für Rheuma-, Gicht- und Arthritiskranke vollkommen verträglich ist. Ferner enthält sie eine Substanz namens Sekretin, die das beste Reizmittel für die Verdauungsdrüsen des Magens, des Darmes, der Leber, für Bauchspeicheldrüse und die Gallenblase darstellt. Ihr Eisengehalt macht sie wertvoll für die Produktion von roten Blutkörperchen und folglich für eine gute Sauerstoffversorgung der Gewebe. Essen Sie

Brennesseln: der Geschmack von schönen zarten Blättern ist köstlich und schenkt Ihnen überdies noch Gesundheit. Gekochte Brennesseln brennen natürlich nicht mehr: im Gegenteil, auf der Zunge schmecken sie so weich wie Samt.

Vom streng medizinischen Gesichtspunkt betrachtet hat die Pflanze wunderbare Eigenschaften. Sie ist harntreibend (das sollten alle beachten, die an Rheumatismus, Gicht, Harnsteinen und an Harnverhaltung leiden). Sie bekämpft Durchfall: man hat sie besonders gegen den verheerenden Durchfall, der bei Cholera auftritt, verwendet. Sie stillt Blutungen (Nasenbluten, Blutspucken, alle Arten von Blutergüssen) und lästige Schleimabsonderungen (Schnupfen, Verstopfung der Atemwege). Sie gibt neue Kraft, hilft allen Frauen, die zuwenig Milch haben, regelt die Menstruation oder bewirkt, daß diese nach einer anormalen Unterbrechung wieder auftritt; sie reinigt das Blut – es gibt nichts Besseres als eine Frühlingskur mit Brennesseln –, sie bekämpft Würmer und ist ableitend. Äußerlich verwendet, wirkt sie mit viel Erfolg gegen Rheumatismus bei Menschen wie bei Tieren, etwa bei Hunden. Im Gurgelwasser ist sie ein unfehlbares Mittel gegen Mundinfektionen, Mundfäule, Zahnfleischentzündung und Angina. In Lotionen und Kompressen wird sie zum Schönheitspflegemittel: sie reinigt die Haut, läßt Akne und Ekzeme verschwinden und bekämpft Haarausfall.

ERNTE

Schneiden Sie nicht alle Brennesseln ab, die in Ihrem Garten wachsen, und besprühen Sie die Pflanzen niemals mit Unkrautvertilgungsmitteln (das wäre höchst gefährlich für all Ihre anderen Pflanzen und für Ihre Gesundheit). Die Brennessel ist alles andere als ein „Unkraut"; sie unterstützt vielmehr das Gedeihen von empfindlichen Pflanzengattungen und besonders das Wachstum jener Heilkräuter, die Sie in nächster Nähe davon anpflanzen. Einige Brennesselpflanzen genügen bereits für Suppen, für köstliche Gerichte, für Arzneien, die viele Störungen heilen, und sie erhöhen den Wirkstoffgehalt Ihrer anderen Aroma- oder Heilpflanzen.

Ernten Sie die Blätter, die blühenden Stengelspitzen und die Wurzeln in jeder Jahreszeit, je nach Bedarf, verwenden Sie die Pflanzenteile nur in frischem Zustand.

ZUBEREITUNG UND ANWENDUNG

AUFGUSS ODER ABSUD

Aus Blättern: Geben Sie eine bis zwei Handvoll frischer Blätter in einen Liter Wasser. Drei Tassen täglich gegen Blutergüsse, Nasenbluten und allzu starke Regelblutungen.

Aus Blättern und Blüten zur äußerlichen Anwendung als Gurgelwasser im Falle von Angina; Verbände, Lotionen für die Schönheitspflege; Kopfwäsche gegen Haarausfall usw.: Geben Sie drei Handvoll frischer Blätter und Blüten in einen Liter Wasser.

HAND- UND FUSSBÄDER

Gegen Akne, Nesselfieber, Menstruationsschmerzen und besonders gegen Rheumatismus: Man rechnet mit zwei Handvoll frischer Blätter pro Liter Wasser.

SPEZIALLOTION

Gegen Rheumatismus: Zerhacken Sie drei Handvoll Brennesselblätter, zwei Handvoll Schöllkrautblätter und Schöllkrautblüten und zwei schöne Kohlblätter; weichen Sie alles 48 Stunden lang in zwei Liter Regenwasser ein; anschließend abfiltern. (Örtlich auflegen.)

FRISCHER BRENNESSELSAFT

Trinken Sie täglich ein großes Glas davon oder verwenden Sie es äußerlich für Kompressen, Lotionen usw.

WURZELABSUD

Harntreibend, blutreinigend und stärkend: Eine Handvoll frischer und sorgfältig gereinigter Wurzeln in einen Liter Wasser. Trinken Sie drei Tassen täglich.

DER BROMBEERSTRAUCH

Rubus caesius L.
Familie der Rosengewächse;
weiße Blüten

Vorsicht! Alles an ihm kratzt: Seine Stengel, seine Blätter, und sogar die Blütenstiele sind mit Stacheln bewehrt; er bildet wahre Tentakel aus, die nach allen Richtungen mit Dornen gespickt sind, als wollte er seinen Opfern die Fluchtmöglichkeit nehmen. Der Brombeerstrauch schützt aber auch: er bietet kleinen Vögeln und Kaninchen, die vom Raubwild gehetzt werden, eine sichere Zuflucht. Auf Feldern, die wir nicht mehr bestellen, ist er gewissermaßen ein „Abgesandter" des Waldes: unter dem Schutz seiner stacheligen Zweige wachsen die kleinen Bäume heran, ohne Pflanzenfresser fürchten zu müssen; sobald sie sich entwickelt haben, überläßt der Brombeerstrauch ihnen den Platz und siedelt sich woanders an. Er vermehrt sich eifrig durch Senker, das heißt, ein Zweig neigt sich herab, schlägt Wurzeln, und daraus entsteht ein neuer Strauch ...

Der Brombeerstrauch, Ackerbeere, Bocksbeere, Fuchsbeere, Taubenbeere, Acker-

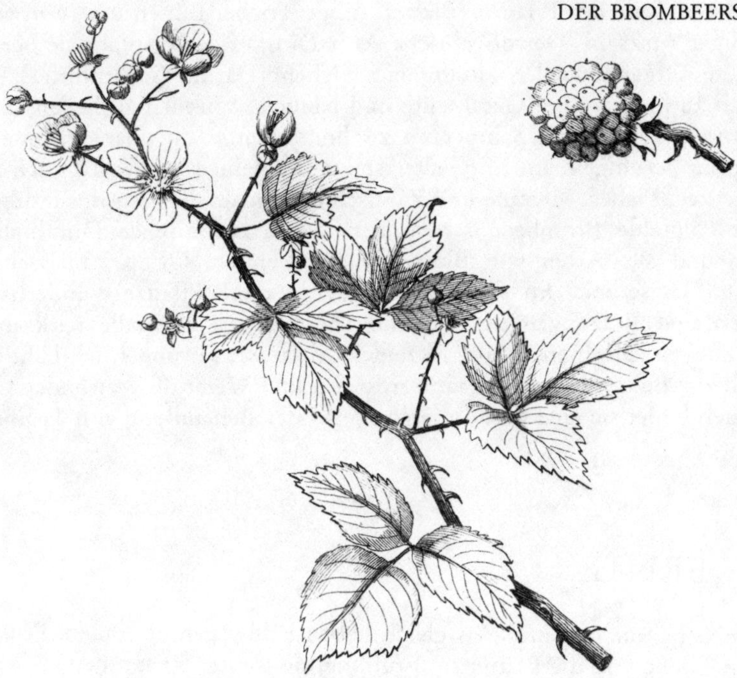

branner oder auch blaufrüchtige Brombeere, entfaltet seine weißen Blüten im Sommer; seine charakteristischen, erst roten und dann dunkelvioletten Früchte reifen zwischen August und Oktober. Der Brombeerstrauch gehört zur Familie der Rosengewächse, wie die Rose, die Erdbeere, die Himbeere und der Apfel.

Essen Sie so viele Brombeeren wie Sie nur wollen: mit Zucker, als Marmelade, als Sirup. Sie sind ein genauso köstliches wie gesundes Nahrungsmittel. Beeren, die schön dunkel sind, wirken gegen Verstopfung, fördern die Verdauung, bekämpfen Mund- und Halsentzündungen und begünstigen die Heilung von Angina und Mandelentzündung. Werden diese Früchte vor der Reife gepflückt (wenn sie noch grün oder rot sind), dann wirken sie unfehlbar gegen Durchfall und besonders gegen Durchfall bei Neugeborenen. In diesem Fall empfehle ich einen halb aus grünen und halb aus schwarzen Brombeeren zusammengesetzten Sirup.

Die anderen Teile der Pflanze (Blätter, junge Triebe, Blüten und Wurzeln) sind nicht weniger wirksam. Der griechische Arzt Dioskorides empfahl sie bereits, um ausgeweitete Organe wieder zusammenzuziehen (Darm, Gebärmutter), um das Zahnfleisch zu festigen, um Geschwüre und häßliche Wunden zu heilen, um durch Hämorrhoiden verursachte Schmerzen zu lindern und um unangenehmes saures Aufstoßen zu beruhigen. Im Mittelalter setzte die heilige Hildegard auch Husten, Halsschmerzen, Fieber, Migräne und Zahnschmerzen auf die Liste der Indikationen. Ich selbst empfehle Brombeeren besonders gegen chronischen Durchfall, gegen Blutungen und alle Arten von Blutergüssen, Wunden, Grippe, Halsschmerzen, Angina und Heiserkeit. Im Gurgelwasser wirkt diese Pflanze wunderbar gegen Infektionen und Reizungen des Zahnfleisches. Sie ist ebenfalls wirksam gegen Hautkrankheiten (Flechten, Akne, Ekzeme), Abszesse, Furunkel; ich habe sie auch erfolgreich zur Behandlung von Hämorrhoiden und Weißfluß verwendet.

Schließlich bildet sie eine gute Ergänzung bei der Behandlung von Tripper.

ERNTE

Der Brombeerstrauch ist mühelos gleich neben Feldwegen zu finden. Pflücken Sie die jungen Triebe und die Blätter im Frühling, die Blüten knapp bevor sie sich voll entfaltet haben, und lassen sie alles im Schatten trocknen. Reißen Sie im Sommer die Wurzeln aus. Pflücken Sie die Beeren je nach Bedarf: entweder wenn sie noch grün, oder wenn sie von der Sonne tiefdunkel gereift sind.

ZUBEREITUNG UND ANWENDUNG

AUFGUSS

Aus Blättern, jungen Trieben, Blüten oder Wurzeln: Geben Sie eine Handvoll in einen Liter Wasser, trinken Sie drei Tassen davon täglich.

ABSUD

Aus Blättern, jungen Trieben, Blüten oder Wurzeln (zur äußerlichen Anwendung in Gurgelwasser, Klistier, Vaginalspülungen, örtliche Auflegung): Man rechnet mit zwei Handvoll pro Liter Wasser.

HAND- UND FUSSBÄDER

Nehmen Sie zwei Handvoll Blüten und Blätter pro Liter Wasser.

BEERENSAFT

Nach Belieben, besonders gegen Durchfall.

BROMBEERTEE

Dieses Getränk ist voll guter Eigenschaften, schmeckt außerdem köstlich und duftet nach Rosen. Legen Sie eine aus 2/3 Brombeerblättern und 1/3 Himbeerblättern bestehende Mischung zwei Tage lang im Schatten aus; zerkleinern Sie die Blätter und lassen Sie das Gemisch weitere zwei Tage lang in einem schön sauberen Tuch gären. Bewahren Sie den Tee in einer Blechdose auf und verfahren Sie bei der Zubereitung genau wie mit schwarzem Tee.

DER BUCHSBAUM

Buxus sempervirens L.
Familie der Buchsbaumgewächse;
gelblich grüne Blüten

Die Buchsbaumzweige werden am Palmsonntag gesegnet. Jedermann kennt diesen Strauch mit den immergrünen Blättern, der sich in ausgedehnten, ineinander verflochtenen Kolonien auf trockenen Hügeln und im lichten Unterholz ansiedelt; jeder Stock kann fünf bis sechs Meter hoch werden und sechs- oder siebenhundert Jahre lang leben. Der Buchsbaum, besonders geeignet für dichte Gartenhecken, besitzt sehr hartes Holz, eine glatte und graue Rinde, ovale, glänzende und zähe Blätter und kleine grünliche Blüten. Seine Früchte in den eiförmigen Kapseln mit drei Hörnern sind charakteristisch.

Er ist ein wertvoller Helfer für den Phytotherapeuten, gleichzeitig aber auch eine Pflanze, mit der man vorsichtig umgehen muß: alle Teile enthalten Buxin, einen Wirkstoff, der ziemlich giftig ist. Ich rate dringend, die *Dosierung strengstens einzuhalten,* wenn Sie Buchsbaum verwenden. Das Holz, die Rinde und die Blätter der Pflanze wurden bereits im 12. Jahrhundert genauso wie heute als Blutreinigungsmittel, zum Anregen der Schweißproduktion und zum Senken von Fieber verwendet; ich empfehle sie gegen Sumpffieberanfälle, wenn das Chinin nicht gut wirkt, und gegen jedes hartnäckige Fieber: diese Arznei läßt nicht nur die Symptome verschwinden (das Fieber selbst), sondern der Buchsbaum bekämpft auch, indem er das Blut reinigt, die tieferen Ursachen der Krankheit. Er gibt kranken Menschen neue Kraft und ermöglicht es ihnen, dem Angriff der infektiösen Keime siegreich zu widerstehen.

ERNTE

Schneiden Sie die Äste, nehmen Sie die Rinde und pflücken Sie die Blätter des Buchsbaumes unmittelbar vor der Blütezeit, also je nach Gegend zwischen März und April; entweder gleich verwenden oder im Schatten trocknen lassen. Man wähle nur solche Sträucher für die Ernte, die in einiger Entfernung von den Städten gewachsen sind, also weit weg von den Quellen der Verschmutzung, weit weg vom Rauch und Gift aller Art.

ZUBEREITUNG UND ANWENDUNG

AUFGUSS

Aus Rinden, Blättern und Holz (blutreinigend): Geben Sie fünf Prisen der Pflanze in einen Liter Wasser. Trinken Sie durch drei Tage je eine Tasse.

ABSUD

Schweißtreibend und gegen Fieber, aus Rinden und Blättern: Gleiches Mengenverhältnis, gleiche Dosis.

PULVER

Aus getrockneten Blättern (nur bei sehr starken Fieberanfällen): Eine kleine Prise mit ein wenig Honig.

FUSS- UND HANDBÄDER

Aus geraspeltem Holz oder aus Blättern (blutreinigend, schweißtreibend, gegen Fieber): Nehmen Sie eine kleine Handvoll Pflanzen pro Liter Wasser. Ich empfehle dieses Rezept ganz besonders, weil es prompt wirkt und weil praktisch keine Gefahr besteht, sich bei der Dosierung zu irren.

ANMERKUNG

Fuß- und Handbäder bieten nur Vorzüge, aber die drei vorhergenannten Präparate sind für den Magen schwer verträglich. Ich rate deshalb, sie nur mit größter Vorsicht zu verwenden, es sei denn, eine sachkundige Person übernimmt die Behandlung.

DIE DISTEL

DIE BENEDIKTENDISTEL

Cnicus benedictus L.
Familie der Korbblütler;
gelbe Blüten

Nur wahre „Esel" überlassen die Distel den Eseln: um ihrer Gesundheit willen täten sie besser daran, dieses Gewächs öfter zu verwenden. Man könnte dasselbe auch auf andere Weise sagen: die Esel, welche die Distel schätzen, zeigen mehr gesunden Menschenverstand als die Menschen, die diese Pflanzen verachten.

In Wirklichkeit werden Dutzende von verschiedenen Korbblütlerarten und selbst Pflanzen aus anderen botanischen Familien „Distel" genannt. So sind die Blaudistel und der Mannstreu, Eryngia, Verwandte der Möhre und des Bärenklau. In der Familie der Korbblütler ist die Sterndistel (oder Flockenblume) eine Centaurea, die Weberdistel eine Karde und die Eselsdistel eine Krebsdistel. Die eigentlichen Disteln bilden zwei Artgruppen und insgesamt mehr als vierzig Gattungen (Krause Distel, Nickende Distel, Ackerdistel, Bärenkrautdistel, Zichoriendistel, Bisamdistel usw.). Alle diese Disteln haben fiebersenkende, harntreibende und appetitanregende Eigenschaften.

Aber die beiden pflanzlichen Kostbarkeiten, über die ich berichten will, gehören zu zwei anderen Gattungen: es handelt sich um die Benediktendistel (Cnicus) und die Mariendistel (Silybum).

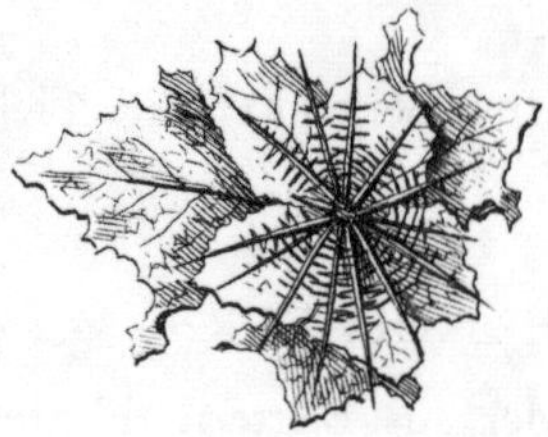

Die Benediktendistel wurde im 16. Jahrhundert als Allheilmittel betrachtet. Sie hat sich nunmehr auf dem Großteil der Erdkugel eingebürgert, wird zu ornamentalen Zwecken gezüchtet und wächst spontan auf trockenem oder sandigem Boden des Mittelmeergebietes. Man erkennt sie an ihren sehr breiten, unregelmäßig gezackten, kaum stacheligen Blättern, die an zerrissene Stoffflicken erinnern. Ihre kleinen, gelben Blütenköpfe verlieren sich in einem Gewirr von kandelaberförmigem Laub. Die Pflanze erreicht kaum mehr als 40 bis 50 cm Höhe; sie ist einjährig und blüht zwischen April und August.

Wie alle Disteln ist sie eine vorzügliche Arznei gegen Fieber, ein wirkungsvolles Harntreibemittel und belebt das Verdauungssystem. Sie ist appetitanregend und geeignet zur Behandlung von Magenstörungen. Aber zu diesen Tugenden gehört auch noch der Vorzug, daß sie Würmer bekämpft und Blutungen stillt. Man empfiehlt sie oft für Sitzbäder bei Hämorrhoiden. Äußerlich angewendet erweist sie sich überdies als gutes Mittel zur Reinigung von Wunden (Schnittverletzungen, Geschwüre, usw.) und zu ihrer Vernarbung. Innerlich angewendet entfaltet die Distel außer den bereits genannten Eigenschaften eine kräftigende Wirkung; allzu große Mengen sind aber nicht ratsam, denn eine starke Dosis kann Erbrechen hervorrufen. Aus diesem Grunde verordnet man sie aber bei Vergiftungen, um den Magen des Leidenden zu leeren.

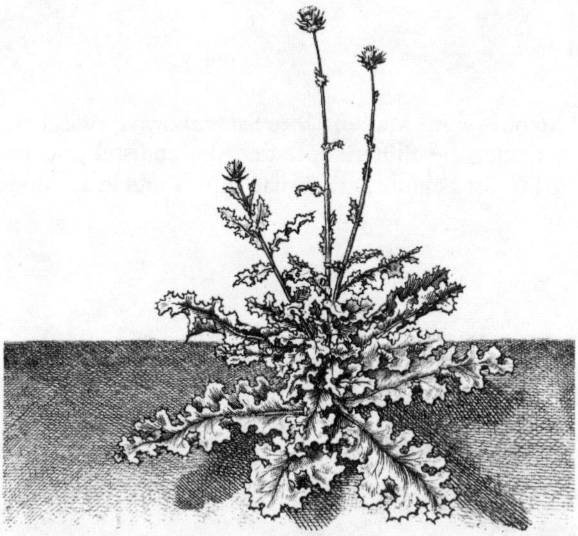

DIE MARIENDISTEL

Silybum marianum (L.) GAERTNER
Familie der Korbblütler;
rosa oder weiße Blüten

Die Mariendistel, auch weiße Wegdistel, Silberdistel, Milchdistel, wilde Artischocke, Stechkorndistel oder auch Lieb-Frauen-Distel genannt, besitzt charakteristische, weißmarmorierte Blätter (früher sagte man von diesen Marmorierungen, daß sie die Milchtropfen der heiligen Jungfrau seien . . .). Ihre Dornen sind gelblich und ihre Blütenköpfe rot. Die Gattung ist zweijährig, wird 1,50 Meter hoch und blüht von Juni bis August. Sie wächst häufig auf steinigem oder unbebautem Gelände im Mittelmeergebiet, ist aber auch in England und Amerika heimisch geworden.

Die ganze Pflanze – Wurzeln, Blätter und Blüten – ist besonders kräftigend, appetitanregend und fiebersenkend; sie ist wirksam bei Fällen von chronischer

Verstopfung und bei Lebererkrankungen (Gelbsucht, Gallensteine, Leberentzündung usw.). Starke Heilwirkung zeigt sie bei Erkrankungen des Kreislaufsystems, außerdem ist sie blutstillend bei Nasenbluten, Schnittverletzungen und zu starker Menstruation; auch kräftigt sie die Gefäße. Der Großteil aller Störungen, die durch vorübergehende Erkrankungen des Kreislaufsystems und des Herzens hervorgerufen werden, können mit ihr erfolgreich behandelt werden: Migräne, Schwindelgefühle, niedriger Blutdruck, mangelnde Spannkraft . . . Außerdem zeigt die Mariendistel erfahrungsgemäß die besten Wirkungen gegen Allergien aller Art; sie wird auch bei Seekrankheit, Luftkrankheit oder Übelkeit beim Autofahren, Heuschnupfen, bei Anfällen von Nesselfieber und Asthma erfolgreich angewendet.

ERNTE

Man erntet die Blätter der Benediktendistel im Mai und ihre Samenkörner zwischen August und September. Die Blätter oder die Blütenköpfe der Mariendistel pflückt man am besten im Juni; sobald der Herbst beginnt, gräbt man ihre Wurzeln aus und sammelt dann auch die Körner ein.

ZUBEREITUNG UND ANWENDUNG

1. BENEDIKTENDISTEL

AUFGUSS ODER ABSUD

Aus Blättern (kräftigend, appetitanregend, harntreibend und gegen Fieber): Nehmen Sie eine Handvoll frischer Blätter – eine halbe Handvoll getrockneter Blätter – pro Liter Wasser. Trinken Sie täglich vor den Mahlzeiten zwei bis drei Tassen davon.

TINKTUR

Zur gleichen Verwendung: Mischen Sie einen Teil getrockneter, zerstoßener Blätter mit einem Teil Alkohol und acht Teilen Wasser. Trinken Sie davon ein Likörglas vor dem Mittagessen.

ABSUD

Aus Blättern, zur äußerlichen Anwendung, gegen Blutungen, zum Reinigen von Wunden usw.: Nehmen Sie eine große Handvoll frischer oder getrockneter Blätter pro Liter Wasser.

SITZBÄDER

Gegen Hämorrhoiden: Gleiches Mengenverhältnis. (Zwei Bäder täglich.)

2. MARIENDISTEL

AUFGUSS UND ABSUD

Aus Blättern, zerstoßenen Wurzeln oder aus Früchten (kräftigend, appetitanregend, gegen Fieber, Lebererkrankungen und Kreislaufstörungen): Geben Sie ein Blatt, eine kleine Wurzel oder drei Prisen Früchte in einen Liter Wasser und trinken Sie davon zwei bis drei Tassen täglich.

ABSUD

Aus Blättern (äußerliche Anwendung, gegen Infektionen, zur rascheren und besseren Vernarbung von Wunden und Geschwüren): Man nehme 10 bis 20 Prisen frischer oder getrockneter Blätter pro Liter Wasser.

Aus Samen (antiallergisch): Geben Sie zwei bis drei Prisen Samen in einen Liter Wasser und nehmen Sie davon in Abständen von fünf bis sechs Stunden einen Suppenlöffel voll ein.

HAND- UND FUSSBÄDER

Gegen Migräne, Schwindelgefühle und niedrigen Blutdruck: Nehmen Sie zehn Prisen getrocknete Blätter oder Samen pro Liter Wasser.

KRÄUTERTEE

Gegen See- und Reisekrankheit: Lassen Sie ein Blatt, eine Prise Samenkörner und ein kleines Wurzelstück in einem Liter Wasser aufwallen und dann ziehen; anschließend mit Honig süßen und eine Tasse vor der Reise trinken.

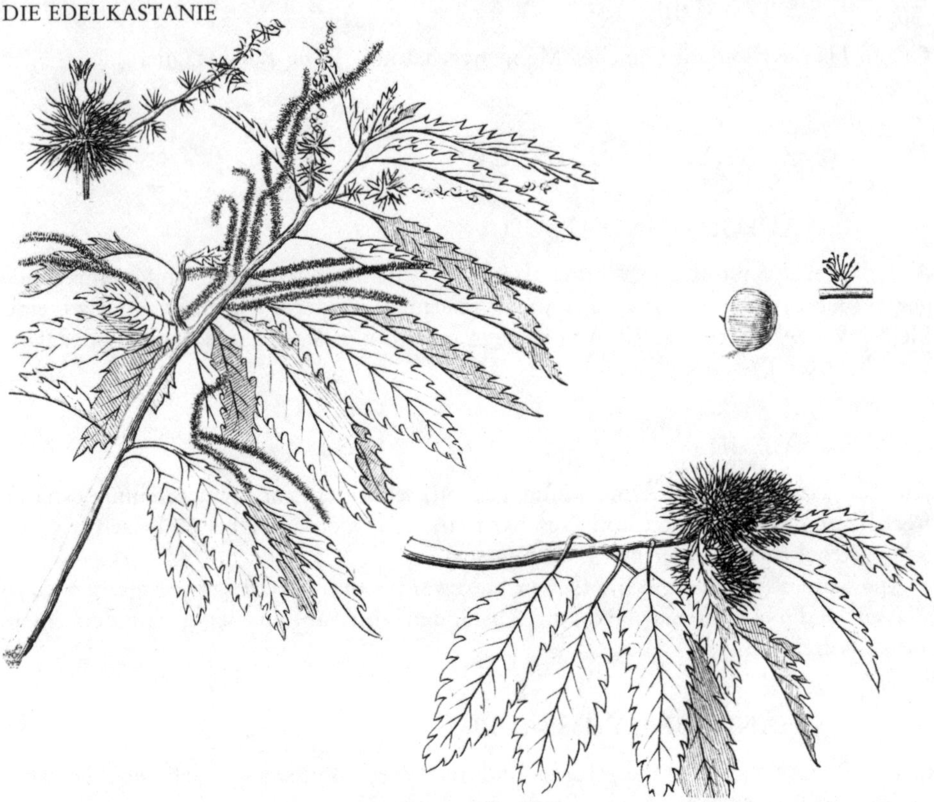

DIE EDELKASTANIE

Castanea sativa MILLER
Familie der Buchengewächse;
grünlichgelbe Blüten

Es gibt Gegenden, wo noch vor nicht allzulanger Zeit die Bauern monatelang von Kastanien lebten: sie sammelten sie im Herbst in große Weidenkörbe und ließen sie unter der warmen Asche gar werden. Das war nicht nur ein Genuß, sondern außerdem ein kräftiges Nahrungsmittel. Es erübrigt sich, den Kastanienbaum, diesen stolzen Verwandten der Eiche und der Buche ausführlich vorzustellen. In den Wäldern, wo es kieselsäurehaltigen Boden gibt, findet man seine großen, gezähnten Blätter, im Herbst sind die Pfade mit seinen stacheligen Schalen übersät. In ihrem Inneren verbergen sich ein oder zwei mahagonifarbene Kastanien. Die Maronen der Edelkastanie, die man ja nicht mit den giftigen Früchten der Roßkastanie verwechseln darf, die in unseren Städten wächst, sind reich an Stärke, an Fetten und besonders an den Vitaminen B und C, die dank der dicken „Rinde“, mit der die Früchte ausgestattet sind, beim Erhitzen vollkommen erhalten bleiben. Ihre Wirkung ist besonders intensiv bei geschwächten Organismen; sie hilft Kindern, Genesenden und Greisen. Und im Kamin gebraten sind Maronen ein wahrer Leckerbissen.

In der Phytotherapie verwendet man auch die Kätzchen, das Holz und die Rinde der Edelkastanie. Erstere wirken gegen Durchfall (bei Menschen und Tieren). Das zerstoßene Holz und die Rinde des Stammes oder der Zweige zeigen unleugbare adstringierende Eigenschaften: sie ziehen die unter der Oberfläche der Haut liegenden Blutgefäße wieder zusammen, bringen Blutungen zum Stillstand und beschleunigen die Wundvernarbung.

ERNTE

Die Kätzchen dieses Baumes pflückt man im Frühling, wenn sie gerade ausgeschlüpft sind, und läßt sie im Schatten trocknen. Holz und Rinde können am besten im Frühling bei steigendem Saft von den Zweigen abgelöst werden.

ZUBEREITUNG UND ANWENDUNG

SITZBÄDER

Aus Kätzchen, gegen Durchfall: Nehmen Sie zwei Handvoll frischer oder trockener Kätzchen pro Liter Wasser. Ich empfehle zwei Bäder täglich.

ABSUD

Aus Kätzchen (gegen Durchfall): Stellen Sie eine kleine Handvoll getrockneter Kätzchen in einem Liter kaltes Wasser zu, lassen es kochen und dann zwei Minuten lang ziehen. Trinken Sie davon zwei bis drei Tassen täglich.

Aus Holz und Rinde (adstringierend): Man gebe eine Handvoll zerstoßener Mischung in einen Liter Wasser und trinke zwei Tassen täglich.

Aus Holz und Rinde, adstringierend (äußerliche Anwendung bei Wunden, Quetschungen usw. oder für Hand- und Fußbäder): Zwei Handvoll der Mischung auf einen Liter Wasser.

ANMERKUNG

In manchen Gebieten verwendet man die Blätter der Edelkastanie gegen Keuchhusten und Husten. Das hat gute Gründe – wovon ich mich selbst überzeugen konnte.

Nehmen Sie eine Handvoll im Sommer gepflückter, frischer Blätter oder eine halbe Handvoll getrockneter Blätter pro Liter Wasser; lassen Sie alles langsam ziehen; trinken Sie den Tee (drei Tassen täglich), oder verwenden sie ihn als Gurgelwasser oder auch als sehr warme Spülung für die Kehle.

DER EFEU

Hedera helix L.
Familie der Efeugewächse;
grünliche oder gelbliche Blüten

„Anklammern oder Sterben" – wenn Pflanzen einen Wahlspruch hätten, dann könnte dies der Wahlspruch des Efeus sein. Manche nennen ihn „Efeu der Poeten", weil er das Symbol treuer Liebe ist; andere geben ihm Namen wie Baumefeu, Eppich, Mauerwurz oder sogar so häßliche wie Baumwürger. Dabei ist die Pflanze kein Parasit: wenn sie sich auch mit kräftigen Haftwurzeln an die Rinde der Stämme klammert, an denen sie emporsteigt, so saugt sie doch nicht deren Saft. Jeder kennt die charakteristischen, fünflappigen und dunkelgrün glänzenden Blätter. Die mit Blüten besetzten Zweige der älteren Stöcke tragen ovale Blätter, die ein wenig an jene des Birnbaumes erinnern. Der Efeu blüht nur sehr selten und dann im Herbst: seine kleinen, grünlichen Blüten in Dolden, seine erbsengroßen Früchte reifen im Winter und werden schwarz.

Bei den alten Griechen war der Efeu ein Kennzeichen des Dionysos, des Gottes des Weins, der Lebensfreude und der Lebenskraft. Er war auch das Symbol der Unsterblichkeit. Die Ärzte dieser Zeit, wie zum Beispiel Dioskorides, verwendeten Efeu gegen alle möglichen Krankheiten, besonders aber gegen Ruhr, Milzbeschwerden, Geschwüre, Ohrenentzündung und Zahnschmerzen. Im Mittelalter wird die Liste der Indikationen länger: Gelbsucht, Schlaflosigkeit, Schwerhörigkeit, Sehstörungen, Kopfschmerzen, Unregelmäßigkeiten beim Zyklus der Frauen usw. Die Anwendung von Efeu kann nützlich, aber auch gefährlich sein, denn er wirkt verheerend, wenn man zu große Mengen einnimmt. Die Anzeichen einer Vergiftung durch die Blätter und Früchte dieser Pflanze beginnen mit Erbrechen, Durchfall, Magen- und Darmreizungen und enden mit furchtbaren nervösen Störungen, namentlich mit Gehirnhautentzündung. Tiere sind diesbezüglich mehr oder weniger empfindlich: wenn Drosseln und Meisen besonders hungrig sind, kann es geschehen, daß sie die Beeren dieser Pflanze ohne Schaden verzehren. Ich erinnere mich aber an einen Freund, der den Käfig seines Kanarienvogels in ein mit Efeu umranktes Fenster gestellt hatte: der Vogel pickte an den Früchten und starb.

Ausschließlich äußerlich angewendet, ist der Efeu eine der besten Arzneien. Er hat eine etwas aufputschende Wirkung, senkt Fieber, regt die Schweißabsonderung an

und regelt den Zyklus der Frauen. Er kann erkranktes Gewebe regenerieren (Geschwüre, Geschwülste, Schwellungen). Er wird mit Erfolg gegen schwere Brandwunden angewendet. Außerdem ist der Efeu ein gutes Mittel gegen Rheumatismus und das beste Schmerzberuhigungsmittel, das man so nahe vor der Haustür oder auf dem Balkon finden kann.

In einer Zeit, in der die Gefahren der chemischen Schmerzlinderungsmittel (Analgetica) aufgezeigt werden, sollte man wieder an jene Mittel denken, welche die Natur uns kostenlos anbietet. Verwenden Sie Pflaster, Breiumschläge, Gurgelwasser und Bäder mit Efeu zur Behandlung von aller Art Schmerzen, angefangen bei Zahn- und Ohrenschmerzen bis hin zu Gichtanfällen.

Außer den verschiedenen bereits erwähnten Eigenschaften besitzt der Efeu noch drei andere, auf die ich unbedingt hinweisen möchte. Zunächst ist er, wie die meisten bitteren Pflanzen, gut für Magen und Verdauungssystem; zweitens wirkt er harntreibend, und seine letzte und wichtigste Eigenschaft fördert die Schönheit. In Breiumschlägen läßt er überflüssiges Fett dahinschwinden und entfernt Zellulitis. Er ist also nicht nur das Symbol der treuen Herzen, er verschönt auch die Frauen.

ERNTE

Verwenden sollte man nur die Blätter des Efeus, unter Umständen auch seine Blüten, nicht aber seine Früchte, sie sind zu gefährlich, besonders für Kinder. Der Mensch ist ein „schwaches Tier“, denn Schafe und Ziegen essen die Pflanze mit Genuß. Man sagt sogar, daß Efeu bei letzteren die Milchproduktion steigert . . . Pflücken Sie die Blätter zu jeder Jahreszeit. Nehmen Sie jedesmal nur soviel, wie Sie gerade brauchen, denn man soll immer nur ganz frische Blätter verwenden. Wählen Sie Efeu, der im Wald und weit entfernt von Verschmutzungen wächst. Sie können auch an der Mauer Ihres Hauses Efeu pflanzen: er wird sie erklimmen und immer griffbereit sein; aber Vorsicht! Der Stock kann sehr groß werden und alles überwuchern; falls Sie sich dann seiner wieder entledigen wollen, wird es praktisch unmöglich sein, all seine Haftwurzeln auszureißen.

ZUBEREITUNG UND ANWENDUNG

ABSUD ZUR ÄUSSERLICHEN ANWENDUNG

In Lotionen, Kompressen usw., gegen Schmerzen: Nehmen Sie eine Handvoll frischer Blätter pro Liter Wasser.

BREIUMSCHLÄGE

Gegen Schmerzen, Rheumatismus usw.: Legen Sie den Brei aus frischen Blättern direkt auf die zu behandelnde Körperzone; oder mischen Sie einen Teil gehackter Efeublätter mit drei Teilen Flachsmehl.

KOMPRESSEN

Gegen Zellulitis: Bereiten Sie einen Absud aus frischen Blättern und tränken Sie damit ein Tuch, das auf die „schlankzumachende“ Körperstelle gelegt wird.

GURGELWASSER

Gegen Zahnschmerzen und Zahnkaries: Bereiten Sie aus frischen Blättern einen Aufguß aus vier oder fünf Prisen pro Liter; salzen Sie reichlich. Natürlich dürfen Sie das Präparat nicht schlucken . . .

In der Apotheke können Sie auch Efeutropfen bekommen, die gegen hartnäckige Luftröhrenentzündung bei Kindern sehr wirksam sind.

ANMERKUNG

Zeitungen melden, daß besonders in den Schulen wieder die Krätze auftritt. Ursache dieser Krankheit ist ein winziger Parasit, der mit den Spinnen verwandt ist. Ich erinnere mich sehr gut, daß mein Vater folgendes Heilrezept gegen Krätze hatte: Man legt eine Handvoll Efeublätter 24 Stunden lang in einen Liter Weinessig ein; durch ein Tuch filtern; die mit wenig Wasser verdünnte Flüssigkeit eine Woche lang morgens und abends als Kompressen auf die angegriffenen Stellen legen.

DER EIBISCH

Althaea officinalis L.
Familie der Malvengewächse;
weißrosa oder malvenfarbige Blüten

Zusammen mit seiner Artgenossin, der Malve, ist er die mildeste unter allen Pflanzen. Es ist interessant festzustellen, daß sein lateinischer Name *Althaea* vom griechischen *althaino* kommt, was soviel bedeutet wie „heilen" . . . Die große und prächtige Baumrose in unseren Gärten ist auch ein Eibischgewächs; man nennt die gewöhnliche auch wilder Eibisch, weiße Malve oder Rosenmalve: Er ist eine große, über einen Meter hohe Pflanze, die über und über mit einem silbernen Flaum aus kleinen, weichen Härchen besetzt ist und herzförmige Blätter und große, rosafarbene Blüten trägt. Die Blüten wiederum tragen ein Staubfädenbüschel und einen Griffel, aus dem dann eine zylinderförmige, abgeflachte Frucht entsteht, die in ihrer Form an einen Käse erinnert. Angeblich ist die Gattung aus den Steppen Zentralasiens zu uns gekommen. Sie wächst besonders gut auf salzigem Boden und blüht von August bis September.

Schon die Völker der Antike verwendeten den Eibisch, und zwar als linderndes und erweichendes Mittel, denn er ist eine Pflanze, deren Wirkstoffe jene Gewebe wieder weichmachen können, die durch Infektionen angeschwollen und verhärtet sind. Im Mittelalter verwendete man ihn unter den Namen Bismalva und Mismalva.

Die heilige Hildegard und Albertus Magnus verschrieben ihn gegen Fieber, gegen Husten, Katarrhe, Verschleimung der Atemwege und gegen Kopfschmerzen.

Alle Teile des Eibisch kann man verwenden: Blüten, Blätter und Wurzeln. Die Blüten und die Blätter haben, innerlich oder äußerlich angewendet, eine erweichende Wirkung und heilen Brustbeschwerden, Halsschmerzen, Angina, Bronchitis, wie auch Bindehautentzündungen, Entzündungsgeschwulste, Abszesse, Nagelgeschwüre und Furunkel.

Wenn es um Linderung geht, scheinen die Wurzeln eine noch intensivere Wirkung zu haben. Sie erweichen, beruhigen und schützen, und sie mäßigen alle Reizungen. Gut bewähren sie sich immer gegen innere oder äußere Entzündungen, gegen Husten, Verschleimungen im Hals und in den Bronchien, Hals- und Lungenkrankheiten, Darmbeschwerden (Koliken, Durchfall, Verstopfung usw.), Magengeschwüre und gegen Reizungen der Harnblase und der Nieren (besonders bei Nierensteinen). Ganz besonders ist das Gurgelwasser mit Eibisch gegen Zahnfleischabszesse und Mundfäule zu empfehlen. nach bäuerlicher Tradition gibt man den Kindern die Wurzeln dieser Pflanze zu kauen, um ihnen das Putzen der Zähne zu ersparen.

ERNTE

Obwohl wilder Eibisch beinahe überall gedeiht, findet man die Pflanze doch verhältnismäßig selten. Man pflückt die Blüten im Sommer, unmittelbar bevor sie aufblühen, die Blätter etwa zur gleichen Zeit, die Wurzeln nimmt man aber erst im Herbst. Man muß die Blüten bei klarem und trockenem Wetter einsammeln (wenn sie feucht sind, werden sie schwarz und verderben), und sie dann möglichst locker gelegt im Schatten trocknen lassen. Die Blätter trocknen in kürzerer Zeit. Die Wurzeln dürfen nur trocken mit einer Bürste gereinigt, aber nicht gewaschen werden. Beim Trocknen sollten sie häufig gewendet werden, damit sie eine hübsche graugrüne Färbung erhalten. All diese Arbeiten kann man natürlich leicht ausführen, wenn man den Eibisch im Garten zieht. Die Gattung liebt tiefe, frische und ammoniakreiche Böden. Zwischen März und April oder zwischen Juli und August werden die Samen gesät, oder man setzt in der gleichen Zeit Stecklinge. Von gesäten Pflanzen kann man erst im zweiten Jahr Blüten, Blätter und Wurzeln entnehmen, aus Stecklingen gezogene Pflanzen enthalten ihre medizinischen Eigenschaften schon im ersten Herbst.

ZUBEREITUNG UND ANWENDUNG

AUFGUSS ODER ABSUD

Aus Blüten: Man gibt eine kleine Handvoll getrockneter Blüten in einen Liter Wasser und trinkt davon täglich zwei bis drei Tassen.

ABSUD

Aus Blättern: Man rechnet mit einer Handvoll getrockneter Blätter pro Liter Wasser und trinkt davon zwei Tassen täglich. Aus Wurzeln: Man rechnet mit einer kleinen Handvoll geschälter Wurzeln pro Liter Wasser; zwei Tassen täglich davon trinken.

BEIZE

Aus Blättern und Wurzeln (gegen Beschwerden des Atmungsapparates): Zehn Prisen getrockneter Blätter und eine kleine, abgeschälte Wurzelscheibe eine Stunde lang bei einer Temperatur von 20 bis 30 Grad C in 1/2 Liter Wasser legen; anschließend filtern und die gesamte Menge im Laufe eines Tages trinken.

SIRUP

Aus Wurzeln: Sechs Stunden lang eine kleine Handvoll zerkleinerte Wurzeln in einem Glas voll 90prozentigem Alkohol und in 1/2 Liter Wasser einweichen; anschließend das Ganze fünf Minuten lang mit 150 Gramm Zucker kochen.

PULVER

Aus Wurzeln, gegen Verstopfung: Täglich morgens zwei Prisen, zusammen mit einer Prise Süßholzpulver und einer Prise direkt assimilierbarem Zucker (Traubenzucker, Fruchtzucker, Milchzucker) einnehmen.

LOTION

Für die Augen (gegen Bindehautentzündung) bereite man einen Absud aus einem Kaffeelöffel Blüten pro Tasse Wasser, der dann als Kompresse aufgelegt wird.

KRÄUTERTEE

Aus Wurzeln und Blättern (äußerliche Anwendung für Sitzbäder, Vaginalspülungen, Gurgelwasser und Klistiere): Man rechnet mit einer guten Handvoll dieser Mischung pro Liter Wasser.

HAND- UND FUSSBÄDER

Man bereitet im gleichen Verhältnis wie für das vorige Präparat das Bad und setzt noch eine Prise Blüten pro Liter Wasser zu. Zwei Bäder täglich.

SPEZIALGURGELWASSER

Gegen Husten, Angina, Bronchitis bereitet man einen Absud aus einer kleinen Eibischwurzelscheibe, fünf Prisen Salbeiblüten und fünf Prisen Klatschmohnblüten pro 1/4 Liter Wasser.

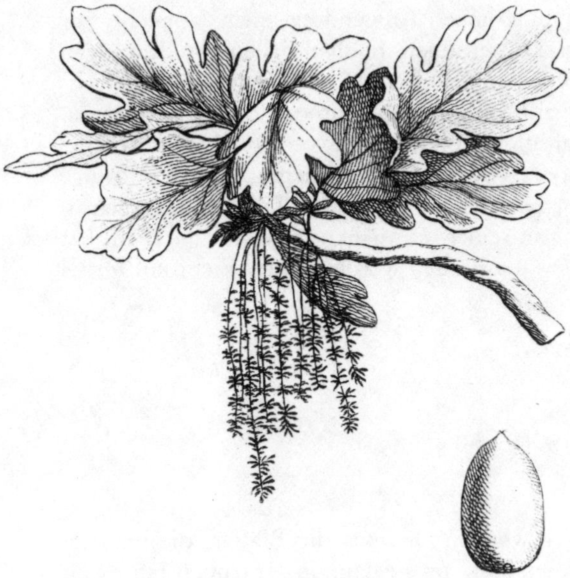

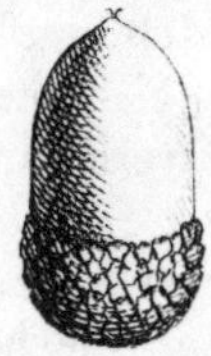

DIE EICHE

Quercus robur L.
Familie der Buchengewächse;
grüne Blüten

„Ich lebte glücklich neben meiner Eiche . . .“ Dieses Lied von Brassens liebe ich mehr als jedes andere. Für mich drückt es Sehnsucht aus und all das Leid über den Verlust jener glücklichen Zeit, in der die Menschen noch mit den Pflanzen zu leben verstanden – in der die Bäume in aller Augen magische und lebendige Geschöpfe waren. Heute sind sie nichts weiter als Holz, das man verkauft.

Der König des Waldes, die Eiche, der geheiligte Baum der Vorfahren. Jeder weiß, daß es eigentlich mehrere Arten dieses Baumes gibt: Die einen mit früh abfallenden Blättern, wie die Bergeiche und alle mit ihr verwandten Sorten (Burgundische Eiche, breitblättrige Eiche, Steineiche, Flaumeiche, Stieleiche), und die anderen mit bleibenden Blättern, wie die immergrüne Eiche oder Stecheiche (der typische Baum der duftenden Heide), die Korkeiche und die Kirmeseiche. Alle Eichen weisen im großen und ganzen die gleiche Vielfalt an therapeutischen Eigenschaften auf.

Die Eichen sind durch ihren Reichtum an Gerbstoffen besonders dafür geeignet, Blut zu stillen und durch Verletzungen oder Infektionen angegriffene Gewebe zusammenzuziehen. Ich empfehle zur innerlichen Anwendung mehr Vorsicht, zur äußerlichen mehr Freigiebigkeit bei den Dosierungen. In allen Fällen von Blutungen (Nasenbluten, Schnittverletzungen usw.), von Geschwüren, Blutspucken, rotgefärbtem Urin, Ausfluß, zu starken Menstruationsblutungen, Hämorrhoiden, Bettnässen, Durchfall, Krampfadern, Ekzemen, Zahnfleischbluten usw., vertrauen Sie der Eiche. Ein wenig Eiche, und Sie haben bereits einen ausgezeichneten Verband. Einige Blätter dieses Baumes, und tausend Beschwerden verschwinden. Ich erinnere mich an einen älteren Mann, der ganz besonders an seiner schwachen Blase litt; die Eiche hat ihn von seinen Nöten befreit. Besonders die Frauen werden in der Eiche ein Mittel gegen viele ihrer kleinen Nöte finden.

ERNTE

Von der Eiche kann man drei Teile verwenden: Erstens die Blätter, die man im Sommer pflückt und im Schatten trocknen läßt, um sie dann in der trüben Jahreszeit bereit zu haben, zweitens die Rinde, die entweder im Herbst vom Baumstamm oder im Frühling von den jungen Zweigen abgezogen wird, und drittens die reifen Eicheln. Sie waren wahrscheinlich eines der Hauptnahrungsmittel unserer prähistorischen Vorfahren.

ZUBEREITUNG UND ANWENDUNG

AUFGUSS UND ABSUD

Aus Blättern (gegen Blutungen, Bettnässen, Durchfall, Krampfadern usw.):

Innerliche Anwendung: Man nimmt fünf frische oder getrocknete Blätter pro Liter Wasser, dazu eine kleine Handvoll Melissen, weiße Brennesseln und Eukalyptus. Man trinke zwei bis drei Tassen täglich davon.

Äußerliche Anwendung (in Kompressen, Gurgelwassern, Fuß- und Handbädern) mit zehn frischen oder getrockneten Blättern pro Liter Wasser.

Aus Rinden (innerliche Anwendung): Fünf Prisen gehackter Rinde pro Liter Wasser; zwei Tassen täglich davon trinken.

PULVER

Aus Rinde (stillt Blutungen), die pulverisiert wird, nimmt man im Laufe von 24 Stunden zwei Kaffeelöffel des mit Honig vermischten Pulvers ein.

ABSUD

Aus Rinde (äußerliche Anwendung) in Form von Kompressen, gegen Hämorrhoiden, Risse, Hautausschläge, als Gurgelwasser, gegen Angina und Kehlkopfentzündungen und in Lotionen, in Spülungen, in Fuß- und Handbädern nimmt man eine Handvoll zerstoßene Rinde pro Liter Wasser.

GERIEBENE EICHELN

Gegen Koliken nimmt man eine Handvoll Eichelpulver täglich ein.

KAFFEE

Aus gerösteten und pulverisierten Eicheln trinkt man zwei Tassen täglich, gegen Verdauungsbeschwerden und alle Krankheiten, für welche die Eiche gewöhnlich empfohlen ist (adstringierend, blutstillend usw.).

DAS EISENKRAUT

siehe Farbtafel IV
Verbena officinalis L.
Familie der Eisenkrautgewächse

Es gibt zwei Arten von Eisenkraut: die eine ist dürr und hager, mit mageren Zweigen, kleinen Blüten und kurzen, sehr unregelmäßig gezackten Blättern – das ist das gewöhnliche Eisenkraut, das ganz so aussieht, als hätte man es aus Draht zusammengefügt, die andere Art – das südamerikanische Eisenkraut – ist viel größer, reichlich belaubt und riecht betäubend nach Zitronen. Das gewöhnliche Eisenkraut ist eine europäische Pflanze: wächst oft auf Ödland, Böschungen, Schuttplätzen und ist ein besonderer Liebling der Bienen. Das südamerikanische Eisenkraut wurde im 18. Jahrhundert auch in die alte Welt gebracht, vorwiegend im Süden angebaut und ist wesentlich heilkräftiger als die europäische Art.

Das gewöhnliche Eisenkraut, auch Eisenhart, Heiligkraut, Hahnenkopf, Stahlkraut, Katzenblut, Junotränen, Merkurblut, Venusader genannt, hat eine recht bunte Vergangenheit. In der ganzen griechisch-römischen Welt machte man daraus Kopfschmuck für die Botschafter und die Spitzen der Gesellschaft. Der Altar Jupiters, des höchsten Gottes, wurde nur mit dieser Pflanze gereinigt. Hexenmeister und Magier schrieben ihm wunderbare Eigenschaften zu: Angeblich heilte es alle Kriegswunden und schenkte tapferen Männern Unsterblichkeit. Die Gallier achteten das Eisenkraut beinahe genauso hoch wie die Mistel. Im Mittelalter glaubte man, daß die Zauberer es bei ihrer geheimnisvollen Tätigkeit verwendeten. Es zählte zu den Bestandteilen eines jeden Zaubertrankes, und man verwendete es auch als Heilkraut; es war das Universalmittel gegen alle Krankheiten (Gelbsucht, Geschwüre, Nierenkrankheiten, Herzbeschwerden, Zahnschmerzen, schwere Geburten usw.).

Heute ist sein Ruhm etwas verblaßt. Es hat natürlich nicht die Fähigkeit, *alle* Krankheiten zu heilen, seine Heilkraft wird aber immer noch sehr geschätzt, denn es wirkt kräftigend, stärkend, krampfstillend, hilft gegen Nervosität, Husten, Schlaflosigkeit und Angstzustände und ist ein gutes Mittel gegen Fieber.

Außerdem reinigt es den Organismus und hilft bei Wunden und Entzündungen, indem es das Gewebe wieder zusammenzieht. Man verwendet diese Pflanze gegen Gicht.

Bei Rheumatismus, Gelbsucht, nervösem Fieber und nervösen Schmerzen bewährt sich das Eisenkraut ebenso wie als Gurgelwasser gegen Angina, Mandelentzündung, Halsschmerzen, als Kompressen auf die Stirn gegen Migräne und als Verband gegen Geschwüre, Brandwunden, Schnittwunden und blaue Flecken.

Das südamerikanische Eisenkraut, das auch indisches Eisenkraut, peruanisches, chilenisches oder argentinisches Eisenkraut genannt wird, besitzt seinem alten, europäischen Verwandten gegenüber den Vorteil, „jünger“ zu sein – man kennt es erst seit zwei Jahrhunderten –, und es entfaltet energischere Heilkräfte. Dies ist nicht unbedingt ein Vorteil, denn manche Krankheiten sollen nur mit milden Arzneien behandelt werden. Es ist ein Reizmittel und daher allen zu empfehlen, die an Apathie und an Neurasthenie leiden. Es eignet sich vorzüglich gegen Krämpfe (Magenkrämpfe, Herzklopfen, Asthma usw.), wirkt aber auch gegen Fieber und ist ein gutes Mittel gegen Neuralgien, Migräne, Schwindelgefühle, geistige Erschöpfung. Vor allem aber ist es ein verläßlicher Freund des Magens: wer zu saurem Aufstoßen, zu Verdauungsstörungen oder zu Blähungen neigt, für den gibt es nichts Besseres als das südamerikanische Eisenkraut. Diese Pflanze wird heute sehr viel verwendet: Ratsam ist, die Pflanze in einer guten Kräuterhandlung einzukaufen oder den Tee direkt von einem „biologischen“ Hersteller zu beziehen. Man kann das südamerikanische Eisenkraut auch selbst im Garten anbauen. Es wächst auf jedem Boden.

ERNTE

Man schneidet es, unmittelbar bevor es ganz aufgeblüht ist, über der Wurzel ab, bindet es zu kleinen Sträußen und hängt sie zum Trocknen in den Schatten. Was für die ganze Pflanze gilt, gilt auch für Pflanzenspitzen und Blüten. Das südamerikanische Eisenkraut gedeiht besser im Süden, denn es verträgt keine Kälte. Es braucht reiche, lockere Erde und im Sommer viel Wasser, sonst würde es seine Blätter verlieren, und der Großteil der Ernte wäre dahin.

ZUBEREITUNG UND ANWENDUNG

1. EISENKRAUT

AUFGUSS

Man gibt zehn bis fünfzehn Prisen getrockneter Pflanzen in einen Liter Wasser und trinkt zwei bis drei Tassen täglich davon.

Zur innerlichen Anwendung genügt eine kleine Handvoll Pflanzen pro Liter Wasser. Zur äußerlichen Anwendung (Kompressen, Gurgelwasser, Verbände) sind eineinhalb Handvoll Eisenkraut pro Liter Wasser nötig.

HAND- UND FUSSBÄDER

Gleiches Mengenverhältnis wie für den Absud.

2. SÜDAMERIKANISCHES EISENKRAUT

AUFGUSS

Zehn bis fünfzehn Prisen Blüten und Blätter in einem Liter Wasser ergeben ein köstliches Getränk, aber wer mehr als zwei Tassen täglich Eisenkrauttee trinken möchte, der senke die Dosis auf nur drei Prisen pro Liter.

HAND- UND FUSSBÄDER

Es genügt eine Handvoll Pflanzen pro Liter Wasser.

TINKTUR

Drei Tage lang läßt man fünf frische Blätter in 1/4 Liter Alkohol ziehen. Äußerlich anzuwenden zur Magenmassage gegen Magenkrankheiten.

ANMERKUNG

Das Eisenkraut gehört, gemeinsam mit der Linde, der Minze und der Kamille zu den Bestandteilen eines wirklichen „Glückstees“.

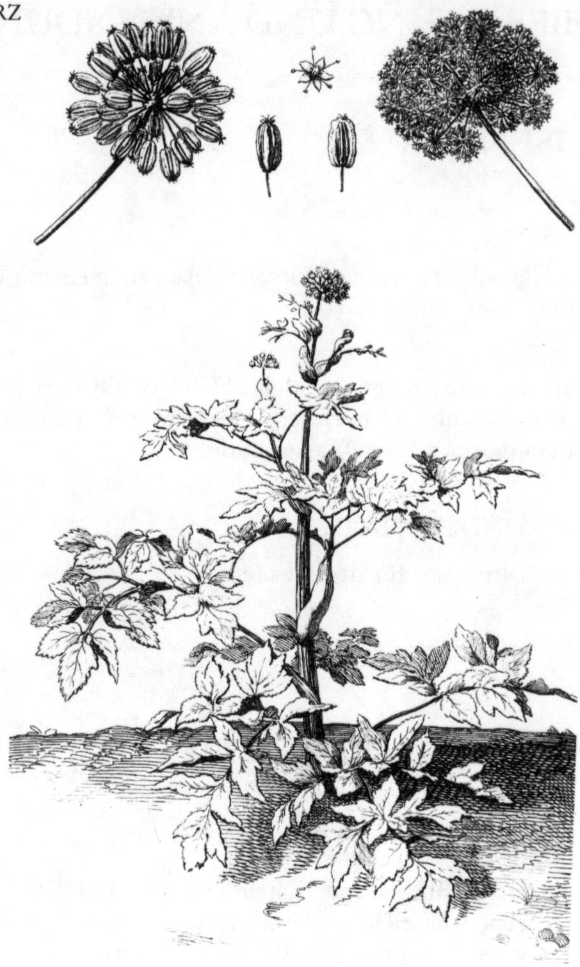

DIE ENGELWURZ

Angelica archangelica L.
Familie der Doldengewächse;
grünliche oder gelbliche Blüten

Sie besitzt so viele Tugenden, daß man sie, wäre sie exotisch, beim Import mit Gold aufwiegen würde. Was man jedoch in Reichweite hat, wird meistens nicht geachtet. Die moderne Medizin neigt dazu, immer stärkere Substanzen von der Chemie zu fordern; die Anhänger der Heilkräuter begehen den Fehler, die natürlichen Arzneien so weit entfernt wie nur möglich zu suchen. Mein Vater, ein einfacher und aufrechter Mann, hat mich glücklicherweise vor dieser Auffassung von der Pflanzenheilkunde bewahrt. Er hat mich gelehrt, daß es auf unserem schönen Heimatboden Legionen von Heilpflanzen gibt.

Die Engelwurz hat ihre volkstümlichen Beinamen „Engelskraut“ und „Heilige-Geist-Wurzel“ zu Recht. Sie ist eine große Pflanze mit grünlichweißen oder gelblichweißen Blüten, wird mehr als 2 Meter hoch, mit großflächigen, dreigeteilten Blättern, und stirbt ab zwei bis vier Jahre, nachdem sie zum ersten Mal geblüht hat. Sie besitzt hervorragende Eigenschaften. Im Dorf meiner Kindheit hörte ich von einem Mann, der älter als 120 Jahre wurde. Er schrieb sein hohes Alter der Gewohnheit zu, an Stelle von Tabak die Wurzeln der Engelwurz zu kauen.

Die Engelwurz duftet süß und ist in all ihren Teilen tonisch, anregend, blutreinigend und schweißtreibend; sie hilft bei Menstruations- und Magenschmerzen, regt die Sekretion an, bekämpft Schluckauf und krampfhaftes Erbrechen, wirkt gegen Schwindelgefühle und Migräne, stärkt die Schleimhäute der Bronchien und der Lungen, macht die Muskeln geschmeidig und unterstützt die Herztätigkeit (aus diesem Grunde ist sie ganz besonders Sportlern im „Formtief“ zu empfehlen). Die frischen Blätter dieser Wunderpflanze beschleunigen das Vernarben von Wunden. Ein Absud aus den Wurzeln stellt angegriffenes Gewebe wieder her. Die Fuß-, Hand- oder sogar Vollbäder führen zu besten Ergebnissen bei der Bekämpfung von Rheumatismus, wenn angegriffene Nerven beruhigt werden müssen oder wenn der Organismus ein allgemeines Tonikum braucht, um irgendeine schwere Prüfung zu bestehen. Schüler, die zu Examen antreten, Athleten am Vorabend eines Wettbewerbes, Rekonvaleszenten, Schwerarbeiter am Abend eines mühseligen Tages sollten diese Pflanze verwenden. Aber Vorsicht: Die Säfte der Engelwurz sind außerordentlich aktiv und können, wenn man sie zu oft verwendet, sehr unangenehme Hautentzündungen verursachen. Die Bäder dürfen niemals länger als drei Minuten dauern, und die Augen müssen sorgfältig vor jeder Berührung mit der Pflanze oder jeder mit Engelwurz versetzten Flüssigkeit geschützt werden.

ERNTE

Die Engelwurz blüht von Juni bis August. Man pflücke ihre Blätter und Blüten unmittelbar vor dem vollen Erblühen und vergesse nicht, im September ihre Samenkörner einzusammeln; die Wurzel wird am besten Ende des Herbstes ausgegraben. Man kann aber auch im Sommer einen Engelwurzstock aussuchen und im nächsten Frühling seine jungen Triebe pflücken.

Diese Gattung wächst in den nördlichen Ländern, auf den Hängen der Alpen und der Pyrenäen, sowie entlang der Gewässer, die von diesen Bergen herabfließen. Jene Engelwurz, der man fast überall begegnet, ist eine andere Gattung. Die Engelwurz der Wälder enthält weniger Wirkstoffe.

ZUBEREITUNG UND ANWENDUNG

AUFGUSS UND ABSUD

Gegen allgemeine Ermüdung, Schluckauf, Blähungen, Erbrechen, nervöses Asthma, Migräne, Menstruationsschmerzen: Von zehn bis zwanzig Prisen getrockneter Wurzeln oder junger, frischer Triebe auf einen Liter Wasser trinke man täglich eine Tasse. Aus Samenkörnern zubereiteter Aufguß und Absud hat eine stärkere Wirkung. Man nehme deshalb nicht mehr als fünf Prisen auf einen Liter und trinke davon nur eine Tasse täglich.

WEIN

Aus Engelwurz (tonisch und verdauungsfördernd): Man setze eine Handvoll Wurzeln oder mit gehackten Blättern vermischten Samen in einem Liter Rotwein an und läßt diese Mischung 48 Stunden lang an einem lauwarmen Platz stehen: Davon ein Likörglas täglich vor der Hauptmahlzeit.

FUSS-, HAND- ODER VOLLBÄDER

Gegen Rheumatismus: Eine Handvoll Wurzeln (oder mit Blättern vermischte Samenkörner) reicht für 20 Liter Wasser. Täglich einmal ein Bad von nicht mehr als drei Minuten.

DER ENZIAN

Gentiana lutea L.
Familie der Enziangewächse;
gelbe Blüten

Der Name dieser wunderbaren Blumen – *gentiana lutea* (Enzian) – geht zurück auf den alten König Gentius von Illyrien (dem heutigen Jugoslawien). Er soll als erster ihre medizinischen Tugenden entdeckt haben. Es gibt viele Arten, angefangen vom herrlichen, saphirfarbenen, großblütigen Enzian über den purpurroten und den gepunkteten bis zum amethystfarbenen Schweizer Enzian. Über den gelben, den größten, den stolzesten und majestätischesten zugleich, ist einiges zu sagen. Diese oft über einen Meter hohe Pflanze wächst nur im Gebirge. Ihre ovalen, gegenständigen

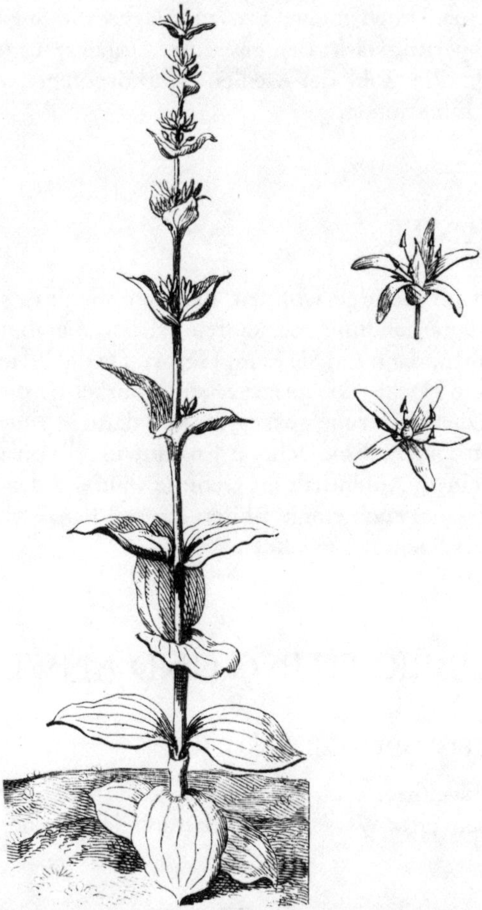

Blätter sammeln den Tau wie in einem Becken. Viele goldene Sternenblüten sprießen in der „Achsel" der oberen Blätter in großen Bündeln. Man verwechsle ihn ja nicht mit seinem gewöhnlichen und tödlichen Artgenossen auf den Almweiden, der zwar den gleichen hohen Wuchs hat, sich aber von ihm durch seine übereinander stehenden und an der Unterseite beflaumten Blätter unterscheidet.

Die Enzianwurzel dient zur Herstellung köstlicher Getränke, und aus diesem Grunde artet die Ernte manchmal in eine wahre Plünderung aus. Eine faustgroße Wurzel genügt völlig für ein Jahr. Die Pflanze blüht erst nach 10 oder 15 Lebensjahren, darum hüte man sich also, eine Pflanzengattung auszurotten, die einmal unsere Kinder heilen könnte.

Schon die Völker der Antike verwendeten den Enzian gegen Schlangenbisse (Wirkung sehr unwahrscheinlich), gegen Leber- und Darmschmerzen (Wirkung gesichert), gegen Parasiten aller Art (ebenfalls sicher), als allgemeines Anregungsmittel für die Verdauungsfunktionen (von mir nachgeprüft), als fiebersenkendes und als Harntreibemittel (das kann ich bezeugen).

Heute weiß man noch mehr: Enzian steigert die Speichelsekretion, ist also der vorzüglichste Aperitif, stärkt den gesamten Organismus (wie alle bitteren Pflanzen) und vervielfacht die Zahl der weißen Blutkörperchen – der Verteidiger unseres Körpers gegen Infektionen.

ERNTE

Wenn Sie nicht im Gebirge wohnen, dann empfiehlt es sich, eine Enzianwurzel in einer guten Kräuterhandlung zu kaufen. Haben Sie aber Gelegenheit, die Wurzel selbst auszugraben, dann tun Sie es im Herbst. Da die Pflanze sehr tief verwurzelt ist, braucht man eine Hacke. Die ausgegrabene Wurzel wird sorgfältig gewaschen, zwei Wochen lang jeder Witterung ausgesetzt und dann in einem Schuppen oder auf dem Dachboden getrocknet. Eine schöne Enzianwurzel von ein Meter Länge ist keine Seltenheit. Bei einem Aufenthalt im Gebirge während der Monate Juli/August sollte man nicht vergessen, auch einige Blüten dieser Pflanze zu ernten, die man dann im Schatten oder im Backofen trocknet.

ZUBEREITUNG UND ANWENDUNG

AUFGUSS ODER ABSUD

Aus Blüten (schweißtreibend, gegen Infektionen): Zehn Prisen getrockneter Blüten kommen in einen Liter Wasser. Bei Fieberanfällen trinke man alle drei Stunden eine Tasse davon.

ABSUD

Aus der Wurzel: Fünf Minuten lang eine Wurzelscheibe pro Tasse Wasser kochen und eine Tasse morgens auf nüchternen Magen trinken.

BEIZE

Aus der Wurzel: Man läßt 15 bis 20 g Wurzel in einem Liter Wasser oder Weißwein eine Nacht lang ausziehen und trinkt davon morgens eine Tasse auf nüchternen Magen.

PULVER

Aus der Wurzel: Eine Woche lang täglich eine bis drei Prisen in Honig (als Tonikum) einnehmen. Bei Fieberanfällen zehn Prisen, ebenfalls in Honig, in zwei Portionen schlucken.

KONZENTRIERTER ABSUD

Äußerliche Anwendung, als Tonikum für das gesamte Verdauungssystem: Von 100 Gramm Wurzeln pro Liter Wasser macht man Kompressen mit dieser Flüssigkeit und legt sie auf den Bauch.

HAND- UND FUSSBÄDER

Dazu benötigt man zwei gehackte Wurzelscheiben pro Liter Wasser.

ANMERKUNG

Falls Sie den Enzian innerlich verwenden, nehmen Sie trotz seiner vielseitigen Qualitäten nicht zuviel davon, denn bei hoher Dosierung kann er die Verdauung hemmen und Erbrechen hervorrufen.

DIE ERDBEERE

Fragaria vesca L.
Familie der Rosengewächse;
weiße Blüten

Ich werde hier nicht von jener gezüchteten Erdbeere sprechen, die ausgewählt, keimfrei gemacht, mit Kunstdünger und Insektenvertilgungsmitteln behandelt, entartet wurde. Sie wird im Winter aus Südafrika importiert, aber von ihrem Geschmack ist nur etwas unbestimmt Süßes zurückgeblieben. Mich interessiert nur die herrliche, köstliche und schöne Walderdbeere; ihre Blätter sind dreilappig, zartgrün, ihre Blüten rosenartig aus fünf makellos weißen Kelchblättern und fünf Blumenblätter mit einem Büschel goldener Staubfäden in der Mitte. Gibt es etwas Herrlicheres als die saftigen roten Früchte? (Das sind in Wirklichkeit die verdickten Fruchtknoten, auf deren Oberfläche die „echten Früchte" als gelbe Körnchen liegen.) Trotz seines bescheidenen Aussehens vermehrt der Erdbeerstrauch sich eifrig, nicht nur durch Samen, sondern auch durch Wurzelsprossen, die von einem Strauch ausgehen, in einiger Entfernung sich in die Erde senken und bald eine neue Pflanze bilden.

Die wilde Erdbeerstaude war allem Anschein nach schon unseren Vorfahren in den Pfahlbauten bekannt (das bezeugen zahlreiche fossile Samenkörner). Schon in der Antike schätzte man sie, angefangen vom griechischen Arzt Theophrastes bis hin zu den lateinischen Dichtern Ovid und Vergil. Im Mittelalter wurde die Pflanze für zauberkräftig gehalten, aber erst im 16. Jahrhundert haben sich die Ärzte näher für

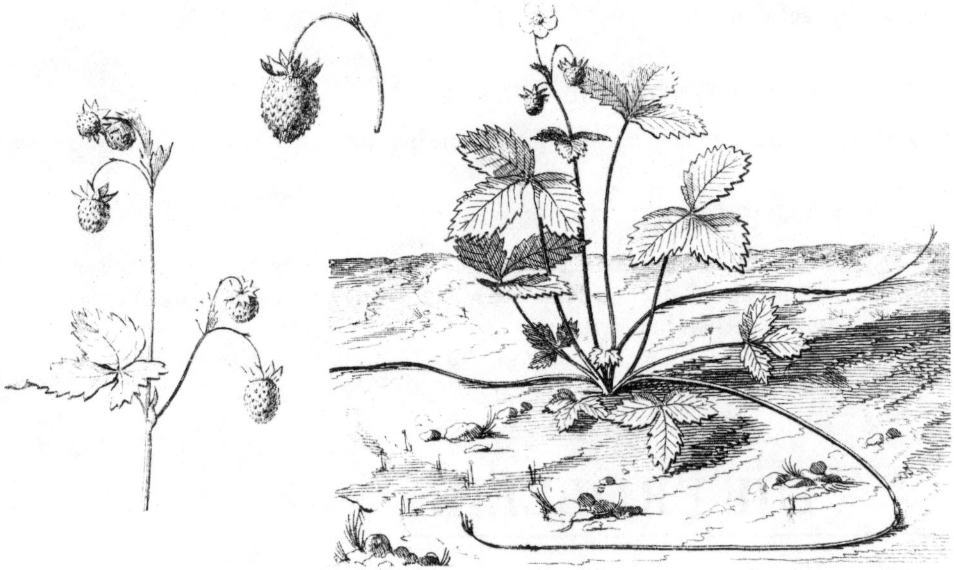

sie interessiert. Sie erklärten sie damals für heilkräftig bei Wunden und Geschwüren, bei Koliken, Ruhr, Milzkrankheiten und auch bei Mundbeschwerden und wackeligen Zähnen. Ein wenig später schwor der große schwedische Botaniker Linné, er habe sich selbst durch wahre Erdbeerschlemmereien von der Gicht geheilt. Der französische Schriftsteller Fontenelle, der im Alter von hundert Jahren starb, schrieb ihnen seine Jugendkraft zu. Große Damen verwendeten sie für die Zubereitung ihrer Schönheitsbäder. Denn Gesichtsmasken von Walderdbeeren bewahren die Frische des Teints.

Erdbeertee, aus Blättern und Wurzeln der Pflanze hergestellt, schmeckt köstlich. Außerdem ist er nützlich, denn dieses Getränk wirkt blutreinigend, regt alle Organe an und beruhigt die Nerven. Der aus Wurzeln hergestellte Aufguß färbt den Harn rötlich, ist aber völlig ungefährlich. Aus pulverisierten Pflanzenblättern stellt man äußerst wirksame Breiumschläge gegen Geschwüre und infizierte Wunden her. Der Absud aus Blättern und Wurzeln wird für Hand- und Fußbäder oder für Spülungen gegen Durchfall verwendet, für Lotionen gegen häßliche Hautrisse und als Gurgelwasser gegen Halsschmerzen.

Die Erdbeere selbst ist sehr nahrhaft, appetitanregend, erfrischend, reinigend und beruhigend. Eine intensive Erdbeerkur verordne ich allen, die an Darmträgheit leiden, allen Leberkranken, Gichtkranken, Rheumakranken, Nervösen, Blutarmen und allen Genesenden. Dank ihres Gehaltes an Eisen, Phosphor, Kalzium, Brom u. a. führt die Erdbeere dem Körper neue Mineralstoffe zu. Frischer Erdbeersaft reinigt die Haut, nährt sie und verschönt den Teint hundertmal besser als alle oft gefährlichen chemische Lotionen, die durch Reklame den Frauen aufgedrängt werden. Die Erdbeere hat nur einen Nachteil: allergisch empfindliche Personen reagieren nach der Einnahme einer bestimmten Menge mit einem starken Anfall von Nesselfieber. Wer so anfällig ist, wird auf den Genuß verzichten müssen – obwohl ich viel mehr Nesselfieberanfälle gesehen habe, die „industriellen“ Erdbeeren und nicht wilden Erdbeeren zuzuschreiben waren. Es ist übrigens nicht sicher, daß die Erdbeere tatsächlich Allergien verursacht. Ich glaube eher, daß Ausschlag und Rötungen ein Zeichen für eine spontane Ausscheidung von im Körper enthaltenen Giftstoffen sind – eine Ausscheidung, die wir der reinigenden Wirkung der köstlichen, roten Früchte zu verdanken haben.

ERNTE

Pflücken Sie Walderdbeeren, wenn sie reif sind; das ist je nach Klimazone und Höhenlage von April bis August der Fall. Bringen Sie Wurzeln und Blätter dieser Pflanze vom Spaziergang mit. Auch die im Garten gezüchtete Erdbeere ist dem Gaumen und der Gesundheit zuträglich, vorausgesetzt, daß sie nicht mit Insektenvertilgungsmitteln und Chemiedünger behandelt wurde.

ZUBEREITUNG UND ANWENDUNG

AUFGUSS

Aus Wurzeln und Blättern: Eine Handvoll frischer oder getrockneter Pflanzen pro Liter Wasser genügt. (Anwendung nach Belieben.)

TEE

Aus Wurzeln und Blättern: Aus den sorgfältig gewaschenen Wurzeln bereitet man in gewohnter Weise Tee. Anwendung nach Belieben.

ABSUD

Aus Wurzeln und Blättern: Zur äußerlichen Anwendung in Lotionen, als Hand- und Fußbäder, Gurgelwasser usw., nimmt man eineinhalb Handvoll Pflanzen pro Liter Wasser.

ZAHNPASTA

Aus Erdbeeren: Zerreiben Sie eine Handvoll Erdbeerblätter und -wurzeln zu Pulver und mischen Sie dieses zu ebenfalls pulverisierter Kreide. Damit werden Zähne und Zahnfleisch mittels einer trockenen Zahnbürste eingerieben und dann der Mund gespült. Das Zahnfleisch wird sich kräftigen und der Zahnschmelz davon viel weniger angegriffen, als von irgendeiner im Handel erhältlichen Zahnpasta.

SCHÖNHEITSMILCH

Aus Erdbeeren: Aus reifen, frischen Früchten wird der Saft gepreßt, mit ein wenig Milch vermischt und mehrere Stunden lang oder sogar die ganze Nacht auf dem Gesicht gelassen. Morgens wird diese Gesichtsmaske mit Rosenwasser abgespült.

DER ERDEFEU

DER GUNDERMANN
siehe Farbtafel V
Glechoma hederaceum L.
Familie der Lippenblütler

Der Baumefeu bevorzugt die Senkrechte, der Erdefeu jedoch die Waagrechte; der erste erklimmt alles, was er findet, der zweite schlängelt sich auf dem Boden dahin und erobert seine Gebiete ähnlich wie die Ameisen. Dennoch haben die beiden Gattungen ungefähr die gleichen Eigenschaften. Wenn sie auch nicht zu derselben botanischen Familie gehören (der Erdefeu ist ein Verwandter des Salbeis, der Minze und des Lavendels, also ein Lippenblütler), so sind sie einander durch die Form ihrer Blätter ähnlich, aber noch ähnlicher sind ihre therapeutischen Wirkungen.

Der Erdefeu hat den großen Vorteil, daß er niemals giftig ist, und wäre gerade aus diesem Grunde dem anderen vorzuziehen. Es handelt sich um eine Pflanze mit langen, am Boden liegenden Trieben und abgerundeten Blättern, von denen je zwei gegenständig sind. Ihre hellvioletten oder rosa- und fliederfarbenen Blüten entfalten sich zwischen Mai und Juni am Fuße von Hecken, in Wiesen, in Obstgärten.

Sein wissenschaftlicher Name lautet *Glechoma hederacea* oder efeuartige Gundelrebe, aber die Bauern nennen ihn lieber Gundermann, Hederich, Gundelrebe oder Donnerrebe, Silberkraut, Soldatenpetersilie.

Der Erdefeu erschien bereits in der karolingischen Zeit in einer Sammlung von medizinischen Rezepten mit dem Titel „Gegen alle Arten von Fieber“. Man verwendete ihn im allgemeinen gegen Bronchien- und Lungenbeschwerden und auch gegen Kopfschmerzen, Magenschmerzen, Blutspucken, offene Wunden sowie innere Blutungen. Verwenden Sie den Erdefeu als Tonikum, das wird Ihnen sehr guttun, besonders, wenn Ihre körperliche Schwäche durch das Fehlen von Vitaminen bedingt (die Pflanze ist reich an Vitamin C, daher auch ein Mittel gegen Skorbut) oder wenn Ihr Energiemangel einer Erkrankung des Atmungsapparates zuzuschreiben ist. Der Gundermann beruhigt Husten, befreit die Lungen von schleimigen Verstopfungen, welche die Atmung behindern, und vertreibt sehr wirksam Asthmaanfälle. Diese Heilpflanze ist vornehmlich für Kinder geeignet. Sie ist harntreibend und unterstützt Magen- und Darmfunktionen. Wie der Baumefeu kann auch der Erdefeu mit Erfolg gegen Brandwunden, Abszesse, Schnittwunden, offene Wunden und gegen Geschwüre angewendet werden. Er beruhigt die Schmerzen von Rheuma- und von Gichtkranken.

Außerdem hat er eine tonische Wirkung auf die Haut, was ihn zu einem Schönheitskraut macht: Frauen wenden ihn gegen die häßliche „Orangenhaut“ an, die gemeinsam mit der Zellulitis auftritt. Die Behandlung mit Erdefeu muß gleichzeitig innerlich (als Harntreibemittel zur Förderung der Entschlackung) und äußerlich geschehen (als Breiumschlag, Lotion usw.), wenn sie erfolgreich sein soll.

ERNTE

Zu Beginn des Sommers pflückt man entweder die ganze Pflanze, ihre Blätter oder ihre Blüten. Die ausgewählten Pflanzenteile werden von Erde gesäubert und entweder in der Sonne ausgebreitet oder im Schatten aufgehängt, jedenfalls an einem trockenen Ort rasch getrocknet. Um den sehr aromatischen Duft der Pflanze so gut wie möglich zu bewahren, muß sie unbedingt vor Feuchtigkeit geschützt werden, sonst verliert sie auch all ihre Heilkräfte, das Zeichen dafür ist ihr Schwarzwerden!

ZUBEREITUNG UND ANWENDUNG

AUFGUSS UND ABSUD

Zehn bis zwanzig Prisen Blüten oder Blätter streut man in einen Liter Wasser und trinkt täglich zwei bis drei Tassen davon.

MILCH

Aus Gundermann: Man koche eine kleine Handvoll frischer Pflanzen in einem Liter frischer Milch. Gegen Verschleimungen der Lunge abends vor dem Schlafengehen sehr warm trinken. Für Kinder die Efeudosis auf eine halbe Handvoll verringern.

FRISCHER SAFT

Der Saft der ganzen, frischen Pflanze wird durch ein Tuch gepreßt; Erwachsene trinken ein halbes Glas davon (für Kinder ein viertel Glas) in einem Tee aus Borretsch, Eibisch, Minze oder Veilchen.

PULVER

Aus getrockneten Blättern: Zwei Prisen täglich in Kräutertee.

SIRUP

Zu einem gewöhnlichen Zuckersirup gibt man die gleiche Menge frischen Pflanzensaft und trinkt täglich davon ein Likörglas in Kräutertee.

TEE

Äußerliche Anwendung (Kompressen, örtliche Bäder usw.): Zwei Handvoll trockener oder frischer Pflanzen pro Liter Wasser.

HAND- UND FUSSBÄDER

Eine bis zwei Handvoll Pflanzen pro Liter Wasser.

BREIUMSCHLÄGE

Gegen Schmerzen und gegen Zellulitis: Die zerdrückten Blätter und Blüten werden entweder pur oder mit Flachsmehl vermischt auf die Haut gelegt.

DER ERDRAUCH

siehe Farbtafel VI
Fumaria officinalis L.
Familie der Mohngewächse

Seinen seltsamen Namen „*Fumaria*" hat er daher, weil „sein Saft die Tränen in die Augen treibt wie Rauch" (Olivier de Serres). Andere sagen, daß seine rosafarbenen oder roten Blüten und seine silbergrauen Blätter, die ein dickes, unbestimmtes Gesträuch bilden, an den Rauch eines Brandes am Boden erinnern. Der Erdrauch,

auch Erdranke, Erdkraut, Ackerkraut, Katzenkerbel, Grindkraut, Grünwurzel oder Taubenkropf genannt, ist eine große, ein- oder zweijährige Pflanze, die mit ihren mehrmals wiedergeteilten Blättern und mit ihren aus vier Blumenblättern bestehenden Blüten auf Äckern, Schuttablageplätzen und auf altem Gemäuer wächst. Die Gattung hat aus den gemäßigten Zonen der alten Welt nunmehr den ganzen Erdball besiedelt . . . Die Griechen Galen und Dioskorides empfahlen den Erdrauch gegen Leberbeschwerden und besonders gegen Gelbsucht. Die leberheilenden Vorzüge der Gattung, nicht nur gegen Gelbsucht, sondern auch gegen alle durch schlechte Lebertätigkeit bedingten Störungen, sind erprobt (schwere Verdauung, galliges Aufstoßen, Flechten, chronische Hautkrankheiten). Ich erinnere mich besonders an einen Mann, der an sehr häßlichen Flechten litt und den eine Behandlung mit Erdrauchsaft und Erdrauchaufgüssen innerhalb eines Monats geheilt hat. Die Pflanze ist vor allem ein Beruhigungsmittel und hilft bei der alljährlichen Blutreinigungskur.

ERNTE

Man pflückt den Erdrauch vom Beginn des Sommers bis zum Herbst und wählt dabei die schönsten Setzlinge des Strauches – jene mit den meisten Blättern und dem reichsten Blütenwuchs. Die ganze Pflanze ist verwendbar. Auf einem Tuch oder in kleinen, gebündelten Sträußen wird sie hängend getrocknet.

ZUBEREITUNG UND ANWENDUNG

AUFGUSS ODER ABSUD

Als Tonikum und als Blutreinigungsmittel, namentlich für die alljährlichen Sommerkuren, nimmt man eine halbe Handvoll frischer Pflanzen oder eine gute Handvoll getrockneter Pflanzen pro Liter Wasser. Jeden zweiten Tag soll man davon eine Tasse trinken, für die Sommerkur acht Tage lang eine Tasse vor jeder Mahlzeit.

BEIZE

Man lege einen kleinen Erdrauchzweig 24 Stunden lang in ein Glas Wein oder Apfelwein, filtere anschließend und trinke davon täglich ein Glas.

FRISCHER SAFT

Fünf bis sechs Suppenlöffel täglich, in Honig oder in Milch.

HAND- UND FUSSBÄDER

Eine Handvoll frischer Pflanzen oder drei bis vier Handvoll getrockneter Pflanzen kommen auf einen Liter Wasser. Ein Bad täglich als Beruhigungsmittel, als Blutreinigungsmittel und gegen Leberkrankheiten.

DIE ESCHE

Fraxinus excelsior L.
Familie der Ölbaumgewächse;
rötliche Blüten

Eschenblätter sind eine Lieblingsspeise der Ziegen, und wenn es sich darum handelt, Dinge auszuwählen, die für den Körper gut sind, neige ich dazu, diesen schlauen Tieren zu vertrauen. Im übrigen hat meine Erfahrung als Phytotherapeut mich gelehrt, daß dieser schöne Baum mit dem steinharten Holz, der überall auf dem Lande wächst, mehr als nur eine Tugend in sich birgt.

Wenige wissen, daß die Esche eine Verwandte des Ölbaumes, des Fliederbaumes und des Ligusterbaumes (Familie der Ölbaumgewächse) ist. Es gibt mehrere Arten, von denen die Langesche, Hochesche oder Waldesche die häufigste ist. In Ausnahmefällen erreicht sie 35 bis 40 m Höhe, sehr viel öfter aber nur zehn Meter. Die Blätter der Esche haben eine ungerade Zahl (9 – 11) von „Fingern" oder „Fiedern", die gegenständig angesetzt sind; sie trägt rötliche Blüten ohne Kelch und ohne Blumenkrone, sowie hängende Trauben aus geflügelten Früchten. Man findet sie ausschließlich in Europa. Die Bienen verschmähen sie, denn sie liefert ihnen keinen Nektar: der Wind übernimmt die Bestäubung. In der Medizin ist die Esche schon sehr früh verwendet worden. Der griechische Arzt Dioskorides verschrieb sie gegen Schlangenbisse; im Mittelalter verabreichte die heilige Hildegard sie gegen die Gicht, und im 16. Jahrhundert empfahl der Italiener Matthiole sie gegen Zahnschmerzen und Schwerhörigkeit. Ihre Blätter und Blüten gelten heute als harntreibend und als spezielles Heilmittel für Gicht und Rheumatismus. Ihre Rinde wirkt kräftigend und besitzt die Fähigkeit, Fieber zu senken und die peripheren Blutgefäße zusammenzuziehen. Ich erinnere mich noch an einen bettlägerigen Gichtkranken, den ich innerhalb von einigen Monaten durch eine Kur mit Eschenblättern geheilt habe. Ein anderer meiner Patienten, durch Rheumatismus gelähmt, verdankt es der gleichen Kur, wieder normal gehen und arbeiten zu können. Dank ihrer adstringierenden Eigenschaften kann die Rinde dieses Baumes hartnäckigen Durchfall und hartnäckige Ruhr beruhigen und Blutungen stillen. Ihre fieberhemmenden Vorzüge machen sie in allen Fällen von Infektion (ob durch Viren oder durch Bakterien), die mit hohem Fieber einhergehen, empfehlenswert. Mein Vater nannte die Esche immer die europäische Chinarinde!

ERNTE

Die Blätter der Esche sollten zu Ende des Frühlings oder zu Beginn des Sommers, wenn sie wie von einem dünnen, klebrigen und leicht süßen Häutchen überzogen sind, gepflückt werden. Man zupft die „Finger" oder „Fiedern" von der gemeinsamen Rispe und läßt sie gut ausgebreitet im Schatten trocknen. Die Früchte erntet man, wenn sie jung und grün sind. Die beste Rinde erhält man von drei- oder vierjährigen Zweigen: im Frühling, beim Steigen des Saftes, löst man sie ab, schneidet sie in briefmarkengroße Stücke und läßt sie in der Sonne trocknen.

ZUBEREITUNG UND ANWENDUNG

AUFGUSS ODER ABSUD

Aus Blättern: Eine kleine Handvoll getrockneter Blätter gibt man in einen Liter Wasser. Vier bis fünf Tassen täglich davon wirken harntreibend und abführend.

Aus Rinden (fiebersenkend, gegen Durchfall und gegen Blutungen): Eine Handvoll Pflanzen gibt man in einen Liter Wasser, wovon man eine Tasse vor den beiden Hauptmahlzeiten trinkt.

KONZENTRIERTER ABSUD

Gegen Gicht: Von einer Handvoll getrockneter Blätter in einem halben Liter Wasser trinkt man alle zwei bis drei Stunden eine Tasse.

HAND- UND FUSSBÄDER

Gegen Gicht und Rheumatismus: Nehmen Sie eine gute Handvoll getrockneter Blätter pro Liter Wasser für drei Bäder täglich.

SPÜLUNGEN

Gegen Gicht und Rheumatismus: Nehmen Sie eine gute Handvoll getrockneter Blätter pro Liter Wasser für drei Bäder täglich.

PULVER

Aus Blättern (gegen Gicht): Eine Prise davon läßt man ein oder zwei Stunden lang in einer Tasse mit sehr warmem Wasser ziehen. Anwenden bei akuten Anfällen.

ABSUD

Aus Samen (harntreibend, abführend, gegen Rheumatismus): Zehn Prisen Samenkörner pro Liter Wasser sollen drei Minuten lang auf starkem Feuer, dann 1/4 Stunde lang auf sehr schwachem Feuer sieden. Trinken Sie davon drei bis vier Tassen täglich.

PULVER

Aus Samen gegen Arthrose bei alten Menschen: Vier Prisen in eine Tasse mit mildem Kräutertee (alle zwei Tage).

PULVER

Aus Rinde (gegen Fieber): Drei Tage lang dreimal täglich vier Prisen verabreichen.

HAND- UND FUSSBÄDER

Aus Rinden: Zwei Handvoll zerkleinerter Pflanzen pro Liter Wasser für zwei Bäder täglich gegen Durchfall.

LAGER

Aus Eschenblättern: Man bereitet eine Lagerstatt aus ihnen. Diese Behandlung ist sehr wirksam zur Beschleunigung der Heilung von Gicht- und Rheumatismusanfällen. Farnblätter unter die Esche gemischt, verstärken die Wirkung.

DER ESTRAGON

Artemisia dracunculus L.
Familie der Korbblütler;
grünlichgelbe Blüten

Meine Großmutter verwendete ihn für alles und gegen alles. Sobald ich Schluckauf hatte, schickte sie mich in den Garten, um etwas davon zu pflücken, und ließ mich das Kraut dann kauen; diese Methode war unfehlbar. Hegte sie den Verdacht, daß ich Würmer hätte, dann war es ebenfalls der „kleine Drache", wie sie es nannte, zu dem sie griff: ich hatte es nie zu bereuen.

In der Folge habe ich viele andere gute Eigenschaften des Estragons (oder Dragon, oder auch Schlangenkraut) erprobt; und ich empfehle seine Verwendung auf alle nur möglichen Arten: in Salat, auf dem Steak und natürlich zum Huhn. Estragon gehört in die sauren Gürkchen, in die eingemachten Zwiebelchen und zu dem in Essig eingelegten Gemüse. Er wird die Schärfe dieser Speisen mildern und ihnen einen köstlichen Duft verleihen. Der Estragon kam aus den unendlichen Steppen Sibiriens und aus dem Westen Nordamerikas zu uns. Es ist eine Pflanze aus der Familie der Korbblütler, genau wie der Löwenzahn oder die Margerite, gehört aber, wie der Wermut, zur Gattung Artemisia. Man erkennt ihn an seiner Größe (er ist oft über einen Meter hoch), an seinen hübschen, im schönsten Grün leuchtenden Blättern und an seinen winzigen, zu kleinen Kugeln vereinten Blüten. Er ist zur Zeit der Kreuzzüge nach Westeuropa gebracht worden, und das Wort „Estragon" stammt aus dem arabischen *tharchoum.*

Diese Pflanze ist hauptsächlich ein Appetitanreger und Magenfreund. Sie hat die Fähigkeit, selbst den Geschwächtesten, den Genesenden, Neurotikern, Geängstigten und Neurasthenikern die Lust am Essen wiederzugeben. Der Estragon bekämpft schlechte Verdauung, Blähungen, Magenübersäuerung, Schluckauf und Darmgärungen. Überdies erweist er sich als harntreibend, was bei Fällen von Gicht, Rheumatismus, Urinverhaltung, Nieren- und Harnblasenträgheit nützlich ist. Besonders gut ist seine Wirkung gegen Rheumatismus und gegen Arthrose bei Greisen. Er regelt den Zyklus der Frauen und wirkt wurmabtreibend. Er beruhigt Schmerzen, namentlich starke Zahnschmerzen.

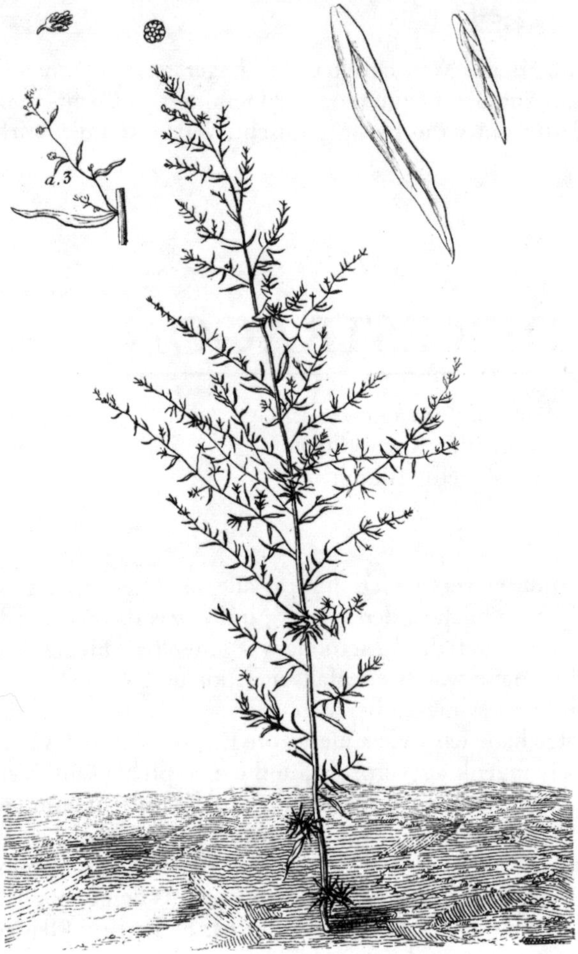

ERNTE

In der Natur findet man kaum Estragon, außer in der Nähe von Gärten, in denen er gezüchtet wurde und aus denen er sich weiterverbreitete. In guter, tiefer Erde vermehrt er sich durch Nachwüchse am Stamm. Die Zweige werden je nach Bedarf geerntet.

ZUBEREITUNG UND ANWENDUNG

AUFGUSS

Drei oder vier frische Estragonzweige gibt man in einen Liter Wasser und trinkt davon zwei bis drei Tassen besonders nach den Hauptmahlzeiten.

Farbtafel IX

DAS HEIDEKRAUT

Calluna vulgaris (L.) HULL

Familie der Heidekrautgewächse

Farbtafel X

DIE HECKENROSE

Rosa canina L.

Familie der Rosengewächse

Farbtafel XI

DER HIMBEERSTRAUCH

Rubus idaeus L.

Familie der Rosengewächse

Farbtafel XII

DAS IMMERGRÜN
Vinca minor L.
Familie der Immergrüngewächse

Farbtafel XIII

DER JOHANNISBEERSTRAUCH
Rote Johannisbeere
Ribes rubrum L.
Familie der Steinbrechgewächse

Farbtafel XIV

DER KLATSCHMOHN

Papaver rhoeas L.
Familie der Mohngewächse

Farbtafel XV

DIE KLETTE

Arctium Lappa L.

Familie der Korbblütler

Farbtafel XVI

DIE KÖNIGSKERZE

Verbascum thapsus L.

Familie der Rachenblütler

HAND- UND FUSSBÄDER

Einen kleinen Strauß frischer Pflanzen gibt man in ein Gefäß mit Wasser.

BREIUMSCHLÄGE

Besonders gegen Zahnschmerzen und Rheumatismus frisch auf die schmerzende Stelle legen.

DER EUKALYPTUS

Eucalyptus globulus L.
Familie der Myrthengewächse

Eukalyptusbäume, die aus Australien und von den benachbarten Inseln stammen, zählen zu den größten Bäumen der Welt – höher noch als die berühmten Sequoias Kaliforniens. Man kennt ein Exemplar, dessen Spitze 165 m erreichte.

Die Eukalyptusbäume sind gegen 1860 in das Mittelmeergebiet eingeführt worden. Der am häufigsten vorkommende, *Eucalyptus globulus*, hat dann hier die beiden hübschen Beinamen Fieberbaum und blauer tasmanischer Gummibaum erhalten. Bei uns wird er kaum mehr als 30 bis 35 m hoch, während er in seinem Ursprungsland häufig 100 m erreicht. Jeder kennt die bläulichen, gebogenen Blätter, die wie kleine Lanzen geformt und alle senkrecht angeordnet sind, so daß sie überhaupt keinen Schatten spenden. Man kennt auch seine seltsamen, wie Monstranzen aussehenden Blüten, deren deckelförmige Blumenkrone sich in der Blütezeit ablöst. Charakteristisch ist auch der starke Geruch der Gattung, der einem zu Kopf steigt.

In der Phytotherapie verwendet man nur die Blätter des Eukalyptusbaumes. Sie sind antiseptisch, senken das Fieber, ziehen die peripheren Blutgefäße wieder zusammen und zeigen große Wirksamkeit gegen Störungen der Atemwege. Innerlich angewendet, erweisen sie sich als besonders wirksam gegen Wechselfieber, Asthma, Bronchitis, Angina, Katarrhe, Stockungen im Verdauungsapparat und Harnbeschwerden. Äußerlich angewendet stillen sie Blutungen, entlasten das Nervensystem, beruhigen Migräne und heilen (wenn sie gekaut werden) Zahnfleischentzündung und Mundkrankheiten. Außerdem können sie in Verbänden, in Lotionen, im Klistier, gegen Verletzungen, Ohrenausfluß, Naseninfektionen, Scheidenentzündung, Tripper und Entzündungen des Mastdarms verwendet werden.

ERNTE

Die allzu jungen Blätter, die noch nicht „geboren“ sind und ihr volles Aroma noch nicht entwickelt haben, müssen auf dem Baum gelassen werden. Man wählt im Sommer oder im Herbst nur gut ausgebildete Blätter, läßt sie ordentlich im Schatten trocknen und bewahrt sie lichtgeschützt auf. Man kann sie aber auch in guten Kräuterhandlungen kaufen.

ZUBEREITUNG UND ANWENDUNG

AUFGUSS UND ABSUD

Aus getrockneten Blättern: Von einer halben Handvoll in kleine Stücke gebrochene Blätter in einem Liter Wasser trinkt man drei bis vier Tassen täglich.

PULVER

Aus Blättern: Zwei bis drei Prisen Pulver mit beliebigem Kräutertee oder mit ein wenig Honig sind die tägliche Dosis.

ABSUD

Zur äußerlichen Anwendung (Fuß- und Handbäder, Sitzbäder, Verbände, Lotionen, Klistiere): Eine Handvoll ganzer oder eine halbe Handvoll zerkleinerter Blätter pro Liter Wasser.

DAMPFBEHANDLUNG

Gegen Asthma, Bronchitis usw.: Drei bis fünf Dampfbehandlungen täglich. Bei Anfällen nach einigen Tagen auf zwei heruntersetzen.

ANMERKUNG

Bei übertriebener Dosierung kann Eukalyptus giftig werden. Die oben angeführten Mengenverhältnisse sind ungefährlich. Doch manche Menschen reagieren besonders empfindlich auf diese Pflanze. Dann empfiehlt es sich, die Behandlung beim geringsten Übelkeitsgefühl (Kopfschmerzen nach der Einnahme, Schwindelgefühle usw.) sofort abzubrechen.

DIE FARNE

DER KÖNIGSFARN

Osmunda regalis L.
Familie der Rispenfarne;
Pflanze ohne Blüten

Geheimnisvolle und seltsame Pflanzen sind diese Farnkräuter. Sie wirken geradezu magisch und erinnern an die riesigen Wälder aus den ersten Zeiten der Erde.

Farnkräuter sind Pflanzen ohne Blüten. Man unterscheidet zwei Generationen: die erste produziert männliche und weibliche Geschlechtszellen auf einem filmartigen, pflanzlichen Gewebe, das kleiner als eine Briefmarke und außerordentlich unscheinbar ist; die zweite bildet jene großen, dreieckigen Wedel aus, die jeder kennt und die so geschnitten sind wie eine Vogelfeder.

Es gibt Dutzende von verschiedenen Farnarten. Mindestens vier davon werden in der Phytotherapie verwendet: der Königsfarn, der männliche Schildfarn, der weibliche Schildfarn und der Baumfarn.

Der Königsfarn, auch Königsraute, Mondraute und Walpurgiskraut genannt, ist zweifellos der eleganteste aller europäischen Farne. Er erreicht mühelos die Höhe von 1,50 bis 1,80 m und wächst gern in feuchten und morastigen Wäldern. Seine großen Blätter zeigen dem Betrachter ungezähnte Lappen, und im Gegensatz zum Großteil seiner Verwandten trägt er seine Sporenhaufen nicht auf dem Rücken; sie sind auf seinem oberen Teil zu rötlichen Ähren zusammengefaßt. Der Königsfarn wirkt abführend, harntreibend, kräftigend und blutstillend. Seine Wurzeln und der unterirdische Stengel oder Rhizom sind in Fällen von Blutbeschwerden, Harnverhaltung, Harnsteinen, Zellulitis, Gicht, Rheumatismus, allgemeine Schwäche und zu Verbänden gegen oberflächliche Wunden geeignet.

ERNTE

Ziehen Sie die Wurzel des Königsfarns im Herbst aus dem Boden, denn in dieser Zeit hat sie für die Überwinterung die meisten nährenden und aktiven Substanzen in sich gesammelt. Lassen Sie sie im Schatten trocknen (sie hält sich sehr gut).

ZUBEREITUNG UND ANWENDUNG

AUFGUSS UND ABSUD

Von zehn Prisen geriebener Wurzeln pro Liter Wasser trinkt man zwei bis drei Tassen täglich.

HAND- UND FUSSBÄDER

Man rechnet mit 20 Prisen geriebener Wurzeln auf 1 Liter Wasser.

ABSUD

Für Verbände: Zerhacken Sie zwanzig bis dreißig Prisen Wurzeln für einen Liter Wasser.

LAGER

Um rachitischen Kindern und Rheumakranken Erleichterung zu bringen, empfahl mein Vater, ihnen jeden Abend eine Lagerstatt aus frischen Königsfarnen zu bereiten. Das Rezept ist genauso einfach wie wirksam.

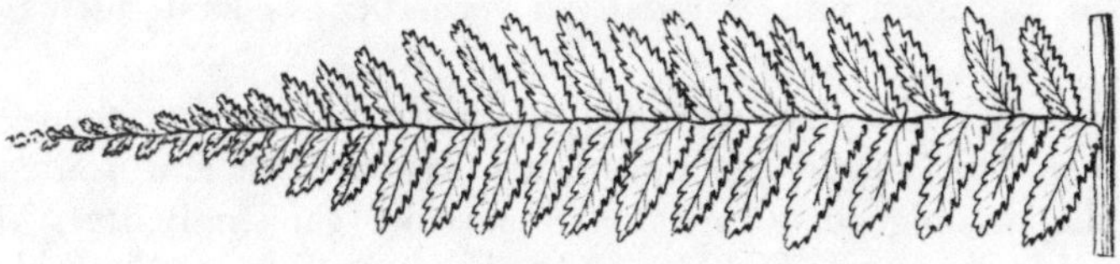

DER MÄNNLICHE SCHILDFARN

Polystichum filix – mas (L.) ROTH
Familie der Tüpfelfarne;
Pflanze ohne Blüten

Der männliche Schildfarn erhielt seinen Namen, weil der Stamm außerordentlich kräftig ist, und nicht deshalb, weil nur männliche Stöcke zu dieser Gattung zählen. Er wächst in den meisten Wäldern und zwar mit einer deutlichen Vorliebe für nordwärts gerichtete Buchenwälder mit reichem Boden. Sein großes, zwischen 0,50 und 1,50 Meter hohes Blatt erkennt man an seiner dicken, an der Basis mit roten Schuppen besetzten Achse, an seinen zweifach geteilten „Ästen" und seinen nierenförmigen Sporenhaufen (auf der Rückseite).

Schon griechische Ärzte der Antike – Theophrastes, Dioskorides, Galen – empfahlen diese Gattung gegen Darmparasiten. Später hat man ihm verschiedene Eigenschaften zugeschrieben, manche davon teilweise begründet (z. B. hat er die Fähigkeit, Blut zu stillen und Wunden zu vernarben; er kann auch Fehlgeburten hervorrufen).

Ich habe besonders die entwurmenden Vorzüge der unterirdischen Pflanzenteile festgestellt, auch den Nutzen der jungen, wie Krummstäbe eingerollten Frühlingsblätter und die beruhigenden Eigenschaften seiner ganzen Blätter. Man benutzt Schildfarn für Hand- und Fußbäder, gegen Rheumatismus, Gicht, Ischias, Hexenschuß, Krämpfe usw. Aber ich warne vor Mißbrauch: kräftig dosiert kann der männliche Schildfarn sehr leicht Blindheit hervorrufen.

ERNTE

Die Blätter des männlichen Schildfarnes sollte man im Frühling pflücken, wenn sie noch sehr jung, wie ein Krummstab eingerollt oder noch kaum aufgerollt sind. In Norwegen und Schweden ißt man sie auf die gleiche Art wie Spargel. Die Wurzel (das Rhizom) zieht man im Herbst aus.

ZUBEREITUNG UND ANWENDUNG

AUFGUSS

Geben Sie zehn bis zwanzig kleine Wurzelscheiben in einen Liter Wasser. Trinken Sie nüchtern eine Tasse als Wurmabtreibemittel. Für Kinder 10 Scheiben.

FRUCHTFLEISCH MIT HONIG

Aus Wurzeln (gegen Würmer): Für Kinder morgens auf nüchternen Magen zwei Kaffeelöffel voll Wurzeln täglich mit Honig nach Belieben. Für Erwachsene vier Suppenlöffel voll Fruchtfleisch.

AUFGUSS UND ABSUD

Aus jungen Blättern (beruhigend und entwurmend): Geben Sie einen kleinen Strauß frischer junger Blätter in einen Liter Wasser. Dosis: Für Kinder täglich eine kleine Tasse; für Erwachsene zwei bis drei Tassen.

HAND- UND FUSSBÄDER

Zehn Wurzelscheiben und einen kleinen Strauß junger Blätter pro Liter Wasser.

LAGER

Für Rachitiskranke und Rheumakranke.

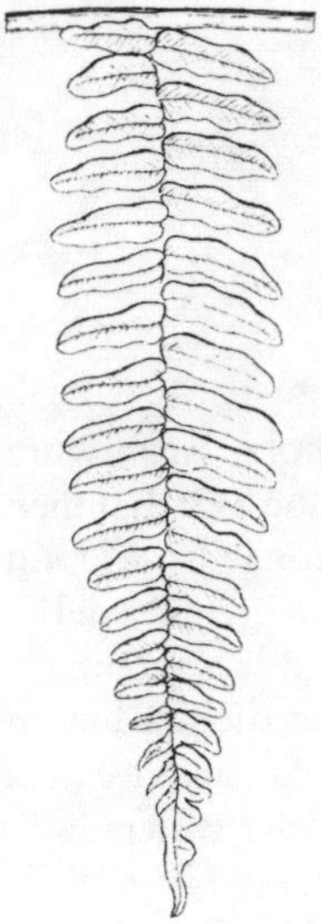

DER WEIBLICHE SCHILDFARN

Athyrium filix-foemina (L.) ROTH
Familie der Tüpfelfarne
Pflanze ohne Blüten

Hat der männliche Schildfarn nicht nur männliche Stöcke, so hat der weibliche Schildfarn nicht nur weibliche! Er wird nur so genannt, weil er zierlicher und kleiner ist als der „männliche". Er unterscheidet sich von ihm durch seine glatten Achsen, durch die Auszackung seiner Blattlappen und durch seine halbmondförmig vereinten Sporenhaufen. Er wächst in allen Wäldern der nördlichen Hemisphäre.

Der weibliche Schildfarn besitzt ungefähr die gleichen Eigenschaften wie der männliche Schildfarn, aber in geringerem, in milderem Maße. Er wirkt „mit

Sanftmut“, während der andere sich „mit Gewalt“ einschaltet. Aus diesem Grunde ist er vorzuziehen. Die Bedingungen für Ernte, Anwendung und Zubereitung sind die gleichen.

DER BAUMFARN

Polypodium vulgare L.
Familie der Tüpfelfarne;
Pflanze ohne Blüten

Der Baumfarn, auch Tüpfelfarn, Engelsüßwurzel, Kreuzfarn, Süßholz, Kropfwurz oder großer Bittersüß genannt, wächst auf altem Gemäuer, am Fuße von Bäumen und zwischen Steinen. Seine 20 bis 50 cm langen, im Frühling zunächst wie ein Krummstab eingerollten Blätter sind ein einziges Mal in Lappen geteilt, deren Umfang zur Spitze hin immer geringer wird. Sie tragen zahlreiche runde Sporenhaufen auf der Rückseite (auf jedem Lappen zwei parallele Reihen). Das dicke Rhizom der Gattung (ihre „Wurzel“) hat einen charakteristischen süßen Geschmack, der dem Geschmack von Süßholz gleicht, daher der volkstümliche Name „großer Bittersüß“.

Der Baumfarn, der den Völkern der Antike bestens bekannt war, erweist sich als vorzügliches Reinigungsmittel und als stark wirkendes Abführmittel. Er beruhigt Husten, wirkt günstig bei chronischer oder akuter Bronchitis und wird mit den hartnäckigsten Katarrhen ziemlich leicht fertig. Er beseitigt Darmwürmer, heilt zahlreiche Leber- und Milzbeschwerden, regt die Gallensekretion an und bringt Gicht- und Rheumakranken Linderung.

ERNTE

Verwenden Sie nur die Wurzel des Baumfarnes, die zwischen Juli und August ausgegraben und in der Sonne oder im Schatten getrocknet wurde.

ZUBEREITUNG UND ANWENDUNG

ABSUD

30 bis 40 Prisen getrockneter und zerstoßener Wurzeln auf einen Liter Wasser. Von dem Absud trinkt man morgens eine Tasse auf nüchternen Magen. Man kann auch einen Kaffeelöffel voll Süßholzpulver und ein kleines Wurzelstück vom Engelwurz

hineingeben; in diesem Fall soll das Gemisch einen halben Tag lang ziehen, wird dann abgeseiht, mit Honig gesüßt und morgens eine Tasse auf nüchternen Magen getrunken.

HAND- UND FUSSBÄDER

Eine Handvoll zerstoßener Farnwurzeln pro Liter Wasser.

ANMERKUNG

Bevor wir die Farnkräuter endgültig verlassen, kann nicht oft genug wiederholt werden, daß der männliche Schildfarn nur mit sehr großer Vorsicht verwendet werden soll, denn er wird, sobald man die Dosierungen überschreitet, ausgesprochen giftig. Das Beste wäre, ihn nur bei schweren Krankheiten zu gebrauchen und in allen anderen Fällen den weibliche Schildfarn zu verwenden.

DER FAULBAUM

siehe Farbtafel VII
Rhamnus frangula L.
Familie der Hartriegelgewächse

Der Faulbaum, von den Botanikern Kreuzdorn, von anderen Pulverholz, Stinkbaum, Bauchberste, Elsebaum, glatter Kreuzdorn, Purgierbeere, Zapfenholz oder Spargelbaum genannt, ist ein im Unterholz und auf Lichtungen sehr verbreiteter Strauch mit großen ovalen Blättern, die auf der Unterseite poliert wirken. Er trägt kleine, gelbliche Blüten zu je fünf Blumenblättern, deren Früchte im Herbst kleine, runde, erst rote und dann schwärzliche Beeren bilden. Der berühmte italienische Arzt Mathiole entdeckte im 16. Jahrhundert den Nutzen des Faulbaums.

Wirksam ist nur die Rinde – die Beeren sind es nur in sehr geringem Maße –, und überdies auch nicht die äußere, sondern die zweite Rinde, die stärker glänzt und feuchter ist; man legt sie bloß, wenn man die erste bräunliche Schicht des Pflanzengewebes mit dem Messer absprengt. Man muß sie getrocknet verwenden, denn im frischen Zustand ist sie ein wenig giftig. Sie wird vor allem bei Verstopfung angewendet, ob man nun beim Essen unmäßig war, oder ob die Stuhlträgheit eine Folge von allzu vieler und allzu gleichförmiger Fleischkost oder einer allgemeinen Unregelmäßigkeit des Verdauungsapparates ist. Der Faulbaum kann den gesamten Magen und Darm befreien und deren normale Tätigkeit wiederherstellen. Im Falle einer Vergiftung bewirkt er heilsames Erbrechen; im Falle von Verdauungsträgheit regt er die Muskeln an, die den Nahrungsbrei vorwärts treiben; außerdem hat er keinerlei Reizwirkung und kann daher selbst jenen gegeben werden, die an Magenübersäuerung, Blähungen, Schluckauf oder chronischen Infektionen leiden. Er ist die beste Pflanze, die man an Verstopfung leidenden schwangeren Frauen verschreiben kann, denn er hilft ohne die kleinste Gefahr für ihre Gesundheit oder die des werdenden Kindes. Dem ist noch hinzuzufügen, daß der Faulbaum ein sehr gutes Wurmmittel ist, daß er die Funktion der Leber unterstützt, die Milz anregt, Hämorrhoiden bekämpft und leichte Kreislaufstörungen behebt. Äußerlich wirkt er gegen parasitäre Hauterkrankungen wie Abszesse, Infektionen, Kopfgrind und Krätze.

ERNTE

Sammeln Sie einen Vorrat an Faulbaumrinde während der Blütezeit, vom Ende des Frühlings bis August. Drei- oder vierjährige Zweige enthalten die meisten Wirkstoffe. Man schneidet sie in lange Streifen und läßt sie im Schatten und im Luftzug trocknen. Rinden, die man in der Kräuterhandlung findet, sind leider oft verfälscht und mit Kirschbaum-, Erlen- oder Kornelkirschbaumrinde vermischt.

ZUBEREITUNG UND ANWENDUNG

AUFGUSS

Fünf oder sechs Prisen gehackter Rinde auf einen Liter Wasser; davon trinkt man zwei bis drei Tassen täglich, eventuell in einem Tee aus Minze, Fenchel, Salbei oder Eibisch.

ABSUD

Fünf oder sechs Prisen gehackter Rinde auf einen Liter Wasser eine halbe Stunde lang kochen lassen; das Präparat ist noch wirksamer, wenn die Pflanze nach dem Sieden einen halben Tag lang im Wasser auszieht. Abends eine oder zwei Tassen trinken.

Zur äußerlichen Anwendung als Kompressen, Klistiere, Sitzbäder usw. nimmt man eine halbe Handvoll Rinde pro Liter Wasser.

PULVER

Aus Rinde: Nehmen Sie täglich eine Prise in Honig, Milch usw.

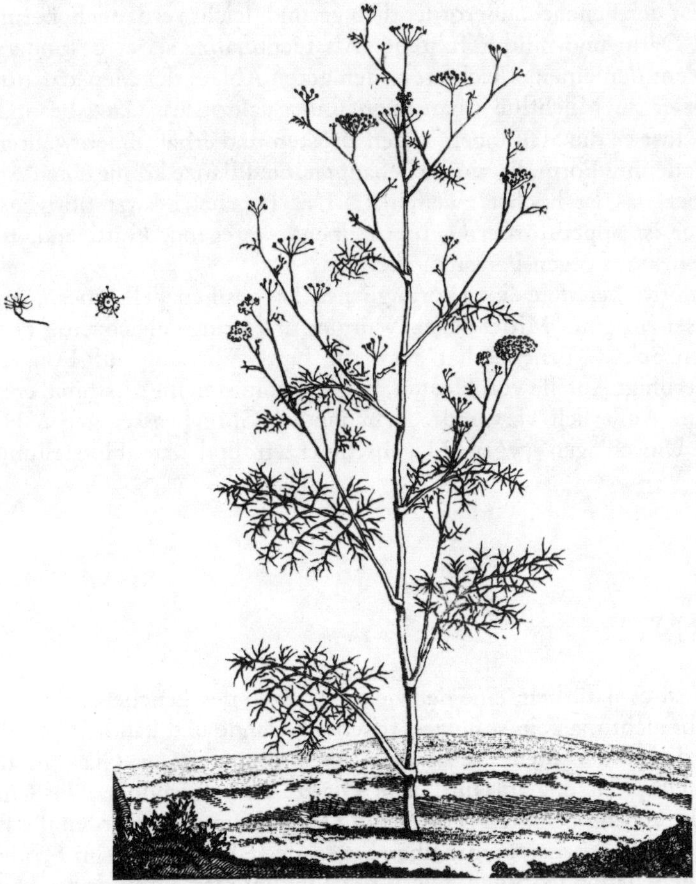

DER FENCHEL

Foeniculum vulgare (MILLER) GÄRTNER
Familie der Doldengewächse;
gelbe Blüten

Fenchel wird als Gemüse (die starken Rippen seiner am unteren Teil verdickten Blätter) verwendet. Mit seinen Samenkörnern würzt man Fleisch, Fisch und sogar Käse oder Brot. Der gemeine oder große Fenchel, manchmal Fencheldill oder Frauenfenchel genannt, hat viele Geschmacksrichtungen: süß oder bitter. Er stammt aus dem Mittelmeerraum, hat sich aber ausgiebig in der ganzen Welt verbreitet. Er ist ein kräftiges, ein bis zwei Meter hohes Gewächs mit großen, gelben Blütenschirmen und kleinen, einen Zentimeter langen spindelförmigen Früchten.

Als Gemüse ist der Fenchel außerordentlich gesund, leicht verdaulich, beruhigend für Magen und Darm und mild abführend. Als Heilpflanze sei er besonders allen Frauen empfohlen: den einen erleichtert er den guten Ablauf der Menstruation, den anderen verhilft er zu Milchfluß (man nennt ihn galaktogen). Ganz besonders in Breiumschlägen löst er die Stauungen in den Brüsten und erhält ihnen während der ganzen Stillperiode ihre Form. Es wurde behauptet, die Pflanze könne einen Abortus hervorrufen, aber das ist höchst zweifelhaft. Der Fenchel besitzt übrigens viele Eigenschaften; er ist appetitfördernd, harntreibend, anregend, kräftigend, beruhigend und sehr wirksam gegen Parasiten aller Art.

Meine Großmutter bereitete einen vorzüglichen Tee aus Fenchelkörnern, von dem sie erklärte, er sei ein gutes Mittel gegen Würmer und bringe gleichzeitig nervösen Kindern ruhigen Schlaf. Fenchel hat auch die beste Wirkung auf Lungen und Bronchien; er beruhigt Anfälle von Husten, von Keuchhusten und Asthma, er reinigt alle Organismen. Äußerlich verwendet man ihn im Gurgelwasser gegen Halsbeschwerden, in Umschlägen gegen Magenschmerzen und zur Herstellung von Augentropfen.

ERNTE

Am einfachsten ist es natürlich, eine der vielen Abarten des Fenchels im Garten zu züchten. Dazu braucht man ein sonniges, frisches Gelände und kalkhaltigen Boden. Im Herbst wird auf der Stelle gesät oder im Frühling unter Glas (in diesem Falle mit einer Umpflanzung im Juli). Die Pflanze ist verwendbar. Die Knospen werden gepflückt und im Schatten getrocknet. Ungefähr im Juni werden die Blätter geerntet und die Samenkörner unmittelbar bevor sie reif sind, also im September; auch sie sollen im Schatten trocknen. Die Wurzel nimmt man am Ende des Herbstes aus der Erde.

ZUBEREITUNG UND ANWENDUNG

AUFGUSS

Stärkend und beruhigend, erleichtert die Verdauung, bekämpft Schluckauf und Darmstörungen: Zwei Prisen Samen mit einer Prise Anissamen und zwei Minzeblättern kommen auf eine Tasse Wasser. Drei Tassen täglich trinken.

Gegen Husten: Man nehme einen Kaffeelöffel voll Samen und zerkleinerter Blätter auf eine Tasse Wasser. Gesüßt wird mit reichlich Honig; täglich werden drei Tassen davon getrunken.

ABSUD

Aus der ganzen Pflanze (harntreibend): Nehmen Sie von der Pflanze zwei Prisen pro Liter Wasser. Zwei bis drei Tassen täglich werden besonders gegen Nierenentzündung empfohlen. Außerdem besitzt dieser Absud auch vorzügliche verdauungsfördernde Eigenschaften.

ABSUD

Zur äußerlichen Anwendung (Gurgelwasser, Bauchschmerzen): Man rechnet mit einer guten Handvoll Wurzeln, Blätter und Samen pro Liter Wasser.

HAND- UND FUSSBÄDER

Gleiche Mengen wie für den obigen Absud.

AUGENTROPFEN

Gegen Augeninfektionen: Lassen Sie einen Löffel voll Fenchelsamen eine Stunde lang in einer Mischung aus zwei Löffeln 45prozentigem Alkohol und zehn Löffeln destilliertem Wasser ziehen.

BREIUMSCHLÄGE

Aus Blättern und Blüten: Gegen Blutergüsse und Stauungen in den Brüsten.

ZUSAMMENGESETZTE AUFGÜSSE

Gegen durch Angstzustände bedingte Fettleibigkeit: Zwei Prisen Fenchel, zwei Prisen Majoran und zwei Prisen Minze auf einen Liter Wasser; davon trinke man eine Tasse vor dem Schlafengehen.

Um die schlanke Linie zu erhalten: Jeweils zwei Prisen Fenchel, Anis und Quendel auf einen Liter Wasser; davon zwei bis drei Tassen täglich.

DER FLIEDER

Syringa vulgaris L.
Familie der Ölbaumgewächse;
malvenfarbene, hellviolette oder weiße Blüten

Im Frühling beginnt der Flieder in den Gärten zu duften. Wenn die Säfte steigen, enthält er die meisten heilenden Kräfte. Seine dicken, mit hellmalvenfarbenen oder schneeweißen Blüten besetzten Dolden bezaubern die Blicke. Dieser Strauch stammt

vom Balkan und dem Mittleren Orient. Er wurde bereits im 10. Jahrhundert von den Mauren nach Spanien eingeführt, erschien aber erst im 16. Jahrhundert in den anderen europäischen Ländern.

Alle Teile des Flieders sind außerordentlich bitter: deshalb verschonen ihn alle Tiere – selbst die gefräßigsten, die Ziegen. Diese Bitterkeit bildet aber auch seinen medizinischen Wert: einerseits ist er sehr gut dazu geeignet, Fieber zu senken; andererseits wirkt er als vorzügliches Tonikum, besonders auf das gesamte Verdauungssystem. Ich empfehle ihn gegen Verdauungsschwierigkeiten, Schluckauf, Magenblähungen und Durchfall. Ferner verschreibe ich ihn den Gicht- und den Rheumakranken.

ERNTE

Wer die Möglichkeit dazu hat, der pflanze einen Fliederstrauch vor die Haustüre. Was für ein Genuß für Augen und Nase! Es gibt nichts Angenehmeres als den feinen Duft, den er ausströmt. Man erntet im Frühling die Rinde der jungen Zweige, die frischen Blätter und die wohlriechenden Blüten des Strauches und läßt sie im Schatten trocknen. Ein wenig später pflückt man auch die Früchte (Samengehäuse).

ZUBEREITUNG UND ANWENDUNG

AUFGUSS UND ABSUD

Aus Blüten: Man gibt eine halbe Handvoll getrockneter Blüten in einen Liter Wasser und trinkt zwei bis drei Tassen täglich, als Tonikum für das Verdauungssystem.

Aus Blättern: Von einer halben Handvoll getrockneter Blätter in einem Liter Wasser trinkt man zwei bis drei Tassen täglich (fiebersenkend).

KONZENTRIERTER ABSUD

Aus Rinden: Man rechnet mit einer halben Handvoll zerstoßener Rinden auf einen Liter Wasser. Zwei Tassen täglich zum Senken von Fieber.

LEICHTER ABSUD

Aus Früchten: Geben Sie zehn Prisen frischer oder trockener Samengehäuse in einen Liter Wasser. Trinken Sie davon zwei Tassen täglich.

HAND- UND FUSSBÄDER

Legen Sie eine halbe Handvoll Blüten, eine halbe Handvoll Blätter und eine halbe Handvoll zerstoßener Rinden in ein Becken mit Wasser und nehmen Sie zwei Bäder täglich. Besonders geeignet gegen Verdauungsschmerzen, Gichtanfälle und Rheumatismus.

BEIZE

Aus Blüten zur äußerlichen Anwendung: Lassen Sie eine große Handvoll getrockneter Blüten in einem Liter Olivenöl ausziehen und stellen Sie das Gefäß fünfzehn Tage lang in die Sonne; filtern Sie dann und verwenden Sie das Präparat für Friktionen oder als Magenkompresse (Störungen des Verdauungsapparates) oder auf schmerzende Stellen (Rheumatismus).

DER FRAUENMANTEL

siehe Farbtafel VIII
Alchemilla vulgaris L.
Familie der Rosengewächse

Es gibt kaum etwas Anmutigeres als das handförmige Blatt des gemeinen Frauenmantels: die feinen Zacken des Blattrandes tragen Perlen, die nicht etwa der Tau hinterlassen hat, sondern die durch das Schwitzen der Pflanze entstanden sind. Die Alchimisten des Mittelalters sammelten sie, gaben ihnen den Namen „Himmlisches Wasser" und verwendeten es bei ihrer Suche nach dem Stein der Weisen. Daher kommt der allgemeine Name des Frauenmantels – Alchimistenkraut –, den man auch noch Löwenfuß, Frauenbiß, Sinau, Sonnentau, Wiesensinau oder Tauhaltauf nennt. Die kleinen und blaßgrünen Blüten dieser Gattung besitzen keine Blumenblätter.

Die Lieblingspflanze der Alchimisten muß natürlich viele heilende Tugenden haben. Mein Vater hat mir oft gesagt, daß er in seiner Jugend einem alten Mann begegnet war, der als Zauberer galt und der den Frauenmantel für ein ausgezeichnetes Medikament hielt. Der Frauenmantel, und besonders seine Wurzel, kann gute Dienste leisten gegen Blutungen und Darmbeschwerden, als Tonikum, als Harntreibemittel und als Magenfreund. Besonders die Frauen finden hier das Heilmittel für ihre zahlreichen Beschwerden, angefangen von Weißfluß bis zu Uterusschmerzen, Schwindelgefühlen während der Schwangerschaft und Verletzungen, die gelegentlich beim Gebären entstehen. Im Aufguß hilft diese Pflanzenart, Wasserverhaltung und Fettleibigkeit zu bekämpfen (eine weitere wertvolle Eigenschaft für die Damen), und bessert die Zuckerkrankheit. Im Absud in Bädern zur äußerlichen Anwendung wirkt der Frauenmantel als Wundvernarbungsmittel, als Mittel gegen Entzündungen, gegen Bindehautentzündung und gegen oberflächliche Infektionen des Genitalapparates.

ERNTE

Der Frauenmantel gedeiht auf allen feuchten Weiden, von der Ebene bis zum Hochgebirge, und blüht zwischen Mai und Oktober. Pflücken Sie morgens bei trockenem Wetter die über dem Erdreich stehenden Teile der Pflanze vor dem Aufblühen und reißen Sie die Wurzel zwischen September und Oktober aus. Im Schatten trocknen lassen.

ZUBEREITUNG UND ANWENDUNG

AUFGUSS

Innerliche Anwendung, als Tonikum, Harntreibemittel, um die Leber zu entlasten usw.: Nehmen Sie drei Prisen getrockneten Frauenmantel (oder geriebener Wurzeln) pro Tasse Getränk, und lassen Sie dies zehn Minuten lang ziehen und trinken Sie drei Tassen täglich, jeweils zwischen den Mahlzeiten.

BREIUMSCHLÄGE

Aus frischem Frauenmantel, um Blutungen zu stillen und Wunden zu vernarben. Die Umschläge anfangs alle 10 Minuten wechseln.

ABSUD

Zur äußerlichen Anwendung, gegen Wunden, Entzündungen, oberflächliche Infektionen: Man rechnet mit zwei Handvoll getrocknetem Frauenmantel pro Liter Wasser. Gegen Bindehautentzündung nehme man 50 Gramm getrockneter Pflanzen pro Liter Wasser.

HAND- UND FUSSBÄDER, VAGINALSPÜLUNGEN

Gleiches Mengenverhältnis wie oben.

DIE GARTENMÖHRE

Daucus sativus HOFFMANN
Familie der Doldengewächse;
grünliche Blüten

Man sagt, daß Möhren Menschen liebenswürdig und Frauen schön machen und zu schönen Schenkeln verhelfen: Im allgemeinen essen Kinder sie sehr gern, lieber roh als gekocht. Das ist gut so, denn keine Pflanze kann besser Erbrechen und Durchfall bei Säuglingen hemmen. Die Möhre – auch Mohrrübe oder Karotte genannt – wächst in allen Gärten und besitzt eine große orange oder gelbe Pfahlwurzel, deren Form sehr verschieden sein kann: kurz, schlank, gedrungen, konisch, zylinderförmig und beinahe kugelrund. Nützlich ist das Studium ihrer ernährungsmäßigen und medizinischen Tugenden.

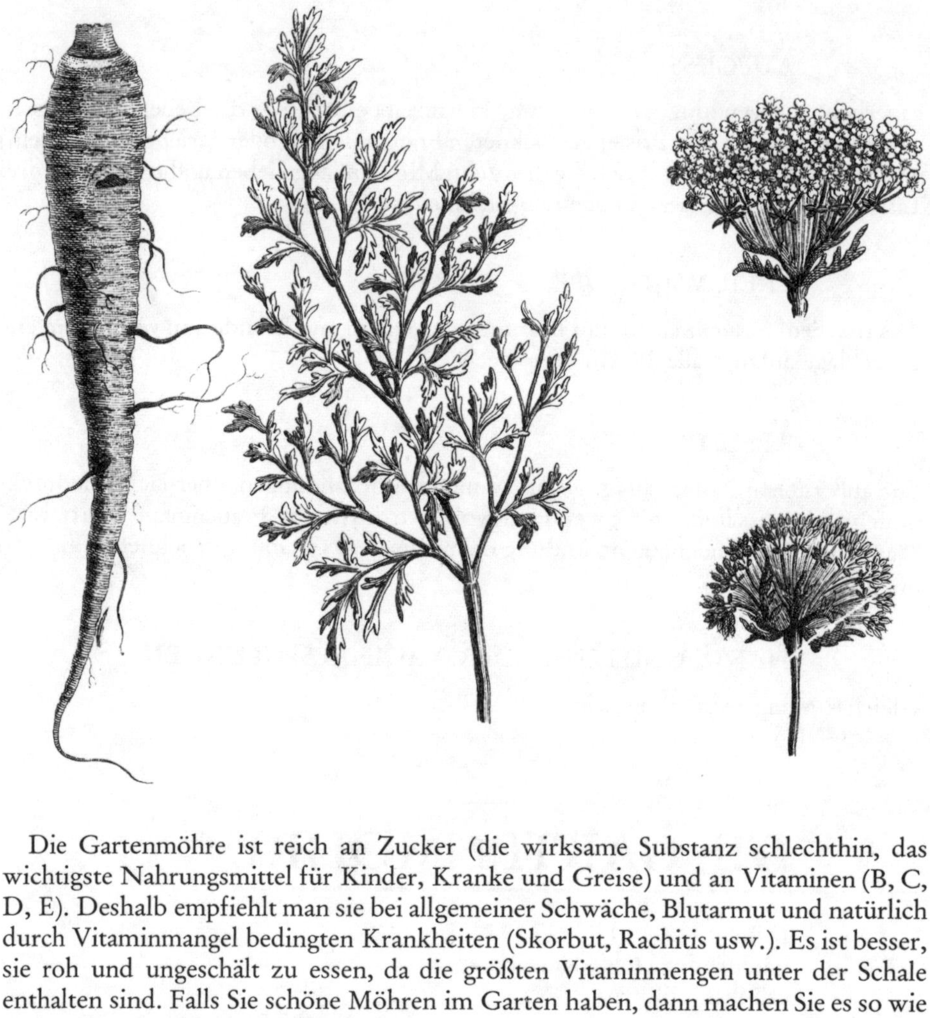

Die Gartenmöhre ist reich an Zucker (die wirksame Substanz schlechthin, das wichtigste Nahrungsmittel für Kinder, Kranke und Greise) und an Vitaminen (B, C, D, E). Deshalb empfiehlt man sie bei allgemeiner Schwäche, Blutarmut und natürlich durch Vitaminmangel bedingten Krankheiten (Skorbut, Rachitis usw.). Es ist besser, sie roh und ungeschält zu essen, da die größten Vitaminmengen unter der Schale enthalten sind. Falls Sie schöne Möhren im Garten haben, dann machen Sie es so wie meine Mutter: abbürsten, waschen, essen.

Die Gartenmöhre enthält reichlich Karotin: das ist ihr Farbstoff. Das Karotin, das Provitamin A, ist besonders gut für die Augen und wird daher nicht nur Fliegern und Seeleuten, die ein einwandfreies Sehvermögen haben müssen, sondern auch Autofahrern empfohlen. Kurzsichtige, besonders Kinder, können ihr Sehvermögen mit Karotin bessern.

Außerdem ist die Gartenmöhre harntreibend, beruhigend und entwurmend, ein weiterer Grund, sie Kindern reichlich zu geben. Auch Leberbeschwerden lindert sie. Ihr frisches Fruchtfleisch übt auf Geschwüre, Verbrennungen, Ekzeme, Wunden und Abszesse eine beruhigende und wundvernarbende Wirkung aus. Die Blätter der

Gartenmöhre sind reich an mineralischen Salzen und erhöhen den Nährwert von Suppen und üben in Absuden und Mundspülungen eine bemerkenswerte antiseptische Wirkung gegen die Mundfäule aus.

ERNTE

Die verschiedenen Möhrensorten haben gleiche Qualitäten. Selbstverständlich sollte man jene meiden, die „industriell", also mit großen Mengen von Giftstoffen angebaut und mit Hilfe chemischer Konservierungsmittel „frisch" gehalten worden sind. Falls Sie einen Gemüsegarten besitzen, so ziehen Sie Ihre Gartenmöhren auf die natürlichste Art. Verwenden Sie keine Insektenvertilgungsmittel! Mengenmäßig werden Sie dabei vielleicht Einbußen haben, aber großen Gewinn in bezug auf Qualität und Gesundheit.

ZUBEREITUNG UND ANWENDUNG

Rohe Gartenmöhren, gerieben oder im Ganzen gegessen, enthalten mehr Wirkstoffe als gekochte. In einer Suppe gekocht und leicht gesalzen sind sie jedoch sehr wirksam gegen Durchfall bei Säuglingen. Die Milch im Saugfläschchen muß in so einem Fall eine Zeitlang vollkommen durch eine Möhrensuppe ersetzt werden, und man darf nur allmählich wieder auf die Ernährung mit Milch zurückkommen. Es gibt aber auch noch andere Präparate.

FRISCHER SAFT

Wirkt stärkend, harntreibend und entwurmend, wenn man davon täglich ein bis zwei Gläser trinkt. Mit ein wenig Honig oder mit einer Zitronenscheibe ist dies eine vorzügliche Arznei gegen Halsschmerzen und gegen Erschöpfung. Wirkt am besten morgens auf nüchternen Magen oder vor den Mahlzeiten.

ABSUD

Reiben Sie zwei Möhren und geben Sie sie in einen Liter Honigwasser. Trinken Sie davon zwei- bis dreimal täglich eine Tasse vor den Mahlzeiten.

SIRUP

Mischen Sie ein Glas frischen Saft mit zwei Gläsern Wasser und vier Gläsern Staubzucker. Trinken Sie davon ein Likörglas täglich.

BREIUMSCHLÄGE

Gegen Geschwüre, Brandwunden, Ekzeme usw.: Zerdrücken Sie die notwendige Menge Fruchtfleisch und legen Sie es unter einem Tuch direkt auf die Verletzung. Wechseln Sie den Umschlag mehrmals täglich.

HAND- UND FUSSBÄDER

Gleiche Anwendung wie bei den Breiumschlägen: Man rühre das frische Fruchtfleisch von drei passierten Möhren in einen Liter Wasser. Anwendung zwei- oder dreimal täglich.

DIE HECKENROSE

siehe Farbtafel X
Rosa canina L.
Familie der Rosengewächse

Alles ist seltsam bei dieser Pflanze, die ich gerne „die ländliche Königin der Blumen" nenne – besonders ihr lateinischer Name: *Rosa canina* oder „Hundsrose", so genannt, da ein alter Glaube lehrte, daß ihre Wurzeln die Tollwut heilen. Mit unseren Vierbeinern hat die Rose also nichts zu tun. Unter zahlreichen wilden Rosenarten ist die *Rosa canina* die gewöhnlichste. Man findet sie im dichten Grün, im Schatten des Unterholzes oder inmitten wirrer Hecken. Zwischen Blattbüscheln aus fünf oder sieben gezähnten Blättchen stehen schneeweiße oder blaßrosa Blütenkelche, in deren Höhlung sich Staubfäden kräuseln . . .

Aus den Blättern der Pflanze, übrigens auch aus den Samen, machte man seit alters her nur Tee. Der Versuch ist jedoch nicht zu empfehlen, besonders Rosensamen haben in starken Dosen eine ungünstige Wirkung auf Herz und Rückenmark. Die Blumenblätter entfalten als Absud oder Aufguß eine leicht abführende Wirkung, und ich habe sie gelegentlich in einer Mischung mit den Blumenblättern der roten Rose verschrieben.

Als Rosenschwamm oder Bedegar (das Wort stammt aus Persien) bezeichnet man jenen behaarten, grünpurpurnen Kopf, den man auf der Spitze mancher Stengel findet. Er ist ein Auswuchs, der durch den Stich eines mit den Bienen verwandten Insektes, der Gallwespe (Hautflügler), entstanden ist. Der Bedegar ist ein vorzügliches Stärkungsmittel, er wirkt adstringierend, beschleunigt die Vernarbung von Wunden und Brandwunden und ist ein wirksames Mittel gegen Schweißausbrüche (bei Fieber) und gegen Harnsteine, außerdem ist er ein gründliches Harntreibemittel. Aufgüsse und Absude daraus sind einfach zuzubereiten. Einige Phytotherapeuten gewinnen aus dem Rosenschwamm durch Destillation auch ein Wasser, das sich für die Behandlung kranker Augen eignet.

Die Frucht, dieses orangerote, eiförmige Kügelchen, das beim ersten Reif geerntet wird, ist für die Botaniker eine ebenso „falsche“ Frucht wie die Erdbeere, die Himbeere und die Feige. Sie ist voll Samen in hübschem silbrigem Flaum. Die Frucht heißt Cynorrhodon oder Hagebutte und wird in Aufgüssen, in Absuden, als Pulver, als Sirup, als Marmelade, als Kompott und in Likören verzehrt. Die Hagebutte ist unübertroffen gegen Durchfall, Magenkrämpfe, Übelkeit und schlechte Verdauung. Der Rosenschwamm wirkt stärkend, adstringierend, verhindert Schweißausbrüche und ist harntreibend. Die Hagebutte ist zusätzlich ein bewährtes Bandwurm-, Abführ- und Blutreinigungsmittel. Wenn man ihre im Winter getrockneten Samen an einer luftigen Stelle aufbewahrt, so kann man damit im Frühjahr eine ausgezeichnete Entschlackungskur machen. Wegen ihres außergewöhnlichen Vitaminreichtums (Provitamin A oder Karotin, Vitamin C, Vitamin D) ist die Heckenrose nicht nur gut für die Augen, sondern auch ein erstklassiges Mittel gegen Skorbut und gegen Rachitis. (100 Gramm Hagebutten enthalten genausoviel Vitamin C wie ein Kilo Zitronen).

ERNTE

Pflücken Sie Blätter und Knospen der Heckenrose im Frühling. Im Sommer werden Sie sicher Rosenschwämme finden. Auf die Früchte muß man bis Ende Herbst und Anfang Winter warten: dann erst sind sie richtig reif.

ZUBEREITUNG UND ANWENDUNG

AUFGUSS UND ABSUD

Aus Blumenblättern: Eine halbe Handvoll Blumenblätter auf einen Liter kochendes Wasser; trinken Sie drei bis vier Tassen täglich.

AUFGUSS

Aus Rosenschwamm: Eine Handvoll Rosenschwamm auf einen Liter kochendes Wasser; trinken Sie davon zwei bis drei Tassen täglich.

Aus Hagebutten: Entfernen Sie Samen und Haare; eine Handvoll in einem Liter Wasser aufgießen, 10 Minuten lang stehen lassen und drei bis vier Tassen täglich davon trinken.

VERLÄNGERTER ABSUD

Aus Hagebutten: Eine Handvoll entleerter Hagebutten auf einen Liter Wasser; lassen Sie den Absud auf die Hälfte verkochen (oder eine Stunde lang ziehen). Wirkt bei mehrmaliger täglicher Anwendung stark harntreibend.

PULVER

Aus Hagebutten: Reiben Sie die entleerten und getrockneten Früchte sehr fein. Gegen Skorbut eine kleine Prise täglich.

SIRUP

Aus Hagebutten: Lassen Sie die Schalen der Früchte zwei bis drei Tage in Rotwein ausziehen, seihen Sie ab und fügen Sie eine gleiche Menge Zucker hinzu. Nicht kochen, da sonst das Vitamin C zerstört wird.

MARMELADE

Aus Hagebutten: Früchte nach dem ersten Frost pflücken, Samenkörner und Flaum entfernen, Früchte zerhacken. Dann gleiche Gewichtsmenge Zucker hinzufügen und lange rühren. So bleibt das gesamte Vitamin C erhalten.

EINGEMACHTES

Aus Hagebutten: Nehmen Sie – vor dem Frost – voll ausgereifte Früchte, die Sie ausleeren und in kleine Stücke schneiden. Das Ganze mit Rotwein übergießen, 24 Stunden lang an einem kühlen Ort ziehen lassen, dann im Mörser zerreiben, die Mischung durch ein Sieb drücken, um das Fruchtfleisch aufzufangen. Nehmen Sie 750 Gramm Zucker für 500 Gramm Fruchtfleisch, lassen Sie nur den Zuckersirup kochen und mengen Sie das Fruchtfleisch erst hinein, wenn Sie das Gefäß vom Feuer genommen haben, damit die größtmögliche Menge an Vitamin C erhalten bleibt. Anschließend füllen Sie die Masse in Töpfe ein. Auf herkömmliche Art zubereitet, bleibt Eingemachtes aus Hagebutten vorzüglich im Geschmack, verliert aber zuviel von seinen medizinischen Vorzügen.

LIKÖR

Aus Hagebutten: Ein Kilo Hagebutten und 500 Gramm Kandiszucker 14 Tage bis zu einem Monat lang in drei Liter Branntwein ansetzen, filtern und nach Geschmack reines Wasser hinzufügen. Dies ist ein vorzügliches Tonikum, das ich in kleinen Dosen besonders älteren Leuten empfehle.

FUSS- UND HANDBÄDER

Man rechnet mit einer Handvoll Pflanzen pro Liter Wasser. Verwenden Sie entweder Früchte, Blumenblätter und Knospen gegen Steine in der Harnblase, oder Blumenblätter und Knospen bei Herzflattern, Herzklopfen, Nervosität und Angstzuständen. Zerstoßene Samenkörner sind bei Übersäuerung und Magenschmerzen zu empfehlen.

DAS HEIDEKRAUT

siehe Farbtafel IX
Calluna vulgaris (L.) HULL
Familie der Heidekrautgewächse

In Europa gibt es mehr als zehn verschiedene Arten von Heidekraut, von der sehr seltenen Pyramidenheide über die bezaubernde Prachtheide, die geheimnisvolle Moosheide bis zur Baumheide in den Mittelmeergebieten usw.

Jene, die ich verwende, gehört zwar zur Familie der Heidekrautgewächse, nicht aber zur selben Art: es ist die *Calluna vulgaris* (Besenheide), deren Blüten eine ganz kleine, viergeteilte Blumenkrone zeigen, verborgen in einem großen, glockenförmigen, malvenfarbigen und violetten Kelch, der wiederum von einem hübschen, grünen falschen Kelch geschützt wird. Besenheide ist die am reichlichsten wachsende Gattung.

Mich besuchte eines Tages ein rheumatismusgeplagter Mann, dem nichts mehr Linderung brachte. Ich empfahl ihm große Mengen von Heidekraut. Er nahm drei Wochen lang täglich zwei Bäder mit Heidekraut und wurde geheilt. Die Pflanze ist die allerbeste Arznei gegen ein Übermaß an Harnsäure, sei es im Falle von ungenügender Nierenarbeit oder von Nierensteinen, selbst wenn bereits die Gelenke angegriffen sind. Aber außer der harntreibenden und blutreinigenden Wirkung ist das Heidekraut in allen Fällen von Infektion der Harnwege anzuwenden, also bei trübem Urin, Harnblasenentzündung.

ERNTE

Im Spätherbst findet man am Straßenrand, am Waldsaum und in der endlosen Weite der Heide Heidekraut in Hülle und Fülle. Pflücken Sie seine Blütenspitzen, wenn sie noch knospen: in kleinen, im Speicher aufgehängten Sträußen halten sie sich Monate hindurch tadellos. Sie können die Samenkörner der Pflanze im Frühling auch im Garten aussäen, in einem mit Sand versetzten und an Kompost reichen Boden, der aber sehr leicht sein muß.

ZUBEREITUNG UND ANWENDUNG

ABSUD

Gegen alle Infektionen der Harnwege und namentlich gegen Harnblasenentzündung: Eine gute Handvoll Blüten auf einen Liter Wasser, fünf Minuten lang kochen lassen. Trinken Sie davon drei Tassen täglich.

AUFGUSS

Harntreibend und gegen Nierensteine: Eine kleine Handvoll Heidekraut pro Liter Wasser. Trinken Sie davon zwei Tassen täglich.

BÄDER

Aus Heidekraut gegen Rheuma: Einen großen Strauß Heidekraut in die Badewanne, und baden Sie zweimal täglich.

HAND- UND FUSSBÄDER

Gegen Rheumatismus: Zwei Handvoll Pflanzen für ein Gefäß voll Wasser, dreimal täglich baden.

ABSUD

Für die Haut, um Sommersprossen zu bleichen, Flechten zu heilen, Rötungen zu beruhigen: Fünf Prisen Blüten für 1/2 Liter Wasser.

ZUSAMMENGESETZTER AUFGUSS

Zur Vorbeugung von Erkrankungen der Harn- und Genitalorgane und besonders der Prostata: Zwei Prisen Heidekrautblüten, zwei Prisen Lindenrinde und zwei Prisen Thymian in eine große Schale mit kochendem Wasser. Eine Woche lang jeden Abend anwenden.

DER HIMBEERSTRAUCH

siehe Farbtafel XI
Rubus idaeus L.
Familie der Rosengewächse

Jeder kennt die aufrechten und ein wenig stacheligen Stengel des Himbeerstrauches, seine zusammengesetzten, auf der Unterseite weißlichen Blätter, seine weißen, aus fünf Blumenblättern gebildeten Blüten und seine köstlichen Früchte, deren Form an die Früchte des Brombeerstrauches erinnert. Man nennt ihn deshalb auch den roten Brombeerstrauch.

Die Himbeere ist ein vorzügliches Dessert, entweder vom Strauch in den Mund gepflückt oder gezuckert oder eingekocht als Marmelade. Außerdem liefert sie einen erfrischenden Sirup. Ich empfehle sie Zuckerkranken, jenen, die an Magenübersäuerung oder Verstopfung leiden, Rheumakranken und Personen, die von Albuminurie (Harneiweiß) befallen sind. Sie ist gut für die Leber und wirkt bei Fieber, Angina, Bronchitis, Infektionen des Harnsystems und Mundentzündungen. Die Blüten und die Blätter der Gattung haben die gleichen Eigenschaften: den Früchten gegenüber bieten sie den Vorteil, in getrocknetem Zustand ihre Heilkraft nicht zu verlieren und damit zur Reihe der „allzeit Bereiten" in Ihrer kleinen Naturapotheke zu zählen.

ERNTE

Pflücken Sie Blüten und Blätter des Himbeerstrauches unmittelbar vor dem Aufbrechen der Blüten, lassen Sie sie im Schatten ausgebreitet trocknen. Aber nur voll ausgereifte Himbeeren pflücken. Der Himbeerstrauch wächst besonders häufig im Gebirge in Höhenlagen von 500 bis 600 Metern. Er siedelt auf Lichtungen, am Rande von Wäldern und von Wegen. Falls Sie Himbeersträucher im Garten haben wollen, pflanzen Sie sie in eine Ecke mit eher trockenem und sauerem Boden. Die Gattung vermehrt sich mühelos auf vegetative Weise, indem sie im Frühling Wurzelschößlinge austreibt.

ZUBEREITUNG UND ANWENDUNG

AUFGUSS ODER ABSUD

Aus Blüten: Eine halbe Handvoll frischer oder getrockneter Blüten auf einen Liter Wasser. Trinken Sie drei oder vier Tassen täglich davon.

Aus Blättern: Eine Handvoll frischer oder getrockneter Blätter auf einen Liter Wasser. Trinken Sie davon zwei Tassen täglich.

KONZENTRIERTER ABSUD

Aus Blättern (äußerliche Anwendung: Gurgelwasser, Lotionen . . .): Zwei Handvoll Blätter pro Liter Wasser.

HAND- UND FUSSBÄDER

Nehmen Sie eine Handvoll Blüten und eine Handvoll Blätter pro Liter Wasser.

DAS HIRTENTÄSCHELKRAUT

Capsella bursa-pastoris (L.) MÖNCH
Familie der Kreuzblütler;
weiße Blüten

Im Mittelalter nannte man das Hirtentäschelkraut *sanguinaria,* denn man wußte bereits, daß es Blutungen stillen kann wie keine andere Pflanze. Seitdem sind seine blutstillenden Eigenschaften von den Pharmazeuten experimentell bewiesen worden. Man kann es gegen Verletzungen, offene Wunden, gegen Blutspucken und für einen Erste-Hilfe-Verband verwenden; die Bluter tun gut daran, ständig etwas davon bei der Hand zu haben. Mein Vater verordnete es gegen alle Blutungen, und zwar besonders gegen Nasenbluten und Gebärmutterblutungen. Es ist ein unfehlbares Mittel gegen zu lange und zu starke Regelblutungen. Ich verschreibe es besonders jungen Mädchen, die während der Pubertät an starkem Blutverlust leiden, und Frauen gegen die Beschwerden der Wechseljahre. Viele Frauen verdanken mir einen regelmäßigen Zyklus und später eine beschwerdefreie Zeit der Wechseljahre.

ERNTE

Das Hirtentäschelkraut stammt aus dem Mittelmeergebiet. Es bevorzugt bebaute und gut gedüngte Felder; man findet es heute vom Meeresspiegel bis zu 3000 Meter Höhe auf allen Kontinenten. Die beste Erntezeit ist Sommer oder Herbst, wenn schon ein guter Teil der Früchte ausgebildet ist, auf der Spitze des Stengels aber ein kleiner Federbusch aus noch nicht befruchteten Blüten als Rest besteht.

ZUBEREITUNG UND ANWENDUNG

AUFGUSS

Gegen alle Blutungen: Nehmen Sie zwei Handvoll frischer Pflanzen oder eine Handvoll getrockneter Pflanzen pro Liter Wasser. Lassen Sie diese Mischung eineinhalb Stunden lang ziehen. Verwenden Sie vier bis fünf Tassen täglich zur Vorbeugung gegen Gebärmutterblutungen und allzu reichlicher Menstruation.

ABSUD

Gegen häufiges Nasenbluten: Eine kleine Handvoll getrockneter Pflanzen auf einen Liter Wasser. Trinken Sie drei bis vier Tassen täglich davon, Kinder jedoch nur eine Tasse. Noch einfacher ist es, einen Tampon mit dem Absud zu tränken und ihn in die Nase zu stecken.

SAFT

Aus frischen Pflanzen: Drücken Sie davon ein Glas voll aus und trinken Sie dies über Stunden verteilt in kleinen Mengen mit ein wenig Honig (Bekämpfung von Blutungen). Gegen Nasenbluten können Sie auch einige Tropfen Saft in die Nase geben.

SITZBÄDER

Für Frauen, die an starken Regelblutungen leiden: Nehmen Sie eine Handvoll getrockneter Pflanzen oder eineinhalb Handvoll frischer Pflanzen pro Liter Wasser.

HAND- UND FUSSBÄDER, VOLLBÄDER

Nehmen Sie eine Handvoll Pflanzen pro Liter Wasser.

DAS HUNDSZAHNGRAS

Cynodon dactylon (L.) PERSOON
Familie der Gräser;
ins Violette spielende Blüten

Mindestens zwei Kräuter werden „Hundszahngras" genannt: Das große oder italienische Hundszahngras und das kleine Hundszahngras. Beide haben ähnliche Eigenschaften. Die alte Kräuterkunde faßte sie unter dem Ausdruck „*Rhizoma Graminis*" zusammen. Die erste Art wächst meist auf kieseligem Gelände. Die Pflanze wird 20 bis 50 cm hoch, hat einen unterirdischen Stengel, der zahlreiche Nachwüchse austreibt, kleine, gräuliche Blätter und einen unauffälligen Blütenkopf, der aus einem violett gefärbten Blütenschirm gebildet wird. Die zweite Art, stärker und hartnäckiger wuchernd, ist als Gartenunkraut bekannt. Man findet sie auf unbebauten Plätzen, wo sie kurze Wurzeln mit gelben Nachwüchsen entwickelt. Sie besitzt lange, kriechende und plötzlich aufgerichtete Stengel, weiche, ein wenig

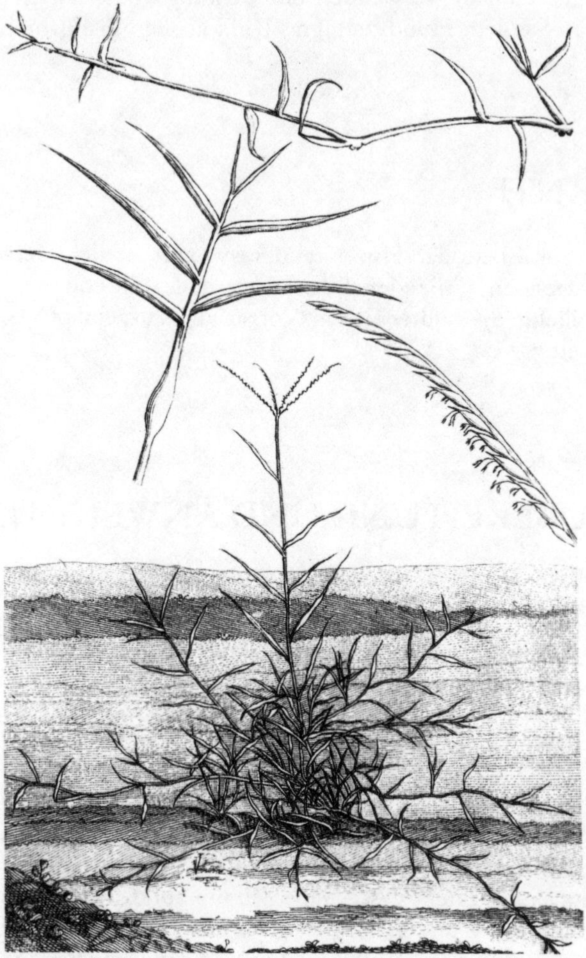

bläuliche Blätter und kleine, abgeflachte Blumenbüschel, die aus zwei parallelen Reihen von Grasähren gebildet werden. Es ist erwiesen, daß Hunde – und sogar Katzen – sich mit Hundszahngras purgieren. Befolgen Sie die Lehren der Natur, denn Tiere handeln instinktiv richtig.

Vom Hundszahngras verwendet man hauptsächlich die Wurzeln und die jungen Schößlinge, aber auch die Blätter, die Stengel und die reifen Ähren haben ihre Qualitäten. Die ganze Pflanze wirkt harntreibend und blutreinigend sowie schweißtreibend und erfrischend. Ich empfehle sie bei allen Fällen von Infektionskrankheiten mit Fieber, von Harnbeschwerden (Nieren- und Harnblasenentzündung, Rheumatismus, Gicht, Nierenkoliken) und auch zur Bekämpfung von hartnäckiger Gelbsucht, Zellulitis, Leberkoliken oder Gallensteinen. Ihre langen, faserigen Wurzeln werden oft als Besenhaare verwendet, am wirkungsvollsten reinigen sie aber den Darm. Vertrauen Sie dem Hundszahngras beim großen Frühjahrsputz.

ERNTE

Die beste Zeit zur Ernte der Hundszahngraswurzel ist der Herbst. Die aus dem Boden herausragenden Teile der Pflanze werden während der ganzen schönen Jahreszeit gepflückt. Sie sollten Ihren Vorrat an Wurzeln oft erneuern, denn sie verderben schnell.

ZUBEREITUNG UND ANWENDUNG

ABSUD

Aus ganzen Pflanzen: Eine ganz kleine Handvoll gewaschener und zerstoßener Blätter, Grasähren und Wurzeln auf einen Liter Wasser. Trinken Sie davon zwei Tassen täglich; für die Frühjahrskur empfehle ich drei oder vier Tassen als Schutz vor Lebererkrankungen.

AUFGUSS

Erfrischend und blutreinigend: Eine Handvoll vorzugsweise frischer unterirdischer Pflanzenteile auf einen Liter Wasser eine Minute aufkochen lassen. Die Flüssigkeit wegschütten, dann die Wurzeln sorgfältig schälen. Anschließend diese wieder etwa 10 Minuten lang in siedendem Wasser kochen und dazu eine Prise Süßholz, eine Prise Minze und eine Zitronenschale. Trinken Sie davon zwei Tassen täglich. Ich empfehle diesen Tee ganz besonders in allen Fällen von Lebererkrankung und Harnblasenerkrankung, also bei Gelbsucht, Gallensteinen, Nierenkoliken, Harnblasenentzündung usw. Auch bei Zellulitis, Wasserverhaltung und Gicht rate ich dazu. Die Wurzel des Hundszahngrases ist sehr zäh, deshalb muß man sie zweimal kochen, um ihre Wirkstoffe besser ausziehen zu können.

FRISCHER SAFT

Aus der ganzen Pflanze: Zerstoßen Sie soeben gepflücktes Hundszahngras und drücken Sie seinen Saft durch ein Tuch. Nehmen Sie davon täglich fünf Suppenlöffel mit ein wenig Honig. Wirkt gegen Lebererkrankungen.

DAS IMMERGRÜN

siehe Farbtafel XII
Vinca minor L.
Familie der Immergrüngewächse

Der Frühling beginnt, und die Natur trägt ihr Festgewand. Jetzt öffnet das Immergrün seine Blüten, als wären sie hübsche blaue Augen. Der rätselhafte Blick dieser kleinen Blume, die mit den großen Ulmen verwandt ist, beeindruckte schon unsere Vorfahren.

Das Immergrün hat in jeder Walpurgisnacht, in jedem Hexengebräu und in allen Liebesgeschichten eine Rolle gespielt. Es schlängelt sich am Boden dahin und ist ein Verwandter des Oleanders. Sein immer grünes Laub und seine Blütenkronen mit den fünf wie Propeller gebogenen Lappen sind genauso sichere Erkennungszeichen wie das blasse Malvenblau oder das Himmelblau, mit dem es sich gerne schmückt. Man kennt drei eng miteinander verwandte Arten: Das kleine, das rote und das große Immergrün, die auch Jungfernkraut, Totenveilchen, Totentanz, Bärwinkel, Wintergrün oder Totengrün genannt werden.

Unsere Vorfahren empfahlen das Immergrün gegen Durchfall, Zahnschmerzen, Schlangenbisse, Schmerzen im weiblichen Genitalbereich, Nasenbluten und Blutergüsse. Im Jahrhundert Ludwig XIV. hatte es den Ruf großer Wirksamkeit gegen Brustkrankheiten.

Obwohl die Blüten des Immergrüns einen bezaubernden Anblick bieten, sind es die Blätter, die den Großteil seiner Heilkraft in sich bergen. Sie regenerieren das Blut. Das macht sie wertvoll für Blutarme, Schwermütige, Genesende und für die Opfer von schweren Unfällen. Sie bringen Blutungen zum Stillstand, wirken besonders gegen Blutspucken und Nasenbluten und sind dank ihrer wundheilenden Fähigkeiten ein gutes Mittel für das Vernarben von Wunden. Ich verwende sie auch mit ausgezeichnetem Erfolg gegen Durchfall, Weißfluß, Verschleimungen der Atmungsorgane und gegen Ruhr. Ich möchte noch erwähnen, daß sie gegen Skorbut wirken, harntreibend sind und das Blut regenerieren und reinigen. Äußerlich angewendet wirkt der Auszug von Immergrünblättern als Klistier gegen Durchfall und Ruhr, als Lotion zur Beschleunigung der Wundverheilung und als Gurgelwasser gegen Angina, Mandelentzündung und Mundinfektionen.

ERNTE

Da die Blätter des Immergrüns eben immer grün sind, können Sie sie jederzeit ernten und frisch verwenden. Im Frühling enthalten sie die meiste Heilkraft. An einem gut gelüfteten Ort trocknen lassen.

ZUBEREITUNG UND ANWENDUNG

AUFGUSS ODER ABSUD

Eine Handvoll frischer Blätter oder halb soviel getrockneter Blätter auf einen Liter Wasser; trinken Sie davon zwei Tassen täglich.

WEIN

Aus Immergrün: Zwei Handvoll frischer Blätter oder eine Handvoll getrockneter Blätter auf einen Liter kochenden, mit 100 Gramm Zucker angereicherten Wein. Lassen Sie den Wein langsam auskühlen und trinken Sie davon ein kleines Glas pro Mahlzeit.

BEIZE

Aus Immergrün: Zwei Handvoll frischer Blätter eine Woche lang in einem Liter Wein ausziehen lassen; abseihen und dann täglich ein kleines Glas trinken.

ABSUD

Zur äußerlichen Anwendung (Lotionen, Kompressen, Klistiere): Nehmen Sie eine Handvoll frischer Blätter oder eine halbe Handvoll getrockneter Blätter pro Liter Wasser.

FUSS- UND HANDBÄDER

Gleiches Mengenverhältnis wie für das vorige Rezept, aber Sie können noch eine Handvoll Blüten dazugeben.

DER JOHANNISBEERSTRAUCH

DIE ROTE JOHANNISBEERE

siehe Farbtafel XIII
Ribes rubrum L.
Familie der Steinbrechgewächse

Ist er nicht wunderschön, dieser Heckenstrauch, den der Sommer mit Trauben von kleinen, grellroten, köstlich säuerlichen Früchten schmückt und wie mit Girlanden behängt? Die Johannisbeere stammt aus Skandinavien. Die Schweden nannten sie *rips* und die Dänen *ribs,* und daher die wissenschaftliche Bezeichnung *Ribes* und der auch in Bayern und Österreich übliche Ausdruck: Ribisel.

Außer der schwarzen Johannisbeere gibt es noch zwei Hauptarten von Johannisbeersträuchen: den Stachelbeerstrauch (auch Heckenbeere, Stechdorn, Grünbeere, Stichbeere, Krausbeere, Stegedorn) und den roten Johannisbeerstrauch (oder Ribiselstaude, Johannistraube, Hundsbeere, Kosbeere, Agnus Christi, Johannisbeerribitzel oder auch Fürwitzlein genannt.

Die Früchte des Stachelbeerstrauches nahm man im Mittelalter zum Würzen mancher Fischgerichte. Es handelt sich um einen sehr dornigen, 1 bis 1,50 Meter hohen Strauch mit kleinen, blaßgrünen Blüten und grüngelblichen Früchten. Sie werden bei der wilden Abart so groß wie Erbsen und bei der gezüchteten Abart größer als Kirschen. Die Gattung wächst im größten Teil von Europa, Nordasien und Nordafrika. Sie blüht zwischen März und Mai, ihre Beeren werden zwei oder drei Monate später reif.

Der rote Johannisbeerstrauch mit den köstlichen roten, manchmal hellrosafarbenen, gelblichen oder weißen Früchten entstammt in seiner heutigen Form einer wilden Rasse und später gekreuzten Abarten aus Großbritannien, Belgien, den Niederlanden und Nordfrankreich. Er blüht im April oder Mai, und seine Früchte reifen, je nach Anbaugebiet, im Juli oder August.

Die Johannisbeeren sind, gleichgültig, ob es sich um Stachelbeeren oder um rote Johannisbeeren handelt, wunderbar erfrischend und abführend. Ich erinnere mich an eine Frau, die an chronischer Verstopfung litt, der kein Medikament helfen wollte, aber dank einer Kur mit diesen Früchten nach einigen Tagen gesundete. Ob man ihren Saft trinkt, ob man sie frisch, als Gelee oder als Sirup zu sich nimmt, die Johannisbeere entlastet Darm und Leber, regt träge Magentätigkeit an, beruhigt die durch schlechte Funktion des Verdauungsapparates bedingten Hautkrankheiten und leistet gute Dienste, wenn der Körper von Giftstoffen gereinigt werden soll. Sie wirkt bei Rheumatismus, Gicht, Gelbsucht, Entzündung der Harnwege und Infektionskrankheiten (Masern, Scharlach usw.). Die Wurzel des Johannisbeerstrauches baut Eiweißüberschuß ab. Äußerlich aufgelegt, heilen seine zerdrückten Früchte Verletzungen, Schnitt- und Brandwunden.

ERNTE

Essen Sie soviel frische Johannisbeeren, wie Sie nur vertragen; wollen Sie sie aufbewahren, dann machen Sie daraus Sirup und Gelee; das entsprechende Rezept finden Sie in jedem Kochbuch. Will man die Wurzel des Strauches verwenden, dann grabe man sie im Herbst aus. Dazu muß man nicht den ganzen Stock zerstören. Einige Nebenwurzeln genügen. Trocknen Sie sie im Schatten.

ZUBEREITUNG UND ANWENDUNG

ABSUD

Aus Wurzeln (eventuell auch aus frischen Blättern): Geben Sie eine gute Handvoll in kleine Stücke geschnittener Wurzeln oder Blätter in einen Liter Wasser. Trinken Sie davon drei Tassen täglich bei Harneiweiß.

HAND- UND FUSSBÄDER

Wirken abführend, blutreinigend: Zerdrücken Sie eine gute Handvoll frischer Johannisbeeren samt Blatt und einem Wurzelstück pro Liter Wasser. Ich empfehle Ihnen ein bis zwei Bäder täglich.

DIE SCHWARZE JOHANNISBEERE

Ribes nigrum L.
Familie der Steinbrechgewächse;
grünliche Blüten

Vergessen Sie nicht, eine schwarze Johannisbeerhecke neben Ihrem Erdbeerbeet zu pflanzen; sie wird Ihren Garten verschönen und Ihre Küchenregale mit köstlichen Marmeladen füllen. Sollte in Ihrem Garten nur eine einzige Obstart wachsen, dann müßte es die schwarze Johannisbeere sein, denn sie enthält das meiste Vitamin C. Ihre Früchte hängen in Trauben am Stock; sie ist mit der roten Johannisbeere und der blaßgelben Stachelbeere verwandt. Man nennt sie in Frankreich Cassis, bei uns Zeltbeere, Albesinge, Gichtbeerstrauch oder Pfaffenbeere. Wilde Sträucher findet man von England bis Nordchina.

Jeder kennt den starken und aromatischen Geruch dieses ein bis zwei Meter hohen Strauches. Er trägt Blätter, die an der Unterseite mit kleinen Duftdrüsen versehen sind, und tintenschwarze, ein wenig herb schmeckende Früchte, die zwischen Juli und August reifen – ungefähr drei Monate nach der Blütezeit.

Peter Forestus, einer der großen Pflanzenentdecker, war es, der 1614 die Blätter der Pflanze als erster gegen Harnverhaltung und gegen Harnsteine verordnet hat. Abbé Bailly de Montran hat ein Jahrhundert später, als Dijon zur Hauptstadt des Johannisbeerlikörs erkoren wurde, die medizinischen Tugenden der Gattung erkannt und sie in einem kleinen Buch mit dem Titel „Die bewundernswerten Eigenschaften der schwarzen Johannisbeere" beschrieben.

Schwarze Johannisbeere ist ein zusammenziehendes Mittel, fördert die Schweißabsonderung und wirkt stärkend und belebend. Sie erleichtert die Tätigkeit aller Organe des Verdauungssystems, beruhigt chronischen Durchfall, Magenkoliken und Magenschmerzen, bekämpft energisch Migräne, senkt das Fieber und heilt viele Mund- und Schlundinfektionen (Angina, Halsschmerzen, Mandelentzündung, Zahnfleischentzündung usw.). Vor allem jedoch ist sie ein vorzügliches Harntreibemittel und eine erstklassige Arznei gegen Rheuma. Ich habe Dutzende von chronischen Rheumakranken nur mit Bädern und Aufgüssen aus der schwarzen Johannisbeere kuriert. Die gleichen Heilverfahren gaben auch Kranken, die an Harnverhaltung oder Nierensteinen litten, eine normale Funktion ihrer Nieren und ihrer Harnblase zurück. Lassen Sie sich den schwarzen Johannisbeersaft gut schmecken, gleichgültig ob roh oder gekocht, und Ermüdung, Leberbeschwerden, Arthritis und Erkrankungen des Harnsystems werden nur noch eine böse Erinnerung für Sie sein. Überdies beruhigen die Blätter dieser Pflanze ganz vorzüglich Schmerzen und Juckreiz von Insektenstichen, wenn man sie damit einreibt.

ERNTE

Räumen Sie in Ihrem Garten einen kleinen Platz den schwarzen Johannisbeeren ein. Sie können dann die Früchte pflücken, köstlichen Sirup und wunderbare Gelees bereiten – oder sie frisch mit ein wenig Zucker oder Honig essen. Die Beeren des Strauches haben den Vorteil, den Organismus reichlich mit Vitaminen zu versorgen, vor allem mit Vitamin C. Warten Sie nicht auf den Ausbruch einer Krankheit, um eine gründliche Johannisbeerkur zu beginnen. Die schwarze Johannisbeere ist auch wegen ihrer Blätter und Blüten wertvoll. Ernten Sie diese Pflanzenteile im Frühling, unmittelbar vor dem Aufblühen, und lassen Sie sie im Schatten trocknen.

ZUBEREITUNG UND ANWENDUNG

Über die Zubereitung von Sirups, Gelees und Likören aus schwarzen Johannisbeeren finden Sie in Kochbüchern vorzügliche Rezepte. Außerdem vertraue ich diesbezüglich dem Geschmack, der Geschicklichkeit, ja dem kulinarischen Genie der Hausfrau.

SAFT

Aus frischen Früchten oder aus frischen Früchten und Blättern (harntreibend und antirheumatisch): Pressen Sie den Saft von 400 Gramm Beeren und von vier schönen Blättern aus. Diese Menge ist für einen Tag bestimmt und dreifach aufgeteilt einzunehmen.

AUFGUSS

Aus Blättern und Blüten (harntreibend): Eine Handvoll Pflanzen pro Liter Wasser. Trinken Sie drei Tassen täglich, davon eine morgens auf nüchternen Magen und eine abends vor dem Schlafengehen.

ABSUD

Aus den Blättern: Eine Handvoll frischer Blätter oder eine Handvoll getrockneter Blätter pro Liter Wasser. Trinken Sie davon zwei Tassen täglich, um die Arbeit der Verdauungsorgane zu regeln.

KONZENTRIERTER ABSUD

Aus Blättern (äußerliche Anwendung, als Verband gegen Geschwüre und Wunden): Zwei Handvoll getrockneter Blätter pro Liter Wasser.

HAND- UND FUSSBÄDER

Wirken harntreibend, antirheumatisch und gegen Migräne: Das gleiche Mengenverhältnis wie für den konzentrierten Absud (zwei Bäder täglich).

GURGELWASSER

Gegen alle Mund- und Schlundbeschwerden: Bereiten Sie einen leichten Absud aus den getrockneten Blüten oder Früchten der schwarzen Johannisbeere, in einem Verhältnis von einer Handvoll pro Liter. In warmem Wasser aufgelöstes Gelee ist gleichfalls wirksam. Gurgeln Sie täglich damit.

DIE KAMILLE

Anthemis nobilis L.
Familie der Korbblütler;
weiße Blüten mit gelbem Herz

Wenn man von Kräutertee spricht, denkt man unverzüglich an die Kamille, die eine der Lieblingspflanzen unserer Großmütter war. Etliche Abarten der Margarite tragen den Namen Kamille. Einige haben Blätter mit breiten Unterteilungen und gehören in Wirklichkeit zu den Chrysanthemenarten, wie die Margarite selbst.

Andere haben in feine Streifen geschnittenes Laub, das wie wertvolle Spitze aussieht, und gehören entweder zur Gruppe der *Matricaria* oder zu jener der *Anthemis*. Ersterer ordnet man die kleine oder deutsche Kamille und die amerikanische Matricaris zu. Zur zweiten Gruppe zählt man die Färber-Hundskamille, die Stinkende Hundskamille und die Römische Hundskamille. Letztere verwende ich hauptsächlich. Ich empfehle, sie im Garten zu züchten, denn sie ist ebenso schön wie nützlich.

Es handelt sich also um eine Anthemis, auch edle Anthemis genannt, die außer dem Namen nichts Römisches besitzt, da sie eher aus der Umgebung von London stammt. Die wilde Gattung trägt in der Mitte gelbe und außen weiße Blumenköpfe. Die gezüchtete Sorte dagegen, vollblühend, ist ganz weiß. Am Ende der Blütezeit stülpen sich die Blumenblätter (die im botanischen Sinn des Wortes Blüten sind) nach hinten, und die Pflanze beginnt einem kleinen, geschweiften Kometen ähnlich zu sehen . . .

Vor fünfzehn, zwanzig Jahren lächelte man über die sogenannten „Alt-Weiber-Rezepte", auch über die Bedeutung der Kamille. Heute verweist die Medizin wieder auf ihre Qualitäten. Meine Großmutter bereitete mir jedesmal, wenn sie vermutete,

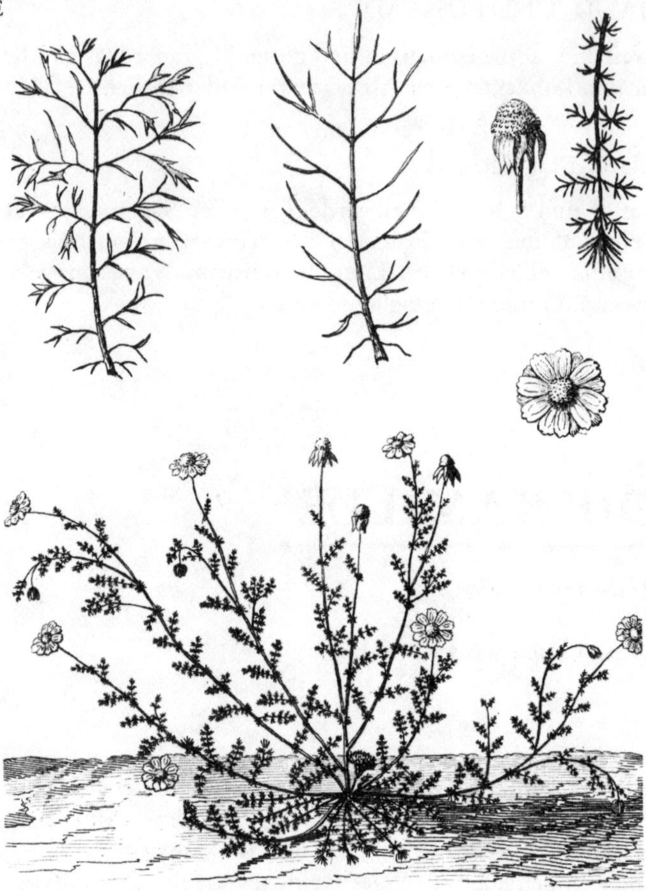

daß ich Würmer hätte, einen guten Kamillentee. Auch empfahl sie die Kamille den Frauen des Dorfes, wenn sie an schmerzhafter Menstruation litten. Mein Vater verabreichte sie entweder in Aufgüssen oder in Sitzbädern und Einreibungen jenen Kranken, die von Magenstörungen, Krämpfen, Koliken und Darmkrämpfen befallen waren. Außerdem verwendete er sie, um die Vernarbung harmloser Wunden zu beschleunigen und um Eiterungen zum Stillstand zu bringen. Ich habe sie erfolgreich gegen Gesichtsneuralgien und Migräne erprobt. Heute weist man auf die Gefahren etlicher chemischer schmerzstillender Mittel hin; deshalb möchte ich von einer Kranken berichten, die mich eines Tages mit schwerer Migräne aufsuchte. Pharmazeutische Produkte waren bisher wirkungslos geblieben, hatten im Gegenteil noch Magen- und Nierenbeschwerden verursacht. Nach vierzehn Tagen intensiver Behandlung mit Kamille war sie von ihren Schmerzen befreit.

In Lotionen und Kompressen heilt die Pflanze entzündete Augenlider. Außerdem verdanken die schönen Blondinen des Nordens das goldene Leuchten ihres Haares guten Kamillenshampoons.

ERNTE

Falls Sie nicht in einer Gegend mit zu kühlem Klima wohnen, können Sie die Kamille sehr gut im Garten züchten: sie bevorzugt leichte und wenig tonhältige Böden. Säen Sie im Frühling oder im Herbst Sorten mit einfachen Blüten oder setzen Sie Stecklinge von Sorten mit vollen Blüten. Düngen Sie reichlich und jäten Sie mehrmals leicht. Im Herbst können Sie auch Wurzelsprossen von wilden Stöcken nehmen und sie wieder einpflanzen. Ernten Sie die Blüten, gleichgültig ob wild oder gezüchtet, im Juni, morgens bei trockenem Wetter oder nach dem Tau – andernfalls würden sie schnell schwarz werden. Lassen Sie sie im Schatten trocknen.

ZUBEREITUNG UND ANWENDUNG

ABSUD

Wurmkur: Eine Prise getrockneter Blüten auf einen Liter Wasser. Trinken Sie morgens eine Tasse auf nüchternen Magen.

AUFGUSS

Wurmkur: Eine Prise Blüten auf einen Liter warmes Wasser, zwei Minuten lang kochen lassen, anschließend eine Stunde ziehen lassen, filtern. Vermischen Sie die Flüssigkeit mit einem Löffel Zitronensaft, einem Löffel Olivenöl und einem Löffel Honig und nehmen Sie dieses Getränk in zwei Portionen ein.

Gegen Magen- und Darmbeschwerden oder gegen Menstruationsschmerzen: Nehmen Sie fünf getrocknete Blüten für eine Tasse mit kochendem Wasser und trinken Sie davon eine Tasse vor dem Mittagessen.

ABSUD

Zum Trinken (gegen Migränen und Neuralgien) oder für Sitzbäder (gegen Magen- und Darmbeschwerden). Nehmen Sie eine Handvoll getrockneter Blüten pro Liter Wasser. Dieselbe Menge gilt für die wundvernarbende und eiterstillende Lotion sowie für Hand- und Fußbäder.

ZUSAMMENGESETZTER AUFGUSS

Gegen Leberverschleimung: Zwei Prisen Kamille, zwei Prisen Anis und zwei Prisen Minze auf einen Liter Wasser. Trinken Sie davon eine Tasse täglich.

Gegen Depressionszustände: Zwei Prisen Kamille, eine Prise Lindenblüten und zwei Prisen Orangenblüten pro Liter Wasser. Trinken Sie davon zwei Tassen täglich.

ABSUD

Zur äußerlichen Anwendung, gegen entzündete Augenlider: Nehmen Sie fünf Blüten für eine Tasse Wasser.

HAARWÄSCHE

Um Haare aufzuhellen und zu kräftigen: Bereiten Sie einen Absud aus zwei Handvoll Kamillenblüten pro Liter Wasser.

ANMERKUNG

Kamille ist, im Aufguß wie im Absud, ein vorzügliches allgemeines Tonikum, das ich allen Genesenden empfehle. Allerdings muß man auf ihren Gebrauch verzichten, wenn man Medikamente einnimmt, deren Grundbestandteile Nuß, Chinarinde, Gelatine sowie Quecksilbersalze, Silbersalze oder Bleisalze sind.

DIE KAPUZINERKRESSE

Tropaeolum majus L.
Familie der Kapuzinerkressengewächse;
orange, gelbe oder rote Blüten

Sie stammt aus den tiefen Wäldern Südamerikas; zum ersten Male wird sie im 16. Jahrhundert unter dem hübschen Namen „Blutrote Blume aus Peru" erwähnt. Man nennt sie auch noch großindische Kresse oder fremde Kapuzinerblume. Weil der Volksmund behauptet, sie rege den sexuellen Appetit an, nennt man sie häufig „Blume der Liebe". Sie ziert alle Gärten mit ihren großen runden Blättern und ihren leuchtenden, je nach Abart entweder roten, orangen oder gelben Blumenkronen.

Die Blätter der Pflanze in Kartoffelsuppe haben einen köstlichen scharfen Geschmack. Ihre Blüten kann man als Salatgarnierung benutzen. Die Blütenknospen galten, in Essig eingelegt, früher als wohlschmeckender als Kapern. Die Kapuzinerkresse ist wirksam gegen Skorbut (der glücklicherweise sehr selten geworden ist), gegen Erkrankungen der Bronchien und Lungen, gegen träge Nieren und Infektionen der Harnblase. Da sie reich an Schwefel ist, empfiehlt man sie Greisen und Genesenden zur Kräftigung. Ferner garantiert sie, da leicht abführend, eine gute Verdauung. Mein Vater verwendete Kapuzinerkresse auch als Sitzbad, zur Regelung des Menstruationszyklus und als Haarwuchslotion. Die Kapuzinerkresse „hält die Haare", zweifellos wegen ihres hohen Schwefelgehaltes!

ERNTE

Kapuzinerkresse ist sowohl eine Zier- als auch eine Heilpflanze. Stadtbewohner, vergeßt nicht, daß sie eine der wenigen Arzneipflanzen ist, die man auf dem Balkon züchten kann! Die Kapuzinerkresse blüht zwischen Juni und September. Pflücken Sie die ersten Blumenknospen, die ersten, soeben geöffneten Blüten und Blätter für Suppen und Säfte.

Mit den Samenkörnern warten Sie solange, bis diese schön prall sind. Heben Sie einen Teil davon für die nächste Aussaat auf, denn die Kapuzinerkresse ist eine einjährige Pflanze. Verwenden Sie vor allem nicht Körner als Medikament, die in Säckchen verkauft werden, da sie möglicherweise chemisch präpariert worden sind.

ZUBEREITUNG UND ANWENDUNG

AUFGUSS UND ABSUD

Hustenstillend, harntreibend, anregend. Nehmen Sie eine kleine Handvoll Blumenknospen, Blüten oder Samenkörner pro Liter Wasser und trinken Sie davon zwei bis drei Tassen täglich.

SITZBÄDER

Zur Regulierung der Menstruation nehmen Sie die gleiche Menge.

HAARLOTION

Zerhacken Sie zwei Handvoll Blüten, frische Blätter und Samen der Kapuzinerkresse, ungefähr zehn Brennesselblätter und drei Buchsbaumblätter. Lassen Sie das Ganze zwei Wochen lang in einem Liter 90prozentigem Alkohol ziehen. Anschließend filtern Sie ab und reiben Sie den Haarboden kräftig mit dieser Flüssigkeit ein.

DER KERBEL

Anthriscus cerefolium HOFFMANN
Familie der Doldengewächse;
grünliche Blüten

„Kerbel“ nennt man mehrere Pflanzengattungen, die derselben Familie wie die Möhre und die Petersilie angehören. Manche unter den wild wachsenden Arten sind sehr giftig. Aus diesem Grunde rate ich Ihnen, nur den gezüchteten Gartenkerbel und das Kerbelkraut für Ihre Präparate zu verwenden. Es handelt sich um ein einjähriges Gewächs von 25 bis 60 cm Höhe, mit hellen und stark gezackten Blättern, kleinen, weißen Blüten und langen, dünnen Früchten, die bei der Reife schwarz werden. Diese Pflanze verströmt einen angenehmen, charakteristischen Geruch und wird in der ganzen Welt angepflanzt. Sie sieht der Petersilie sehr ähnlich.

Wesentlich bei dieser Pflanze sind die Geruchsstoffe, denn die Heilwirkung ist in ihren Bestandteilen enthalten, die durch Wärmeeinwirkung rasch zerstört werden können. Man soll den Kerbel also nicht kochen, ja nicht einmal sieden lassen. Unsere Vorfahren verwendeten ihn gegen Augenkrankheiten, und sie taten recht daran. Sie glaubten jedoch auch, daß seine Blätter Krebs heilen; das stimmt natürlich nicht. Mein Vater machte aus dem Kerbel den Grundbestandteil einer Art „Frühlingskur“,

die den Organismus von den in der schlechten Jahreszeit gespeicherten Giftstoffen reinigen sollte. Diese Kur empfahl er allen, die an Verstopfung, Rheumatismus, Gicht, Wassersucht, Lebererkrankungen und Hautkrankheiten litten.

ERNTE

Der Kerbel bildet den Hauptbestandteil dessen, was unter dem Namen „feine Kräuter" für die Küche angeboten wird. Im Frühling, zwischen Mai und Juni, wenn der Kerbel blüht, bekommt man ihn leicht auf den Märkten. Garantiert einwandfrei ist natürlich der Kerbel in einer Kräuterhandlung. Versuchen Sie keinesfalls die wilden Arten der Gattung in der Natur zu ernten; wenn Sie nicht selbst Botaniker sind, besteht die Gefahr, daß Sie sich irren und Ihre Familie vergiften!

ZUBEREITUNG UND ANWENDUNG

FRISCHER SAFT

Für die „Frühlingskur": Täglich ein Glas davon, und zwar mit Milch vermischt, wenn Sie es vertragen.

HAND- UND FUSSBÄDER

Für die „Frühlingskur": Eine Handvoll frischen Kerbel auf einen Liter lauwarmes Wasser.

AUFGUSS

Eine Handvoll frischer Blätter oder eine halbe Handvoll getrockneter Blätter auf einen Liter Wasser; nicht sieden lassen! Trinken Sie davon zwei bis drei Tassen täglich, als Blutreinigungsmittel, als Harntreibemittel, zur Behandlung der Leber und zur Regulierung der Menstruation.

ABSUD

Gleiches Mengenverhältnis. Nehmen Sie das Wasser beim ersten Aufkochen sofort von der Flamme. Trinken Sie davon zwei bis drei Tassen täglich. Äußerlich angewendet, kann dieser Absud auch gegen Hauterkrankungen die besten Wirkungen erzielen.

ZUSAMMENGESETZTES PRÄPARAT

(Gegen Leberkoliken): Mischen Sie Kerbelsaft, wilden Zichoriensaft, Lattichsaft und Löwenzahnsaft zu gleichen Teilen. Trinken Sie davon jeden Morgen ein kleines Glas.

DER KIRSCHBAUM

Prunus avium L.
Familie der Rosengewächse;
weiße Blüten

Ist der erste Baum in Ihrem Obstgarten ein Apfelbaum, so sollte der zweite ein Kirschbaum sein. Im Frühling können Sie dann eine Kur mit frischen Kirschen machen. Ob Sie krank sind oder gesund, sie wird Ihnen sicher guttun.

Für Botaniker sind die Kirschbäume mit ihren purpurroten Früchten Pflaumenbäume: denn sie gehören zur Gattung Prunus! . . . Ich allerdings würde die Kirschen in zwei große Gruppen teilen: Die erste ist gekennzeichnet durch Blüten und Früchte, die in langen Trauben herabhängen (Kirschlorbeer, Lorbeerkirsche oder Vogelkirsche), die andere ist wegen ihrer fächerförmig angelegten Blüten und Früchte sehr charakteristisch (Waldkirsche, Sauerkirsche). Die erste Gruppe ist – obwohl heilkräftig – zumindest teilweise höchst giftig. Die Waldkirsche und die Sauerkirsche dagegen sind völlig ungefährlich.

Die Waldkirsche, das heißt die echte Süßkirsche in ihrer wilden Form, hat durch Züchtung köstliche Abarten ergeben: z. B. Herzkirsche und Maikirsche. Sie stammen wahrscheinlich aus Kleinasien, und der berühmte Feinschmecker Lucullus hat sie nach Rom und damit nach Europa eingeführt. Vom ernährungswissenschaftlichen Gesichtspunkt aus ist die Kirsche reich an gut assimilierbaren Zuckern (Lävulose), die für Zuckerkranke gefahrlos sind. Sie enthält auch Karotin, das heißt den Vorläufer des Vitamin A, einen Freund der Augen, von dem die Frucht ihr schönes Zinnoberrot hat. Medizinisch betrachtet wirkt die Kirsche, vor allem aber ihr Stengel, treibend (Kirschenstengeltee).

Der Sauerkirschenbaum, auch Griotte, Gobetta, Amarelle oder Weichsel genannt, unterscheidet sich von dem vorhergehenden Waldkirschenbaum durch seinen kleineren Wuchs, besonders durch größeren Säure- und Fleischgehalt seiner hellroten und ziemlich kurzstengeligen Früchte. Er stammt aus Persien und Kurdistan und ist heute in allen gemäßigten Zonen der nördlichen Hemisphäre zu Hause. In der Naturheilkunde verwendet man seine Rinde gegen Fieber und seine Stengel gegen Bronchitis und als Harntreibemittel.

ERNTE

Kirschen reifen zwischen Mai und Juli, aber der wilde Waldkirschenbaum im Gebirge erst im August. Verwenden Sie für Ihre Heilpräparate nur Früchte, von denen Sie genau wissen, daß sie mit keinerlei Insektenvertilgungsmitteln besprüht worden sind, denn Sie trinken sonst diese Mittel in Ihrem Tee.

ZUBEREITUNG UND ANWENDUNG

KIRSCHENSTENGELTEE

Sobald die Stengel im Schatten gut getrocknet sind (sie halten sich mehrere Monate lang), kann man sie verwenden: Einen Tag lang in Wasser weich werden lassen und – falls notwendig – zerhacken. Nehmen Sie eine kleine Handvoll pro Liter Wasser und trinken Sie von diesem Tee drei bis vier Tassen täglich.

EIN ANDERES REZEPT

Sobald Ihr Absud aus Kirschenstengeln fertig ist, gießen Sie ihn, statt ihn gleich zu trinken, über frische oder getrocknete Kirschen, lassen dies 1/2 Stunde lang ziehen und seihen durch. Trinken Sie davon die gleiche Dosis wie vorher erwähnt.

FUSS- UND HANDBÄDER

Aus Kirschenstengeln: Nehmen Sie eine kleine Handvoll pro Liter Wasser und baden Sie zweimal täglich.

DER KLATSCHMOHN

siehe Farbtafel XIV
Papaver rhoeas L.
Familie der Mohngewächse

Der Klatschmohn ist die rote Fahne des sonnigen Sommers. Für mich ist er das Symbol des Lebens, der Freude, der Fülle, des Glücks. Wir finden ihn nicht nur im reifen Korn, sondern auch auf allen Ödländern, auf allen Feldern, und nichts ist so schön, als wenn er in großen, rauschenden Gruppen auf den Hängen oder Hügeln wächst ... Er ist der leuchtendrot gekleidete Verwandte des orientalischen Mohnes; wenn er auch genau wie dieser eine „schlafbringende Tugend" hat, so ist dies jedoch nicht das gefährliche Morphium. Sein Wirkstoff ist das Rhöadin: es beruhigt, es mildert, aber es tötet nicht und führt zu keinerlei Gewöhnung.

Der Klatschmohn, auch Klatschrose, Feuerblume, roter Mohn, Feldmohn, Kornrose, Klatschrosenmohn, Ranunkelmohn oder Katzenmagen genannt, stammt wahrscheinlich aus Bulgarien oder aus der Türkei. Wir finden aber seine Blüten bereits in den ägyptischen Gräbern. Die Griechen aßen junge Klatschmohnblätter als Salat, und diese Sitte hat sich in Italien bis ins 16. Jahrhundert erhalten. Heute gelten die schönen Blüten mit den vier grellroten Blumenblättern und die leichten Samenkörner, die die Pflanze in einem klug gebauten Samengehäuse aufbewahrt, als leicht narkotisch, schweißtreibend, schleimlösend, hustenstillend, beruhigend und schmerzlindernd. Man kann ihn „das unschädliche Opium der Hausapotheke" nennen. Die Klatschmohnblüten bilden gemeinsam mit den Katzenpfötchen, der Malve und dem Huflattich einen der Bestandteile des berühmten „Vier-Blumen-Tees". Ich empfehle dieses Getränk allen, die an Erkrankungen der Brust, der Bronchien, des Kehlkopfes und des Schlundes leiden. Es wirkt bei Angina, Bronchitis, hartnäckigem Husten, Keuchhusten, Asthma, Rippenfellentzündung usw. Wenn Sie Ihre Teemischung erweitern wollen, dann wählen Sie den „Sieben-Blumen-Tee": Fügen Sie den oben erwähnten Blumen noch Eibisch, die Königskerze und das Veilchen hinzu.

Vor allem nehmen Sie den Klatschmohn, mit dem Sie alle Arten von Schlaflosigkeit behandeln können (Schlaflosigkeit bei Erwachsenen, aber noch mehr bei Kindern und bei Greisen) und zur Heilung von Nervosität, Angstzuständen, Magen- oder Darmkrämpfen und vor allem von nervösen Schmerzen (Gesichtsneuralgien, Gliederneuralgien usw).

ERNTE

Pflücken Sie die Blumenblätter des Klatschmohns, bevor sie welk werden. Sie sind ganz besonders empfindlich, daher muß man sie vorsichtig behandeln. Lassen Sie sie auf einem großen Stück Papier oder auf einem Leintuch windgeschützt rasch an der Luft trocknen. Sie müssen eine dunkelrote Färbung annehmen und dürfen nicht schwarz werden und ihre Farbe verlieren, denn dies wäre das Zeichen dafür, daß sie der Feuchtigkeit ausgesetzt waren und verdorben sind. Sobald sie ganz trocken sind, bewahren Sie sie in luftdicht verschlossenen Behältern auf. Die Samengehäuse der Pflanze ernten sie unmittelbar nach dem Abfallen der Blumenblätter, also solange sie noch grün sind. Sonst könnte es geschehen, daß Sie nur leere Hüllen finden, denn die reifen Samenkörner entwischen durch kleine Schlitze in der Frucht, die der Wind auf der Spitze des Stengels schaukelt.

ZUBEREITUNG UND ANWENDUNG

AUFGUSS

Aus Blüten (beruhigend, leicht narkotisch): Geben Sie eine Prise getrockneter Blumenblätter in eine Tasse mit sehr warmem Wasser und trinken Sie dies vor dem Schlafengehen.

ABSUD

Aus Samengehäusen, gegen Schlaflosigkeit: Geben Sie sieben oder acht Kapseln in einen Liter Wasser und verabreichen Sie davon bei Bedarf Kindern zwei Suppenlöffel vor dem Schlafengehen. Für Erwachsene rechnet man mit vier Suppenlöffeln. Dieser Absud kann (auch äußerlich) in einem Gurgelwasser gegen Angina, Husten usw. angewendet werden.

HAND- UND FUSSBÄDER

Aus Blüten: Nehmen Sie eine Handvoll Blumenblätter pro Liter Wasser. (Bronchitis, Luftröhrenentzündung, Magenschmerzen, Leberkoliken, Akne, Flechten.)

KLISTIER

Gegen Durchfall: Bereiten Sie aus den Blumenblättern einen Aufguß, aus den Samengehäusen einen Absud, und mischen Sie beides, wobei Sie dem Ganzen ein Glas Olivenöl hinzufügen.

BREIUMSCHLÄGE

Aus Blumenblättern: Gegen Augenkrankheiten (abwechselnd mit Augentropfen aus Kornblumen) und gegen Zahnschmerzen.

ANMERKUNG

Falls Ihnen der Aufguß oder der Absud aus reinem Klatschmohn zu stark ist, oder falls Sie diese Getränke nicht pur verwenden wollen, dann beschränken Sie sich darauf, zwei oder drei getrocknete Blumenblätter in Lindenblütentee zu geben – oder verwenden Sie nur den erwähnten „Vier-Blumen-Tee". Diese beruhigenden Tees wirken gut bei Angina, Bronchitis, Keuchhusten, Asthma und Schlaflosigkeit.

DIE KLETTE

siehe Farbtafel XV
Arctium Lappa L.
Familie der Korbblütler

Viele Jahre ist es nun her, seit ich, wie alle Landkinder, mit den kratzigen Blütenköpfen der Klette gespielt habe: es war ein Vergnügen, zu sehen, wie sie sich an die Kleider oder in die Haare der Spielkameraden hängten.

Die Klette hat ein gutes Dutzend von volkstümlichen Beinamen erhalten: Hopfenklette, Ohmblätter, Dockenkraut, Lederlappen, Butzenklette, Kletterwurzel, Roßklette. Es handelt sich um einen großen, manchmal zwischen 1,50 und 2 Meter hohen zweijährigen Korbblütler mit riesigen dunkelgrünen Blättern und bräunlichen Blütenköpfen, deren Spitzen mehr oder weniger lebhaft violett gesprenkelt sind. Die Gattung wächst gewöhnlich auf Schuttplätzen und am Straßenrand und bevorzugt ammoniakreiche Stellen – also hauptsächlich die Nähe von Viehwagen und Misthaufen . . . Einst hatten die Blätter der Klette den Ruf, Vipernbisse zu heilen, aber ich warne vor solchem Unsinn. Desgleichen empfahl der Engländer J. Hill im 18. Jahrhundert die Pflanze gegen die Gicht, und er ist gestorben . . . an der Gicht! Eines Tages suchte ein Bauer, der an schwerer Furunkulose litt, meinen Vater auf, der ihn sozusagen „von oben bis unten" mit Kletten, innerlich mit Absuden und äußerlich mit Tinktur und vielen Bädern behandelte. Innerhalb von acht Tagen war die Furunkulose besiegt . . . Die Klette ist nämlich das beste Blutreinigungsmittel und obendrein ein gutes Harntreibemittel und gründliches Schweißtreibemittel. Vor allem Hautbeschwerden weichen ihr vollkommen, sei es die unschöne Pubertätsakne, seien es Flechten, Kopfgrind, Geschwüre oder Brandwunden. Sie unterstützt die Heilung von Infektionskrankheiten mit Ausschlag (Pocken, Masern, Scharlach usw.) und kann die Heilung von Syphilis im zweiten und dritten Stadium beschleunigen. Ferner wirkt sie gut gegen vorzeitigen Haarausfall.

ERNTE

Obwohl man aus den dicken, gerösteten Wurzeln der Klette ein Ersatzprodukt für Kaffee hergestellt und ihre Blätter statt Tabak geraucht hat, und obwohl aus ihren Stengeln ein Ersatzmittel für Zuckerrüben gewonnen wurde, wird die Pflanze heute kaum mehr gezüchtet. Daher muß man sie in der Natur suchen. Das ist nicht schwer, denn man findet sie überall. Man sollte kräftige und von bewohnten Gebieten so weit wie möglich entfernte Pflanzen auswählen. Im allgemeinen verwendet man ihre Wurzeln und Blätter in frischem Zustand, aber auch getrocknete Wurzeln sind empfehlenswert. Man kann sie jederzeit ernten, aber am günstigsten ist der Frühling im zweiten Lebensjahr der Pflanze. Falls man ihre Wurzeln aufbewahren will, muß man sie nach sorgfältiger Reinigung lange der Sonne aussetzen. Nicht länger als einige Monate aufbewahren!

ZUBEREITUNG UND ANWENDUNG

AUFGUSS UND ABSUD

Aus frischen Pflanzen zur innerlichen Anwendung, gegen Furunkulose, Akne, Hautausschläge, häßliche Haut: Eine Handvoll in Scheiben geschnittener Wurzeln und eine Handvoll frisch gepflückter Blätter auf einen Liter Wasser. Trinken Sie davon zwei bis drei Tassen täglich. Es ist gut, diese Behandlung auch äußerlich, und zwar mit den später beschriebenen Hautbädern zu ergänzen.

SIRUP

Aus frischen Wurzeln: Geben Sie zwei Handvoll zerstoßene Wurzeln in ein Gemisch aus 800 Gramm Wasser und 800 Gramm Zucker. Trinken Sie davon täglich ein Glas, namentlich gegen Ekzeme.

TINKTUR

Aus Wurzeln (äußerliche Anwendung): Nehmen Sie 10 Gramm Wurzeln für 50 Gramm Alkohol.

HAUTBÄDER

Nehmen Sie anderthalb Handvoll Wurzeln (frisch oder getrocknet) und Blätter pro Liter warmes Wasser. Wiederholen Sie die Behandlung zwei oder dreimal täglich.

SPEZIALLOTION

Gegen Haarausfall: Zerstoßen Sie zwei Handvoll frischer Klettenwurzeln und eine Handvoll Brennesselwurzeln und vermischen Sie sie mit 1/2 Liter Rum. Massieren Sie den Haarboden lange mit diesem Gemisch.

DER KNOBLAUCH

Allium sativum L.
Familie der Liliengewächse;
weißliche Blüten

Mein Vater sagte oft, daß es keinen Tag ohne Knoblauch geben dürfe. Seiner Meinung nach war Knoblauch ein genauso wichtiges Nahrungsmittel wie Brot. Unermüdlich lobte er jene Sitte, derzufolge man den Kindern im Süden von

Frankreich ein „chapon", eine mit Knoblauch und Olivenöl bestrichene Brotscheibe zur Jause bereitete.

Der Knoblauch ist ein Verwandter der Lilie und des Maiglöckchens. Dieser grüngekleidete Senator des Gemüsegartens mit dem behaarten Blütenkopf und der rosafarbenen oder alabasterweißen Knolle stammt wahrscheinlich aus Zentralasien – aus einem Gebiet, in dem die Menschen länger leben als anderswo, in dem die Greise rüstiger sind und die Prozentzahl der Krebserkrankungen seltsamerweise die niedrigste der Welt ist. Knoblauch gehörte unter den Pharaonen zur täglichen Mahlzeit der Sklaven, die die Pyramiden bauten. Damals machte man auch Halsbänder aus Knoblauch für Kinder, um sie vor Parasiten zu schützen, und verwendete die Pflanze, um die Fruchtbarkeit der Frauen zu „testen" . . . Die Griechen verbrauchten ebenfalls riesige Mengen Knoblauch, selbst wenn sie ihn die „stinkende Rose" nannten. Gott Hermes empfahl Odysseus Knoblauch gegen die Zauberkräfte der Magierin Circe, die die Menschen in Schweine verwandelte. Bei den Olympischen Spielen pflegten die Athleten der Antike vor den Bewerben immer eine Knoblauchzehe zu kauen. Der große Arzt jener Zeit, Galen, nannte den Knoblauch das Allheilmittel der Bauern, sein Kollege Dioskorides sah in der Pflanze ein Tonikum, ein Harntreibemittel, ein Entwurmungsmittel, eine Arznei bei Vergiftungen und gegen Asthma, Gelbsucht, Zahnschmerzen und Hautausschläge. Nachdem Karl der Große in seinem berühmten Kapitular den Anbau von Knoblauch empfohlen hatte, glaubte man im Mittelalter, daß er auch Fieber, Taubheit und Blutspucken heile. Herzensbrecher versäumten im Mittelalter nie, mit Rücksicht auf ihre Eroberungen jeden Morgen beim Aufwachen eine Knoblauchzehe zu knabbern.

Von Mexiko bis zu den Philippinen und Antillen füttert man Kampfhähne mit Knoblauch. In „Die Natur hat immer recht" habe ich die Geschichte über jenen Zauberer von den Antillen erzählt, dessen Federvieh bei allen Kämpfen siegte, weil sein Futter halb aus Korn und halb aus Knoblauch bestand.

Ernst zu nehmen sind aber wohl nur folgende Eigenschaften, die die Medizin entdeckt hat: Knoblauch bekämpft die Zuckerkrankheit und senkt den Blutdruck. Er ist ferner ein allgemeines Antibiotikum und Antiseptikum. Ein befreundeter berühmter Wissenschaftler hat mir bestätigt, daß Knoblauchdämpfe gefährliche Mikroben beseitigen. Ich erinnere mich gut daran, daß es in meiner Heimat Sitte war, beim kleinsten Gerücht von einer Epidemie in jedem Zimmer des Hauses Knoblauchzehen zu zerdrücken: ein weiterer Beweis für die Weisheit des Volkes.

Zweitens regelt Knoblauch die Darmflora. Wie die Raubvögel, die dafür sorgen, daß die Zahl der schädlichen Nagetiere auf den Feldern nicht überhand nimmt, verhindert auch der Knoblauch die schnelle Vermehrung gewisser gefährlicher Bakterien in unserem Verdauungsapparat. Aus diesem Grunde empfehle ich ihn in den meisten Fällen von Durchfall, Ruhr, Magenkrämpfen, Schweregefühl, Blähungen usw.

Drittens wirkt er gegen alle Würmer, gegen Spulwürmer und die gefährlichen Oxyuren genauso wie gegen Bandwürmer. So gesehen gibt es für Kinder nichts Besseres als den „chapon", der meiner Großmutter so lieb und wert war.

Viertens ist er ein unvergleichliches Anregungsmittel für den Organismus und ein Regulator der wichtigsten Körperfunktionen. Leberstörungen und Störungen der inneren Drüsen (Schilddrüse, Nieren), Gicht, Ischias, Schwindelgefühl, Ohrensausen, Hitzewallungen usw. – bei alldem ist Knoblauch anwendbar.

Fünftens ist er ein Mittel gegen Diabetes, denn er regelt den Glucosegehalt im Blut. Alle Personen, die in „gefährdeten" Familien geboren wurden, und auch alle Fettleibigen sollten soviel Knoblauch wie nur möglich essen.

Sechstens ist er wahrscheinlich ein Vorbeugungsmittel gegen Krebstumore, namentlich gegen jene des Verdauungsapparates. Er wirkt vorbeugend gegen Verstopfung (also gegen die Selbstvergiftung des Körpers), regt die Sekretion der Magensäfte an und desinfiziert den Darm.

Siebtens ist er der beste Freund des Kreislaufsystems. Er senkt nicht nur den Blutdruck (hoher Blutdruck trägt die Hauptschuld an Infarkten und Schlaganfällen), sondern macht auch die Blutgefäße geschmeidig (gegen Arteriosklerose), regelt den Cholesterolgehalt, unterstützt die Arbeit der roten Blutkörperchen, die den Sauerstoff transportieren, und bekämpft Vergiftungen durch Nikotin (betrifft starke Raucher!) oder durch moderne Verseuchungsmittel (betrifft Stadtbewohner!).

ERNTE

Alle Teile dieser Pflanze sind heilkräftig, besonders aber die Zehen. Sie allein genügen vollkommen. Falls Sie die Pflanze nicht selbst im Garten züchten, so achten Sie darauf, nur garantiert biologisch einwandfreie Produkte – ohne Industriedünger und ohne Giftstoffe – zu kaufen. Hüten Sie sich vor modernen Verpackungen; diese Zehen wurden mit chemischen Konservierungsmitteln besprüht: sie fügen mehr Schaden zu, als sie helfen. Knoblauch liebt keinen frischen Dünger. Düngen Sie daher die Erde sechs Monate vorher, pflanzen Sie die Zehen zwischen Oktober und November 3 cm tief ein und lassen Sie 10 cm Abstand zwischen den Pflanzen. Reinigen Sie nach der Ernte die Köpfe und lassen Sie diese im Schatten aufgehängt trocknen. Essen Sie Knoblauch in jeder Form; im Salat, in Soßen, in Suppen (der Grundbestandteil der berühmten südfranzösischen „Kindersuppe" ist gekochter Knoblauch), usw.

ZUBEREITUNG UND ANWENDUNG

ZUR JAUSE

Für Kinder (gegen Würmer): Reiben Sie eine Brotscheibe großzügig mit Knoblauch ein und träufeln Sie ein wenig Olivenöl darauf.

ABSUD AUS KNOBLAUCHZEHEN

Nehmen Sie eine Knoblauchzwiebel auf einen Liter Wasser oder Fleischbrühe. Drei Tassen täglich wirken gegen hohen Blutdruck und dadurch bedingte Krankheiten.

Weitere Indikationen: Anregung des Kreislaufes, Bekämpfung von Gicht und Arthritis, Antiseptikum für Lungen und Darm.

TINKTUR

Gegen hohen Blutdruck: Legen Sie eine Knoblauchzehe 48 Stunden lang in ein kleines Glas Alkohol ein. Nehmen Sie davon 20 Tropfen täglich in einem Aufguß aus Engelwurz, Salbei oder Melisse ein.

SIRUP

Gegen hohen Blutdruck: Vermischen Sie zwei geriebene Knoblauchzwiebel mit einem Glas Wasser und 100 Gramm Zucker und nehmen Sie davon zwei Suppenlöffel täglich ein.

WEIN

Entwurmend, kräftigend und gegen Fieber: Nehmen Sie eine Knoblauchzwiebel und zehn Prisen Wermutblätter auf einen Liter warmen Wein. Trinken Sie davon täglich zwei Gläser, wobei Sie aber vollkommen auf andere alkoholische Getränke verzichten müssen. (Kindern nicht verabreichen.)

SAFT

Antiseptisch: Drücken Sie den Saft des zu Brei zerdrückten Knoblauchs mit Hilfe eines feinen Tuches aus und geben Sie zehn Teile destilliertes Wasser und einen Teil 90prozentigen Alkohol hinzu. (Äußerlich auflegen.)

BALSAM

Zerdrücken Sie zwei Knoblauchzehen und mischen Sie drei Suppenlöffel Öl dazu. Äußerlich auflegen, gegen Würmer und Verdauungsstörungen auf den Bauch, gegen Schwindelgefühle auf die Wirbelsäule, gegen hohen Blutdruck unter die Fußsohle.

LIKÖR

Geben Sie 1/3 zerstoßenen Knoblauch und 2/3 Alkohol in eine 1-Liter-Flasche. Lassen Sie dies 14 Tage lang in der prallen Sonne stehen, dann filtern. Als periodische Stärkungskur empfehle ich am ersten Tag zwei Tropfen, am zweiten vier, am dritten sechs, und so weiter bis 24 Tropfen; dann langsam wieder auf zwei Tropfen zurückgehen.

ZUSAMMENGESETZTER AUFGUSS

Gegen Cholesterol: Drei Knoblauchzehen, zwei Prisen Kerbel, eine Prise Lavendel und drei Prisen Salbei auf einen Liter Wasser. Trinken Sie davon drei Tassen täglich.

BREIUMSCHLÄGE

Gegen Hühneraugen auf den Füßen und Warzen: Zerstoßen Sie eine Knoblauchzehe und legen Sie diese direkt auf die zu behandelnde Stelle, wobei Sie die gesunde Haut rundherum mit einem Heftpflaster schützen müssen. Das Ergebnis ist in weniger als vierzehn Tagen überzeugend!

KNOBLAUCHESSIG

Äußerlich auflegen, zur Desinfektion von Wunden und Geschwüren: Weichen Sie drei Knoblauchzehen 10 Tage lang in einem halben Liter Essig ein.

FUSS- UND HANDBAD

Gegen Allergien, Asthma, magen- und darmbedingte Akne, hohen Blutdruck und dadurch bedingte Beschwerden: Nehmen Sie drei Knoblauchköpfe pro Liter Wasser; zweimal täglich lauwarm baden.

FRIKTIONEN

Mit Knoblauch auf dem unteren Teil der Wirbelsäule: Gegen Impotenz. Einer allgemeinen Regel zufolge sollten Sie, um gesund zu bleiben, mindestens eine Knoblauchzehe in der Woche zu sich nehmen; und vergessen Sie nicht, den Knoblauch beim Kochen zu verwenden; dies ist immer noch die angenehmste und natürlichste Art, ihn zu essen, vorausgesetzt, man liebt seinen Geschmack.

ANMERKUNG

Der größte Nachteil des Knoblauchs ist sein unangenehmer Geruch. Er wird durch die Lungen ausgeschieden, daher der charakteristische Atem jener, die Knoblauch gegessen haben. Dieser für das Gesellschaftsleben nicht sehr günstige Geruch kann auf verschiedene Weise überdeckt werden, z. B. mit einigen Tropfen Engelwurzessenz, durch das Kauen von Kerbel oder Petersilie, durch das langsame Verspeisen eines geriebenen Apfels und einiger Löffel voll Honig, oder auch durch das Knabbern von einigen Kaffeebohnen nach der Mahlzeit.

DIE KÖNIGSKERZE

siehe Farbtafel XVI
Verbascum thapsus L.
Familie der Rachenblütler

Jeder kennt diese riesenhafte kerzengrade Pflanze mit den goldenen Blüten, die sich an Wegbiegungen und auf sonnenüberfluteten Böschungen erhebt. Die Königskerze wird größer als ein Mensch. Man nennt sie auch Molena Thapsus, Fackelblume, Himmelsbrand, Löwenfackel, St. Johanneskerze, Bärenkraut, Zellich oder Osterkerze. Die griechischen Ärzte von Hippokrates bis Dioscorides haben ihre außerordentlich beruhigende Wirkung hervorgehoben. Die goldenen Blüten und – in geringerem Maß – die breiten Blätter der Pflanze machen menschliches Gewebe weich und bereiten es auf die Gesundung vor. Vor allem die Blüten wirken Wunder gegen alle Reizungen der Atemwege. Zusammen mit der Malve, dem Eibisch, den Katzenpfötchen, dem Huflattich, dem Veilchen und dem Klatschmohn gehört auch die Königskerze zu den „sieben Brustpflanzen". Man empfiehlt sie mit Recht gegen Erkältungen, Angina, Bronchitis, Lungenentzündung und Rippenfellentzündung. Die beruhigenden Qualitäten der Königskerze, die durch ihre krampfstillende Wirkung verdoppelt werden, machen die Gattung empfehlenswert gegen Asthma, Atembeschwerden, Nervosität, Angstgefühle, Herzklopfen, Störungen des Herzrhythmus, Koliken, Magenkrämpfe und Neuralgien. Der Absud aus den Blüten wirkt harn- und zugleich schweißtreibend.

Man kann die Königskerze auch äußerlich anwenden, zum Beispiel in Klistieren gegen Durchfall und Darminfektionen, in Kompressen auf schmerzende Gelenke (Rheuma), in Verbänden auf Geschwüre, Wunden, Brandwunden und Hämorrhoiden. Das aus getrockneten Blüten und Blättern hergestellte Pulver zeigt gute Wirkung bei Hautkrankheiten; bei Erkältung kann man es wie Tabak schnupfen, denn es erleichtert das Atmen durch die Nase erstaunlich.

ERNTE

Die Blüten der Königskerze sollten nach und nach, ihrem Aufblühen entsprechend, gepflückt, dann schnell getrocknet und schließlich vor Licht und Feuchtigkeit geschützt aufbewahrt werden. Die Blätter müssen im Herbst geerntet und ausgebreitet getrocknet werden. Ihre Wirkung ist weit geringer als die der Blüten.

ZUBEREITUNG UND ANWENDUNG

AUFGUSS

Aus Blüten: Eine Handvoll frischer oder getrockneter Blüten auf einen Liter Wasser; dann filtern, um die Staubfäden, welche die Schleimhäute reizen, zu entfernen. Davon trinkt man drei oder vier Tassen täglich.

ABSUD

Aus Blüten und eventuell aus Blättern zur äußerlichen Anwendung (Klistiere, Kompressen, Verbände usw.): Auf einen Liter Wasser kommt eine gute Handvoll Pflanzen oder drei Handvoll Blätter.

HAND- UND FUSSBÄDER

Aus Blüten: Rechnen Sie mit eineinhalb Handvoll Pflanzen pro Liter Wasser.

PULVER

Aus getrockneten Blüten und Blättern: Über die erkrankten Hautzonen streuen oder bei Erkältungen „schnupfen".

TINKTUR

Aus Blüten: Man läßt zwei Handvoll getrocknete Blüten eine Woche lang in 1/2 Liter Alkohol liegen. Diese Tinktur ist geeignet zur äußerlichen Anwendung gegen Rheumatismus und für Brusteinreibungen bei Erkrankungen der Atmungsorgane.

BLÜTENÖL

Zwei Handvoll getrocknete Blüten eine Woche lang in 1/2 Liter Olivenöl oder Süßmandelöl liegen lassen. Es hilft bei den gleichen Krankheiten wie die Tinktur.

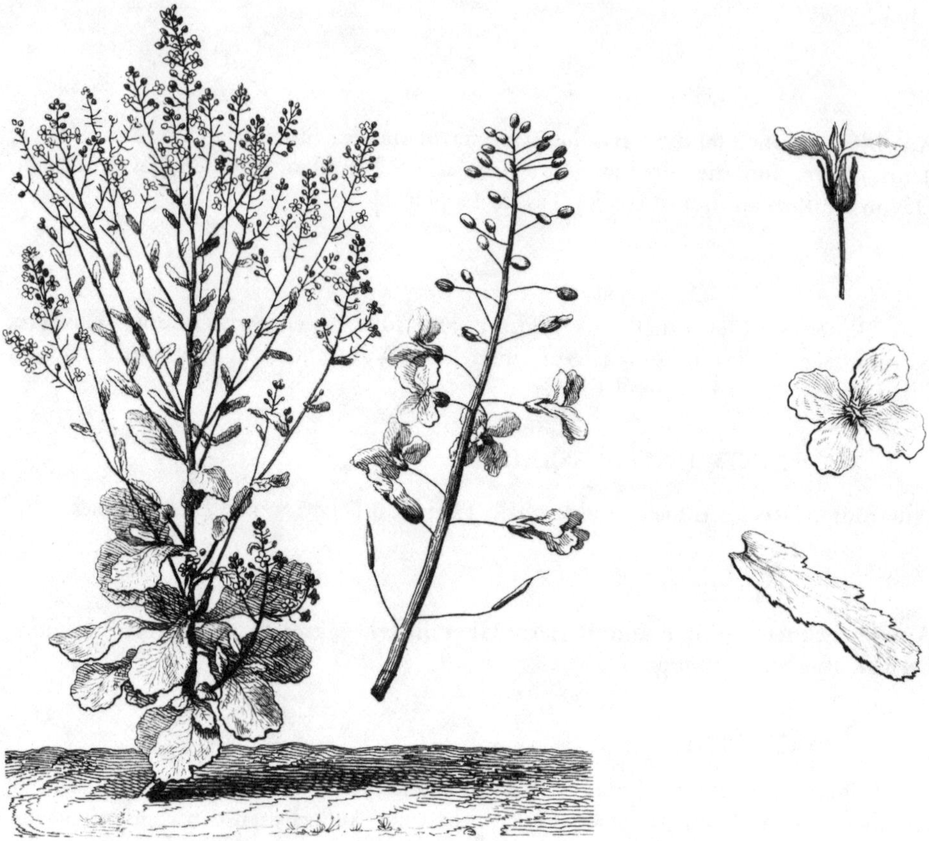

DER KOHL

Brassica oleracea (L.) DE CANDOLLE
Familie der Kreuzblütler;
gelbe Blüten

Meine Talente als „Kohlbügler“ haben viele Kranke zum Lächeln gebracht: Stellen Sie sich einen Rheumakranken, einen Gichtkranken oder einen armen, von Hexenschuß oder Ischias geplagten Mann vor, der sieht, wie sein Arzt zum Bügeleisen greift, die dicke mittlere Rippe eines schönen Kohlblattes nimmt und diese dann so lange glättet, bis sie wie Samt aussieht ... Was für eine Medizin! würde er sagen. Und dabei ist sie so wirkungsvoll.

Der Kohl! Betrachten Sie ihn gut, diesen dicken, grünen oder roten Kopf in den verschneiten Gemüsegärten des frühen Winters! Der Kohl besitzt hervorragende Eigenschaften. Bei großer Kälte könnte eine gute Kohlsuppe, wie man so sagt, selbst einen Toten aufwecken! Die Bauern essen sie zum Frühstück. In der Gascogne trinkt man zum letzten Löffel dieser Suppe ein Glas Rotwein.

Die wilde Abart dieser Pflanzen findet man am ehesten auf meerumtosten Felsen, dort, wo es nach Jod duftet und wo die Möwen kreischen. Es handelt sich um eine kräftig-grüne Pflanze mit langen, gekrümmten Blättern und einem krausen Endlappen. Der Stengel, stark und hart, trägt die unauslöschlichen Narben von alten, abgefallenen Blättern, und die Endtraube wird aus Blüten mit vier Kelchblättern und vier gelben Blumenblättern gebildet. Der wilde Kohl auf den Uferfelsen des Ozeans ist der Urvater der meisten gezüchteten Kohlarten. Kreuzungen, Zuchtwahl, erbbiologische Manipulationen haben die Gattung in unzählige Abarten unterteilt: Weißkraut, Rotkraut, Wirsing, Blumenkohl, Kohlrabi, Rosenkohl und viele andere. Essen Sie alle Sorten und auf alle nur möglichen Arten. Sie werden sich dabei so wohl fühlen wie noch nie. Unsere Vorfahren verwendeten den Kohl fast nur zu Heilzwecken. Der Schriftsteller Floridius Macer hat in seinem Gedicht *De herbarum virtutibus* die entwurmenden Eigenschaften dieser Pflanze gepriesen. Man nennt den Kohl oft den „Arzt der Armen". Ich habe einige seiner altbekannten Tugenden wiedergefunden und auch noch einige andere dazu. Die Gattung ist zunächst ein vorzügliches Mittel gegen Würmer. In äußerlich aufgelegten Kompressen ist er desinfizierend und heilend bei Brandwunden, Geschwüren und häßlichen Wunden, sowie eine vorzügliche Arznei gegen Insektenstiche (Wespen, Bienen) oder Spinnenbisse. Er wirkt beruhigend bei Rheumatismus, Gicht, Seitenstechen und Ischias. Ein mit dem Bügeleisen weichgeglättetes Blatt, auf die schmerzende Stelle gelegt, wirkt lindernd. Der Kohl reinigt die Atemwege entweder im Gurgelwasser (Angina, Heiserkeit) oder bei innerlicher Anwendung (Bronchitis, Rippenfellentzündung). Einer etwa fünfzigjährigen Dame, die an chronischer Bronchitis litt, verschrieb ich eine große Menge Kohl, die sie in Suppen und als Salat essen sollte; nach zwei Monaten war sie gesund. Er ist reich an Vitamin C und deshalb ein Mittel gegen Skorbut, ein wirksames Gegengift bei Ruhr, und er liefert dem Organismus den unerläßlichen Grundstoff Schwefel. Besonders der Absud scheint mir das Beste aller Blutreinigungsmittel zu sein und gilt, im Frühling genossen, als wahre Entgiftungskur. Außerdem ist der Kohl eine der kräftigsten Arzneien gegen nervöse Erregung und Schlaflosigkeit. Geängstigten, Prüfungskandidaten, Personen, die unter Depressionen leiden, Neurasthenikern und den „immerzu Müden" wird geraten, Gebrauch davon zu machen.

ERNTE

Alle Arten von Kohl sind wirksam, und man findet ihn praktisch während des ganzen Jahres – vom Blumenkohl im Frühling und im Sommer bis zum Kohlkopf und zum Rotkraut, die den Winter unter dem Schnee verbringen.

ZUBEREITUNG UND ANWENDUNG

Gegen Würmer drücken Sie den Saft eines Kohlkopfes mit einem feinen Tuch aus. Kinder sollen davon drei Suppenlöffel täglich einnehmen, Erwachsene die doppelte Menge.

SIRUP

Gegen Angina (im Gurgelwasser), Verlust der Stimme (heiß und mit Honig zu trinken) und Beschwerden der Atemwege: Drücken Sie den Saft des Kohls wie oben aus und lassen Sie ihn mit einer gleichen Menge Honig oder Zucker aufkochen; auskühlen lassen und sechs bis acht Suppenlöffel täglich einnehmen.

ABSUD

Aus Blätterkohl, gegen Leberzirrhose, Ruhr, Darmkrankheiten: Zwei große, frische Blätter auf einen Liter Wasser. Trinken Sie davon zwei bis drei Tassen täglich als Blutreinigungsmittel; für die Frühjahrskur die Dosis eine Woche lang bis auf fünf Tassen erhöhen. Falls Sie Alpträume haben, dann nehmen Sie davon am Abend ebenfalls eine Tasse anstelle von Kräutertee.

Zur äußerlichen Anwendung gegen Leber- und Darmbeschwerden Kompressen auf den Magen legen, gegen Schmerzen im Genitalbereich auf den Unterleib, gegen Husten und Bronchitis auf die Brust, gegen Migräne auf die Schläfen. Man gibt vier frische Blätter auf einen Liter Wasser.

KOMPRESSEN

Aus Kohlblättern: Die Wunde, die Brandwunde oder das Geschwür wird gänzlich mit sehr frischen, sehr glatten und sehr sauberen Blättern bedeckt; die Kompresse wird zweimal täglich gewechselt. Soll der „Verband" weich werden, so legt man ihn eine Stunde lang in Olivenöl.

UMSCHLÄGE

Gegen Gicht, Rheumatismus, Ischias, Muskelschmerzen, Krampfadern, Geschwüre, Hämorrhoiden: Erwärmen Sie die Kohlblätter mit dem Bügeleisen, und legen Sie dann mehrere Schichten auf die betreffende Stelle. Wechseln Sie den Verband zweimal täglich. Ich rate zu warmen Kohlblättern auch auf die Leber (bei einem Anfall), auf den Bauch (Darmschmerzen, Durchfall, Ruhr, Menstruationsschmerzen), auf die Stirne (Migräne), auf die Brust und auf die Kehle (Katarrh, Asthma).

HAND- UND FUSSBÄDER

Man rechnet mit 100 Gramm schönen Blättern pro Liter Wasser.

GEMÜSE

Essen Sie soviel Kohlgemüse, wie Sie nur wollen. Es ist leichter verdaulich als man glaubt, das gilt besonders für Sauerkraut, das Milchfermente enthält und den Darm desinfisziert. Die Wurstbeigabe zur Mahlzeit ist bestimmt schwerer verdaulich als das Kraut!

DIE KORNBLUME

siehe Farbtafel XVII
Centaurea cyanus L.
Familie der Korbblütler

Wunderschön ist sie; deshalb trug Ceres, die griechische Göttin der Ernte, eine Kornblume im Haar. Die Kornblume kommt wahrscheinlich aus dem Mittleren Orient, sie ist dem Menschen überallhin gefolgt und mischte dabei ihren Samen unter das Getreide. Aber die Unkrautvertilgungsmittel und das perfektionierte Sortieren der Körner lassen sie immer mehr von unseren Feldern verschwinden . . .

Man nennt sie auch Roggenblume, Tremse, Cyane, Sichelblume, Ziegenbein oder Zachariasblume. Sie ist eine Pflanze mit dünnem Stengel und schmalen Blättern, deren „Blume" (in Wahrheit eine falsche Blüte, wie jene der Margerite) in der Mitte aus winzigen, schwärzlichen Blüten gebildet wird, während sie sich rundherum mit herrlichen „Blumenblättern" (sterilen Blüten) schmückt, die große, spitze Zähne haben. Man kann die Blüten der Kornblume zu anderen Kräutertees mischen, um ihnen ein angenehmes, reines Himmelblau zu geben, denn der optische und der „psychologische" Aspekt der Pflanzenbehandlung ist nicht zu verachten. Die Gattung selbst wirkt gegen Husten, Bronchitis und Leberkrankheiten, sie beschleunigt die Urinausscheidung in Fällen von Wasseransammlungen und Nierenträgheit. Vor allem aber dient sie zur Herstellung von vorzüglichen Tropfen gegen entzündete Augen.

ERNTE

Die Kornblume soll im Sommer gepflückt werden, wenn sie ihre himmelblauen Blüten gerade geöffnet hat. Sie müssen dann im Schatten trocknen. Das Feld, auf dem die Blume gepflückt wird, soll nicht „industriell bebaut" sein, das heißt, daß es nicht regelmäßig mit Insektenvertilgungsmitteln und Pilzmitteln besprüht wird. Korn,

Gerste und Roggen, die „biologisch“ gezogen werden, werden leider immer seltener, sofern man sich nicht schon heute um eine völlige Umkehr der Tendenz bemüht. Ich wage es kaum zu glauben.

ZUBEREITUNG UND ANWENDUNG

AUFGUSS

Gegen Husten, Bronchitis und Leberkrankheiten: Geben Sie eine kleine Handvoll frischer Blüten auf einen Liter Wasser und trinken Sie davon eine Tasse vor den Mahlzeiten.

FUSSBÄDER

Gegen Ödeme: Nehmen Sie eineinhalb Handvoll Blüten pro Liter Wasser. Anwendung zweimal täglich.

ABSUD

Als Augentropfen gegen entzündete Augen verwendet: Eine kleine Handvoll Blüten auf einen Liter Wasser; fünf Minuten kochen und eine halbe Stunde lang stehen lassen.

VOLLBÄDER

Mengenverhältnis wie für die Fußbäder.

DIE KRESSE

Brunnenkresse
Nasturtium officinale R. BROWN
Familie der Kreuzblütler;
weiße Blüten

Die echte Kresse, die Wasserkresse, ist an ihren wirr durcheinanderwachsenden Wurzeln, ihren dunkelgrünen Blättern (die in mehrere Teile mit kaum gezackten Rändern geteilt sind, wobei der letzte Teil deutlich größer ist als die anderen), ihren

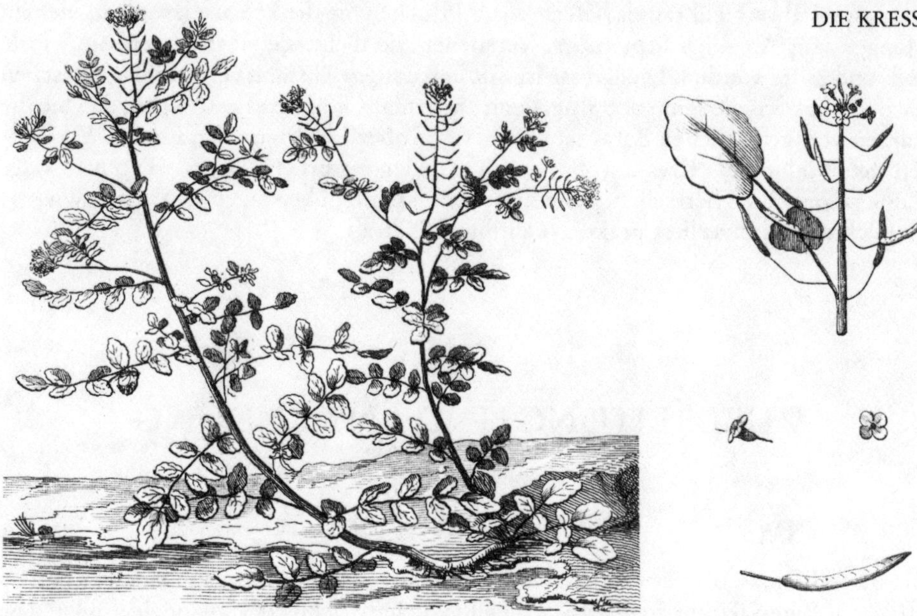

aus kleinen, weißen Blüten mit vier Blumenblättern gebildeten Trauben und letztlich an ihrem ein wenig scharfen Duft ziemlich leicht zu erkennen. Die Kresse, eine ausdauernde Pflanze, wählt die reinsten Gewässer. Sie blüht während des ganzen Sommers, und man findet sie von der Ebene bis zum Gebirge, sie hat die Welt erobert.

„Gesundheit des Körpers“ oder „santé du corps“ heißt sie in Frankreich. Dieser volkstümliche Name beinhaltet ein ganzes „Programm“. Unsere Vorfahren hielten viel von dieser Pflanze. Die Kresse ist blutreinigend (morgens ein Glas voll Kressensaft, und die angesammelten Giftstoffe verschwinden), harntreibend, anreizend, appetitanregend und fiebersenkend. Ihre Wirkung gegen Darmparasiten ist bekannt. Ich empfehle sie auch gegen chronische Bronchitis, gegen Schwindsucht, Skorbut (sie ist äußerst reich an Vitamin C), Zuckerkrankheit (sie senkt den Zuckergehalt des Blutes), Neuralgien, Zahnschmerzen und Haarausfall. Ich halte die Kresse für ein Heilkraut von größter Bedeutung.

Für äußerliche Behandlungen verwende ich sie wie den Kohl in Breiumschlägen und Kompressen, gegen Gicht, Rheumatismus und Muskelschmerzen. Auf die Haut gelegt, heilt der Saft dieser Pflanze auf wunderbare Weise Hautausschläge und Akne.

ERNTE

Sie können die Kresse auf dem Markt kaufen. Aber wo immer Sie auch wohnen, Sie werden gewiß in der Natur Kresse finden, die Ihnen zwar nicht Ihren Salat, aber wenigstens Ihre Heilkräuter liefern wird. Pflücken Sie die Pflanze jeweils in kleinen Mengen von April bis September. Versuchen Sie nicht, sie zu trocknen; sie würde gelb und giftig werden. Die Kresse ist nur in frischem Zustand verwendbar. Waschen Sie die Pflanzenteile sehr sorgfältig, denn andernfalls könnte es geschehen, daß Sie die Larven von gefährlichen Parasitenwürmern (großer Leberwurm) mitessen. Verzichten Sie völlig auf Kresse (ob gezüchtet oder natürlich), wenn Typhus- oder Choleraepidemien herrschen, denn diese Krankheiten übertragen sich durch Wasser. Gekochte Kresse verliert praktisch all ihre Heilkraft.

ZUBEREITUNG UND ANWENDUNG

SALAT

Kresse sollte man oft verwenden; sie ist zusammen mit Löwenzahn eine der besten Pflanzen. Eine Salatkur stellt z. B. im Falle von hartnäckigen Schwindelgefühlen den Gleichgewichtssinn wieder her.

FRISCHER SAFT

Drücken Sie Blätter und Stengel der Kresse in einem feinen Tuch kräftig aus. Nehmen Sie ein Glasvoll täglich in einem kalten Getränk: (Milch, Molke, Honigwasser u. a.) zu sich (als Tonikum und als Reizmittel). Zur äußerlichen Anwendung empfohlen gegen Hauterkrankungen (Akne, Sommersprossen, verschiedene Hautausschläge).

AUFGUSS

Seine Wirkung ist ziemlich schwach. Er muß auf jeden Fall mit lauwarmem Wasser und in einem verschließbaren Gefäß zubereitet werden. Zwei bis vier Tassen täglich sind zu empfehlen.

SIRUP

Vermischen Sie einen Teil Kressensaft mit anderthalb Teilen Zucker. Trinken Sie davon ein halbes Glas täglich entweder pur oder mit einer kalten Flüssigkeit.

KOMPRESSEN ODER BREIUMSCHLÄGE

Aus Blättern: Wirksam gegen Zahnschmerzen, Rheumatismus, Gicht und Muskelschmerzen.

HAND- UND FUSSBÄDER

Nehmen Sie ein lauwarmes Bad mit einer guten Handvoll Kresse pro Liter Wasser.

LOTION

Gegen Haarausfall: Vermischen Sie 100 Gramm Kressensaft und 100 Gramm 90prozentigen Alkohol. Geben Sie, wenn möglich, 20 Gramm Birkensaft dazu; das wird das Ergebnis verbessern. Täglich eine Einreibung.

ANMERKUNG

Wie von mehreren Pharmakologen bewiesen wurde, bildet die Kresse ein vorzügliches Gegengift gegen Nikotin. Starke Raucher sollten daher große Mengen davon essen. Mundspülungen mit Kressensaft stärken das Zahnfleisch, das vom Tabak angegriffen wird, und reinigen den Atem.

DER LATTICH

Lactuca sativa L.
Familie der Korbblütler;
gelbe Blüten

Nun sind wir beim Thema „Salat" angelangt: Soll man Salat essen oder nicht? Eine schwierige Frage. Die einen sagen, daß der Magen etwas Kräftiges brauche und es sinnlos sei, große Mengen Zellulose in sich hineinzustopfen. Die anderen entgegnen mit vollem Recht, daß Salate vitaminreich und selbst ihre unverdaulichen Teile als Darmgleitmittel unentbehrlich seien. Doch sollten einige grundlegende Vorsichtsmaßnahmen getroffen werden: Alle Salate können durch Abwässer, Dunghaufen usw. verseucht und zum Nährboden zahlreicher Infektionskeime werden (Typhus, Cholera, viröse Leberentzündung, Amöbenruhr). Sie müssen daher sorgfältig gewaschen werden, nötigenfalls mit ein wenig Permanganat. Man kann sie auch eine Stunde lang in Wasser legen, dem ein wenig Essig oder Zitronensaft beigemengt wurde.

Alle Lattiche enthalten einen milchigen Saft (Latex), der eine mühelose Unterscheidung vom Großteil der anderen Pflanzen aus ihrer Familie der Korbblütler ermöglicht. Man kennt zahlreiche Latticharten: Gartensalat, Kopfsalat, Weidenlattich, Giftlattich, Stachellattich und wilden Lattich.

Ich werde nur von der ersten und der letzten hier erwähnten Gattung sprechen.

Den Gartensalat muß man nicht ausführlich beschreiben. Seine Herkunft ist ungeklärt, manche sehen in ihm eine verbesserte Abart des Stachellattichs, andere wiederum einen Abkömmling des wilden, sibirischen Lattichs. Er war schon den Völkern der Antike bekannt. Kaiser Augustus soll er von einer furchtbaren Leberkrankheit geheilt haben. Die Ärzte jener Zeit nannten ihn ein Mittel gegen die Schlaflosigkeit. Heute weiß man, daß er beruhigende und erweichende Eigenschaften hat. Ich nenne ihn das „Kraut der Weisen". Man ist auch ziemlich sicher, daß er, wenn auch nur in geringem Maße, die Liebesglut abschwächt, er ist also triebhemmend. Wenn aber Ihr allgemeiner Gesundheitszustand gut ist, haben Sie von einwandfreiem Salat nichts zu befürchten.

Der wilde Lattich, auch Mauersalat, Baumlattich und Zaunlattich genannt, fällt auf durch seinen hohen Wuchs und durch seine bläuliche Blattfärbung. Er ist eine „Kompaßpflanze": Die Achse seiner Blätter weist immer von Norden nach Süden, die eine Seite östlich, die andere westlich gerichtet. Von Juni bis September entwickelt er ein aus blaßgelben Blütenköpfen bestehendes System und erzeugt im Herbst eine Unmenge von schwarzen Samenkörnern. Man findet ihn auf kalkigem Gelände, auf Böschungen, Schuttablageplätzen, am Wegrand, aber nur selten im Gebirge. Der wilde Lattich besitzt im großen und ganzen die gleichen therapeutischen Eigenschaften wie der Gartensalat: Er erweist sich als lindernd, beruhigend und erweichend, als fähig, sehr nervösen Menschen und den Opfern chronischer Schlaflosigkeit wieder Schlaf zu bringen. Er ist wie schon erwähnt leicht anaphroditisch (triebhemmend). Außerdem ist er harntreibend und abführend.

Ich erinnere mich an einen Mann, der an schwerer Gelbsucht litt und den ich mit einer aus Stachellattichsaft und Stachellattichbädern bestehenden Kur gründlich heilte. Ich erinnere mich auch an ein armes, von unerträglichem und krampfhaftem Husten gequältes Kind, dem ich abwechselnd Breiumschläge und Fußbäder mit Lattich verschrieb und das innerhalb von drei Tagen wieder völlig gesund war.

Die Lattiche wirken Wunder gegen alle Beschwerden, die sich durch Krämpfe äußern wie Asthma, Keuchhusten, chronische Ängstlichkeit, Herzklopfen, Hysterie usw.

ERNTE

Alle Teile der Pflanze sind wirksam, besonders aber ihre Stengel, ihre Blätter und ihr Samen. In die Höhe gewachsener Salat enthält die meisten Heilkräfte. Die Stengel und die Blätter nur in frischem Zustand verwenden! Sammeln Sie die Samen im Herbst und lassen Sie diese im Schatten trocknen.

ZUBEREITUNG UND ANWENDUNG

FRISCHER SAFT

Das Latex der Stengel und der Blätter dieser Pflanzen wird in einen Behälter gepreßt. Am ersten Tag nimmt man einen halben Kaffeelöffel, am zweiten einen ganzen, am dritten einen und einen halben und so weiter bis auf fünf, um dann rückschreitend wieder auf die Menge von einem halben Kaffeelöffel zu kommen.

AUFGUSS ODER ABSUD

Aus frischen Blättern und Stengeln: Nehmen Sie eine gute Handvoll Pflanzen pro Liter Wasser und trinken Sie drei bis fünf Tassen täglich.

TINKTUR

Ein Teil frischer Blätter zu zwei Teilen verdünntem Alkohol (30- bis 40prozentig) geben und zwei Stunden lang ziehen lassen. Gleiche Verabreichungsweise wie für den frischen Saft.

PULVER

aus Samen: Zwei Prisen täglich, besonders gegen Asthma.

LACTUCARIUM

So nennt man den getrockneten Saft der Pflanze; er wirkt gegen Rheumatismus, Gicht, Husten, Asthma und gegen alle nervösen Störungen. Man nimmt die Stengelspitzen des Lattichs in der Zeit um Juli und August ab, schneidet sie schräg ein, wie es die Kiefernharzer machen, und fängt die Saftperlen, die aus den Einschnitten fließen, in einem Holzgefäß auf. Sobald die Gerinnung stattgefunden hat, den hart gewordenen Saft in kleine Stücke brechen und zum Trocknen in die Sonne legen. Am ersten Tag nehmen Sie zunächst ein erbsengroßes Stück davon ein, wenn möglich in Honig, dann steigert man fortschreitend bis zum zehnten Tag die Menge auf zehn Stück. Anschließend muß die Kur unbedingt für mehrere Wochen unterbrochen werden.

THRIDACIUM

Das griechische Wort *thridax* (Lattich) dient zur Bezeichnung des Extraktes aus den frischen Stengeln der Pflanze. Das Thridacium empfiehlt sich zur Behandlung der gleichen Beschwerden wie das Lactucarium, hat aber eine schwächere Wirkung. Pflücken Sie im Juli und im August einige schöne, junge Lattiche. Pressen Sie deren Saft in einen Glasbehälter, der solange in ein Wasserbad gestellt wird, bis sich ein fester Rückstand bildet. Man nimmt sechs Tage lang täglich je ein Gramm mit Honig oder in beruhigendem Kräutertee ein.

BREIUMSCHLÄGE

Gegen Husten Stachellattichblätter abwechselnd auf die Brust und auf den Rücken auflegen.

HAND- UND FUSSBÄDER

Nehmen Sie drei Handvoll frischer Blätter und Stengel pro Liter Wasser (zwei bis drei Bäder täglich).

DER LAVENDEL

Lavandula officinale L. CHAIX
Familie der Lippenblütler;
blaue Blüten

Er ist das blaugekleidete Wunder des Südens; ich kenne keinen lieblicheren Duft als das Aroma dieser Pflanze. Wie meine Mutter es vor Jahrzehnten tat, so legen auch heute noch die Damen gern Lavendel in den Wäscheschrank, der auf Monate köstlich danach duftet.

Wir kennen drei Lavendelarten, deren Formen und Eigenschaften einander sehr ähnlich sind: den Schopflavendel, den schmalblättrigen Lavendel und den Spiklavendel.

Der erste, auch welscher Kümmel, arabischer Stöchas, Stöchaskraut oder römischer Thymian genannt, ist über und über mit samtigen, weißen Blättern besetzt und entfaltet seine wunderschönen purpurvioletten Blüten auf den trockenen Heiden der kieselbedeckten Gelände. Er gedeiht ausschließlich in der Umgebung des Mittelmeeres. Der zweite, manchmal gemeiner Lavendel, echter Lavendel oder Spitznarde genannt, wächst in ganzen Matten und auch in vielen Gegenden Mitteleuropas. Die im Gebirge wachsende Abart namens kleiner Lavendel oder feiner Lavendel wird mehr geschätzt als jene aus der Ebene, die man den großen Lavendel nennt. Die dritte Art, der Spiklavendel, auch Ästerlavendel genannt, erreicht einen Meter Höhe, besitzt sehr breite Blätter und wächst auch in den Alpenländern, aber nicht nördlich von ihnen.

Es gibt verschiedene Verwendungsarten des Lavendels. Außer dem edlen Duft, den er der Wäsche verleiht, vertreibt er auch die Motten; wird er zu kleinen Sträußen gebunden und in den vier Ecken eines Wohnraumes aufgehängt, vertreibt er Fliegen und Mücken. Der Spiklavendel – in Österreich Speik genannt – gibt ein gutes Mittel gegen das Gift von Reptilien ab.

In der heutigen Naturheilkunde soll der Lavendel genauso verwendet werden wie die anderen aromatischen Gattungen aus derselben Familie der Lippenblütler. Er erweist sich im höchsten Maße als Magenfreund, als harntreibend, schweißtreibend, entwurmend und anregend.

Er kann nach Belieben verwendet werden, namentlich in Einreibungen, in Lotionen, in Bädern, gegen Verletzungen, Quetschungen, Geschwülste, Verrenkungen, Verstauchungen und, bei Athleten, gegen das Gefühl, „ausgepumpt" zu sein. Gegen Gicht und gegen Rheumatismus wirkt es Wunder. Um Kinder bei guter Gesundheit zu erhalten, sollte man ihnen regelmäßig ein Vollbad mit Lavendel verabreichen. Die Pflanze verdient auch ein Lob für ihre Heilkraft bei Hautkrankheiten (Ekzeme, Akne usw.), bei Brandwunden, bei Geschlechtskrankheiten (für die sie gewiß nicht stark genug ist, zu deren Heilung sie aber ihren Teil beiträgt), und schließlich bei Geschwüren, oberflächlichen Entzündungen und infizierten Wunden. In Inhalationen beschleunigt er die Behandlung von Katharren, Grippe, Angina und

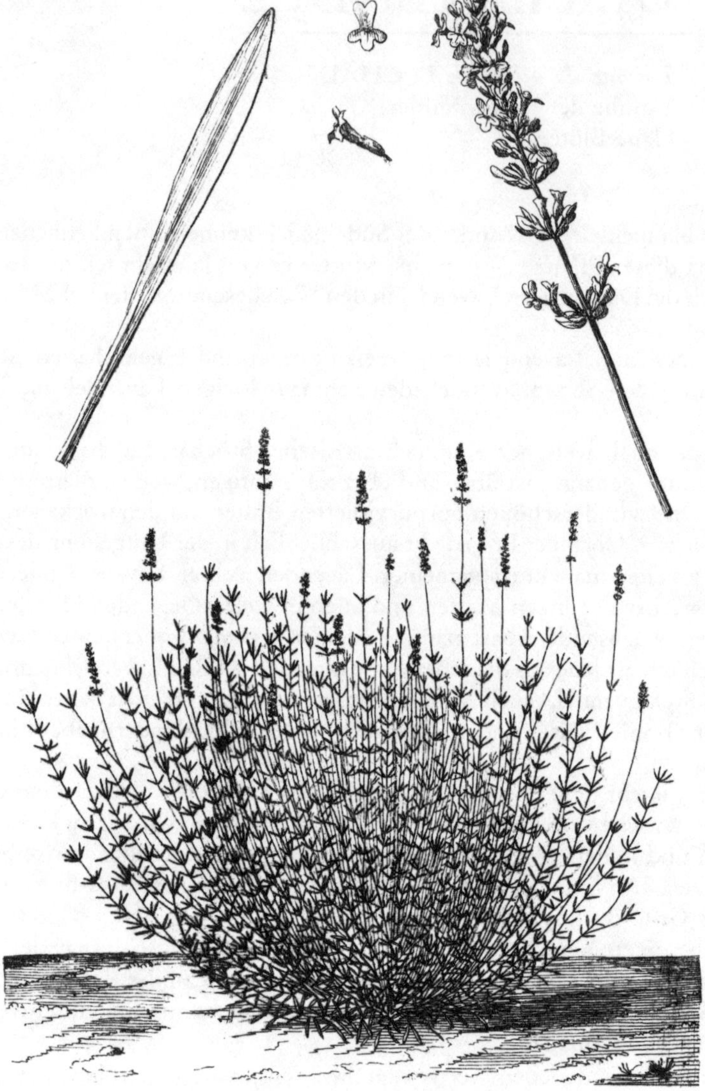

Bronchitis. Im Gurgelwasser reinigt er die kleinen Wunden im Mund und wird selbst mit Zungenlähmung und mit Stottern fertig, weil er verkrampfte Nerven und Muskeln entspannt. In Kompressen auf die Leber hilft er diesem Organ bei der Verrichtung seiner schweren Arbeit als „Chemiefabrik“ des Körpers. In Brusteinreibungen stärkt er die Lungen und trägt zu einer raschen Heilung von Lungenentzündung, Rippenfellentzündung und Stauungen bei.

ERNTE

Während eines Spazierganges im Juni und Juli unter der warmen Sonne eines klaren Morgens pflückt man den Lavendel, der im Heideland und auf steinigen Böden wächst, und läßt ihn, zu kleinen Sträußen gebunden, im Schatten trocknen. Die Pflanzen kann man aber auch im Garten züchten. Dazu wählt man die schmalblättrige Gattung. Man kauft einige Lavendelstöcke beim Gärtner, wo die Pflanze bereits an das Klima gewöhnt ist, und pflanzt sie ohne besondere Maßnahmen in trockenen und kalkigen Boden. Nach der Ernte werden die kleinen Sträucher streng kuppelförmig geschnitten; das ist das Beste, um sich die Ernte für das nächste Jahr zu sichern.

ZUBEREITUNG UND ANWENDUNG

AUFGUSS

Eine kleine Handvoll Lavendel auf einen Liter Wasser; trinken Sie davon drei bis vier Tassen täglich.

Zur äußerlichen Anwendung (Kompressen, Einreibungen, Friktionen) gibt man eine Handvoll Pflanzen in einen Liter Wasser.

Für Vaginalspülungen: Rechnen Sie nur eine halbe Handvoll Pflanzen pro Liter Wasser.

GURGELWASSER

Gleiches Mengenverhältnis wie für das vorige Präparat. Noch einfacher ist es, drei oder vier Tropfen Lavendelessenz in ein Glas Wasser zu geben.

INHALIERUNG

Bei Grippe, Angina, Bronchitis u. a.: Atmen Sie unter einem Handtuch den Dampf eines sehr warmen Aufgusses ein (Dosis: eine Handvoll Pflanzen pro Liter Wasser), dem Sie drei Tropfen Lavendelessenz beigemengt haben.

ABSUD

Zur äußerlichen Anwendung (gegen Wunden, Geschwüre, Brandwunden usw.): Lassen Sie eine Handvoll Lavendel 10 Minuten lang in einem Liter Wasser kochen.

HAND- UND FUSSBÄDER, VOLLBÄDER

Nehmen Sie für die Hand- und Fußbäder eine halbe Handvoll Pflanzen pro Liter Wasser; für Vollbäder geben Sie einen größeren Lavendelstrauß in Ihre Badewanne.

EAU DE TOILETTE

Für die Schönheitspflege: Man mische drei Suppenlöffel Lavendelessenz, einen halben Liter 70prozentigen Alkohol und ein Viertelliter Kölnischwasser.

LAVENDELESSIG

Für die Schönheitspflege: Zwei Handvoll Pflanzen werden in einem Liter Weißwein eingeweicht, 15 Tage lang unter Luftzutritt stehen gelassen, dann abgefiltert.

ZUSAMMENGESETZTER AUFGUSS

Gegen Darmentzündung: Zwei Prisen Lavendel und zwei Prisen Majoran kommen in einen Liter Wasser. Eine Tasse davon soll morgens und abends recht warm getrunken werden.

LAVENDELESSENZ

Die Lavendelessenz werden Sie in einer guten Kräuterhandlung oder einer guten Parfümerie kaufen müssen, denn Sie werden kaum die Möglichkeit haben, selbst eine Essenz zu destillieren! Die beste Essenz ist jene „aus feinem Lavendel", dann folgt jene „aus großem Lavendel" und endlich jene „aus englischem Lavendel".

DIE LINDE

Tilia europaea L.
Familie der Lindengewächse;
grünlichgelbe Blüten

Die Linde, dieser herrliche, 15 bis 20 Meter hohe Baum, der die schönsten Straßen unserer Städte säumt und dessen Duft sich über weite Landstriche verbreitet, kommt in mehreren, aber sehr ähnlichen Arten vor: die kleinblättrige Linde (oder Winterlinde, oder Berglinde), die gemeine Linde (oder holländische Linde), und die breitblättrige Linde (oder Sommerlinde). Aber das hat wenig zu bedeuten; sie alle haben für die Bienen gleichviel Nektar und für Männer und Frauen die gleichen Vorzüge.

Erst im 18. Jahrhundert hat man begonnen, die Blätter und Blüten des Lindenbaumes für die Phytotherapie zu verwenden; bis dahin begnügte man sich mit seiner Rinde und benützte auch diese nur gegen Augenkrankheiten. Und doch sind

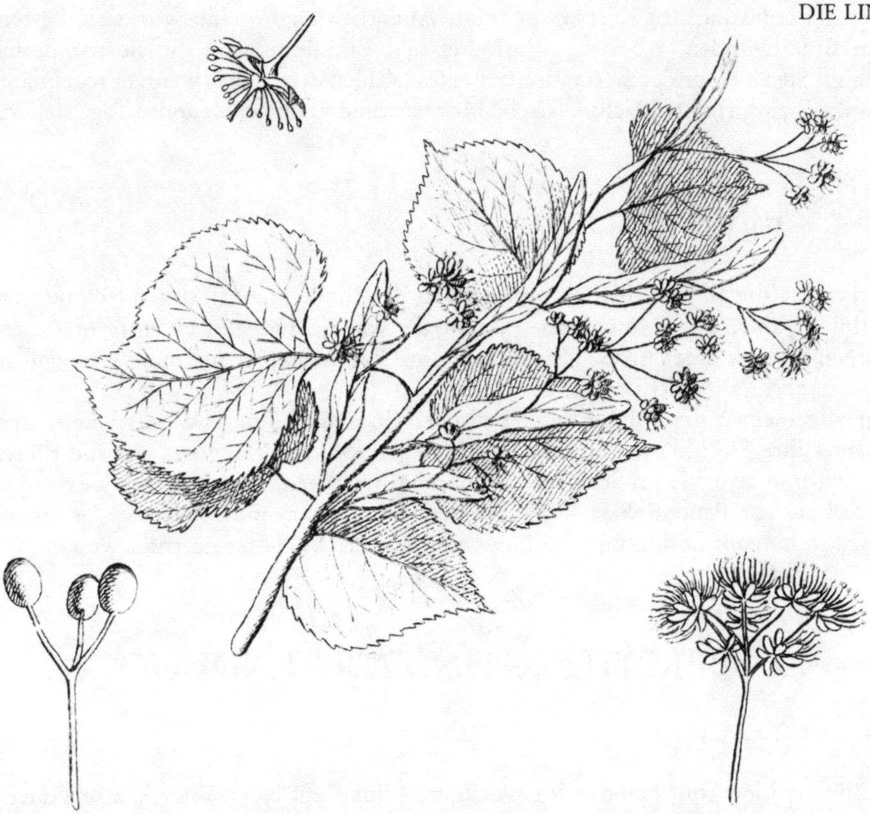

wunderbare Eigenschaften in dieser Pflanze vereint. Sie entfaltet ihre Kraft mit der Gemächlichkeit, der Würde und dem Selbstvertrauen, zu dem ihre Größe sie berechtigt; sie hat Hunderte von Lebensjahren vor sich und will das Dasein der anderen durch das Beispiel der Mäßigung und einer regelmäßigen Lebensführung verlängern. Sie ist krampfstillend und beruhigend; will man eine ruhige Nacht verbringen, so gibt es nichts Besseres als einen guten Lindenaufguß. Ich empfehle die Linde allen, besonders aber nervösen, chronisch schlaflosen, besorgten und angstgequälten Menschen, unruhigen Kindern und Greisen, die nur mit Mühe einschlafen können. Sie wird allen, die an Husten, Asthma, Migräne und an Herzbeschwerden leiden, wohltuende Ruhe bringen.

Dank ihrer antiplethorischen (blutverdünnenden) Vorzüge reinigt sie auch das Blut, läßt es besser fließen und beugt damit gegen Arterienverkalkung, Venenentzündung, Angina pectoris und gegen Herzinfarkte vor. Ist die Krankheit bereits ausgebrochen, kann sie natürlich nicht mehr helfen; darum empfehle ich, eine Kur so bald wie möglich zu beginnen. Außerdem ist die Linde leicht harntreibend, daher vorzüglich für Gicht- und Rheumakranke, und sie regt die Schweißproduktion an, was zur Entgiftung des Körpers beiträgt. Äußerlich angewendet wirkt sie bestens gegen Brandwunden, Abszesse, Furunkel und Entzündungen, die sie wunderbar beruhigt. Sie ist einer der Bestandteile meines „Glückstees", der, wenn er regelmäßig getrunken wird, ruhige Nächte, frische Morgenstunden und entspannte Tage sichert.

ERNTE

Pflücken Sie die Blüten, Blätter und Rinden der Linde nicht in der verschmutzten Stadtluft. Wählen Sie vielmehr einen Baum, der von Siedlungen weit entfernt ist, und besorgen Sie sich einen großen Sack, denn Ihre Ernte muß so ausgiebig sein, daß sie für ein ganzes Jahr reicht.

Im allgemeinen sind die Blüten zwischen Juni und Juli voll entwickelt; man schneidet ihre Deckblätter mit ab, also auch jenes blasse Zünglein, das die Blüten begleitet, und lasse sie im Schatten ausgebreitet trocknen. Man bewahre sie dann so auf, daß sie vor Feuchtigkeit geschützt sind. Die Blätter und die Rinde der jungen Zweige sollten am besten im Frühling beim Steigen des Saftes geerntet werden.

ZUBEREITUNG UND ANWENDUNG

AUFGUSS

aus Blüten: Eine gute Handvoll getrocknete Blüten auf einen Liter Wasser; davon sollen täglich drei bis vier Tassen, eine davon vor dem Einschlafen, getrunken werden.

HAND- UND FUSSBÄDER, VOLLBÄDER

Nehmen Sie eineinhalb Handvoll Blüten pro Liter Wasser.

ABSUD

Aus Blättern: Eine Handvoll frischer oder getrockneter Blüten auf einen Liter Wasser; trinken Sie davon zwei bis drei Tassen täglich.

Aus Rinden: Eine halbe Handvoll zerstoßener Rinde auf einen Liter Wasser. Als innerliche Anwendung empfehle ich eine bis zwei Tassen täglich. Äußerliche Anwendung: für Lotionen, Verbände usw., besonders gegen Brandwunden.

KONZENTRIERTER ABSUD

Aus Blättern (zur äußerlichen Anwendung für Lotionen, Kompressen usw.): Drei bis vier Handvoll frischer oder getrockneter Blätter auf einen Liter Wasser.

DER LÖWENZAHN

siehe Farbtafel XVIII
Taraxacum officinale (L.) WEBER
Familie der Korbblütler

Im Frühling verzaubert der Löwenzahn ganze Wiesen in einen goldenen Teppich, und im Herbst verwandelt er sich zu einem zarten Nebel aus fliegenden Früchten, die der Wind in sanften Wirbeln zu den fernen, blauen Hügeln trägt. Dieser herrliche, eifrig sich vermehrende Verwandte der Zichorie und der Margarite ist allen bekannt, denn jeder hat einmal seine Blätter gegessen, die so gezackt sind wie die Zähne der afrikanischen Löwen, oder die dicken, gelben Blütenstände gepflückt, seinen bitteren Saft ausgesogen oder seine Samen in alle vier Himmelsrichtungen geblasen. Seine kräftige, fingerdicke Wurzel dringt sehr tief in die Erde vor. Der Löwenzahn, eine aus dem nördlichen Europa und Asien stammende Pflanze, ist dabei, die ganze Welt zu erobern.

Man hat ihm eine Anzahl volkstümlicher Namen gegeben: Bitterblume, Gänseblume, Hundsblume, Kettenröhrlein, Mönchskopf, Sommerwurzel, Wiesenlattich, Dotterblume, Saublume, Hundszahn usw. Die Gattung war den Griechen und Lateinern kaum bekannt, und man kann daher annehmen, daß sie erst mit der Völkerwanderung nach Südosteuropa gebracht worden ist. Erst im 16. Jahrhundert haben einige Ärzte die harntreibenden Vorzüge erkannt, denen sie ihren Ruhm verdankt.*)

Essen Sie soviel Löwenzahnsalat wie Sie nur wollen, und Sie werden sich wunderbar fühlen. Aber vergessen Sie nicht, daß die gesamte Pflanze heilkräftig ist, besonders ihre Wurzel. Man kann sie rösten wie die Wurzel der Zichorie und erhält dann ein Ersatzmittel für Kaffee. Die jungen Knospen der Pflanze ersetzen, wie Kapern zubereitet, diese vollauf. Aus reifen Blüten wird auch ein sehr annehmbarer Wein hergestellt. Gebrauchen Sie den Löwenzahn aber besonders als Heilpflanze; sein reiches Vorkommen macht ihn besonders wertvoll. Die Wirkung des Löwenzahns ist vielfältig und vollkommen auf die Gesamtheit der Organe abgestimmt. In erster Linie fördert er die Verdauung – einerseits indem er die mechanische Arbeit des Magens verstärkt, andererseits indem er die Sekretion der Leber, der Bauchspeicheldrüse und des Darmes anregt: jene, die an Gelbsucht, Leberkoliken und Leberstörungen, mit ihrer Schar dazugehöriger Beschwerden wie häßliche Haut, Ekzeme, Flechten usw., leiden; jene, die über träge Verdauung, Verstopfung, Koliken klagen, und auch Zuckerkranke sollten sich vertrauensvoll an Meister Löwenzahn wenden. Aber dieser beschränkt seine Wohltaten nicht nur hierauf; er ist stärkend, blutreinigend, abführend, anregend und wirkt gegen Skorbut. Natürlich ist er harntreibend. Und bei äußerlicher Anwendung entwickelt er erstaunliche Heilkräfte gegen Geschwüre, Entzündungen und Hautkrankheiten.

*) Löwenzahn heißt auf französisch „Pissenlit", d. h. wörtlich „Piß' ins Bett"!

ERNTE

Pflücken Sie, wenn Sie die Blätter essen wollen, den Löwenzahn im Frühling, denn so saftig und zart sind sie in keiner anderen Jahreszeit. Aus den Blüten und den großen Blättern, die er im Sommer ausbildet, können Sie Kräutertee bereiten. Wenn Sie die Wurzel der Pflanze verwenden wollen, was ich Ihnen nicht dringend genug empfehlen kann, dann besorgen Sie sich eine Hacke und seien Sie darauf gefaßt, daß Sie ein wenig schwitzen werden, denn die Pflanze ist erstaunlich gut im Boden verankert.

ZUBEREITUNG UND ANWENDUNG

AUFGUSS ODER ABSUD

Aus Wurzeln, aus Blättern oder gemischt: Nehmen Sie eine gute Handvoll frischer Pflanzen pro Liter Wasser und trinken Sie davon drei Tassen täglich.

„KAFFEE“

Aus gerösteten Wurzeln: Ernten Sie im Herbst einige schöne Wurzeln und reinigen Sie diese sorgfältig. In Scheiben geschnitten werden sie dann im Backofen geröstet. Anschließend dreht man sie durch die Kaffeemühle und verwendet das Pulver wie gewöhnlichen Kaffee. Entweder pur oder als Zusatz zu Ihrem Morgenkaffee trinken.

FRISCHER PFLANZENSAFT

Verdauungsfördernd, blutreinigend, harntreibend: Ich empfehle für Kinder täglich zwei bis drei Kaffeelöffel und für Erwachsene zwei bis drei Suppenlöffel davon.

HAND- UND FUSSBÄDER

Nehmen Sie eine gute Handvoll frischer, ganzer Pflanzen pro Liter Wasser. (Arthritis, Ohrensausen.)

WEIN

aus Löwenzahn, gegen Fieber: Weichen Sie zwei schöne, frische Löwenzahnwurzeln drei Tage lang in 1/2 Liter Weißwein ein. Trinken Sie bei Fieberanfällen ein kleines Glas voll und eine Stunde später nochmals.

BREIUMSCHLÄGE

Aus gehackten Blättern und Blüten gegen Geschwüre und Hautkrankheiten.

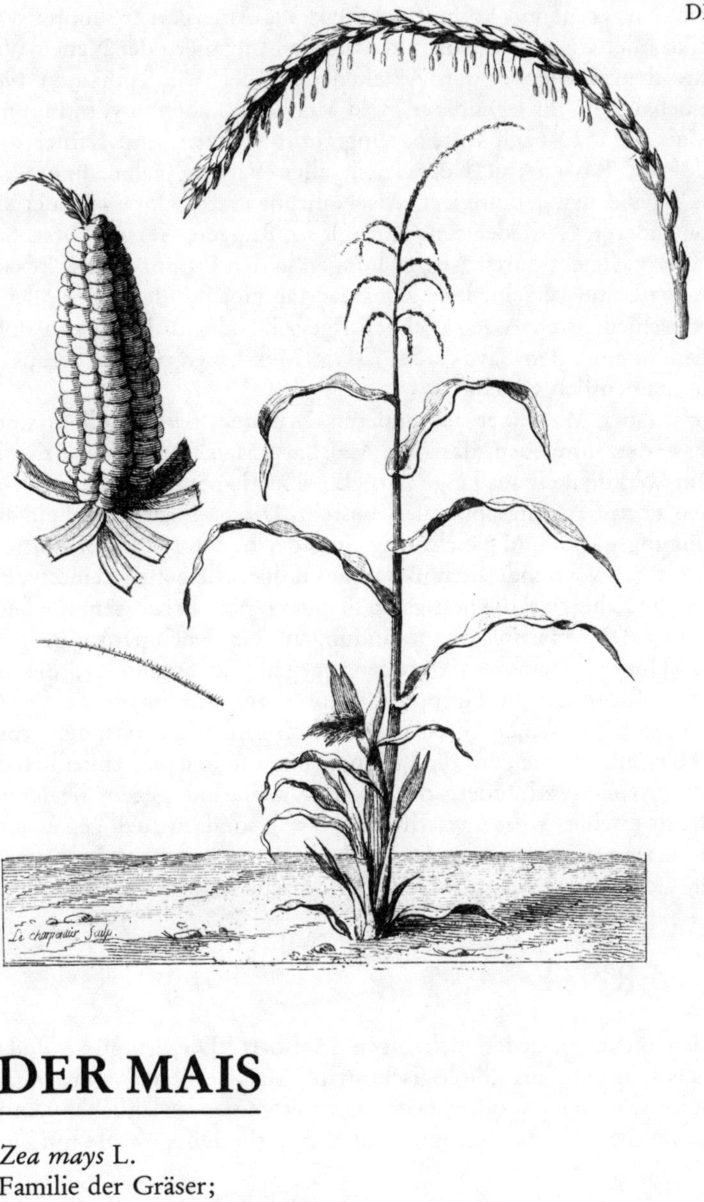

DER MAIS

Zea mays L.
Familie der Gräser;
gelbliche oder grünliche Blüten

Jeder kennt diese große, manchmal 2,50 Meter hohe Pflanze mit ihren riesigen Blättern, die so spitz sind wie ein Dolch, und ihre dicken, zylinderförmigen Kolben, in die man genußvoll hineinbeißen möchte ... Obwohl man ihn manchmal den türkischen Weizen nennt, kommt der Mais aus Amerika: er stammt wahrscheinlich aus Mexiko oder aus Guatemala und war allen Indianern der Neuen Welt heilig, bei den Inkas ebenso wie bei den Azteken oder bei den Rothäuten Nordamerikas. Letztere behaupten, ihr legendärer Held Hiawatha habe ihn vom Himmel gebracht.

Der Mais ist 1520 nach Europa eingeführt worden, und seither wurden davon Dutzende von Rassen mit Körnern in allen Farben (gelbe, braune, rote, blaue, schwarze, weiße usw.) kultiviert. Als Nahrungsmittel unterscheidet sich der Mais kaum von anderen Getreidearten (Korn, Reis, Roggen, Gerste, Hirse, Sorgho, Hafer usw.), außer vielleicht durch Abweichungen in den Proportionen. Er enthält Stärke, Proteine, Fette und verschiedene Zucker. Man gibt ihn dem Vieh oder verzehrt ihn auf die verschiedensten Arten (gekocht, gegrillt oder in Form von Polenta wie bei den Italienern und den Savoyarden). Die Mexikaner brauen daraus alkoholische Getränke (namentlich Chicha).

Mir gefällt der Mais aber aus anderen Gründen. Seine Kolben sind von einem wirren Fasernetz umgeben, das man Maisbart, Maishaare oder auch Narben nennt und das in Wirklichkeit aus lange zurückbleibenden Staubfäden, also einem Teil des weiblichen Fortpflanzungsapparates, besteht. Diese „Haare“ sind ein ausgezeichnetes Beruhigungsmittel und gleichzeitig eines der besten Harntreibemittel, das uns die Natur bietet. Ich verwende sie unbeschränkt, denn sie haben keinerlei Reizwirkung, dafür aber die Fähigkeit, die heftigsten Schmerzen zu beruhigen, die bei Nierenkoliken, Harnsteinen, Harnblasenentzündungen, bei Rheumatismus und bei Gicht auftreten. Und sie wirken tiefgreifend gegen die Störungen, die diese Leiden verursachen. Indem sie die Harnproduktion anregen, reinigen sie den Organismus, helfen ihm, sich von seinen Giftstoffen zu befreien, erleichtern die Arbeit der Leber und des Herzens und steigern die Leistung aller Organe (einschließlich des Gehirns). Sie sind wertvolle Verbündete des Arztes, nicht nur gegen die Krankheiten des Harnsystems (Steine, Wassergeschwülste usw.), sondern auch gegen alle Leiden, die Giftstoffe erzeugen (besonders die Infektionskrankheiten). Ich zögere nicht, allen, sogar den Gesunden, eine gründliche periodische Maiskur zu empfehlen.

ERNTE

Verwenden Sie nicht jeden beliebigen Maisbart. Die Aufgüsse und die Absude müssen aus reinstem, aus „biologischestem“ Mais hergestellt werden, aus Mais, den Sie selbst im Garten gesät oder bei einem vollkommen verläßlichen Landwirt gekauft haben, damit Sie nicht Insektengift und chemische Düngestoffe mit einnehmen.

ZUBEREITUNG UND ANWENDUNG

AUFGUSS

Aus Maisbärten: Eine gute Handvoll davon auf einen Liter Wasser, trinken Sie davon fünf bis sechs Tassen täglich.

ABSUD

Aus Maisbärten, zur äußerlichen Anwendung (Kompressen auf die schmerzenden Stellen): Am besten nimmt man eineinhalb Handvoll pro Liter Wasser.

HAND- UND FUSSBÄDER

Gleiches Mengenverhältnis wie für das vorige Rezept.

DER MAJORAN

DOST

siehe Farbtafel XIX
Origanum vulgare L.
Familie der Lippenblütler

GARTENMAJORAN

Majorana hortensis MOENCH
Familie der Lippenblütler
weiße oder rosa Blüten

Majoran ist eines der wirksamsten Beruhigungsmittel, die ich kenne: Schlaflosigkeit, die das zermürbende Leben unserer Zeit oder manchmal die Liebe verschuldet hat, zerrüttete Nerven, fieberhafte Erregung, das Gefühl, „daß man gleich explodieren wird", aller solcher Symptome nimmt er sich auf höchst elegante Weise an!

Es gibt zwei nah verwandte Majoranarten, die man aber nicht miteinander verwechseln darf: die eine ist der „wilde" Majoran, die andere wurde in unserer Klimazone immer schon gezüchtet. Letztere stammt aus einem Gebiet, das sich von Libyen bis Indien erstreckt, und diese gilt als der „echte" Majoran. Er wird – aber zu unrecht – auch Origano genannt, besonders von den Italienern, die niemals versäumen, eine Prise Majoran auf ihre Pizza zu geben. Diesen „echten" Majoran sollte man verwenden, der andere, der „wilde" Majoran wird viel zu schnell zu einem Rauschmittel. Der echte Majoran, auch Gartenmajoran oder Gartendosten genannt, besitzt viele Vorzüge. Ein Verwandter des Salbeis, der Minze und des Thymians (Familie der Lippenblütler), weist er winzige weiße oder rosafarbene Blüten auf, die in kleinen, kugeligen, zartgrünen Knäueln verborgen sind. Im alten Ägypten war er dem Gott Osiris geweiht. Der Majoran diente besonders zur Herstellung von Kronen, die für religiöse Zeremonien bestimmt waren. Die griechischen und lateinischen Naturforscher erklärten ihn bereits zum besten Freund der Nerven sowie zu einem sehr nützlichen Medikament gegen Menstruationsschmerzen, gegen Harnverhaltung, Verschleimung der Atemwege, Augenkrankheiten (Bindehautentzündung), Verletzungen (Prellungen, blaue Flecken) und gegen Gelenkverletzungen (Verstauchungen, Verrenkungen, Ausrenkungen). Im Mittelalter fügte Albertus Magnus dieser Liste alle Fälle von Organträgheit hinzu: Trägheit der Nieren, der Lungen, der Leber, der Milz, der Gebärmutter usw.

Ich empfehle Majoran in erster Linie als Nervenberuhigungsmittel bei Nervosität, Schlaflosigkeit, Herzklopfen und Beklemmungsgefühlen. In zweiter Linie unterstützt der herrlich duftende Majoran den Magen und den Darm. Er wirkt kräftigend, harntreibend und ruft heilsame Schweißausbrüche hervor, wenn der Organismus mit Giftstoffen überfüllt ist. Er reinigt verlegte Atemwege von allen Arten von Schleim; wird er zu Dampfbehandlungen verwendet oder unter einem Tuch inhaliert, so ist er die beste Arznei, die ich kenne, gegen Katarrhe, Erkältungen, Angina, Bronchitis und Asthma. Albertus Magnus bemerkt völlig richtig, daß er seine Tugenden auch bei allen Fällen von Trägheit der inneren Organe (Leber, Milz usw.) entfaltet. Äußerlich angewendet, zeigt er seine Wirksamkeit gegen Mundkrankheiten wie Mundfäule, Infektionen der Zunge und andere gleichartige Leiden. Alle können mit majoranhältigem Gurgelwasser behandelt werden. Er ist auch ein unfehlbares Mittel gegen Nasenbeschwerden. Ein mit Majoranaufguß gut getränkter Bausch heilt Heuschnupfen. Außerdem wirkt er gegen Migräne (frischen Saft durch die Nase aufsaugen), gegen Schwellungen aller Art bei Verstauchungen, Ausrenkungen und Verrenkungen. Dabei verwendet man eine Lotion. Er dient auch zur Herstellung einer vorzüglichen Zahnpasta.

ERNTE

Suchen Sie nicht erst in der freien Natur nach wildem Majoran. Legen Sie lieber im Gemüsegarten ein kleines Beet mit „echtem“ Majoran an. Im Mittelalter pflegten alle Hausfrauen einige Majoranstöcke in einen Blumenkasten zu pflanzen, der auf dem Fenster stand. Ich kann nur empfehlen, wieder auf diesen heilsamen Brauch zurückzukommen. Majoran ist äußerst kälteempfindlich, den strengen Winter verträgt er nicht, wenn man ihn aber rechtzeitig hereinnimmt, gedeiht er sehr gut, und darum ist es ein Vorteil, ihn in Töpfen oder in Blumenkästen zu ziehen. Im Garten wählen Sie den trockensten und sonnigsten Winkel, die Erde soll locker sein. Ernten Sie die ganze Pflanze, ohne Wurzel, in der Blütezeit, also zwischen August und September, bei sehr trockenem Wetter und nach dem Morgentau. Lassen Sie die kleinen Büschel, an eine Schnur gehängt, an einer luftigen Stelle trocknen.

ZUBEREITUNG UND ANWENDUNG

Bei zu starker Dosierung erweist sich der Gartenmajoran, wenn auch geringer als der wilde Majoran, aber dennoch als nicht ungefährlich, denn er wirkt wie eine Droge. Daher darf man ihn nicht in großer Dosis verwenden und muß sich streng an die in den Rezepten angegebene Menge halten.

Farbtafel XVII

DIE KORNBLUME

Centaurea cyanus L.

Familie der Korbblütler

Farbtafel XVIII

DER LÖWENZAHN
Taraxacum officinale (L.) WEBER
Familie der Korbblütler

Farbtafel XIX

DER MAJORAN
Dost
Origanum vulgare L.
Familie der Lippenblütler

Farbtafel XX

DIE WILDE MALVE

Malva sylvestris L.
Familie der Malvengewächse

Farbtafel XXI

DIE MINZE

Mentha sylvestris L.

Familie der Lippenblütler

Farbtafel XXII

DIE MISTEL

Viscum album L.

Familie der Mistelgewächse

Farbtafel XXIII

DER ODERMENNIG

Agrimonia eupatoria L.

Familie der Rosengewächse

Farbtafel XXIV

DER QUENDEL
(Feldthymian)
Thymus serpyllum L.
Familie der Lippenblütler

AUFGUSS

Beruhigend: Fünf bis zehn Prisen getrockneter Pflanzen auf einen Liter Wasser. Eine Tasse davon, am Abend vor dem Schlafengehen getrunken, wird eine ruhige Nacht schenken.

Tonisch: Dreißig Prisen getrockneter Pflanzen auf einen Liter Wasser. Zwei Tassen trinkt man am Morgen beim Aufwachen oder nach den Mahlzeiten, um die Verdauung und die Ausscheidung anzuregen, oder auch vor den Mahlzeiten, um den Appetit zu wecken.

HAND- UND FUSSBÄDER

Eine halbe bis eine ganze Handvoll Majoran pro Liter Wasser. (Eine halbe Handvoll zur Beruhigung, eine ganze Handvoll als Tonikum.)

MAJORANÖL

Äußerliche Anwendung, gegen Verletzungen, Verstauchungen usw.: Zwei Handvoll getrockneter Pflanzen auf 1/2 Liter gutes Olivenöl, und lassen Sie das Ganze 1/2 Stunde lang im Wasserbad kochen. Anschließend wird die Flüssigkeit durch ein feines Tuch geseiht. (Für Massagen.)

GURGELWASSER

Gegen Mundkrankheiten: Verwenden Sie dazu einen Aufguß von einer Handvoll Majoran pro Liter Wasser.

FRISCHER SAFT

Seihen Sie den Saft des frischen, zerdrückten Majorans durch ein feines Tuch.

Innerliche Anwendung: Morgens einen Kaffeelöffel in Sirup oder Honig als Tonikum für die Organe und für heisere Sänger.

Äußerliche Anwendung: Den Saft durch die Nase einziehen und durch den Mund ausspucken; dies ist die beste Methode, um die hartnäckigsten Katarrhe und Migränen zu beseitigen.

ZAHNPASTA

Wenn Sie gleichzeitig Ihre Zähne und Ihr Zahnfleisch bei guter Gesundheit erhalten wollen, dann machen Sie sich selbst eine sehr einfache Zahnpasta, die aus getrockneten und pulverisierten Majoranblättern besteht.

SPEZIALAUFGUSS

Gegen Arterienverkalkung: eine Prise Majoran in eine Schale mit kochendem Wasser, jeden Abend.

Gegen Ischias: zwei Prisen Majoran, zwei Prisen Anis, zwei Prisen Minze und zwei Prisen Rosmarin auf einen Liter Wasser.

Und vergessen Sie abschließend nicht die angenehmste Verwendungsart des Majorans: in der Küche, zum Bestreuen der Pizza, zum Würzen von Hühnerfleisch, Würsten, Pasteten.

DIE WILDE MALVE

siehe Farbtafel XX
Malva sylvestris L.
Familie der Malvengewächse

Manche Blumen sind unendlich mild, und andere sind grausam oder bitter. Wenn der Wermut das Symbol der Bitterkeit ist, wenn die giftigen Kräuter (die Herbstzeitlose, der Schierling, der Eisenhut) grausam sind, so ist die Malve die Verkörperung der Milde. An ihr gibt es nichts Auffallendes, nichts Schillerndes; sie ist bescheiden, ganz in zurückhaltende Farbtöne gekleidet.

Die Malven (denn es gibt davon zahlreiche Arten, von der Gartenmalve über die Königsmalve, die Krausmalve, die Moschusmalve usw. bis hin zur Feldmalve) sind hübsche, kleine Pflanzen mit gelblichen, rosa oder violetten Blüten, deren fünf Blumenblätter die Form von Schmetterlingsflügeln haben. Wegen der charakteristischen, käseförmigen Früchte nennt man sie auch Käsepappel oder Käsekraut. Die Völker der Antike schätzten sie als Gemüse und gleichzeitig auch als Heilkraut. Karl der Große befahl, sie in allen kaiserlichen Gärten zu ziehen. Die heilige Hildegard empfahl sie im 12. Jahrhundert gegen unzählige Krankheiten, angefangen bei Schläfrigkeit und ständigen Kopfschmerzen bis zu Nierenbeschwerden, Blutergüssen, Blockierungen des Harnapparates und Vergiftungen. Die Ärzte des 16. Jahrhunderts hatten soviel Vertrauen zu den Tugenden dieser Gattung, daß einer von ihnen erklärte: „Jeder, der täglich ein Malvengetränk zu sich nimmt, ist für den ganzen Tag vor jedem Krankheitsangriff geschützt!"

Diese Meinung scheint mir zwar ein wenig übertrieben, aber es stimmt, daß die Malve auf alle Krankheiten, die von Entzündungen begleitet werden, eine unvergleichlich heilende Wirkung ausübt. Sie lindert so gut wie keine andere Pflanze; und sie ist ein erweichendes Mittel, denn sie macht geschwollenes Gewebe weich und beschleunigt so die Genesung. Ob in Aufgüssen, Absuden, Bädern, Lotionen, Kompressen, Klistieren, Breiumschlägen oder in Augentropfen, ob innerlich oder äußerlich angewendet, sie beruhigt und befreit uns von allen Giftstoffen. Ich empfehle sie, manchmal zusammen mit anderen Gattungen, gegen verschiedene Krankheiten: Reizung des Verdauungssystems, Verschleimung des Atmungsapparates, Husten, Katarrh, Angina, Bronchitis, Rippenfellentzündung, schlechtes Funktionieren des Harnsystems (Steine, Harnverhaltung), Entzündung der Schleimhäute, Blutspucken, Masern, Scharlach usw.

Ich weiß auch, daß die Malve ein unfehlbares Mittel gegen Verstopfung und gegen Reizungen der empfindlichen weiblichen Organe ist. Kindern sollte man Malvenwurzeln zum Kauen geben, um sie vor Infektionskrankheiten zu schützen und um ihr Zahnfleisch zu stärken. Diese Wurzel ist auch für Erwachsene ein vorzügliches Zahnpflegemittel und verhindert Mundinfektionen wie die Mundfäule. Man wird die Malve auch äußerlich erfolgreich anwenden, um Juckreiz auf der Haut zu beruhigen, um Furunkel und Entzündungsgeschwülste verschwinden zu lassen, um das Ende von schmerzhaften Gicht- und Rheumatismusanfällen zu beschleunigen. Es gibt nichts Besseres für die Reinigung der Haut. Ich empfehle sie, um der Akne ein Ende zu setzen, um einen häßlichen Kupferausschlag zu heilen und um die braunen Flecken zu tilgen, die auf der Haut von alten Menschen erscheinen.

Wie ich bereits erwähnt habe, heilt die Malve bei Erkrankungen der Bronchien und des Atmungsapparates. Sie gehört zu den Bestandteilen des berühmten „Vier-Blumen-Tees“ (zusammen mit dem Klatschmohn, dem Huflattich und dem Katzenpfötchen), und zu jenen des nicht minder berühmten „Tees der sieben Pflanzen“ (Malve, Klatschmohn, Huflattich, Katzenpfötchen, Veilchen, Königskerze und Eibisch).

ERNTE

Sie können in Wäldern, zwischen Hecken, in Gebüschen und auf Ödland die verschiedenen wilden Malvenarten finden, und sie haben alle die gleichen Vorzüge. Man erntet die Blätter und die Blüten gerade vor dem vollen Aufblühen, zwischen Juni und August, und gräbt im Herbst die Wurzel aus. Blätter und Blüten sollen im Schatten und an einer gut gelüfteten Stelle rasch trocknen. Die Blüten erhalten beim Trocknen eine sehr hübsche blaue Farbe und bewahren sie nur, wenn sie vor Licht geschützt sind. Unter der Einwirkung von Feuchtigkeit würden sie verfaulen. Die Wurzeln sollte man nur abbürsten, denn beim Waschen ginge die eigentliche Ursache für ihre außerordentliche Milde verloren, nämlich ihr Pflanzenschleim.

Sie können die Malve auch im Garten ziehen. Ernten Sie die Samenkörner in der Natur (eine einzige Frucht – in Form eines kleinen Käses – enthält Dutzende davon). Man sät sie in mittelfeuchten, nitratreichen und den warmen Sonnenstrahlen gut ausgesetzten Boden. Falls Sie die Blätter und die Blüten zweimal ernten wollen, dann ernten Sie das erstemal zwischen Juni und Juli, schneiden Sie danach die Pflanze bis zum Boden zurück und begießen sie einmal reichlich. Ende September wird man zum zweitenmal ernten können. Besser ist es aber, sich im ersten Jahr mit einer einzigen Ernte zu begnügen, um im zweiten dann große Wurzeln mit allen ihren medizinischen Tugenden ausziehen zu können.

ZUBEREITUNG UND ANWENDUNG

AUFGUSS

Man gebe entweder 15 Prisen Blüten oder 20 Prisen Blätter oder 30 Prisen zerstoßener Wurzeln oder 20 Prisen Mischung auf einen Liter Wasser. Zur Beruhigung von Husten, Katarrh und Bronchitis trinke man drei oder vier Tassen davon täglich.

ABSUD

Man nimmt das gleiche Mengenverhältnis von Blüten, Blättern oder Wurzeln wie oben. Der Absud mit Wurzeln wirkt besonders gut. Zur Beruhigung von Entzündungen der Verdauungswege empfehle ich drei bis vier Tassen täglich.

HAND- UND FUSSBÄDER

Nehmen Sie entweder eine Handvoll Blüten und Blätter oder Blätter und Wurzeln oder Blüten und Wurzeln, am besten aber eine Handvoll ganzer Pflanzen pro Liter Wasser (Darmentzündung, Nierenkoliken, Schwindelgefühle).

KONZENTRIERTER ABSUD

Für äußerliche Anwendung (Kompressen, Lotionen, Vaginalspülungen, Klistiere, Gurgelwasser, Desinfizierung und Reinigung der Haut usw.): eine gute Handvoll ganzer Pflanzen auf einen Liter Wasser. Dieser Absud wirkt auch mildernd bei Brandwunden, Insektenstichen, Akne, Nesselfieber, Hautflechten, Kehlkopfentzündung, Scheidenentzündung.

PULVER

Aus Wurzeln: Als Zahnpasta und als Desinfizierungsmittel für den Mund verwenden.

DER MANDELBAUM

Prunus amygdalus (L.) STOKES
Familie der Rosengewächse;
rosa Blüten

Die Mandel enthält die ganze „Süße" der Welt! Nichts ist gegen Reizungen, Verbrennungen und letztlich für die Hinterbacken des Babys besser als ihr Öl!

Der Mandelbaum stammt aus Zentralasien; in Persien und China pflanzt man ihn seit mehr als fünfunddreißig Jahrhunderten an. Die Früchte entwickeln sich nur unter der warmen Sonne südlicher Breiten. Es gibt zwei Arten: die eine mit süßen Mandeln, die andere mit bitteren Mandeln. Für die Botaniker handelt es sich um ein und dieselbe Gattung.

Zunächst ein Wort über die Blüten: Diese wunderschönen blaßrosa Rosetten, die

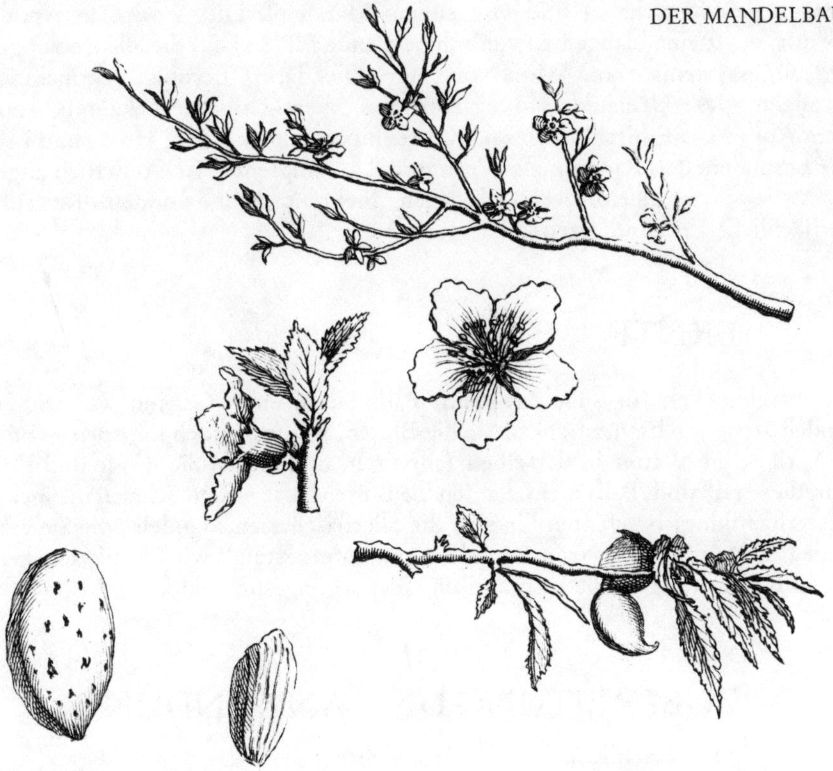

Meistern des chinesischen Kupferstiches so oft als Modell dienten, wirken abführend und entwurmend. Ich erinnere mich sehr gut daran, daß meine Großmutter uns oft, wenn wir von Parasiten belästigt wurden, einen wirksamen Absud daraus bereitete.

Die Bittermandeln sind, weil sie Blausäure (Cyanwasserstoffsäure) enthalten, stark giftig, und ich warne ausdrücklich vor dem Versuch, sie zu essen. Bei äußerlicher Anwendung, das heißt in Form von Breiumschlägen und von Bädern, beruhigen sie Schmerzen, besonders Migräne, Nieren- und Leberkoliken, Rheumatismus, Magenübersäuerung und Nervenschmerzen. Der aus diesen Früchten hergestellte Teig ergibt eine gute Seife für jene, die eine empfindliche Haut haben und ein vorzügliches natürliches Deodorant, das allen chemischen Sprays, die uns jeden Tag mehr vergiften, hundertmal vorzuziehen ist.

Von dem Mandelbaum mit den süßen Früchten verwendet man die Früchte (Schale und Mandel), die Blätter und die Rinde. Blätter und Schalen regen die Leberfunktion an und beruhigen Husten. Die Rinde wirkt außerdem noch entwurmend und harntreibend. Die süße Mandel selbst, so köstlich und so nahrhaft sie in Desserts, in Kuchen, in Pralinen und im Nougat ist, wird Menschen mit schwachem Magen nicht empfohlen. Aber alle, die in dieser Hinsicht robust sind, werden darin ein wahres Energiekonzentrat finden. Im übrigen dient diese Frucht zur Herstellung von Mandelsirup (gewöhnlich Mandelmilch genannt – bei der ich keine besonderen

Vorzüge gefunden habe) und von süßem Mandelöl. Dieses wird in Apotheken verkauft; es ist eine blaßgelbe, wohlschmeckende Flüssigkeit, die alle Reizungen des Verdauungssystems (vom Mund bis zum Dickdarm) beruhigt, Bronchitis und Störungen des Urinausscheidungsapparates ziemlich gut bekämpft, und in einem Absud aus Eibischblüten und Klatschmohn mit ein wenig Honig und Eidotter ganz besonders den Kindern als Wurmmittel zu empfehlen ist. Äußerlich angewendet ist süßes Mandelöl wertvoll gegen Juckreiz, Brandwunden, Rotlauf und oberflächliche Entzündungen.

ERNTE

Gilt ausschließlich für süße Mandeln: Falls Sie in einer Gegend wohnen, in der Mandelbäume wachsen, pflücken Sie die Blüten, wenn sie noch knospen – von März bis April –, die Blätter in derselben Jahreszeit, und ernten Sie Rinde und Früchte, wenn diese reif sind. Falls nicht, kaufen Sie Blüten, Blätter und Schalen in einer guten Kräuterhandlung; beschaffen Sie sich die allerfrischesten Mandeln, die Sie erhalten können. Hüten Sie sich vor der modernen „Aufmachung" wie Plastiksäckchen und Vakuumverpackungen, die so praktisch, aber so ungesund sind.

ZUBEREITUNG UND ANWENDUNG

(gilt ausschließlich für Süßmandeln)

BLÜTENAUFGUSS

Geben Sie pro Tasse Getränk zwei bis drei Prisen getrockneter Blüten in kochendes Wasser. Als Entwurmungsmittel geeignet. Nehmen Sie bis zur völligen Austreibung der Parasiten, aber nur im Abstand von jeweils zwei Stunden, eine Tasse.

MANDELSCHALENTEE

Eine Handvoll Schalen zerstoßen und eine Stunde lang kochen lassen. Zwei Tassen täglich davon trinken.

ABSUD

Aus Blättern: Nehmen Sie eine Handvoll frischer oder getrockneter Blätter pro Liter Wasser. Übertreiben Sie bei dieser Art von Heilverfahren nicht und trinken Sie davon nur eine Tasse täglich.

Aus der Rinde: Verwenden Sie für dieses Präparat die zweite Rinde des Baumes. Zerstoßen Sie 20 bis 30 Prisen Rinde pro Liter Wasser und trinken Sie davon eine Tasse täglich.

FUSS- UND HANDBÄDER

Nehmen Sie eine Handvoll Blätter und Blüten sowie 20 Prisen zerstoßener Schalen und Rinden für ein Becken voll sehr warmem Wasser. Zwei Bäder täglich wirken harntreibend, beruhigend, bei Husten, gegen Leberbeschwerden und fiebersenkend.

MANDELMILCH

Zerstoßen Sie eine kleine Handvoll süßer Mandeln, geben Sie genausoviel Zucker dazu, und verrühren Sie das Gemisch in einem Liter destilliertem Wasser; trinken Sie das Ganze mit Veilchensirup bei Atmungsbeschwerden oder mit einem Absud aus Kopfsalat (bei Fieber).

DIE MELISSE

Melissa officinalis L.
Familie der Lippenblütler;
weiße, manchmal blaßrosa Blüten

Wie hübsch sind doch die weißen, nach frischen Zitronen duftenden Blümchen mit ihren zarten, dreilappigen Landebahnen für die geschäftigen Sammlerinnen. Die Melisse wächst in dichten, 40 bis 80 cm hohen Büscheln und entfaltet ihre Blumenkronen in der ersten Hälfte des Sommers. Sie stammt von den östlichen Gestaden des Mittelmeeres, hat sich aber, nachdem sie in Gärten gezogen worden war, sehr verbreitet, und nun findet man sie in allen lieblichen Gegenden Westeuropas. Sie wächst meistens auf altem Gemäuer, am Wegesrand, zwischen Hecken, in Weinbergen und auf Schuttablageplätzen.

Man weiß nicht genau, ob die Melisse früher hauptsächlich wegen ihrer medizinischen Eigenschaften oder wegen der dicken Nektartränen, die den Bienen zugute kommen, geschätzt wurde. Die arabischen Ärzte waren die ersten, die sie „herzstärkend" nannten. Sie ist geeignet, die Herztätigkeit zu unterstützen, Herzklopfen zu beruhigen und Ängstlichkeit zu lösen. Jene Ärzte erkannten auch ihre Fähigkeit, alle Lebenskräfte zu stärken und Neurasthenie, Angstzustände, fixe Ideen, nervös bedingte Kopfschmerzen und Gedächtnisverlust zu vertreiben. Später, nachdem die Benediktiner von den Arabern die Melissenzucht übernommen hatten, haben sich die Mönche darauf spezialisiert. Das Melissenwasser und besonders das Melissenwasser der Karmeliter ist eine in der ganzen Welt berühmte Arznei geworden.

Die Melisse war immer eines der Lieblingskräuter meines Vaters. Er nannte sie wegen ihres charakteristischen Duftes Zitronenkraut; andere nennen sie Honigblume, Zitronenmelisse, Bienenkraut, Wanzenkraut, Balsam-Melisse, Frauenkraut,

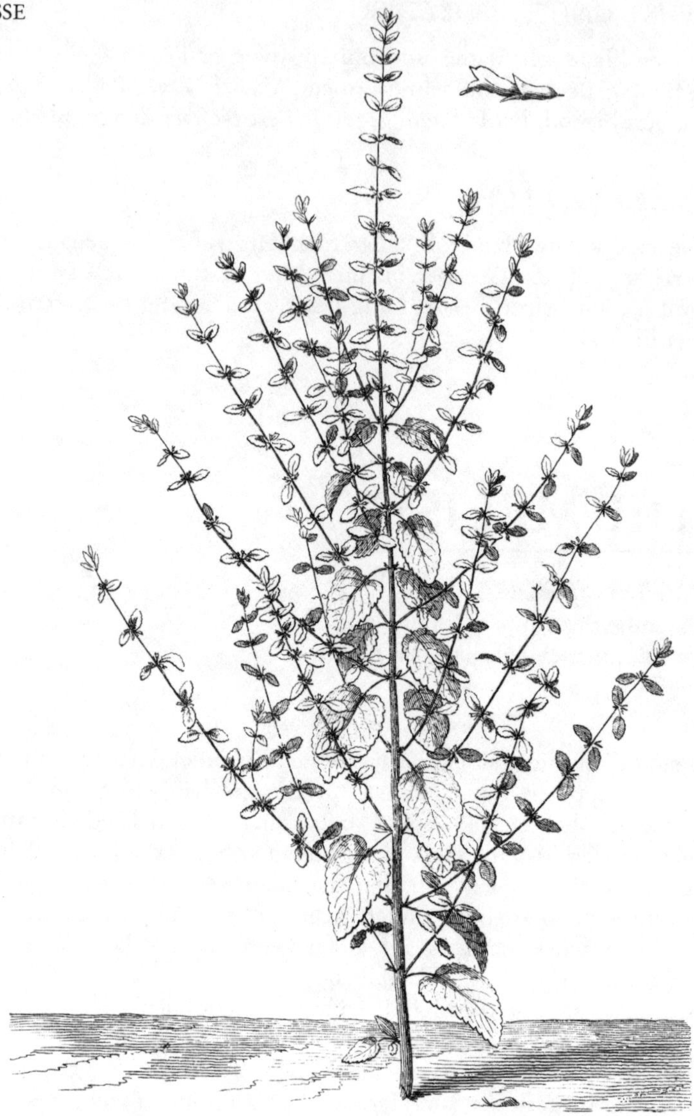

Bienkraut oder Pfaffenkraut. In meinen Augen ist sie die Königin unter den anregenden Kräutern. Zaghaften Liebhabern, beunruhigten Familienvätern, Frauen, die von Geldsorgen oder von ihren Frauenproblemen gequält werden, Verzweifelten, den ewig vom Leben Unterdrückten empfehle ich dieses Zauberkraut, das wieder ermuntert und selbst den größten Melancholikern wieder Lebenskraft und Lebensfreude schenkt.

Ich habe viele nervöse Depressionen mit der Melisse behandelt, und das erscheint logisch, wenn man nur ein wenig darüber nachdenkt. Die Melisse bekämpft gerade jene Störungen, die den psychischen Zusammenbruch erzeugen oder durch ihn hervorgerufen werden, und in beiden Fällen ist eine Besserung nach der Behandlung gesichert. Die Melisse ist krampfstillend, mit anderen Worten, sie beendet das schmerzhafte oder Angst erzeugende, krampfhafte Zusammenziehen der Organe, sei es des Herzens (Herzklopfen, „närrisches Herz", „Herz, das sich zusammenzieht"), des Kreislaufsystems im allgemeinen (Ohrensausen, Schwindelgefühle), des Verdauungsapparates (Magenkrämpfe, Darmkrämpfe usw.), des Nervensystems (Schlaflosigkeit, Ohnmacht, geistige Ermüdung, Migräne, Angstzustände, „zerrüttete Nerven" ...), des Atmungssystems (Asthmaanfälle, hartnäckiger Husten), oder aller anderen Organe. Ein guter Melissenaufguß ist imstande, den Großteil der Bauchkrankheiten, den Großteil der Zahn- und Ohrenkrankheiten, unregelmäßige Menstruation und viele andere ähnliche Symptome zu heilen. Äußerlich angewendet ist die Pflanze, zerdrückt oder in Lotionen, ein unfehlbares Mittel gegen Neuralgien, Rheumaschmerzen, Quetschungen und Wunden, deren Vernarbung sie beschleunigt.

ERNTE

Ernten Sie die wilde Melisse am St.-Johannis-Tag, am 24. Juni, nach dem Tau und bei trockenem Wetter, sonst bekäme sie einen unangenehmen Geruch und wäre dann für jede Verwendung ungeeignet. Lassen Sie die ganze Pflanze trocknen, wobei sie halb im Schatten und halb in der Sonne an einem gut gelüfteten Ort ausgebreitet werden soll. Bewahren Sie die kleinen Sträuße hängend auf dem Dachboden auf, oder behalten Sie nur die Blätter, in denen der Hauptanteil ihrer Heilkräfte konzentriert ist. Falls Sie die Melisse in Ihrem Garten ziehen wollen, was ich nur empfehlen kann, dann sollten Sie wissen, daß jeder beliebige Boden sich dazu eignet, wählen Sie aber doch frischen und tiefen Boden. Säen Sie die Samenkörner an diesem Platz im April oder Mai unter ein Gitter und pflanzen Sie im September um. Die Melisse pflanzt sich auf vegetative Weise, indem die Büschel Schößlinge treiben, sehr gut fort.

ZUBEREITUNG UND ANWENDUNG

AUFGUSS

Besonders gegen Menstruationsschmerzen: Nehmen Sie 20 Prisen getrockneter Pflanzen pro Liter Wasser und trinken Sie davon zwei bis vier Tassen täglich.

ABSUD

Man gibt eine kleine Handvoll getrockneter Pflanzen auf einen Liter Wasser. Gegen Migräne, Nervenkrisen und Schwindelgefühle trinkt man zwei Tassen täglich.

MELISSENWEIN

Eine gute Handvoll Pflanzen wird 24 Stunden lang bei milder Temperatur (30 bis 40 Grad Celsius) in einem Liter guten Weißwein eingelegt.

HAND- UND FUSSBÄDER

Nehmen Sie eine Handvoll Pflanzen pro Liter Wasser. Wirksam gegen Migräne, zusammen mit kalten Kompressen.

KONZENTRIERTER ABSUD

Zur äußerlichen Anwendung als Lotionen, Klistiere, Vaginalspülungen usw.: Nehmen Sie eine bis eineinhalb Handvoll Pflanzen pro Liter Wasser.

BREIUMSCHLÄGE

Aus frischen Blättern: Sie erweisen sich als sehr nützlich gegen Wunden, Quetschungen und Insektenstiche (Bienen, Wespen).

MELISSENWASSER

Gegen Verdauungsstörungen, Blutarmut, Gedächtnisschwäche, Übererregbarkeit usw.: Verwenden Sie es entweder äußerlich, als Kompressen, Lotionen usw., oder innerlich. Beachten Sie bei der innerlichen Anwendung die folgenden Dosierungen: Für Erwachsene zweimal täglich einen Kaffeelöffel in Wasser, Milch oder Honig; für Kinder täglich ein einziges Mal 15 Tropfen auf ein Stück Zucker. Sie können das Melissenwasser auch in einer guten Kräuterhandlung kaufen, hier sind aber zwei Rezepte, die von dem berühmten „Melissenwasser der Karmeliter" inspiriert sind:

1. REZEPT

Eine Handvoll halbtrockener Melissen, eine Zitronenschale, zehn Prisen Muskatnuß, zehn Prisen Koriander, zehn Gewürznelken und zehn Prisen Zimt gibt man in einen Liter Branntwein, läßt dies eine Woche lang im Schatten ausziehen und filtert dann ab. Das Präparat muß in einer luftdicht verschlossenen Glasflasche aufbewahrt werden.

2. REZEPT

Drei Handvoll getrockneter Melissen, eine Zitronenschale und fünf Prisen Engelwurz gibt man in einen Liter 45prozentigen Alkohol und läßt dies eine und eine halbe Woche lang im Schatten ziehen. Nach dem Filtern fügt man dem Präparat eine Handvoll Koriander, zehn Prisen Muskatnuß, zehn Prisen Zimt und drei Gewürznelken hinzu. Nach 48 Stunden wird ein zweites Mal gefiltert und dann die Flüssigkeit luftdicht verschlossen aufbewahrt.

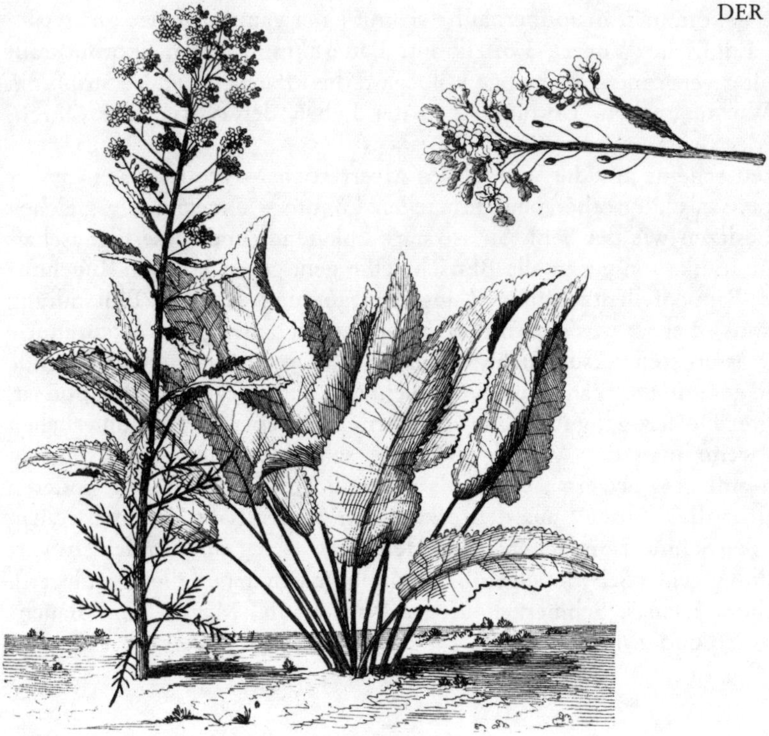

DER MEERRETTICH

Armoracia lapathifolia USTERI
Familie der Kreuzblütler;
gelblichweiße Blüten

Der Meerrettich hat alle Merkmale einer „explosiven“ Pflanze. Er ist gleichzeitig das Allerbeste und das Allerschlimmste; eine schwache Dosis dynamisiert den Körper und namentlich das Verdauungssystem; eine kräftige Dosis dagegen ist Dynamit!

Der Meerrettich ist eine große, manchmal 1,50 Meter hohe Pflanze, die nicht nur in Gärten, sondern auch an kühlen, frischen Stellen, wie Gräben, Flußböschungen und Teichufern, angesiedelt ist. Seine gewellten, unregelmäßig gezähnten Blätter werden manchmal bis zu einem Meter lang, während seine stark duftenden, weißen Blüten mit den vier Blumenblättern winzig sind. Die Pflanze ist wahrscheinlich aus

Rußland zu uns gekommen; man überhäufte sie mit einer ganzen Menge phantasievoller Namen: Englische Wurzel, Löffelkraut, Bauernkraut, Kren, Skorbutkraut usw. Im Mittelalter verordnete die heilige Hildegard die Pflanze gegen Verstopfung, Vergiftungen, Wurmparasiten, Erkrankungen der Leber, der Nieren, der Ohren, der Harnblase, der Brust und der Haut.

In Wirklichkeit scheint mir die Wurzel des Meerrettichs – wie ich nach meiner langjährigen Praxis als Phytotherapeut feststellen konnte – ungefähr die gleichen Qualitäten zu besitzen wie der Senf. Sie ist stark ableitend (und diese Eigenschaft empfiehlt sie zur Indikation gegen alle Blutschwellungen, gegen Husten, Keuchhusten, Bronchitis, Rippenfellentzündung, Lungenentzündung, Asthma, Blutandrang und Rheumatismus). Ferner ist sie harntreibend und wirkt daher gegen Albuminurie (Harneiweiß), Wassergeschwülste, Gicht, Harnsteine. Sie entwickelt eine kräftigende Wirkung auf den gesamten Organismus. Sie putscht auf, wirkt gegen Skorbut und ist, bei wohlüberlegter Dosierung, gut für Magen, Darm und Leber. Bei der äußerlichen Anwendung – wenn man die Wurzel in Stücke schneidet oder raspelt und in Breiumschlägen auflegt – erweist sie sich als vorzügliches Zugmittel. Mit anderen Worten, sie „zieht die Rötung“ aus den erkrankten Stellen, läßt sie abschwellen, lindert dadurch den Schmerz und leitet so den Heilungsvorgang ein. Empfehlenswert ist diese Behandlung gegen Schwindelgefühle und Ohnmachten (auf die Brust legen), gegen Hexenschuß, Ischias, Schmerzen in der Wirbelsäule, Magen- und Bauchschmerzen, Migräne und Zahnschmerzen.

ERNTE

Wer keinen Meerrettich im Garten besitzt, der suche an nahegelegenen feuchten Plätzen nach einigen Stöcken der Pflanze und grabe im Herbst die Wurzel aus. Gezüchteter Meerrettich vermehrt sich vegetativ durch Wurzelsprossung. Er liebt feuchte, reiche und tiefe Böden. Am Ende des Frühlings empfiehlt es sich, seine Seitenwurzeln abzuschneiden, damit die Hauptwurzel im Oktober recht stark wird.

ZUBEREITUNG UND ANWENDUNG

AUFGUSS ODER ABSUD

Nehmen Sie eine halbe Handvoll frische, in kleine Stücke geschnittene ungeschälte Wurzeln pro Liter Wasser und trinken davon zwei Tassen täglich.

MEERRETTICHSAFT

Gegen Skorbut: Drücken Sie den Saft einer frischen Wurzel durch ein Tuch und nehmen Sie täglich ein oder zwei Suppenlöffel ein.

BREIUMSCHLÄGE

Aus frischem Meerrettich: Bedecken Sie die betreffende Körperstelle mit ganz dünnen Wurzelscheiben, oder legen Sie ein Pflaster aus geriebenen Wurzeln (einschließlich der Wurzelhaut) darauf.

DIE MINZE

siehe Farbtafel XXI
Mentha sylvestris L.
Familie der Lippenblütler

Die Araber treiben einen wahren Kult mit der Minze, und ich stimme in das Lob bereitwillig ein. Der niedrigste Fellah vergißt genausowenig wie der mächtigste Emir, einen kleinen Minzestrauß bei sich zu haben. Dem Fellah dient die Minze als Antiseptikum, denn sie vertreibt die Fliegen, die infektiöse Keime übertragen, und sie hält gefährliche Bakterien fern, dank der Essenz, mit der sie getränkt ist, dem Menthol. Dem Emir dient sie gewissermaßen als Bote der Freundschaft oder der Liebe. Die aphrodisischen Vorzüge dieser Pflanze sind allzu oft gepriesen worden, als daß da nicht ein Körnchen Wahrheit enthalten wäre.

Die Minze kann auf alle nur möglichen Arten verwendet werden, selbstverständlich im Tee oder in Kräuteraufgüssen, beispielsweise gemischt mit Lindenblütentee, aber genauso auch in Soßen (wie es die Engländer machen, die man wegen dieser „Manie" sehr zu Unrecht bekrittelt hat), in Cocktails (nach Art der Nordamerikaner) und in Salaten. Es gibt nichts Erfrischenderes als die „Frühlingsrollen" der Vietnamesen oder die mit Minze gewürzten Salate der Chinesen. Eines steht fest, ihr einzigartiges Aroma macht sie unter Tausenden erkennbar. Die Minzen sind Verwandte des Salbeis, des Thymians, des Quendels, der Melisse und so vieler anderer Schätze der Natur, die man der Familie der Lippenblütler zuordnet. Es gibt verschiedene Arten davon, die in unterschiedlichem Maße alle gleiche Eigenschaften besitzen.

Die Polei-Minze wird auch Flachskraut, Hirschminze und Flohkraut genannt, weil sie diese unerwünschten Insekten vertreibt. Man findet sie an feuchten Stellen, besonders auf Wiesen, die überflutet waren. Die Völker der Antike kannten sie sehr gut, und sie flochten daraus Kopfschmuck für Zeremonien. Sie verwendeten sie gegen Schlangenbisse, Insekten- und Skorpionstiche, gegen Koliken, Husten, Erbrechen, gegen alle Arten von Harnbeschwerden, gegen sexuelle Schwäche und gegen Menstruationsschmerzen. Im Mittelalter haben die Ärzte neue, beachtliche Eigenschaften an ihr entdeckt: Minze wirkt gegen Fieber, regt den Magen und den Darm an, beruhigt Hysterie und Störungen der Sehkraft, mildert Schwellungen, heilt Gelbsucht und Brustkrankheiten und bringt Erleichterung bei allen Schmerzen.

Mit dem Namen „grüne Minze“ werden mehrere sehr nahe verwandte wilde Arten bezeichnet, namentlich die ährentragende Minze und die Waldminze. Auch andere Arten sowie zahlreiche Kreuzungen werden überall in der Welt gezüchtet: die Gartenkrausminze, die Feldminze, die Wasserminze, die rundblättrige Minze, die rote Minze usw.

Die Pfefferminze, man nennt sie auch englische Minze, ist wohl das Ergebnis einer Kreuzung zwischen der Wasserminze und der grünen Minze. Diese verwendet man heute hauptsächlich. Sie ist wahrscheinlich die beliebteste Aromapflanze. Leider behandeln sie die Erzeuger während eines Jahres 10- bis 12mal mit Chemikalien. Infolgedessen verwandelt sie sich in wahres Gift![1])

Lassen Sie sich von der Vielfalt dieser Aufzählung nicht allzusehr verwirren: alle Minzen sind nützlich, und welche auch immer Sie in der Natur finden oder im Garten pflanzen mögen, sie wird Ihrem Bedarf an medizinischen Hilfen voll genügen. Die Minzen sind kräftigend; sie geben ohne Ausnahme allen Organen wieder Energie, und das macht sie für Kinder, für Greise und für Genesende besonders empfehlenswert. Sie sind gut für Herz und Nerven, die sie dank ihrer krampfstillenden Eigenschaften kräftigen und beruhigen. Sie sind auch treue Verbündete des Verdauungssystems; da sie magenstärkend sind, erleichtern sie dem Magen seine Arbeit. Sie bekämpfen genausogut Magenkrämpfe wie schlechte Verdauung, Schluckauf, Blähungen, Schweregefühl, Übelkeit und beginnende Geschwüre; sie sind behilflich bei der Befreiung von Darmgasen und erleichtern die Arbeit des gesamten Verdauungsapparates. Außerdem unterstützen sie die Tätigkeit der Leber und der Bauchspeicheldrüse.

Krampfstillend wirken die Minzen ebenfalls bei allen Fällen von Husten, Atmungsbeschwerden (Asthma, Bronchitis) und bei Neuralgien, Nervosität, Schlaflosigkeit, Zittern, Angstzustände usw. Ihre harntreibenden Eigenschaften und ihre Fähigkeit, das Fieber zu senken, machen sie empfehlenswert gegen alle Infektionskrankheiten, und das um so mehr, als diese Eigenschaften durch eine starke keimtötende und antiseptische Wirkung verdoppelt werden. Die Minzen sind auch anästhetisch. Das Gefühl der Frische beim Kauen entsteht durch die Betäubung der Mundschleimhäute. Sie werden daher auch bei der äußerlichen Behandlung von Quetschungen, Wunden, Infektionen, Entzündungen, von schmerzenden rheumatischen und gichtigen Körperstellen usw. nützen. Gurgelwasser mit Minze wirken Wunder gegen Zahnfleischschmerzen und starke Zahnschmerzen. Außerdem verhelfen sie zu frischem Atem.

[1]) Falls Sie die Minze nicht selbst züchten können, passen Sie beim Einkauf sehr gut auf. Das „Laboratoire des Herbes Sauvages“ in Fleurance kann Ihnen von seinen eigenen Plantagen außer der Minze auch alle hier nicht erwähnten Pflanzen liefern. Die Präparate werden in der Bundesrepublik Deutschland und in Österreich von der Firma Rudi Karcher, Karlsruhe, Werder Platz 41, vertrieben.

ERNTE

Pflücken Sie die Blätter und eventuell auch die Blüten der Minze unmittelbar vor dem Aufblühen, das je nach der Art und dem Gebiet, in dem sie geerntet wird, zu verschiedenen Jahreszeiten erfolgen kann. Wählen Sie aufmerksam jene wilden Stöcke aus, die Sie für Ihre kleine Naturapotheke verwenden wollen. Lassen Sie die Blätter im Schatten trocknen. Ihre Aufbewahrung ist ganz einfach.

Wenn Sie die Minze im Garten ziehen, dann ist der richtige Zeitpunkt der Ernte nicht zu verfehlen. Sie bevorzugt lockeren, fruchtbaren und verhältnismäßig feuchten Boden. „Mit dem Kopf im Schatten, mit den Füßen in kühler Erde“, so mag sie's am liebsten. Um sie heimisch werden zu lassen, genügt es, einige im Frühling oder im Herbst ausgetriebene Schößlinge zu pflanzen. Bei guter Bewässerung werden sie schnell anwachsen und ganz von selber gedeihen; ja die Minze wird sogar dazu neigen, alles zu überwuchern.

ZUBEREITUNG UND ANWENDUNG

Geben Sie vier oder fünf Prisen getrockneter oder frischer Blätter und Blüten in einen Liter Wasser. Ich empfehle morgens eine Tasse mit einem Getränk aus reiner Minze und abends eine Tasse mit einem Getränk aus Minze und Lindenblüten.

ABSUD

Für Gurgelwasser gegen unreinen Atem, Zahn- und Zahnfleischschmerzen und für Lotionen, Kompressen usw.: Nehmen Sie zehn Prisen Blätter pro Liter Wasser.

HAND- UND FUSSBÄDER

Gleiche Mengenverhältnisse wie für den Absud.

PULVER

Aus Blättern, zur innerlichen Anwendung, als Tonikum der Organe und für den Notfall: Nach der Hauptmahlzeit eine Prise in Milch, Honig oder mit der Nachspeise vermischt.

MINZEWEIN

Zur äußerlichen Anwendung, gegen innerliche Krämpfe: Geben Sie eine Handvoll getrockneter Minzeblätter auf einen Liter weißen oder roten Wein und lassen Sie aufkochen. Legen Sie einen Umschlag auf den Magen oder auf die Brust, der mit der gefilterten Flüssigkeit getränkt ist.

MINZEALKOHOL

In einer guten Kräuterhandlung kaufen und nicht vergessen, daß er die beste Waffe ist gegen Schwindelgefühle, Übelkeit, Migräne und Reisekrankheit (Auto, Flugzeug, Schiff).

MINZEBONBONS

Obwohl der Zucker, der zur Herstellung von Bonbons dient, nicht besonders gesund ist, weder für die Zähne, noch für den Magen und für das Kreislaufsystem, ganz zu schweigen von den Zuckerkranken, kann ein gutes, im richtigen Moment gelutschtes Minzebonbon im voraus gegen die alltäglichen Wehwehchen wie Kopfschmerzen u. a. eingreifen.

ANMERKUNG

In leichten Aufgüssen beruhigt und betäubt die Minze den Schmerz. Eine hohe Dosis sollte man als Nerventonikum und als Anregung für die Verdauung verwenden. Sie besänftigt Magenschmerzen, Brechreiz oder Anfälle von Schluckauf.

Um in guter körperlicher Verfassung zu bleiben, empfehle ich den Aufguß, den ich den Radfahrern der Tour de France verschrieben habe: Sechs Prisen Minze und zwei Prisen Rosmarin pro Liter Wasser.

Stellen Sie den folgenden Aufguß her, um Impotenz und Frigidität zu bekämpfen und um die erotische Harmonie zu unterstützen: zwei Prisen Minze und eine Prise Bohnenkraut für eine Tasse mit kochendem Wasser.

DIE MISTEL

siehe Farbtafel XXII
Viscum album L.
Familie der Mistelgewächse

Eine Mistel zum Jahresbeginn! Wenige Pflanzen sind mit so vielen Tugenden und mit so viel Symbolgehalt überhäuft worden wie diese. Die Druiden schnitten sie mit einer goldenen Sichel von den Eichen und schrieben ihr tausend göttliche Eigenschaften zu. Äneas wählte einen goldenen Mistelzweig, um die Pforten der Unterwelt zu öffnen. Hippokrates und Plinius, die Ärzte der Antike, machten aus Misteln ein Heilkraut gegen Schwindelgefühle, Epilepsie und Tumore. Im Mittelalter empfahl die heilige Hildegard sie gegen Gicht und Brustkrankheiten. Und später verabreichte der berühmte Phytotherapeut Pfarrer Kneipp sie gegen Blutergüsse und gegen Kreislaufstörungen.

Es ist wahr, die Mistel ist eine seltsame Pflanze. Wenn alle Bäume kahl sind, bleibt sie grün. Auf den Ästen, die sie besiedelt, wirkt sie wie eine Kugel. Ihre ovalen, wie Hasenohren geformten Blätter, ihre weißen Beeren, sogar der unbestimmte Pastellton ihrer Zweige, all das wirkt ungewöhnlich. Vor allem aber ist sie ein Parasit oder ein Halbparasit, um genau zu sein; sie bohrt Saugrüssel in die Baumstämme und plündert deren Saft. Sie ist aber dank ihres eigenen Chlorophylls teilweise im Stande, mit Kohlensäure, Wasser und Sonnenlicht selbst für ihre Ernährung zu sorgen. Es ist schon vorgekommen, daß sie an sich selbst schmarotzt! Sie bevorzugt jedoch Obstbäume, und besonders die Apfel- und Birnenbäume. In manchen Gebieten wächst sie in großer Fülle auf Pappeln und sogar auf Kiefern und Tannen. Die Eichenmistel, die einzige Mistel, die von den Druiden gepflückt wurde und die seit jeher vom medizinischen Standpunkt aus gesehen die wirksamste ist, bleibt sehr selten. Die Gattung treibt männliche und weibliche Blüten, die manchmal von den Bienen wegen ihres Blütenstaubes oder wegen ihres Nektars aufgesucht werden. Aus den befruchteten weiblichen Blüten entstehen jene weißen, etwas durchsichtigen Beeren. Viele Vögel delektieren sich an ihnen – besonders die Drosseln und die Amseln, aber auch Meisen und Grasmücken. Sie geben die Samenkörner durch den Schnabel wieder von sich, diese sind nun mit einer Art klebrigem Bändchen versehen, das sich an den Baumstamm heftet, auf dem der Vogel sich niederläßt. Auf diese Weise verbreitet sich die Mistel nach einiger Zeit im ganzen Obstgarten ...

Bei allzu starker Dosierung ist die Mistel giftig; sie führt zu allgemeinem Sensibilitätsverlust, zu fortschreitender Lähmung, zu Blutstauungen im Bauch und lähmt das Rückenmark und das gesamte Nervensystem, blockiert die Atmungsmuskeln und läßt das Herz stillstehen. Besonders ihre Beeren erweisen sich als gefährlich. Ich möchte dringend raten, nur die grünen Teile, also die Zweige und die Blätter der Pflanze zu verwenden. Unter dieser Einschränkung ist aber die Mistel das wertvollste Mittel zur Regulierung des Blutdruckes. Man weiß, daß hoher Blutdruck typisch ist für mangelnde Körperbetätigung und üppige Mahlzeiten. Allen, die an hartnäckigen Kopfschmerzen, an Krämpfen, Schwindel- und Beklemmungsgefühlen, an Angstzuständen, Herzstörungen, an Anfällen von Angina pectoris, an Atemnot, Herzklopfen usw. leiden, wird empfohlen, zur Heilkraft der Mistel zu greifen. Durch ihre Einwirkung kann sich Arteriosklerose deutlich verbessern. Ferner ist sie harntreibend, hat also die Fähigkeit, in Fällen von Harnverhaltung, Gicht, Rheumatismus, Harnsteinen, Nierenkoliken usw. die besten Dienste zu leisten. Ihre herkömmliche Verwendung als krampfstillendes Mittel, namentlich gegen Epilepsie, Asthma und Hysterie, ist gerechtfertigt, auch ihre Wirksamkeit gegen Blutungen aller Art, gegen innere Blutergüsse und Blutspucken ist erwiesen.

ERNTE

Die belaubten Zweige der Mistel am Ende des Herbstes pflücken, vor dem Erscheinen der weißen Beeren; falls sich schon einige davon gebildet haben, diese sorgfältig entfernen. Die geernteten Zweige sollen im Schatten trocknen. In kleine Stücke gebrochen, bewahrt man sie in einem undurchsichtigen Glasfläschchen oder in einer Schüssel auf.

ZUBEREITUNG UND ANWENDUNG

Nur äußerlich verwenden.

AUFGUSS UND ABSUD

Aus Blättern und Zweigen gegen Rheumatismus, Nervenentzündung und Ischias: Nehmen Sie knapp eine halbe Handvoll getrockneter Pflanzen pro Liter Wasser für Kompressen, Lotionen und Verbände.

BEIZE

Lassen Sie eine Tasse mit kaltem Wasser, in die Sie einen Kaffeelöffel voll pulverisierter Misteln hineingegeben haben, eine Nacht lang stehen. Äußerlich anwenden.

MISTELWEIN

Legen Sie 24 bis 48 Stunden lang eine halbe Handvoll getrocknete Misteln in einen Liter Rotwein ein. Äußerlich anwenden.

PULVER

Für Kinder eine Prise gegen Krämpfe: In etwas gezuckertem Wasser als Kompresse auf die Wirbelsäule legen, nur äußerlich anwenden.

Für Erwachsene zwei Prisen: In etwas gezuckertem Wasser als Kompresse, gegen hohen Blutdruck zu empfehlen. Nur äußerlich anwenden.

EXTRAKT

Lassen Sie eine Handvoll Mistelpulver sechs Stunden lang in einem Liter Wasser ziehen und das überflüssige Wasser so lange verdampfen, bis Sie eine sirupartige Flüssigkeit erhalten. Eine kleine Prise in Sirup zur äußerlichen Anwendung.

HAND- UND FUSSBÄDER

Nehmen Sie eine Handvoll getrockneter Pflanzen pro Liter Wasser. (Täglich ein Bad.)

VAGINALSPÜLUNGEN

Gegen örtliche Blutergüsse und Weißfluß: Nehmen Sie eine halbe Handvoll getrockneter Pflanzen pro Liter Wasser.

TINKTUR

Geben Sie einen Teil getrockneter Misteln zu fünf Teilen Alkohol und lassen Sie dies eine Woche lang stehen, dann filtern. Täglich zehn Tropfen des Extraktes mit einem Absud von Melisse, Schachtelhalmen oder aus Hirtentäschelkraut äußerlich auf die schmerzenden Körperstellen tropfen, dann mit einem Tuch abdecken.

DIE WILDE MÖHRE

Daucus carota L.
Familie der Doldengewächse;
grünliche Blüten

Lange Zeit hindurch glaubte man, daß die Hausmöhre von der wilden Möhre abstammt, also von jener Sorte, die man auf allen Wiesen finden kann und die als *Daucus carota* bezeichnet wird. Das ist falsch, denn selbst die besten Pflanzenzüchter konnten kein genießbares Gemüse aus der herben, faserigen und übelriechenden Wurzel jener wilden Möhre ziehen. Uns bleibt wenigstens das Heilkraut: aber Vorsicht vor Verwechslungen. Der gefährliche gesprenkelte Schierling, eine Giftpflanze, sieht ähnlich aus! Man muß mit Bestimmtheit wissen, was man pflückt, und das ist nicht schwer, vorausgesetzt, man ist dabei ein wenig aufmerksam. Der Wasserschierling, eine Wasserpflanze, die manchmal halb auf dem Wasser treibt, wächst nicht unter den gleichen Bedingungen wie die Möhre, die trockenere Gelände vorzieht. Der große gesprenkelte Schierling dagegen ist gefährlich, vor ihm muß man sich hüten. Er kommt viel häufiger vor und liebt, genau wie die Möhre, trockene Wiesen, Ödland und Wegesrand. Ein wesentlicher Unterschied zeigt sich, wenn man die Pflanze zerreibt: Der Schierling strömt einen unangenehmen Geruch aus, während die Möhre einen guten Geruch auf den Fingern hinterläßt. Lernen Sie beide Pflanzen an ihren äußeren Merkmalen zu erkennen, und warten Sie vorsichtshalber so lange mit der Ernte, bis die Möhre gut entwickelt ist.

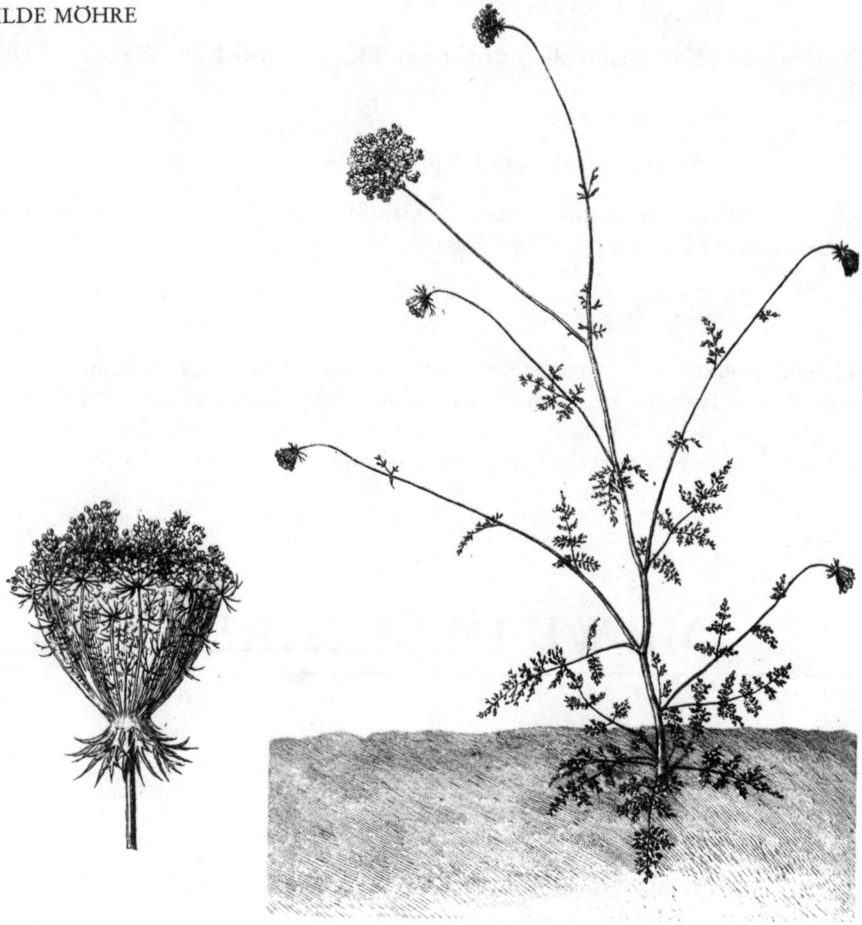

Die wilde Möhre unterscheidet sich von allen anderen Pflanzen derselben Familie durch eine Gruppe aus kleinen, weißen, zu Blumenkronen zusammengefaßten Blüten. Sie erinnern an hübsche Vogelnester mit einem Netz aus sehr langen und stark gezähnten „falschen" Blättern (Deckblättern) an der Basis und mit einer etwas größeren, purpurschwarzen, sterilen Blüte in der Mitte. Ferner sind ihre Früchte sehr typisch, eiförmig und voller kurzer Stacheln, die auf mehreren vorspringenden Rippen aneinandergereiht sind. Man tauft sie auch Eselsmöhre, Mohrenkümmel, Vogelnest, Gelbmöhre, Wilde Mohrrübe, Karotte. Sie besitzt die gleichen harntreibenden und entwurmenden Vorzüge wie ihre Verwandte in den Gemüsegärten. Ihre Wurzel ist ebenfalls reich an Vitaminen, ihre Blätter sind tonisch, ihre Früchte ebenfalls.

ERNTE

Pflücken Sie die Blätter der wilden Möhre kurz vor der Blütezeit, die je nach Gebiet und Jahreszeit zwischen Juni und Juli beginnt, oder warten Sie, bis die Blumenkronen schön aufgeblüht sind. Ernten Sie die Früchte zwischen August und September, und graben Sie in derselben Jahreszeit auch die Wurzel aus.

ZUBEREITUNG UND ANWENDUNG

WURZELSAFT

Entwurmend und harntreibend – täglich ein halbes Glas, mit Honig.

ABSUD

Aus Blättern und Samenkörnern (entwurmend, harntreibend): Nehmen Sie eine kleine Handvoll Mischung pro Liter Wasser und trinken Sie davon zwei Tassen täglich.

BÄDER

Aus Samen: Nehmen Sie eine Handvoll frischer oder getrockneter Körner pro Liter Wasser und baden Sie von Zeit zu Zeit.

ZERDRÜCKTES FRUCHTFLEISCH

Aus Wurzeln, mit Honig (sehr vitaminreich): Fünf bis sechs Suppenlöffel vor den Mahlzeiten.

DER ODERMENNIG

siehe Farbtafel XXIII
Agrimonia eupatoria L.
Familie der Rosengewächse

Der Odermennig ist zwar entfernt verwandt mit der Rose, aber leider die am wenigsten anmutige Pflanze in der Familie der Rosengewächse. Rötliche, grobe und behaarte Stengel, behaarte und gezahnte Blätter, deren völlig alltägliches Grün manchmal fast bräunlich wirkt. Kleine, unauffällige und farblos gelbliche Blüten, die in so langen, struppigen Ähren vom Stengel herabhängen, daß sie an einen Kuhschwanz erinnern. Zuletzt auch noch Samenkörner mit kleinen Haken, die sich hartnäckig an das Fell der Tiere oder an die Kleider der Spaziergänger heften ...

Aber bei Pflanzen gilt dasselbe wie bei Menschen: die schönsten Geschöpfe besitzen nicht immer die schätzenswertesten Eigenschaften. Schon die historischen Völker sammelten die Früchte des Odermennigs. In der Nähe von Pfahlbauten hat man zahlreiche Reste davon gefunden. Laut einer Papyrusrolle, die sechsundzwanzig Jahrhunderte vor unserer Zeit geschrieben wurde, verwendete man ihn bereits in Ägypten zur Behandlung von kranken Augen. Seinen zweiten Namen erhielt er ein wenig später vom Arzt und König des Pontus, Mithridates Eupator. Der Grieche Dioscorides empfahl den Odermennig als allgemeines Reinigungsmittel. Ein anderer Arzt der Antike verschrieb ihn in Form von Pflastern gegen Kriegsverletzungen. Die heilige Hildegard sah darin ein spezielles Heilmittel gegen Fieber und Gedächtnisschwäche. Und ein holländischer Botaniker des 18. Jahrhunderts verschrieb Gurgelwasser mit Odermennig gegen Bronchitis und Angina.

Ich habe die Vorzüge dieser Pflanze oft erprobt. Sie ist ein leichtes Harntreibemittel, das in Fällen von Nierenkoliken und Nierenleiden nützlich ist. Sie ist auch ein gutes Mittel gegen Wunden: sie heilt Schnitte, Geschwüre und Entzündungen. Außerdem ist sie ein gutes Mittel für Wurmkuren und ein bemerkenswertes Universalmittel gegen Müdigkeit. Vor allem aber sehe ich darin das Wunderkraut gegen Mund- und Halsbeschwerden, gegen Mundfäule, Angina und Geschwürbildungen im Gaumen oder auf der Zunge. Eines Tages kam ein bekannter Sänger voller Bestürzung zu mir und fragte mich um Rat. Er fürchtete seine Stimme zu verlieren, denn seine Kehle schmerzte ihn entsetzlich beim Singen, und kein einziges pharmazeutisches Heilverfahren half ihm mehr. Ich verordnete ihm zehn Halsspülungen täglich mit Gurgelwasser aus Odermennig (Intensivbehandlung), wobei diese Zahl nach vierzehn Tagen auf vier oder fünf reduziert werden mußte (Dauerbehandlung). Der Mann hat nie zuvor so schön gesungen, und ich freute mich sehr, als ich eines Abends mein Rezept in den Kulissen eines Musiktheaters angeheftet sah ...

ERNTE

Der Odermennig wächst auf jedem Gelände, vor allem aber auf allen lehmreichen Böden. Er liebt magere Weiden, sonnige Lichtungen, Böschungen. Pflücken Sie seine Blüten und Blätter im Sommer, und lassen Sie sie an einem luftigen Platz im Schatten trocknen.

ZUBEREITUNG UND ANWENDUNG

AUFGUSS ODER ABSUD

Harntreibend, entwurmend und gegen Ermüdung: Nehmen Sie eine halbe Handvoll Blüten und Blätter pro Liter Wasser. Trinken Sie davon drei bis vier Tassen täglich. Der stark duftende Aufguß hat die Farbe von hellem Wein und wird in manchen nördlichen Gegenden sehr geschätzt. Man trinkt ihn dort statt Tee, daher kommen Beinamen wie „Tee des Nordens" oder „Tee der Wälder". Der Absud kann auch äußerlich zur Wundbehandlung verwendet werden.

WEIN

Zum Reinigen und Verbinden entzündeter Wunden: Geben Sie vier Handvoll getrockneter Pflanzen in einen Liter Rotwein. Lassen Sie ihn fünf Minuten lang kochen und dann eine Stunde lang ziehen.

GURGELWASSER

Geben Sie zwei Handvoll getrockneter Blätter in einen Liter Wasser und lassen Sie es so lange kochen, bis sich das Volumen auf ein Drittel vermindert hat. Fügen Sie 50 Gramm Honig hinzu und wenn möglich eine Handvoll Lindenblüten und eine Handvoll Salbei. Gurgeln Sie mehrmals täglich bei Angina, Mundfäule und Kehlkopfentzündung.

FUSS- UND HANDBÄDER

Zwei Handvoll getrockneter Blüten und Blätter in ein Gefäß mit sehr warmem Wasser. Sie können entweder gleich ein Bad nehmen oder die Flüssigkeit zunächst zwölf Stunden lang stehen lassen. Wirkt besonders gegen Migräne.

DER ORANGENBAUM

Citrus aurantium L.
Familie der Rautengewächse;
rosafarbene Blüten

Es gibt nichts Schöneres als die makellosen Blüten des Orangenbaumes. Für mich war die Orange immer eine Frucht, die ich mit Weihnachten in Verbindung brachte. Auf dem Lande aß man sie kaum zu anderen Gelegenheiten. Eine Orange zu essen

war gewiß eine gesunde Freude, als ich zehn Jahre alt war. Heute kann man das nicht mehr behaupten. Der Volksweisheit zufolge ist der Saft dieser Frucht am Morgen Gold, zu Mittag Silber und am Abend Bronze. Aber die Volksweisheit weiß weder etwas von den Insektenvertilgungsmitteln, mit denen man die Bäume schon beim Erscheinen der ersten Frühlingsknospen besprüht, noch von den angeblich unschädlichen „Konservierungsmitteln" wie Diphenyl usw., mit denen man die Südfrüchte nach der Ernte reichlich begießt oder die man ihnen sogar mit einer Spritze injiziert. Die chemische Verschmutzung der Orangenbäume ist zur Zeit so stark, daß alles, was ich über ihre Tugenden sagen werde, durch die Unvernunft des Menschen ernstlich in Frage gestellt ist.

Es gibt zahlreiche Orangenarten, die ihren Wert entweder für die Obstproduktion oder als Heilpflanze haben. Neben dem echten Orangenbaum müssen auch der bittere Pomeranzenbaum oder Bigarradenbaum, die Bergamott-Zitrone mit ihren blaßgelben, sehr bitteren und ungenießbaren Früchten und der Pampelmusenbaum erwähnt werden, dessen riesige zitronengelbe, weiße, rosafarbene oder rote Frucht manchmal mehr als acht Kilogramm wiegt. All diese Arten besitzen ähnliche Vorzüge. Man verwendet ihre Blätter, ihre Blüten, ihre Früchte, ihren Saft, ihre Rinde und ihre Essenzen. Anstatt all diese Bestandteile (Früchte natürlich ausgeschlossen) in einer Kräuterhandlung zu kaufen, wohin sie aus Gebieten kommen, in denen allzuviele Insektenvertilgungsmittel versprüht werden (die handelsüblichen Orangen sind oft ein wahres Gift), versuchen Sie, falls es das Klima Ihrer Wohngegend ermöglicht, einen Orangenbaum in Ihrem Garten zu pflanzen.

Die Orangenblätter, die Kräuterhandlungen müßten jene des bitteren Pomeranzenbaumes führen, die aber oft mit den Blättern des echten Orangenbaumes oder sogar mit völlig verschmutzten Zitronenblättern vermischt sind, erweisen sich als beruhigend und krampfstillend. Nervöse, Geängstigte, Asthmatiker, Personen, die an nervös bedingter Migräne leiden, Neurastheniker, Schlaflose, Hysteriker und Epileptiker sollten reichlichst davon Gebrauch machen. Diese Blätter haben auch noch die Fähigkeit, Fieber zu senken (Nervenfieber usw.) und sind schweißtreibend. Sie eignen sich zur Wurmkur, unterstützen die Magenarbeit und kräftigen auch noch.

Die Orangenblüten – wieder sind jene des bitteren Pomeranzenbaumes die allerwirksamsten –, zeigen fünf schneeweiße, über und über mit winzigen Sekretionsdrüsen besetzte Blumenblätter, die köstlich duften. Man gewinnt daraus eine Flüssigkeit, die beruhigend und krampfstillend wirkt. Sie ist das beste Beruhigungsmittel, das ich kenne: Geängstigten, unter Angstzuständen Leidenden, jenen, deren Herz bei der geringsten Aufregung wild zu schlagen beginnt, jenen, die keinen Schlaf finden können, Neurotischen, Hysterikern, Unruhigen, ihnen allen kann mit Orangenblüten geholfen werden. Was die Essenz betrifft, die man ebenfalls aus dieser Blüte gewinnt und häufig Neroliessenz nennt, so dient sie hauptsächlich zur Parfümfabrikation. Ihr Name erinnert an die Gemahlin von Flavio Orsini, Prinz von Neroli. Diese Dame machte fast unmäßigen Gebrauch davon und führte das Präparat im 17. Jahrhundert in Frankreich ein.

Die Orange selbst, diese herrliche Frucht, die man für den goldenen Apfel im Garten der Hesperiden gehalten hat, der Unsterblichkeit verlieh und den Herkules bei seiner elften „Arbeit" den Töchtern des Atlas ablistete, übt auf den Körper eine heilsame Wirkung aus. Gründlich geschält – um die mit chemischen Giften getränkte Schale total zu entfernen – liefert sie dem Körper so viele Vitamine (vor allem C und B), wie er benötigt. Sie ist besonders gut für Kinder, Jugendliche, Kranke und Greise. Durch ihren schwachen Zuckergehalt ist sie auch für Diabetiker geeignet. Orangensaft enthält, ob pur oder in Form von Orangeade, alle kräftigenden und antiinfektiösen Wirkstoffe des Orangenbaumes. Ich verabreiche ihn in großen Mengen bei allen Fällen von Grippe, Schwächung des Organismus, Fieber, Angina, Verdauungsstörungen und Nieren- oder Harnblasenleiden. Das gekochte Fruchtfleisch der Orange hilft bei der Heilung von Geschwüren und Abszessen als Pflaster. Die Orangenschale, die normalerweise von den Früchten des bitteren Pomeranzenbaumes stammen sollte, die man aber häufig durch jene der echten Orange ersetzt, wirkt anregend und anreizend. Sie unterstützt die Verdauung und ermöglicht bei allen Fällen von Verstopfung eine normale Befreiung der Darmgase; ferner hat sie die Fähigkeit, Fieber zu senken, und wirkt auch gegen Würmer.

Außerdem erweist sich die aus der echten Orange gewonnene Essenz als vorzügliches Antiseptikum sowie als wirkungsvolles Beruhigungsmittel bei Magenschmerzen. Sie dient zur Herstellung von Eau de Cologne und ist daher ein Schönheitswasser. Die Essenz der Bergamott-Zitrone desinfiziert tadellos Wunden, Abszesse, Geschwüre und Brandwunden. Ich habe sie gelegentlich anstelle von Jodtinktur verwendet.

ERNTE

Vertrauen Sie bei der Herstellung Ihrer Orangen-Heilpräparate nur solchen Pflanzen, die Sie selbst gezüchtet haben oder von denen Sie mit völliger Sicherheit wissen, daß sie nicht chemisch besprüht worden sind. Pflücken sie die Blätter nach dem Tau direkt vom Baum und lassen Sie sie im Schatten trocknen, damit sie ihre schöne grüne Farbe behalten. Bewahren Sie sie an einer trockenen Stelle und vor Licht geschützt auf. Ernten Sie die Blüten, wenn diese noch geschlossen sind, ebenfalls nach dem Tau, und legen Sie sie zum Trocknen an einen dunklen und trockenen Ort. Verwenden Sie zur Herstellung von Arzneien aus Orangenschalen oder aus Orangenessenz niemals die im Handel erhältlichen Früchte; das wäre der sicherste Weg, sich zu vergiften!

ZUBEREITUNG UND ANWENDUNG

AUFGUSS UND ABSUD

Aus Blättern (beruhigende Wirkung): Eine halbe Handvoll getrockneter Blätter auf einen Liter Wasser, trinken Sie zwei bis drei Tassen täglich.

KONZENTRIERTER ABSUD

Aus Blättern (im Falle von schweren nervösen Störungen wie Hysterie, Epilepsie): Geben Sie drei Handvoll getrockneter Blätter in einen Liter Wasser und trinken Sie davon drei Tassen täglich.

HAND- UND FUSSBÄDER

Aus Blättern: Eine Handvoll getrockneter Blätter pro Liter Wasser.

ORANGENBLÜTENTEE

Nehmen Sie eine halbe Handvoll getrockneter Blüten pro Liter Wasser und trinken Sie davon eine Tasse am Abend vor dem Schlafengehen.

ORANGENBLÜTENBÄDER

Nehmen Sie eine Handvoll getrockneter Blüten pro Liter Wasser.

BREIUMSCHLÄGE

Aus dem gekochten Fruchtfleisch der Orange: gegen Geschwüre und Abszesse.

ORANGEN IN ALKOHOL

Tonikum für den Magen oder für den Verdauungsapparat: Mischen Sie 100 Gramm Orangenschalen und 100 Gramm Zitronenschalen mit einem Liter 80prozentigem Alkohol, lassen Sie diese Menge eine Woche lang ziehen. Süßen Sie mit 1/2 kg Rohrzucker. Nehmen Sie davon jeden zweiten Tag einmal einen Suppenlöffel zur Zeit des Apéritifs.

ORANGENSCHALENTINKTUR

Legen Sie 100 Gramm Orangenschalen eine Woche lang in 1/2 Liter Branntwein ein. Filtern Sie, und nehmen Sie vor den Mahlzeiten einen Kaffeelöffel davon als Reizmittel für Magen und Darm.

DIE PETERSILIE

Petroselinum hortense HOFFMANN
Familie der Doldengewächse;
grünliche oder weißliche Blüten

Historiker berichten, daß die Römer ihren Gladiatoren vor dem Kampf Petersilie zu essen gaben: die Pflanze hatte den Ruf, Kraft, Reaktionsvermögen und Schlauheit zu verleihen. Das ist aber wohl etwas übertrieben. Aber nur als Garnitur für Speisen ist die Petersilie zu schade. Man soll sie kleinhacken und essen, denn die Petersilie ist eine der Pflanzen mit dem reichsten Gehalt an Vitamin C und an kräftigenden Substanzen. Streuen Sie reichlich Petersilie in Ihre Salate, Omeletten, Suppen und über Fleisch.

Die Gartenpetersilie oder Zuchtpetersilie, gemeine Petersilie und duftende Petersilie, ist eine Verwandte des Fenchels und der Sellerie (ihr lateinischer Name *petroselinum* bedeutet „Felsensellerie"), aber auch des furchtbaren Schierlings, dem sie mit ihren fein ausgeschnittenen Blättern und ihren Blüten, die kleine Schirme

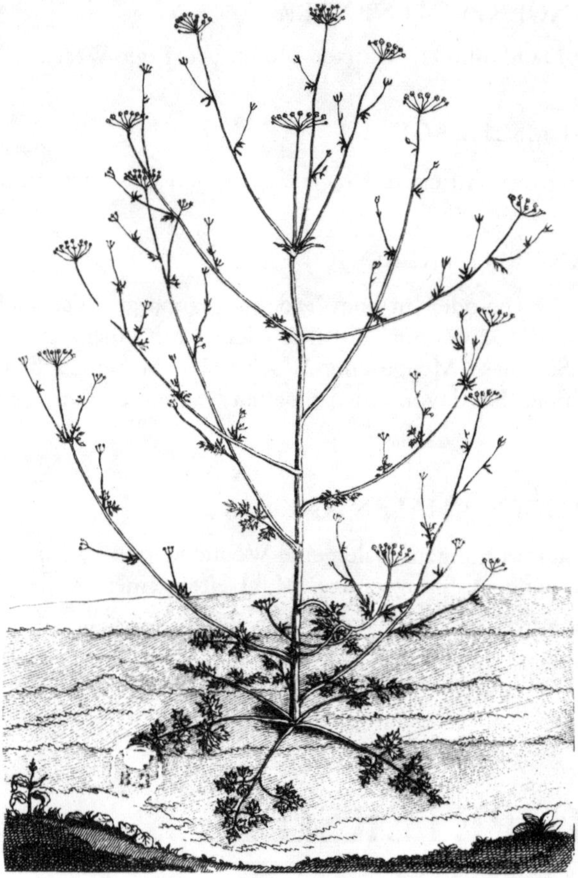

bilden, auch ähnlich sieht. Beide Gattungen sind in der Natur schwer zu unterscheiden, wenn man kein Botaniker ist. Ich empfehle Ihnen dringend, sich mit der Petersilie aus ihrem Gemüsegarten zu begnügen. Sie regt den Appetit an und eignet sich daher für Blutarme, Apathische und Genesende, und für alle jene, denen es an Energie und Spannkraft mangelt. Ihre Wurzel gehört zu den klassischen fünf wichtigen appetitanregenden Wurzeln (das sind außerdem Fenchel, Mäusedorn, Eppich und Spargel). Ferner ist die Petersilie stark harntreibend, sie regt die Schweißproduktion an, senkt Fieber (Infektionskrankheiten), bringt den Zyklus von Frauen, deren Menstruation unregelmäßig ist, wieder ins Gleichgewicht und reinigt den Organismus, indem sie ihn von Giftstoffen befreit. Aus diesem Grunde empfehle ich Petersilie gegen Leberkrankheiten, Gelbsucht, Ekzeme, Zellulitis, Rheumatismus, Gicht und Harnsteine. Ihre Wurzeln und Blätter erweisen sich außerdem noch als besonders heilkräftig gegen Wassergeschwülste, Kreislaufstörungen, schlechte Verdauung, Atembeschwerden, Hautkrankheiten und für Frauen gegen Weißfluß und Menstruationsschmerzen. Außerdem entfalten ihre Samenkörner eine gute Wirkung gegen Fieber. Ihr frischer Saft beruhigt Reizungen der Nieren, der Harnblase und der Harnwege und beschleunigt die Heilung von Tripper.

Innerlich angewendet heilt die Petersilie ausstrahlende Schmerzen und Quetschungen. Sie ist wirksam gegen entzündete Augen, Bindehautentzündungen und Infektionen der Augen und lindert zugleich die damit verbundenen Schmerzen. Sie verhindert Stauungen in der Brust stillender Mütter. Bei mir zu Hause legten sich die Ammen immer Umschläge mit gekochter Petersilie auf die Brust. Als Lotion angewendet, verhindert sie raschen Haarausfall und ist das beste Rezept gegen Insektenstiche.

ERNTE

Säen Sie die Petersilie zwischen Februar und August locker im Garten. Sie bevorzugt humusreiche Böden. Bedecken Sie sie mit Gartenerde und mit einer dünnen Schicht aus Sägespänen (die Samenkörner dürfen nicht eingegraben werden). Pflücken Sie die Blätter sowohl für Ihre Küche als auch für Ihre kleine Hausapotheke. Wenn Sie Wurzeln haben wollen, dann graben Sie im Herbst die eines einjährigen Stockes aus. Später werden sie hart und verlieren ihre Qualitäten. Wenn Sie aber Samenkörner vorziehen, dann pflücken Sie sie von zweijährigen Schößlingen. Reiben Sie jedesmal, wenn Sie etwas ernten, sorgfältig eines der Blätter zwischen den Fingern und riechen Sie daran: möglicherweise hat sich ein Schierling in Ihren Garten eingeschlichten. Die Petersilie besitzt ein charakteristisches Aroma, und der Schierling riecht unangenehm nach Katzenpisse.

ZUBEREITUNG UND ANWENDUNG

AUFGUSS UND ABSUD

Aus Blättern: Eine gute Handvoll frischer Blätter auf einen Liter Wasser. Zwei Tassen täglich nach den Mahlzeiten erleichtern die Verdauung. Dieses Getränk schmeckt nicht sehr gut, daher sollte man es reichlich süßen oder mit anderen schmackhafteren Kräuteraufgüssen mischen.

ABSUD

Aus frischen Wurzeln: Nehmen Sie eine Handvoll Wurzeln pro Liter Wasser. Zwei Tassen täglich davon wirken harntreibend. Aus Samenkörnern: Geben Sie zehn Prisen Samenkörner in einen Liter Wasser. Zwei Tassen täglich wirken harntreibend und unterstützen die Leberfunktion.

Dieser Absud kann auch bis auf eine Handvoll pro Liter Wasser konzentriert werden: in diesem Falle hilft eine Tasse täglich Frauen mit unregelmäßiger Menstruation.

FRISCHER SAFT

Trinken Sie davon bis zu einem Glas täglich.

PULVER

Aus getrockneten Blättern: Zwei Prisen täglich.

TEE

Aus Blättern, zur äußerlichen Anwendung als Kompressen, Augenlotionen, Haarwäsche, Lotion zur Beseitigung von Hautentzündungen und zur Reinigung des Teints usw.: Eine gute Handvoll frischer Blätter auf einen Liter Wasser.

HAND- UND FUSSBÄDER

Aus frischen Blättern: Gleiches Mengenverhältnis wie für den Absud. Sie können aber einige Wurzeln und eine halbe Handvoll Samenkörner dazugeben. Hilft bei Asthma, Beschwerden der Wechseljahre, Menstruationsschmerzen und Husten.

BREIUMSCHLÄGE

Aus gehackten Blättern: Gegen Schmerzen, Milchstauung, Insektenstiche usw.

DER PFIRSICHBAUM

Persica vulgaris MILLER
Familie der Rosengewächse;
leuchtend rosafarbene Blüten

Die Pfirsichbäume in ihrer wunderbaren, rosafarbenen Blüte hat niemand so schön gemalt wie die chinesischen Künstler. Allein wegen dieser Farbe liebe ich den Pfirsichbaum, ganz zu schweigen von seinen saftigen Früchten, die den Gaumen entzücken und darüber hinaus ein Wohlbehagen des ganzen Körpers auslösen. Der Pfirsich ist eine außergewöhnlich erfrischende Nachspeise, reich an assimilierbarem Zucker und mit vielen Vitaminen.

Der Pfirsichbaum stammt nicht aus Persien, wie das sein lateinischer Name vermuten ließe, sondern aus China, wo man bereits zwanzig Jahrhunderte vor Christus verschiedene Abarten züchtete. Dieser Baum ist mit dem Pflaumenbaum verwandt und wurde im Abendland schon sehr früh als Heilpflanze gegen Würmer,

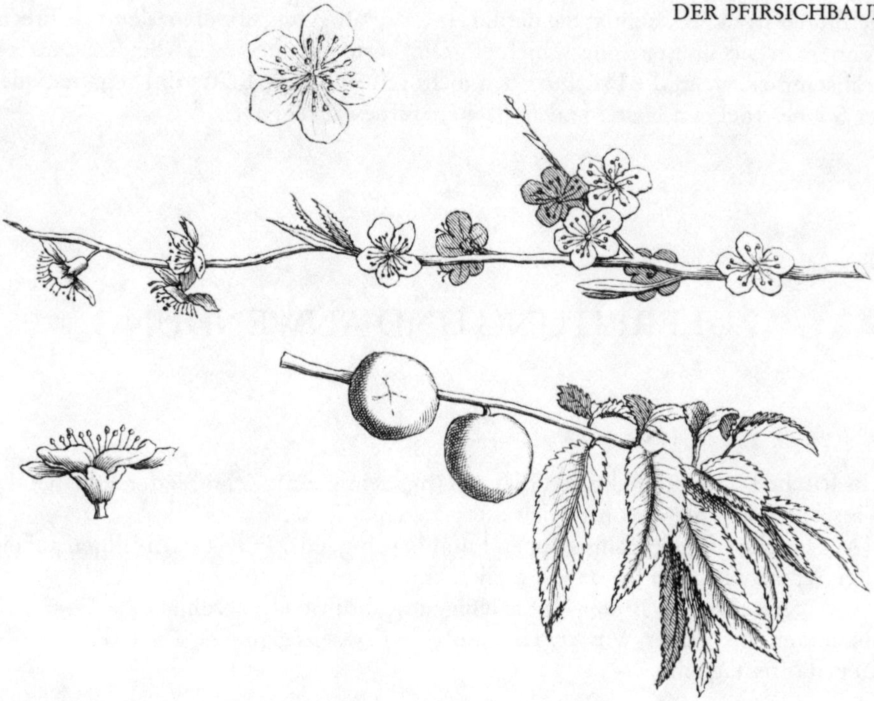

Rotlauf, unreinen Atem, Taubheit, Störungen des Harnapparates und Gicht verwendet. Seine Früchte aber wurden lange nicht beachtet. Heute, da der Pfirsich wieder allgemeines Wohlwollen genießt, wäre es nicht schlecht, wieder von den guten Eigenschaften der Pfirsichblüten und der Pfirsichblätter zu sprechen. Sie wirken beruhigend, aber auch blutreinigend, harntreibend, entwurmend und fiebersenkend. Ihre Abführwirkung ist genauso erprobt wie ihre Heilkraft gegen Keuchhusten, Asthma, Nierenkoliken, Harnsteine und Blasenkatarrh. Äußerlich angewendet, erweisen sich gehackte Pfirsichblätter in Breiumschlägen als wirksam gegen Koliken und Magenschmerzen, besonders bei Kindern – die dadurch außerdem noch von parasitären Würmern befreit werden. In Kompressen, in Fuß- und Handbädern und in Einreibungen sind die Blätter ein nützliches Mittel gegen Schmerzen, Hautflechten, Rheumatismus, Juckreiz und Entzündungen.

ERNTE

Pflücken Sie Blüten und Blätter nur von solchen Pfirsichbäumen, von denen Sie mit Sicherheit wissen, daß sie nicht mit Chemiedünger und Giftstoffen behandelt worden sind. Pflücken Sie die noch knospenden Blüten und auch ihre rötlichen Kelche, in denen die meisten Wirkstoffe enthalten sind. Verwenden Sie frische Blüten und lassen Sie sie im Schatten trocknen, damit sie aufbewahrt werden können. Falls Sie die Blüten trocknen, achten Sie darauf, sie sorgfältig auszubreiten, denn sie brechen, wenn man sie übereinanderschichtet. Die beste Erntezeit für die Blätter ist der Frühsommer, wenn die Früchte noch nicht reif sind. Die Blätter im Schatten oder in der Sonne trocknen lassen und in Säcken aufbewahren.

ZUBEREITUNG UND ANWENDUNG

AUFGUSS

Aus frischen oder getrockneten Blättern (blutreinigend): Zehn Blätter auf einen Liter Wasser; trinken Sie davon täglich morgens eine Tasse.

Aus frischen Blüten (blutreinigend und beruhigend): Fünf Prisen Blüten auf einen Liter Wasser; trinken Sie davon täglich eine Tasse.

Aus getrockneten Blüten (blutreinigend, abführend, beruhigend): Fünf Prisen Blüten auf einen Liter Wasser. Ich empfehle Erwachsenen eine Tasse, Kindern zwei Suppenlöffel täglich.

ABSUD

Aus Blättern und Blüten (äußerliche Anwendung als Kompressen usw.): Nehmen Sie eine halbe Handvoll Mischung aus getrockneten oder frischen Blüten und Blättern für einen Liter Wasser.

HAND- UND FUSSBÄDER

Aus Blättern und Blüten: Nehmen Sie zwei Handvoll Mischung für ein Becken voll Wasser.

BLÜTENSIRUP

Nehmen Sie einen Teil Blüten, einen Teil Zucker und eineinhalb Teile kochendes Wasser. Rühren Sie solange um, bis alles gut vermischt ist. Lassen Sie die Flüssigkeit zwei Stunden lang stehen, dann filtern. Ich empfehle für Kinder täglich einen Kaffeelöffel, für Erwachsene einen Suppenlöffel.

PFIRSICHSAFT

Abführend, harntreibend, entspannend, beruhigend und erfrischend: Trinken Sie morgens auf nüchternen Magen ein großes Glas Pfirsichsaft.

ANMERKUNG

Der Pfirsich selbst besitzt zwar nur Vorzüge, die Blätter und Blüten des Pfirsichbaumes aber enthalten geringe Mengen von Blausäure. Dieses Gift ist in allen oben aufgezählten Präparaten vollkommen ungefährlich, die angegebene Dosierung muß aber gewissenhaft eingehalten werden, weil es sonst gesundheitliche Schäden geben könnte. Die im Pfirsichkern enthaltene Mandel dagegen ist ausgesprochen giftig. Kochen Sie daraus keinen Tee, wenn das auch manche Bücher empfehlen, und achten Sie darauf, daß Ihre Kinder sie nicht essen, falls sie den Kern beim Spielen aufgeknackt haben sollten.

DER PFLAUMENBAUM

Prunus domestica L.
Familie der Rosengewächse;
weiße Blüten

Im Pflaumenbaum finden sich noch Merkmale der wilden Gattung, des Schlehenstrauchs; aber alle Kraft und aller Wohlgeschmack sind konzentriert in seinen goldenen, smaragdgrünen oder amethystblauen Früchten. Ich bin in einem Land der Pflaumen geboren und glücklich, daß diese Früchte wieder an Bedeutung gewinnen, als Tafelobst, getrocknet als Backpflaumen oder zu köstlichen Marmeladen verarbeitet.

Frische Pflaumen werden besonders jenen empfohlen, die an Rheumatismus, Gicht, Harnsteinen, Arterienverkalkung, Verstopfung und Leberkrankheiten leiden. Rohe Pflaumen sind für empfindliche Mägen nicht immer bekömmlich, gekocht aber sind sie für alle geeignet. Die im Kern enthaltene Mandel ist giftig wie die des Pfirsichs.

Die trockenen oder halbtrockenen Backpflaumen sind seit der römischen Antike bekannt für ihren Reichtum an energetischen Substanzen. Sie entlasten die Leber und heilen Verstopfungen. Sie sind das mildeste Abführmittel, das ich kenne; die Blüten des Schlehenstrauches dagegen sind das sparsamste. Sie wirken zwar nicht ganz zuverlässig, aber sie verschlimmern das Übel auch nicht, wie das bei gewissen chemischen Arzneien allzu oft der Fall ist. So köstlich auch die sonnengereiften Früchte und ihr Saft schmecken – die Puristen behaupten nicht ohne Grund, daß vor allem die Zellulose in diesen Früchten die Entleerung des Darmes sichert; sie empfehlen daher, die Früchte dreimal, immer in einem anderen Wasser, abzukochen und nur den schalen Brei zu essen, der dann davon übrigbleibt.

Über Zubereitung und Anwendung siehe unter „DER SCHLEHENSTRAUCH“.

DER QUENDEL

siehe Farbtafel XXIV
Thymus serpyllum L.
Familie der Lippenblütler

Die Lippenblütler sind doch eine wunderbare Familie: Nicht nur Salbei, Melisse, Rosmarin, Minze, Bohnenkraut und viele andere Kräuter, die uns Freude und Gesundheit bringen, entstammen ihr. Als besondere Gabe schenkt sie uns auch noch den Thymian und den Quendel. Diese kleinen Pflanzenwunder schauen uns an auf Lichtungen, Wiesen, sonnig-steinigem Boden und in der duftenden Heide. Schmal, oval und silbrig sind die Blätter, und zartrosa oder malvenfarbig getönt sind die kleinen Blüten. Wo sie wachsen, ist noch irdisches Paradies.

Unsere Vorfahren kannten diese beiden Kräuter schon sehr gut. Sie sind zwar sehr nahe miteinander verwandt, zeigen aber recht unterschiedliche Formen. Der Quendel schlängelt sich mehr über den Boden als der Thymian, der in kleinen Sträußen wächst; seine Blüten haben auch eine etwas stärkere Malvenfarbe. In Griechenland erklärten Theophrastes und Dioscorides, diese Pflanzen seien geeignet, um Schüttelkrämpfe zu beruhigen, Darm- und Leberentzündungen zu verringern, die Menstruation, falls sie nicht richtig funktioniert, auszulösen und Krämpfe aller Art zu beseitigen. Karl der Große hatte in seinem Kapitular befohlen, diese Pflanzen anzubauen; heute erlassen die Regierungen leider keine Verordnungen mehr über Heilkräuter. Das ist bedauerlich, weil sie damit auf ein sehr wirksames Kampfmittel gegen Epidemien verzichten – Epidemien, die viel Geld kosten. Wenn früher Pest oder Lepra drohte, verbrauchte man so viele aromatische Pflanzen wie nur möglich; man rieb sich den Körper damit ein, stellte große Mengen von Heiltee daraus her; und diese Methode war nicht dumm. Wenn heute die Grippe droht, hat man nur Antibiotika. Ich behaupte, daß man durch den regelmäßigen Gebrauch von antiseptischen Kräutern – und besonders von Thymian und Quendel – seinen Organismus vollkommen wiederstandsfähig gegen solche Epidemien machen kann. Warum versuchen wir es nicht einmal, wo es doch jahrhundertelang vielen Generationen unserer Vorfahren gutgetan hat? Meine Rezepte bieten den doppelten Vorteil, daß sie billig und leicht zu befolgen sind.

Der Thymian und der Quendel besitzen die gleichen Tugenden, beim Thymian sind sie jedoch stärker ausgeprägt. Beide wirken anregend und kräftigend, was sie gegen alle Organschwächen, namentlich jene des Nervensystems wie Neurastenie, Depressionen, mangelnde Spannkraft und Apathie und gegen Schwächen des Kreislaufsystems (die sich durch Schwindelgefühle, Migräne, Ohrensausen usw. ausdrücken) empfehlenswert macht.

Quendel und Thymian muß man so verwenden, wie man körperliche Hygiene betreibt. Überdies sind sie die besten Freunde des Magens und des Verdauungsapparates – was ihre Verwendung in der Küche, also auf Fleisch, in Soßen und in Suppen rechtfertigt. Sie bekämpfen erfolgreich alle Arten von Krämpfen, angefangen vom Husten und Keuchhusten über Magenkrämpfe, Asthma und Schlaflosigkeit bis zu Herzklopfen. Sie sind harntreibend, daher kann man sie gegen Nieren- und Harnblasenschwächen, Harnverhaltung, Rheumatismus und Gicht verschreiben. Sie sind entwurmend und seien deshalb ganz besonders Kindern empfohlen, weil sie durch diese Pflanze gleichzeitig gestärkt und von ihren Parasiten befreit werden. Sie regeln den weiblichen Zyklus und wirken bestens gegen alle Störungen der Atmungsorgane, also gegen Katarrh, Angina, Bronchitis, Lungenentzündung und Rippenfellentzündung. Nach meiner langen Laufbahn als Phytotherapeut will ich dem Thymian und dem Quendel ganz besonders für ihre antiseptischen Kräfte danken, da sie mit ihrem Aroma, das sie ihrem Gehalt an Thymol oder „Thymiankampfer" verdanken, die Viren und Bakterien in der Luft beseitigen und auch Infektionskeime im Organismus zerstören. Daher kenne ich von Furunkeln bis Nervenfieber, vom Nagelgeschwür bis zur Tuberkulose keine einzige Mikrobenkrankheit, bei der diese zwei kleinen Pflanzen nicht Linderung bringen könnten. Es ist ganz selbstverständlich, daß Thymian und Quendel für harmlose Fälle ausreichen, bei schweren Fällen dagegen nur die Behandlung des Arztes unterstützen können.

Äußerlich angewendet können Thymian und Quendel nicht nur bei Beschwerden, wo die Desinfizierung wichtig ist (also bei Wunden, Abszessen, Geschwüren, Brandwunden usw.), sondern auch gegen Quetschungen, Verrenkungen, blaue Flecken, Gicht, Rheumatismus und Zahnschmerzen gute Dienste leisten. Man wird diese Arzneien je nach Fall in Kompressen, Verbänden, Lotionen usw. verabreichen müssen. Vollbäder mit Thymian und Quendel wirken gut gegen Rachitis. Örtliche Bäder mit diesen Pflanzen lindern bei Frauen den Schmerz in den Brüsten und heilen Augenentzündungen bei kleinen Kindern.

ERNTE

Der Quendel, den man auch wilden Thymian, Feldthymian, Quendelthymian, Zitronenquendel, Feldkümmel, Kostenz, Froschpoley, Hühnersalbe, Kundelkraut usw. nennt, wächst fast überall in Europa und blüht von Ende des Frühlings bis zum Herbst. Man erntet ihn in der freien Natur, wenn er am stärksten duftet, und läßt ihn, zu kleinen Sträußen gebunden, an einem gut gelüfteten Ort trocknen.

Der echte Thymian, auch gemeiner Thymian, römischer Quendel, Gartenquendel, Bienenkraut oder gemeiner Rainkümmel genannt, braucht südliche Sonne, um im Sommer seine hübschen kleinen Blüten zu entfalten. Ernten Sie ihn im Süden, während Ihrer Spaziergänge, und lassen Sie ihn ebenfalls, zu kleinen Sträußen gebunden, trocknen.

Wenn Sie ihn im Garten ziehen wollen (was natürlich besser ist, als ihn in irgendeinem Geschäft ohne jede Reinheitsgarantie zu kaufen), dann wählen Sie dafür leichten kalkigen und steinigen Boden, denn Feuchtigkeit mag er nicht. Kaufen Sie bei Ihrem Gärtner einige Thymianstöcke und setzen Sie diese am Südhang, wenn möglich im Schutz einer Mauer ein, die sie vor kalten Winden und vor dem grellen Licht schützt. Ernten Sie im Sommer, lassen Sie aber an einigen Trieben für das nächste Jahr Samenkörner ausbilden.

ZUBEREITUNG UND ANWENDUNG

Benützen Sie Quendel in der Küche so oft wie nur möglich. Für die übrige Anwendung hier einige Rezepte, jene für Thymian finden Sie auf den Seiten 290 f.

AUFGUSS

Geben Sie etwa zehn Quendelhalme in einen Liter Wasser und trinken Sie davon drei bis vier Tassen täglich.

KONZENTRIERTER AUFGUSS

Zur äußerlichen Anwendung: Geben Sie eine Handvoll Quendel in einen Liter Wasser; für Lotionen, Kompressen, Massagen usw. geeignet.

HAND- UND FUSSBÄDER, VAGINALSPÜLUNGEN

Gleiches Mengenverhältnis wie für den konzentrierten Aufguß.

QUENDELPULVER

Zerdrücken Sie einen Quendelzweig gründlich im Mörser oder unter einer Flasche; vermischen Sie das Pulver mit Honig; dies entspricht einer täglichen Dosis.

QUENDELLIKÖR

Lassen Sie drei oder vier getrocknete oder frische Pflanzenzweige in 1/4 Liter Branntwein liegen und nehmen Sie davon ab und zu einen Kaffeelöffel voll ein.

GEMISCHTER HEILTEE

Für Leberkranke: Nehmen Sie eine Prise Quendel und eine Prise Anis pro Tasse Wasser. Trinken Sie jeden Abend eine Tasse davon.

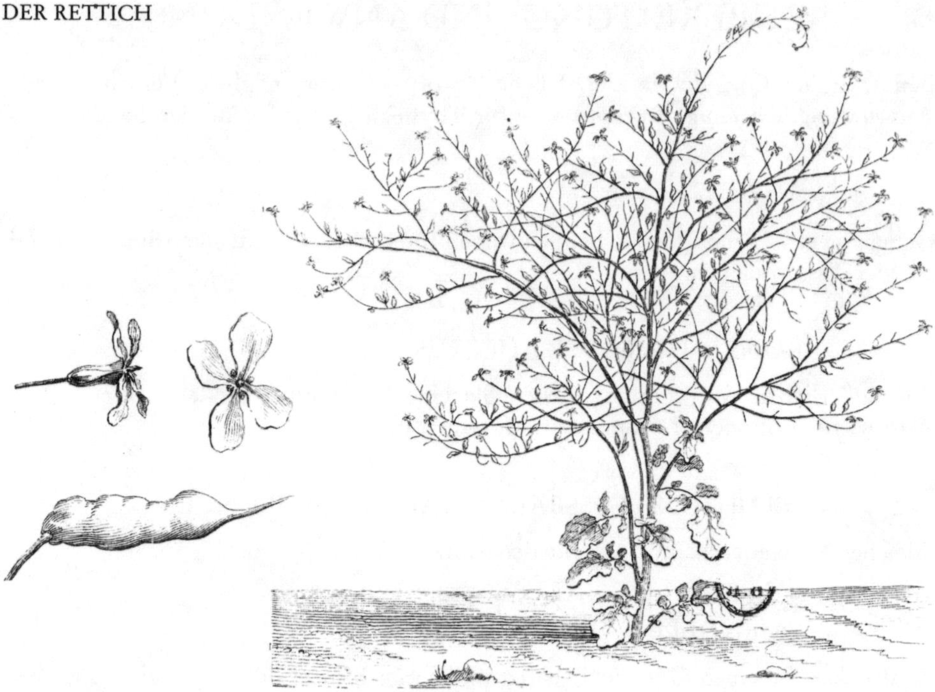

DER RETTICH

Raphanus sativus L.
Familie der Kreuzblütler;
weiße oder violette Blüten

Außen rot, innen weiß: der Rettich verkündet ganz klar, daß er zwei entgegengesetzte Wirkungen auf unseren Körper ausübt. Einerseits regt er den Appetit an und ist genau die richtige Vorspeise. Andererseits eignet er sich nicht für jeden Magen, denn er ist relativ schwer verdaulich.

Es gibt mindestens zwei Gattungen dieser Pflanze, die mit dem Kohl, der Rübe und dem Senf verwandt ist und zur Familie der Kreuzblütler gehört. Die eine ist der Ackerrettich, auch Hedrich und Kriebelrettich genannt; er wächst wild und gilt als Unkraut. Die andere, ein gezüchtetes Gewächs, ist der eigentliche Rettich oder Gartenrettich, von dem man viele verschiedene Arten kennt, die entweder rosa, weiß, rund, rübenförmig usw. sind. Der schwarze Rettich, dessen eßbare Wurzel bis zu 50 cm lang werden kann, wird oft fälschlich Meerrettich genannt. In Wirklichkeit ist er kein Meerrettich, sondern eben ein Rettich.

Im Frühling wächst der Ackerrettich reichlich auf allen Feldern, und manche davon bedeckt ein Teppich aus kleinen Blüten mit vier blaßgelben oder weißen, violett geäderten Blumenblättern. Die ausgeschnittenen und behaarten Rettichblätter sind für Tiere nicht sehr bekömmlich, denn sie reizen die Schleimhäute des Verdauungssystems; aber gekocht können sie als Gemüse verzehrt werden. Seine Samenkörner – sie reifen im Sommer – dienen bei der Herstellung von Senfpflaster (namentlich gegen Rheumatismus) als gutes Ersatzmittel für Senfkörner.

Der Gartenrettich war schon den alten Ägyptern wohlbekannt: die Sklaven, die die Pyramiden bauten, knabberten Rettiche, mit denen die Pharaonen sie genauso versorgten wie mit Knoblauch und mit Zwiebeln. Der rosafarbene Rettich ist hauptsächlich appetitanregend, wirkt aber auch gegen Skorbut, ist harntreibend und kann die Beseitigung von lästigem Schleim im Atmungsapparat beschleunigen. Der schwarze Rettich besitzt die gleichen Eigenschaften, ist aber außerdem noch besonders zu empfehlen in Fällen von Bronchitis, Keuchhusten, Rheumatismus, Erkrankungen des Harnapparates und Leberkoliken. Ich kannte eine alte Frau, die Harn- und Nierensteine mit dem Saft des schwarzen Rettichs behandelte; sie höhlte den Rettich ziemlich tief aus, füllte ihn mit Honig und ließ ihn dann über einem Gefäß „schwitzen".

ERNTE

Pflücken Sie die Blätter des Ackerrettichs im Frühling, um daraus Suppe zu bereiten, ebenso wie aus den Blättern des Gartenrettichs. Sammeln Sie seine Samenkörner im Sommer ein. Züchten Sie den rosafarbenen oder schwarzen Rettich in Ihrem Garten: Säen Sie im Frühling den Samen recht dicht und säen Sie Anfang des Sommers ein zweitesmal.

ZUBEREITUNG UND ANWENDUNG

SENFPFLASTER

Aus Ackerrettichkörnern: Gleiches Verfahren wie mit schwarzen Senfkörnern. Siehe unter Senf.

AUFGUSS ODER ABSUD

Aus Rettichblättern (rosa oder schwarz): Zwei Handvoll frischer Blätter auf einen Liter Wasser; trinken Sie davon zwei Tassen.

BREIUMSCHLÄGE

Aus der Rinde des schwarzen Rettichs: Umschläge auf die kranken Körperstellen legen: Füße (Schlaganfall), Brust (Husten, Bronchitis), Schultern, Handgelenke oder Knie (Rheumatismus) usw.

DIE RINGELBLUME

Calendula officinalis L.
Familie der Korbblütler;
leuchtend orange Blüten

Die vollen orangefarbenen Blüten der Ringelblume öffnen sich beim Tagesanbruch, als wollten sie die Kraft der Sonne begrüßen. Es gibt zwei Arten von Ringelblumen, eine gezüchtete mit doppelten Blüten, und eine wilde, die etwa in Weinbaugebieten wächst. Ihre Vorzüge und ihr Aussehen sind gleich. Sie haben längliche, kaum gezackte Blätter und orangefarbene Blüten, die sich um neun Uhr morgens öffnen und am Nachmittag um fünf Uhr wieder schließen; der Unterschied besteht nur darin, daß die gezüchtete Gattung viel reichlicher mit „Blumenblättern" versehen ist (für die Botaniker sind es echte Blüten). Obwohl die Ringelblume lange Zeit mit dem Löwenzahn verwechselt wurde, haben die heiligen Hildegard und Albertus Magnus sie im Mittelalter bereits sehr gut gekannt. Sie verschrieben diese Blume gegen Darmstörungen, Leberbeschwerden, Insektenstiche und Schlangenbisse. Im 16. Jahrhundert empfahl ein italienischer Arzt die Ringelblume erstmals zur Herstellung von Augentropfen gegen Bindehautentzündung und gegen allgemeine Augenentzündungen.

Heute weiß man, daß diese Pflanze anregend und krampflösend wirkt und daher bei Asthma, Husten, Herzklopfen, Schlaflosigkeit und Angstzuständen verwendet werden kann. Ihre Wirkung auf Leber- und Gallensekretion ist erwiesen. Man hat ihre harntreibenden, blutreinigenden, abführenden und schweißtreibenden Vorzüge schon früh klar erkannt, hat die vernarbenden Eigenschaften – bei Wunden, Quetschungen, Frostbeulen, Brandwunden, Ekzemen, Milchschorf, Geschwüren, Furunkel, Hühneraugen, Warzen und Akne –, die sie bei äußerlicher Behandlungsmethode entfaltet, gerühmt. Auch ihre Wirkung bei hartnäckigem Erbrechen wurde oft erwähnt

Junge Mädchen, aber auch Frauen, die sich den Wechseljahren nähern, sollten vertrauensvoll zur Ringelblume greifen, wenn es darum geht, die Menstruation zu regeln, unnatürliche Unterbrechungen des Zyklus zu beseitigen, allzu starke Blutungen zu schwächen usw. Eine Kur mit Ringelblumen eine Woche vor dem vermutlichen Eintritt der Regel, und der beschwerdelose Ablauf der Periode ist gesichert.

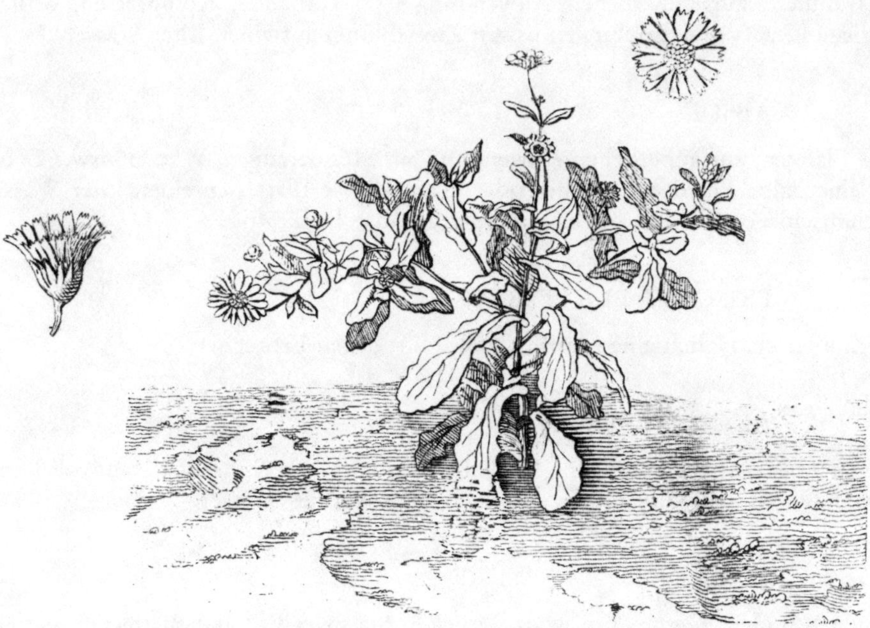

ERNTE

Pflücken Sie die Blüten und die Blätter der Ringelblume in den Morgenstunden, noch ehe die schönen, orangefarbenen Kelche sich entfaltet haben. Verwenden Sie entweder frische Pflanzenteile, oder lassen Sie die Ringelblume an einem gut gelüfteten Ort im Schatten trocknen. Züchten Sie diese Pflanze in Ihrem Garten: sie ist eine Augenweide und bürgt für Gesundheit. Säen Sie die Samenkörner im Frühling, und Sie können sich fast das ganze Jahr an den Blumen erfreuen.

ZUBEREITUNG UND ANWENDUNG

AUFGUSS

Aus Blüten: Nehmen Sie eine Blüte pro Tasse. Trinken Sie davon zwei bis drei Tassen täglich.

HAND- UND FUSSBÄDER

Nehmen Sie drei Blüten pro Liter Wasser.

ABSUD

Aus Blüten, zur äußerlichen Anwendung (für Verbände, Kompressen, örtliche Auflegungen, Vaginalspülungen usw.): Zwei Blüten auf einen Liter Wasser.

ABSUD

Aus Blättern, zur äußerlichen Anwendung auf Hühneraugen, Warzen usw.: Geben Sie eine halbe Handvoll frischer oder getrockneter Blätter in einen Liter Wasser. Breiumschläge mit frischen Blättern sind genauso heilkräftig.

FRISCHER BLÄTTERSAFT

In Kräutertee, täglich einen Kaffeelöffel. Hilft gegen Erbrechen.

AUGENTROPFEN

Gegen Augenkrankheiten: Eine Ringelblumenblüte und eine halbe Handvoll Kornblumenblüten und Salbeiblüten auf einen Liter warmes Wasser.

POMADE

Gegen Wunden, Geschwüre usw.: Drücken Sie zwei Eßlöffel Blättersaft aus und vermischen Sie ihn gründlich mit 500 Gramm Butter.

DIE ROSE

Rosa gallica L.
Familie der Rosengewächse;
rote Blüten

Die Rose ist eine Welt für sich: vollkommen, schön, zauberhaft in Blüte und Duft. Für so viel Herrlichkeit auf einem Fleck gibt es kaum passende Worte. Der unvergleichliche Samt ihrer Blütenblätter läßt sich nicht beschreiben, ebensowenig die makellose Geometrie ihrer smaragdgrünen Blätter, das schmelzende Gold ihrer weich in die feuchte Höhlung der Blütenkrone geschmiegten Staubfäden. Ich weiß noch sehr gut, wie ich sie eines Tages, als ich noch ein Kind war, zur „Königin der Blumen“ ernannte. Damals wußte ich noch nicht, daß ich meiner Freundin, der Rose, den gleichen Titel verlieh, den ihr die leidenschaftlichste aller griechischen

Dichterinnen, die göttliche Sappho, siebenundzwanzig Jahrhunderte vorher schon gegeben hatte.

Aber die Rose ist auch für Botaniker, Chemiker, Phytotherapeuten und für alle, die ihre erstaunlichen Kräfte nützen wollen, bedeutend. Man zählt nicht weniger als siebzig wilde Rosenarten (Heckenrosen), von denen etwa vierzig aus Europa stammen. Und die Zahl der gezüchteten Arten geht in die Tausende. Die Rose blüht in den phantastischsten Farben: fast Purpur, zartes Rosa, strahlendes Gelb, Orange, helles Violett, Rubin und Saphir. Soviel Schönheit hat ihren Preis. Manche verlieren dabei ihren Duft. Manche wurden durch Kreuzungsversuche übel zugerichtet, mit allzu vielen Giftstoffen besprüht und viel zu stark mit chemischen „Verbesserern" gedüngt. Schließlich büßen sie für immer ihre wertvollen medizinischen Qualitäten ein.

Auf dem Land der Mességués, wo freiere, duftendere und stärkere Blumen wachsen als irgendwo sonst, habe ich gelernt, daß das Einfache alles andere aufwiegt. Ich werde hier von der roten Rose sprechen, denn ihre therapeutische Verwendung ist wesentlich.

Man nennt sie auch französische Rose, Samtrose, Bandrose oder Zuckerrose. Die einfachste Art dieser Gattung gedeiht meist auf kalkigen Böden: hier entwickelt sie bis zur Vollkommenheit die Wirkstoffe ihrer breiten, leuchtendroten Blüten, die zwischen dunklen, dichten und glänzenden Blättersträußen aus drei oder fünf gezähnten Blättchen wachsen. Die Kreuzritter brachten die Rose aus dem Orient nach Europa. In der darauffolgenden Zeit haben die Gärtner drei der schönsten Gartenrosen gezüchtet: die Centifolienrose, die weiße Rose und die Burgunderrose. Schon die griechischen Ärzte kannten sie und verschrieben sie als Tonikum. Die schönen Römerinnen rieben ihren Körper nach dem Bade mit Rosenpulver ein, sie strichen Rosenöl auf ihre Augenlider, um ihnen Glanz zu verleihen, und sorgten mit Pastillen aus Rosenblättern, Myrrhe und Honig für frischen Atem. Die arabischen Ärzte wußten nur Gutes über diese Pflanze zu berichten: Avicenna versicherte, daß er Blutspucken allein durch die Verwendung von Rosenkonfitüre, *azuccar* oder *zuccar* genannt, geheilt habe. Die Apotheker empfahlen im Mittelalter Schwindsüchtigen pfundweise rote Rosen.

Ich hatte tausendmal Gelegenheit, die erstaunlichen Wirkungen dieser Königin der Blumen festzustellen. Ein leichter Aufguß aus ihren Blütenblättern ist, zur rechten Zeit getrunken, ein unfehlbares Mittel gegen Halsschmerzen, Verschleimungen in der Nase und den Bronchien, hartnäckige Entzündungen des Verdauungssystems, Durchfall und Ruhr. Wenn die Darmflora durch Einnahme allzuvieler Antibiotika zerstört worden ist, dann sollte man unbedingt mit einem Aufguß aus Blütenblättern eine gründliche Kur machen. Gewöhnlich erleichtert er auch die Beschwerden von Frauen, die an Weißfluß und anormalem Blutverlust leiden; in diesem Falle wirkt eine Vaginalspülung verläßlich. Ein starker Aufguß und Rosensirup kräftigen die Lunge und sind obendrein gute allgemeine Stärkungsmittel. Ich empfehle sie ganz besonders allen Stadtbewohnern, die um ihre Lunge besorgt sind, sowie Rekonvaleszenten und älteren Menschen. Auch kleinen Kindern geben sie Widerstandskräfte und reichern die Abwehrstoffe gegen Krankheiten an. Rosenhonig und Rosenkonfitüre dienen ähnlichen Zwecken, ihre Wirkung ist aber stärker, intensiver. Trotzdem bewahrheitet sich auch hier der Satz: *primum non nocere*, „in erster Linie nicht schaden"!

Ich habe die Osmosebehandlung durch eine Lösung immer sehr gerühmt. Mein Vater hat mir das Geheimnis dieser Behandlung weitergegeben; aber niemals hat mir diese Behandlung mehr Freude bereitet, als mit meiner Rose. Ein reicher Industrieller, der eine Handvoll Rosenblätter ständig in sein Badewasser gab, bemerkte, daß sein Rheumatismus verschwand. Diese Entdeckung hatten auch meine Vorfahren gemacht, und vielen Kranken, die an Arthritis litten, haben sie geholfen. Nach einiger Zeit konnten sie wieder so herumlaufen wie mit zwanzig Jahren.

Die Rose besitzt aber noch andere Fähigkeiten. Der Aufguß aus Blütenblättern (mit Wasser oder mit Wein), der Rosenessig und der Absud aus Rosenblüten sind ausgezeichnete Lotionen für Leber, Darmtrakt und Nerven.

Zwischen Rosen und der weiblichen Schönheit hat es immer eine Beziehung gegeben. Für die tägliche Hautpflege, für die Reinigung des Gesichtes und zur Vorbeugung und Beseitigung von Falten gibt es nichts Besseres als Rosenwasser. Nichts wirkt gründlicher gegen Serborrhoe (krankhafte Absonderung der Talgdrüsen), Akne und Mitesser. Aber das ist noch nicht alles: Rosenwasser heilt auch kleine Wunden, Quetschungen, Verstauchungen und Verrenkungen. Und nichts – außer der Kornblume vielleicht – ist besser für kranke und tränende Augen. Ich erwähne nur nebenbei die Gurgelwasser (gegen Entzündungen in Mund und Rachen), die Rosenumschläge und Rosensäckchen (gegen Ödeme), die in Wein gekochten Rosen (gegen Geschwüre) und schließlich die Rosensalbe oder Rosenpomade (für den schönen Teint, besonders im Sommer, wenn die Haut unter der Sonne spröde wird, und gegen Risse im Winter).

ERNTE

Wenn man im Süden wohnt, kann man Rosen natürlich in der freien Natur pflücken – dort, wo diese Natur noch den Giften widerstehen konnte, um deren Erzeugung die Menschheit sich bemüht. Aber gewöhnlich wird die Samtrose gezüchtet. Sie rankt gerne an Hausmauern, bildet Hecken und steht auch zwischen felsigem Gestein. Pflanzen Sie sie in leichten Boden, nachdem Sie die Wurzeln mit der Gartenschere beschnitten und bis auf ein oder zwei Ansätze gestutzt haben. Die Blütenblätter müssen bei trockenem Wetter gepflückt werden, wenn sie noch knospen. Man schüttelt die Staubfäden heraus, schneidet den Nagel ab (den unteren, gelblichen Teil des farbigen Blattes) und läßt sie schnell im Schatten trocknen. Wenn Sie die Kelchblätter richtig behandelt haben, dann bleibt ihre kräftige Farbe erhalten, und ihr Geruch wird mit jedem Tag reiner. Alles muß nun in einer Blechdose oder einem hermetisch verschlossenen, getönten Einmachglas aufbewahrt werden, und vergessen Sie nicht, daß die Pflanzen nach drei oder vier Monaten gut die Hälfte ihrer Heilkraft verlieren.

ZUBEREITUNG UND ANWENDUNG

AUFGUSS

Leichter Aufguß: Eine halbe Handvoll getrockneter Blütenblätter auf einen Liter kochendes Wasser; trinken Sie davon eine Tasse vor jeder Mahlzeit.

Gleiches Mengenverhältnis für den Absud und Aufguß mit Wein. Konzentrierter Aufguß: Eine Handvoll getrockneter Blütenblätter auf einen Liter kochendes Wasser; trinken Sie davon zwei Tassen täglich.

SIRUP

Zwei Handvoll getrockneter Blütenblätter in ein Gefäß geben, einen halben Liter kochendes Wasser darübergießen, anschließend 24 Stunden lang auf kleiner Flamme ziehen lassen. Schließlich durch ein Tuch abseihen und mit 500 Gramm Zucker langsam kochen lassen. Nehmen Sie davon zwei bis vier Suppenlöffel täglich.

ROSENHONIG ODER RHODOMEL

Zehn Handvoll getrockneter Blütenblätter in ein Gefäß geben, zwei Liter kochendes Wasser darübergießen und 12 Stunden lang auf kleiner Flamme ziehen lassen. Schließlich durch ein Tuch seihen, die erhaltene Flüssigkeit mit 1,5 kg weißem Honig mischen und auf kleiner Flamme kochen lassen. Zuletzt den Schaum entfernen und filtern. (Für Gurgelwasser, Klistiere usw.)

ROSENESSIG

Weichen Sie zehn Handvoll getrockneter Blütenblätter in vier Liter bestem roten Weinessig ein. Stellen Sie das Gefäß 15 bis 20 Tage lang in die Sonne (bei milder Temperatur einen Monat lang), und filtern Sie abschließend. Eignet sich zur äußerlichen und innerlichen Anwendung; für Lotionen, Gurgelwasser und Augentropfen.

EINGEMACHTE ROSEN

Zerstoßen Sie die getrockneten Blütenblätter in einem Mörser, geben Sie das dreifache Gewicht an Zucker hinzu, und gießen Sie soviel Rosenwasser darüber, daß Sie eine zähe Masse mit der Konsistenz des Honigs erhalten. Geben Sie zwei oder drei Löffel Arzneiglyzerin dazu und nehmen Sie davon zwei bis fünf Suppenlöffel täglich.

ROSENKONFITÜRE

Lassen Sie die frischen Blütenblätter zwei bis drei Stunden lang bei geringer Hitze mit einer gleichen Menge Zucker und etwas klarem Wasser kochen. Geben Sie am Ende der Kochzeit den Saft von einer Zitrone dazu.

ROSENSALBE ODER ROSENPOMADE

Nehmen Sie 250 Gramm Schmalz und 250 Gramm frischer Rosen. Mischen Sie beides und lassen Sie es sechs bis sieben Tage lang einweichen. Dann kochen Sie es bei geringer Hitze und drücken schließlich die Mischung durch ein Tuch, um ein möglichst reines Produkt zu erhalten. (Äußerlich anwenden.)

IN WEIN GEKOCHTE ROSEN

Geben Sie einen Teil getrockneter Blütenblätter in 16 Teile kochenden Rotwein und lassen Sie 1/2 Stunde lang ziehen. Eignet sich zur äußerlichen Anwendung gegen Geschwüre.

ROSENWASSER

Pflücken Sie die Köpfe der am intensivsten duftenden Rosen ab und lassen Sie sie ein wenig trocknen, legen Sie sie in einer dicken Schicht auf ein feines Tuch, das über die Öffnung eines Gefäßes gespannt wurde, und bedecken Sie dies mit einigen dicken Papierblättern. Stellen Sie ein Tongefäß voll glühender Holzkohle auf das Papier: durch die Hitzeeinwirkung wird das wertvolle Rosenwasser tropfenweise in das untere Gefäß gefiltert. Eignet sich für alle Arten von Schönheitspflege: Falten, geschwollene Augen, kranke Haut usw., auch zum Abschminken.

DER ROSMARIN

siehe Farbtafel XXV
Rosmarinus officinalis L.
Familie der Lippenblütler

Man nennt ihn auch Meertau, Weihrauchkraut oder Weihrauchwurz, und dieses Bäumchen verdient es auch, so hübsche Namen zu tragen, denn es ist ganz bezaubernd anzusehen. Der „Fürst der aromatischen Pflanzen", wie er manchmal auch genannt wurde, spielte bei den Zeremonien der Antike eine bedeutende Rolle: den jungen Bräuten flocht man Kränze daraus, und er war das gemeinsame Symbol der Ehe, der Liebe und des Todes . . . Im alten Ägypten ließen die Pharaonen einen Rosmarinzweig in ihre Gräber legen, um ihre Reise ins Land der Seelen mit seinem Duft zu versüßen. Im 14. Jahrhundert schenkte er einer Königin unerwartetes Liebesglück: die alte Elisabeth von Ungarn, die damals 72 Jahre zählte und an Gicht und Rheumatismus litt, wurde durch ihn wieder so jung, daß der König von Polen auf der Stelle um ihre Hand anhielt! Darauf begann man überall, das vorzügliche „Wasser der Königin von Ungarn" zu preisen. Madame de Sévigné, eine andere berühmte Persönlichkeit, die an Rheumatismus litt, schrieb, daß sie hell davon begeistert sei und daß es „jeden Kummer trösten könne" . . .

Ich liebe den Duft des Rosmarins in der Heide. Ich liebe es, an der Biegung eines Weges diesem Bäumchen zu begegnen, das von der starken Sonne genährt wird. Und wenn ich mich hinabneige, um die elegante Form seiner kleinen, oben grünen und auf der unteren Seite ganz silbrig beflaumten Blätter genauer zu betrachten, scheint mir, daß seine blaßblauen, manchmal beinahe weißen Blüten alle Freuden dieser Welt besingen. Der Honig von Narbonne hat den Duft des Rosmarins, und gerade diesen esse ich am liebsten. Ich rate Ihnen dringend, dem Rosmarin einen Ehrenplatz in Ihrer Küche einzuräumen – für Ihre Soßen, für Suppen mit aromatischen Kräutern oder zum Bestreuen von Koteletts. Und heben Sie immer einen großen Rosmarinstrauß für Ihre Naturapotheke auf. Der Rosmarin ist in erster Linie ein unvergleichliches Anregungsmittel. Ich habe Dutzenden von Blutarmen, Rekonvaleszenten, Greisen, Erschöpften, Neurasthenikern und Depressiven mit Rosmarinaufguß und Rosmarinbädern in wenigen Tagen neue Kraft gegeben. Aber dieses Wunderkraut, das einer Königin wieder ihre Jugend zurückgab, besitzt mehr als nur eine gute Eigenschaft. Es ist harntreibend, heilt Rheumatismus, Gicht und beseitigt Harnsteine, Nierenkoliken und Harnverhaltung. Es ist krampfstillend: ich empfehle es gegen Husten, Keuchhusten, Asthma, Herzklopfen, Nervosität, Angstgefühle, Schlaflosigkeit und gegen nervös bedingte Migräne. Außerdem ist es verdauungsfördernd und gallentreibend (das bedeutet, daß es die Gallensekretion anregt und die Leberfunktion unterstützt). Es wirkt gegen Würmer. Rosmarin ist ein Freund der Frauen, denn er bekämpft Hautbeschwerden, wird zur Herstellung von Eau de Cologne und von zahlreichen anderen Duftstoffen verwendet, regelt die Menstruation und heilt Weißfluß.

Bei äußerlicher Anwendung empfehle ich diese Pflanze für Ödeme, Schlagwunden, Quetschungen, Verrenkungen und Verstauchungen. Sie beschleunigt die Wundvernarbung und heilt Mundentzündungen (Gurgelwasser), Durchfall (Klistier) und Erkrankungen der weiblichen Geschlechtsorgane (Vaginalspülungen).

ERNTE

Auf den Heiden der Mittelmeergebiete blüht der Rosmarin praktisch während des ganzen Jahres. Pflücken Sie ganze Zweige und lassen Sie diese in kleinen, aufgehängten Sträußen im Schatten trocknen. Im Garten gedeiht er sogar in relativ nördlichen Gebieten ziemlich gut. Wenn Sie für ihn die beste Sonnenlage sowie leichten und wenig feuchten Boden wählen, wird er erst zwischen Juni und Juli blühen, und jetzt sollten Sie ihn auch ernten. Wenn Sie guten Rosmarin kaufen wollen, dann wenden Sie sich an eine verläßliche Kräuterhandlung, denn er wird heute von manchen Schwindlern mit Chemiedünger und Giftstoffen industriell gezogen.

ZUBEREITUNG UND ANWENDUNG

AUFGUSS UND ABSUD

Eine halbe Handvoll (krampfstillend) oder eine gute Handvoll (anregend) Rosmarin auf einen Liter Wasser. Trinken Sie je nach der gewünschten Wirkung (beruhigend oder belebend) eine bis drei Tassen täglich.

HAND- UND FUSSBÄDER

Nehmen Sie eine gute Handvoll blühender Zweige pro Liter Wasser; wirkt besonders gegen Rheumatismus.

KONZENTRIERTER AUFGUSS

Zur äußerlichen Anwendung als Gurgelwasser, Klistiere, Vaginalspülungen, Einreibungen gegen Verstauchungen usw.: Nehmen Sie eine und eine halbe Handvoll blühender Zweige pro Liter Wasser.

ROSMARINWEIN

Lassen Sie eine Handvoll Pflanzen in einem Liter Rotwein (48 Stunden lang) oder Weißwein (24 Stunden lang) einweichen. Zu jeder Mahlzeit ein kleines Glas voll als Harntreibemittel.

ROSMARINTINKTUR

Weichen Sie eine Handvoll Pflanzen in 1/4 Liter Branntwein ein. Nehmen Sie davon täglich einen Kaffeelöffel ein.

DAS WASSER DER KÖNIGIN VON UNGARN

Stellen Sie eine Rosmarintinktur und, nach der gleichen Methode, eine Lavendeltinktur her. Mischen Sie drei Teile Rosmarintinktur mit einem Teil Lavendeltinktur.

Innerliche Anwendung: Nehmen Sie davon einen Kaffeelöffel täglich ein – nur für Erwachsene!

Äußerliche Anwendung: Für Friktionen, Massagen usw., gegen Rheumatismus, Gicht, unbestimmte Schmerzen.

POMADE

Gegen Schmerzen: Zwei Suppenlöffel Olivenöl, zwei Suppenlöffel Tannenharz und zwei Suppenlöffel Bienenwachs bei sehr geringer Hitze schmelzen lassen und einen Kaffeelöffel Rosmarintinktur dazugeben.

GEMISCHTER AUFGUSS

Gegen Asthmaanfälle: Geben Sie eine Prise Rosmarin, eine Prise Orangenblüten, eine Prise Thymian und eine Prise Quendel in eine Schale mit kochendem Wasser und trinken Sie morgens davon.

DIE RÜBE

Brassica napus L.
Familie der Kreuzblütler;
gelbe Blüten

Dieses Gemüse ist voller guter Eigenschaften: köstlicher Geschmack, hoher Nährwert und bemerkenswerte medizinische Qualitäten. Die Rübe ist nichts anderes als ein etwas seltsamer Kohl, der, anstatt viele Blätter zu treiben, entweder nichts als Wurzeln oder nichts als Samenkörner ausbildet. Man unterscheidet viele Varianten, die man auf fünf Grundformen zurückführen kann: drei Rassen mit dicken Wurzeln (die eigentliche Rübe, die Steckrübe und die gelbe Rübe), und zwei Rassen mit schlanken Wurzeln (der Raps und der Rübsen). Die drei ersten werden natürlich wegen ihrer dicken unterirdischen Pfahlwurzeln gezüchtet, die mit Reservestoffen, also mit Nahrung gefüllt sind. Die beiden folgenden dienen zur Produktion von Samenkörnern – die man entweder Tieren gibt oder auspreßt, um daraus Öl zu gewinnen. Der Rübenkohl und sein Verwandter, der Kohlrabi, gehören zu einer anderen Gattung. Bei der Verwendung von Rapsöl ist Vorsicht geboten. In großen Dosen (z. B. als Speiseöl) ist es auf die Dauer schädlich. Aber in kleinen Mengen und nur von Zeit zu Zeit eingenommen, wirkt Rapsöl wie ein gutes Schmiermittel für die Maschinerie des Körpers. Es lindert und führt ab. Bei uns sagt man sogar, daß es den Schock überwinden hilft, den Schlangenbisse erzeugen. Äußerlich aufgetragen bildet es überhaupt keine Gefahr mehr, und ich empfehle sehr, es beim Verbinden von Wunden und Schnittwunden zu verwenden. Auch Rüben- und Kohlblätter tun gleiche Dienste, sind aber weniger aktiv. Außerdem zeigt die Wurzel der Pflanze, die man in der Suppe, im Fleischtopf oder zur traditionellen Ente ißt, einen außerordentlichen Reichtum an Vitaminen, Zuckern und mineralischen Salzen. Ihren Kindern geben Sie soviel, wie sie davon haben wollen, denn es ist sicherlich eins der gesündesten Gemüse. Gerieben, in Milch eingeweicht und dann mit Honig gesüßt, bildet sie eine vorzügliche Arznei gegen Husten, Bronchitis, Angina, Rippenfellentzündung, Lungenentzündung, Asthma und Keuchhusten. Im Absud, als Sirup usw. hilft sie ebenfalls ausgezeichnet. Gekocht, zerdrückt und dann wie ein Breiumschlag äußerlich aufgelegt, lindert sie Gelenkschmerzen von Rheuma- und Gichtkranken, wirkt gegen Furunkel und Abszesse und heilt Frostbeulen bemerkenswert schnell.

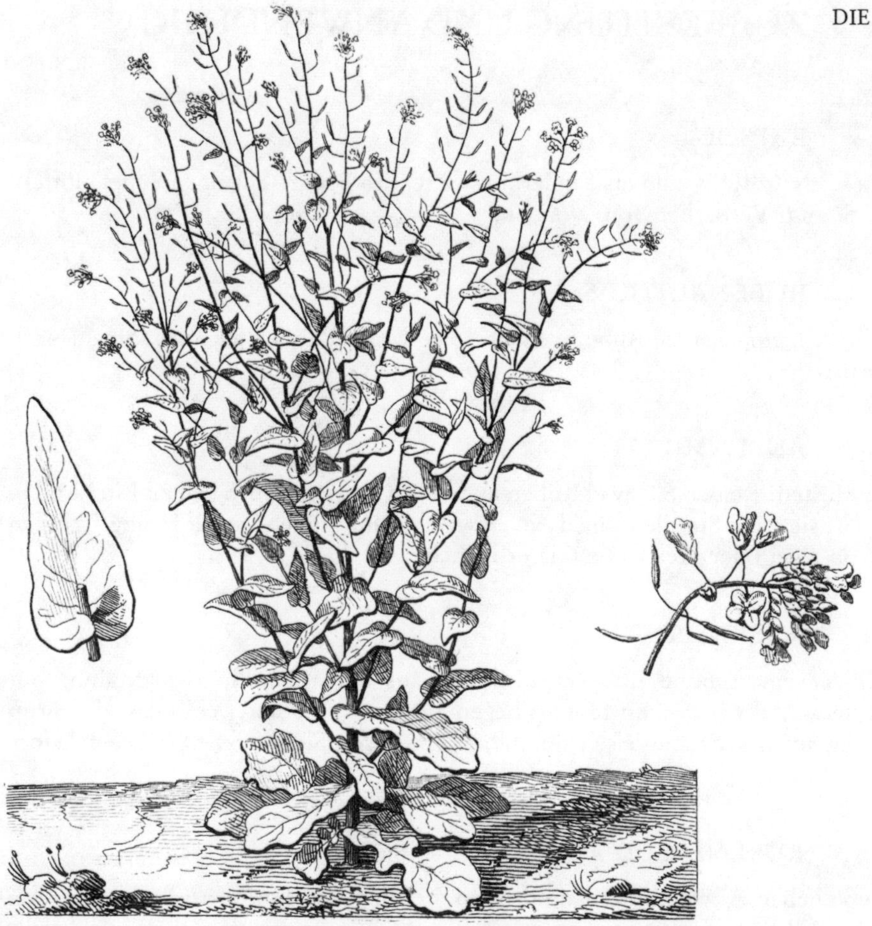

ERNTE

Rübenanbau ist einfach und vor allem empfehlenswert, schon in Anbetracht der künstlich gedüngten und gezüchteten Ware, die auf den Markt kommt. Da muß ich Ihnen unbedingt diese kleine Geschichte erzählen: Ein Bauer bedauerte, daß jedes Jahr etwa zehn Prozent seiner Rapsernte die Beute von „schädlichen“ Insekten wurden. Er beschloß, nun große Mengen von Insektenvertilgungsmitteln einzusetzen. Wissen Sie, welchen Prozentsatz seiner Ernte er im folgenden Jahr verlor? 100 Prozent. Denn die Rapsblüten befruchten sich nicht selbst: um Körner zu tragen, müssen sie ihren Blütenstaub austauschen, und die Bienen erledigen diese feine Arbeit. Weil er, um zehn Prozent mehr zu gewinnen, seinen Acker mit Insektenvertilgungsmitteln überschwemmte, hatte der Bauer alles verloren . . .

ZUBEREITUNG UND ANWENDUNG

RAPSÖL

Innerlich, als Abführ- und als Linderungsmittel (im Bedarfsfall einen Suppenlöffel). äußerlich zum Vernarben von Wunden.

RÜBENAUFGUSS

Eine dicke, kleingehackte Rübe in einem Liter Wasser. Süßen Sie mit Honig. (Nach Belieben.)

RÜBENMILCH

Gegen Husten: Reiben Sie zwei Rüben und geben Sie sie in einen halben Liter Milch. Lassen Sie sie sechs Stunden lang darin einweichen und süßen Sie mit Honig. Trinken Sie davon zwei oder drei große Gläser täglich.

RÜBENSIRUP

Höhlen Sie eine schöne Rübe ziemlich tief aus und füllen Sie die Höhlung mit kandiertem Zucker oder mit Honig. Legen Sie Ihre Rübe unter ein Glas: der Sirup wird langsam das Fruchtfleisch durchdringen. Essen Sie davon täglich ein halbes Glas.

RÜBENABSUD

Zur äußerlichen Anwendung: Kompressen, beruhigende Lotionen: Reiben Sie drei oder vier Rüben und geben Sie sie in einen Liter Wasser.

BREIUMSCHLÄGE

Aus Rüben: Lassen Sie Ihre Rüben lange kochen und drücken Sie sie durch die Kartoffelpresse. Legen Sie den so erhaltenen Brei auf die zu behandelnden Stellen.

DER SALBEI

siehe Farbtafel XXVI
Wiesensalbei
Salvia pratensis L.
Familie der Lippenblütler

Sein Name allein beinhaltet bereits seine Wirkung: er kommt aus dem lateinischen *salvare,* auf deutsch „heilen". Der Salbei bietet Ihnen die Möglichkeit, jene Zeit, die Ihnen auf Erden bemessen ist, angenehm, das heißt bei guter Gesundheit zu verbringen. War es nicht bereits diese Pflanze, die der griechische Arzt Dioscorides gegen so unterschiedliche Beschwerden wie Blutungen, Schnittwunden, Fieber, Harnsteine und Unregelmäßigkeiten beim Zyklus der Frauen verschrieben hatte? Und rieten nicht schon die Kapitulare Karl des Großen, Salbei an der günstigsten Stelle des Gartens zu ziehen?

Die heilige Hildegard betrachtete im 12. Jahrhundert den Salbei als wahres Allheilmittel. Während der großen Pestepidemie von Toulouse im Jahre 1630 begannen einige gewitzte Diebe ohne Furcht vor Ansteckung die Leichname auszuplündern. Sie wurden gefaßt; für die Preisgabe des Geheimnisses, wie sie frei von der Pest blieben, wollten die Ratsherren ihnen das Leben schenken. Sie gestanden, Salbei, ein wenig Thymian, Lavendel und Rosmarin in Essig eingelegt und sich zum Schutz gegen die Infektion den ganzen Körper damit eingerieben zu haben. Als ein Jahrhundert später in Marseille wieder eine Epidemie ausbrach, folgten andere Gauner diesem Beispiel, gaben aber auch Knoblauch in ihre antiseptische Lotion; seit dieser Zeit gehört der „Essig der vier Diebe" zu den Rezepten der Naturheillehre. Zur Nachahmung – etwa bei einer Grippeepidemie – wärmstens empfohlen!

Der Salbei birgt tatsächlich alle Heilkräfte der Familie der Lippenblütler in sich, zu der auch der Thymian, die Minze und die Melisse gehören. Er wird in zahlreiche Arten eingeteilt, in den Mohrensalbei, Wiesensalbei, Goldsalbei, wollkrautblättriger Salbei, deren Merkmale alle gleich sind: weiche, in sich gemusterte Blätter und seltsame, wie ein offener Vogelschnabel geformte Blüten mit einer zweispitzigen „Zunge" (in Wirklichkeit der Blumengriffel, der im Herzen dieser hübschen Blütenkronen verankert ist). Die beiden häufigsten und nützlichsten Arten sind der Königssalbei, auch Gartensalbei, Edelsalbei, Tugendsalbei, Kreuzsalbei oder gemeiner Salbei genannt, der hauptsächlich im Süden wächst, den man im Garten aber mühelos ziehen kann, und der römische Salbei oder Gartenscharlach, Wetterdamm, Muskatellerkraut, stinkender Salbei oder auch Johanniskraut genannt, der überall dort gedeiht, wo Wein angebaut wird, und zwischen den knotigen Rebstöcken übrigens sehr häufig anzutreffen ist.

Der Salbei, von dem man die Blätter und die Blüten verwenden kann, ist in erster Linie anregend: er aktiviert den Blutkreislauf und unterstützt die Funktion des Nervensystems. Ich empfehle ihn allen überarbeiteten Menschen – namentlich Intellektuellen und Studenten, die in der Prüfungszeit stehen –, Blutarmen,

Rekonvaleszenten, Hypernervösen, Neurasthenikern und Deprimierten. Eine Frau, die an starker nervöser Depression litt, hat nach einer intensiven Salbeikur, die ich ihr verschrieben hatte, in wenigen Wochen ihre ganze Spannkraft wiedergefunden. In zweiter Linie verhält die Pflanze sich wie ein kräftiges Tonikum: Sie beruhigt wiederholtes Erbrechen und Durchfall und unterstützt die Magen- und Darmtätigkeit besser als jede andere. Wegen ihrer adstringierenden Eigenschaften verwendet man sie gegen Blutergüsse, Blutungen, ungewöhnlichen Blutverlust bei Frauen, Weißfluß und Husten. Ihre harntreibenden, krampfstillenden oder aufbauenden Eigenschaften lindern so lästige oder ernste Beschwerden wie Harnverhaltung, Nierenträgheit, Ödeme, Gicht, Rheumatismus und Migräne.

Damit ist die Liste der Vorzüge des Salbeis noch nicht erschöpft. Er kann auch Fieber senken und hemmt unangenehme nächtliche Schweißausbrüche, die bei vielen Infektionskrankheiten auftreten. Er wirkt vorzüglich auf den empfindlichen weiblichen Geschlechtsapparat, weil er die Gebärmutter kräftigt, die Menstruation regelt und Weißfluß heilen kann. Junge Mädchen finden durch ihn ihr hormonelles Gleichgewicht wieder. Schließlich können Störungen der Wechseljahre durch ihn behoben werden. Bekannt ist auch seine Wirkung gegen Diabetes: Salbeiabsud macht den Zuckergehalt im Blut ziemlich rasch wieder normal. Äußerlich angewendet ist er ein kräftiges antiseptisches Mittel, dies wußten schon die „vier Diebe" von Toulouse und Marseille. Da er überdies Wunden heilt, Blutungen stillt und das Vernarben der Gewebe beschleunigt, verschreibe ich ihn für Mundspülungen gegen Zahnfleischentzündung, Entzündungen am Gaumen und in der Kehle, Mandelentzündung bei Kindern, Karies und Zahnabszesse. Ich empfehle ihn in Lotionen, Kompressen und Bädern gegen Wunden, Abszesse, Geschwüre, Furunkel, Frostbeulen, Quetschungen, Verstauchungen und Verrenkungen. Schließlich verordne ich ihn auch noch wegen seiner Vorzüge als „Schönheitspflanze", denn er bewahrt auf unübertreffliche Weise die Gesundheit der Haut und verlangsamt Haarausfall, weil er den Haarboden stärkt und desinfiziert.

ERNTE

Alle Salbeiarten besitzen ungefähr die gleichen Eigenschaften. Pflücken Sie in der Natur also jene, die Sie am häufigsten finden; nehmen Sie Blätter und Blüten unmittelbar vor dem Erblühen, das je nach Gebiet und Gattung zu sehr verschiedenen Zeiten stattfinden kann. Lassen Sie alles an einem gut gelüfteten Ort im Schatten trocknen, und bewahren Sie Ihre Ernte entweder zu Sträußen gebunden und aufgehängt oder in Papiersäckchen auf. Wenn Sie diese Pflanze im Garten ziehen wollen, dann sollten Sie den Königssalbei anpflanzen. Er liebt trockene, leichte, kalkige und steinige Böden. Pflanzen Sie entweder ganze Stöcke (die Sie bei Ihrem Gärtner kaufen können), oder Wurzelsprossen oder Stecklinge. Sie können natürlich auch Samenkörner in die Erde legen. Hacken Sie mehrmals den Boden, und bedecken Sie die Pflanze zumindest im ersten Winter (und, falls Sie im Norden wohnen, jeden Winter) mit Stroh.

ZUBEREITUNG UND ANWENDUNG

Verwenden Sie viel Salbei in der Küche: an gegrilltem Fleisch, in Soßen, in „Pistou"-Suppe usw. Je mehr Sie davon essen, desto besser für Ihre Gesundheit.

AUFGUSS

Aus Blättern und Blüten: Geben Sie eine halbe Handvoll trockener Mischung in einen Liter Wasser. Nach den Mahlzeiten trinken Sie davon eine Tasse als Tonikum, zur Förderung der Verdauung und als Anregungsmittel, und vor dem Schlafengehen eine Tasse gegen Schlaflosigkeit, Angstgefühle und kalten Schweiß.

ABSUD

Aus Blättern und Blüten, zur äußerlichen Anwendung: Lotionen, Einreibungen, Haarspülungen, Kompressen, Vaginalspülungen, Klistiere usw.: Geben Sie eine und eine halbe Handvoll Salbei in einen Liter Wasser.

FUSS- UND HANDBÄDER

Gleiches Mengenverhältnis wie vorher für den Absud.

SALBEIWEIN

Stärkend und aufbauend: Gießen Sie einen Liter kochenden Rotwein über zwei Handvoll Salbei und lassen Sie ihn 1/4 Stunde lang ziehen. Seihen Sie durch und süßen Sie nach Belieben. Trinken Sie davon ein kleines Glas zu den Mahlzeiten und vor dem Schlafengehen. Ein anderes Rezept: Lassen Sie drei oder vier Handvoll Salbei eine Woche lang in einem Liter guten Rotwein oder Weißwein liegen. Trinken Sie davon ein kleines Glas zu den Mahlzeiten.

SALBEILIKÖR

Sie können einen vorzüglich duftenden Likör mit guten medizinischen Wirkungen selbst erzeugen, wenn Sie eine Handvoll Salbei eine Woche lang in 1/2 Liter Branntwein liegen lassen. Nehmen Sie davon täglich einen Kaffeelöffel voll ein. Dieser Likör kann auch äußerlich auf schmerzenden Stellen angewendet werden.

SALBEIWEIN

Zur äußerlichen Anwendung, auf Wunden: Lassen Sie eine Handvoll Salbei drei Tage lang in 1/4 Liter Wein liegen.

SALBEITINKTUR

Lassen Sie eine Handvoll Salbeiblätter zwei Wochen lang in 1/4 Liter 90prozentigem Alkohol einweichen, anschließend filtern Sie ab. Dient zur äußerlichen Anwendung gegen Schmerzen, in Friktionen zur Beschleunigung des Blutkreislaufes usw.

ANMERKUNG

Trotz seiner vielen Vorzüge ist der Salbei für Menschen mit sanguinischem Temperament (sehr mitteilsame Menschen mit gerötetem Gesicht) nicht zu empfehlen. Er würde sie zu sehr anregen und den Blutdruck steigern. Gallige, Melancholische und Apathische dagegen finden hier genau das, was ihnen zum vollkommenen Gleichgewicht verhilft. Personen, die an Arterienentzündung leiden, empfehle ich einen Aufguß aus Salbei und Minze (je eine Prise pro Schale), und jenen mit Kreislaufstörungen rate ich, zusätzlich noch eine Prise Anis, eine Prise Basilikum und eine Prise Eisenkraut in den eben erwähnten Aufguß zu geben.

DER SAUERAMPFER

Rumex acetosella L.
Familie der Knöterichgewächse;
gelbliche oder rosafarbene Blüten

An seinem säuerlichen Geschmack würde man ihn unter Tausenden von anderen Gewächsen erkennen: man nennt ihn auch Sättling, Säuerling, Sauersenf, Sauerklee usw. Diese Namen drücken auf sehr hübsche Weise aus, wie köstlich er schmeckt. Dieses unnachahmliche Aroma verdankt die Gattung den Salzen der Oxalsäure. Feinschmecker wissen das zwar zu schätzen, Kranke jedoch, die an Rheuma, Gicht, Arthritis, an Nieren- und an Harnblasenerkrankungen leiden, dürfen auf keinen Fall davon essen.

Es gibt drei Arten von Ampfer, den großen Ampfer, den kleinen Ampfer und den Schildampfer, die alle fast gleiche Eigenschaften besitzen und mit ihren hübschen grünen oder rötlichen, wie Lanzenspitzen geformten Blättern auch sehr ähnlich aussehen. Unsere Vorfahren kannten sie sehr gut und benützten sie in ihrer Küche sogar viel zu oft. Einige Ärzte des 16. und 17. Jahrhunderts hielten sie für wahre Wunderkräuter gegen Infektionen, Fieber, Skorbut und Vergiftungen. Ich kenne einen Bauern, der jede Krankheit nur mit Ampfer behandelte, und ich selbst weiß, daß diese Pflanze erfrischend, harntreibend, fiebersenkend, appetitanregend, abführend, blutreinigend, kräftigend und entwurmend ist. Ich empfehle sie gegen alle

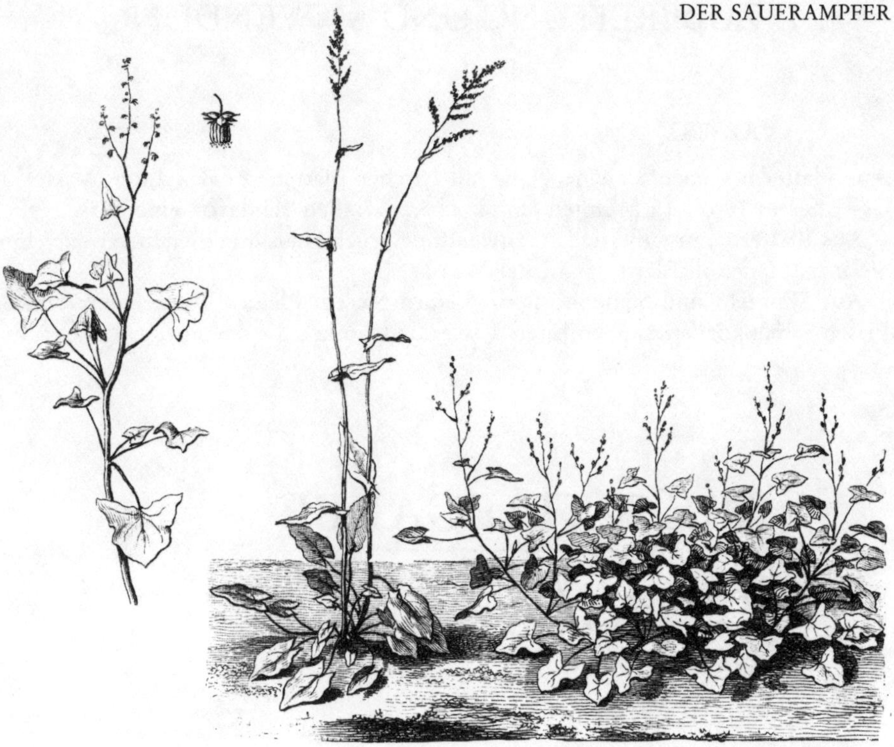

Beschwerden des Harnsystems und des Verdauungsapparates, gegen Magen- und Darmstörungen, gegen Hämorrhoiden, Geschwüre in Mund- und Rachenraum, Appetitmangel, Entkräftung und gegen Fieber im allgemeinen. Äußerlich angewendet wirkt sie gegen Hautkrankheiten wie Flechten, Akne usw., Abszesse und Geschwüre. Ihre Wurzeln und Samenkörner erweisen sich als besonders wirksam gegen Durchfall, Magenschmerzen, Koliken und Ruhr.

ERNTE

Der Ampfer, ob großer Ampfer, kleiner Ampfer oder Schildampfer wächst reichlich auf Wiesen, Äckern und in lichten Wäldern. Pflücken Sie ihn im Sommer. Sie können ihn als Gemüse essen, Suppe daraus kochen oder Arzneien herstellen, verwenden Sie ihn, wie Sie wollen, und vergessen Sie nicht, ein Gartenbeet anzulegen, falls Sie die Möglichkeit dazu haben.

ZUBEREITUNG UND ANWENDUNG

ABSUD

Aus Blättern: Geben Sie eine Handvoll frischer Blätter in einen Liter Wasser und lassen Sie es 10 bis 15 Minuten lang kochen. Trinken Sie davon eine Tasse täglich.

Aus Blättern, zur äußerlichen Anwendung gegen Hautkrankheiten usw.: Nehmen Sie zwei Handvoll Blätter pro Liter Wasser.

Aus Wurzeln und Samenkörnern: Geben Sie ein kleines Wurzelstück und drei Prisen Samenkörner in einen Liter Wasser und trinken Sie davon eine Tasse täglich.

DIE SCHAFGARBE

siehe Farbtafel XXVII
Achillea millefolium L.
Familie der Korbblütler

Als Achill bei der Belagerung von Troja vom vergifteten Pfeil des schönen Paris tödlich an der Ferse verwundet wurde, riet ihm die Göttin Aphrodite weinend, die Schafgarbe zu verwenden, um seine Schmerzen zu lindern. So nennt man noch heute dieses unfehlbare Kraut gegen Verletzungen mit der blanken Waffe Achillenkraut, Venusaugenbrauen und Jungfernaugenbrauenkraut. Die anderen allgemeinen Namen dieser Verwandten der Kamille – Saugkraut, Balsamgarbe, Berufkraut, kleines Gliedkraut – zeigen klar den medizinischen Gebrauch, den unsere Vorfahren von ihr gemacht haben. Diese zarten Schirme aus weißen oder rosa Blüten auf einer Art Stufe aus blaugrünen, kammartig gezähnten Blättern waren oft der einzige Verband, der den Soldaten zur Verfügung stand. Ein alter Sanitäter des Krieges 1914–1918 hat mir berichtet, wie er, mangels Medikamenten, die leichten Verletzungen Dutzender von Soldaten mit der Schafgarbe geheilt hatte.

Bevor ich zum Wesentlichen komme – zu den hämostatischen Eigenschaften der Pflanze, das heißt zu ihrer Fähigkeit, das Blut zu stillen –, möchte ich einiges über andere Tugenden bemerken, die ich bei ihr gefunden habe. Sie ist stärkend und beseitigt Entzündungen. Ihre Blüten und Blätter bilden ein gutes Tonikum der Verdauungswege. Außerdem wirkt sie krampfstillend und beruhigt Herz und Kreislauf, ist daher ganz besonders Personen zu empfehlen, die zu Angina pectoris und Brustschmerzen neigen. Die Schafgarbe ist eine Pflanze, die ich so manches Mal gegen hartnäckige nervöse Beschwerden und zur Regelung von unregelmäßigen Menstruationen bei Frauen in der Pubertät und in den Wechseljahren erfolgreich angewendet habe. Sie ist ein Blutreinigungsmittel: auch Flechten und Akne vergehen schnell. Und sie hilft gegen Harnsteine. Ich empfehle sie besonders im Aufguß, um Magenkrämpfe zu bekämpfen und die Verdauung anzuregen und um Befreiung von Blähungen zu erreichen.

Erwiesen ist, daß die Schafgarbe Blutungen besser zum Stillstand bringt als jede andere Pflanzenart. Es ist nicht übertrieben, zu sagen, daß sie das Allheilmittel gegen Wunden, Geschwüre, Quetschungen, Nagelgeschwüre, Schrunden, Risse, Hämorrhoiden und oberflächliche Blutungen im allgemeinen (Nasenbluten und andere) ist. Weniger bekannt ist, daß sie bemerkenswerte antiseptische Eigenschaften besitzt. Mit der Schafgarbe gibt es keine Infektionen mehr!

Sie ist das Quecksilberchrom und die Jodtinktur der Wiesen und der Felder.

ERNTE

Pflücken Sie die Blätter und die breiten, blühenden Schirme der Schafgarbe unmittelbar bevor die Pflanze voll aufgeblüht ist. Schafgarben finden Sie ganz leicht auf allen ein wenig trockenen Wiesen. Die Gattung blüht von Mai bis Oktober. Sie können sie auch im Garten oder im Rasen Ihres Obstgartens säen, auf jedes beliebige sonnige Gelände. Dieses Kraut ist ausdauernd und wird Ihnen, wenn Sie seine Wurzeln niemals ausreißen, jedes Jahr schöne, junge Pflanzen bescheren.

ZUBEREITUNG UND ANWENDUNG

AUFGUSS

Nehmen Sie 10 oder 20 Prisen Blüten und Blätter pro halbem Liter Wasser. Bereiten Sie davon nur eine kleine Menge auf einmal zu. Unter Lichteinfluß wird dieses Getränk dunkel und verdirbt. Trinken Sie davon zwei bis drei Tassen täglich, als Tonikum, Beruhigungsmittel und Blutreinigungsmittel. Falls nervöse Beschwerden behandelt werden sollen, fügen Sie dem Aufguß einige Melissenblätter und eine Prise Kamillenblüten hinzu.

ABSUD

Für Lotionen, Bäder, Spülungen usw.; für blutreinigende und belebende Fuß- und Handbäder; als Kompresse auf Wunden und als Antiseptikum: Nehmen Sie eine Handvoll Blüten und Blätter pro Liter Wasser.

FRISCHER SAFT

Äußerliche Anwendung: Zerreiben Sie den ganzen oberen Teil der Schafgarbe, und pressen Sie den Saft durch ein Tuch. Brechen Sie bei diesem Heilverfahren, wie auch bei den folgenden, beim geringsten Erscheinen von Ausschlag oder von Rötungen rund um die behandelte Zone die Behandlung unverzüglich ab: manche Organismen vertragen die Pflanze ziemlich schlecht.

POMADE

Vermischen Sie gründlich ein gleiches Gewicht Schafgarbensaft und Schmalz. Diese Pomade wirkt blutstillend und antiseptisch.

DER SCHLEHENSTRAUCH

Prunus spinosa L.
Familie der Rosengewächse;
weiße Blüten

Ähnlich dem Weißdorngewächs gibt es auch ein Schwarzdorngewächs: das erste ist der Weißdorn, das zweite der Schlehenstrauch. Ist der Schlehenstrauch die wilde Form des Pflaumenbaumes? Darüber gehen die Meinungen der Botaniker noch auseinander. Aber wie hübsch ist doch dieser mit dunklen Dornen gespickte Strauch, wenn sich in den ersten Frühlingstagen seine Blüten entfalten: Man würde schwören, es sei verspätet gefallener Schnee unter strahlendem Sonnenschein. Der Schlehenstrauch wird nur knapp zwei Meter groß und trägt kleine, blauschwarze und unglaublich scharf schmeckende Früchte. Man nennt ihn auch Schlehdorn, deutsche Akazie, Heckendorn, Schwarzdorn, Schlehenpflaume oder wilder Zwetschkenbaum; er wächst häufig am Waldesrand und auf Lichtungen und bildet zwischen den Hecken gern eine geschlossene Gruppe. Aus seinem großen, kultivierten Verwandten, dem echten Pflaumenbaum, auch Zwetschkenbaum genannt, entwickelten geschickte Baumzüchter verschiedene Arten mit köstlichen Früchten, z. B. Mirabellen, Reineclauden (die der Volksmund „Ringlotten“ nennt); schon unter Ludwig XIV. kannte man 180 Abarten; inzwischen sind es noch mehr geworden.

In der Phytotherapie gewinnt man die Arzneien vor allem von dem wilden Pflaumenbaum. Die Blätter des Schlehenstrauches wirken als Aufguß oder Absud blutreinigend. Die Früchte, aus denen man den Schlehenschnaps gewinnt, wirken dank ihrer Schärfe adstringierend, sie ziehen die Kapillargefäße zusammen – was im Falle von Wunden, Blutungen und Blutergüssen sehr nützlich ist –, sie verstärken auch die Tätigkeit der Schließmuskel des Afters und der Harnwege. Deshalb verschreibt man sie gegen Durchfall, Bettnässen usw. Die Blüten erweisen sich als harntreibend, blutreinigend und abführend, und ich betone, daß sie ein harmloses Abführmittel sind. Sie unterstützen die Heilung von Magenkrämpfen, Durchfall,

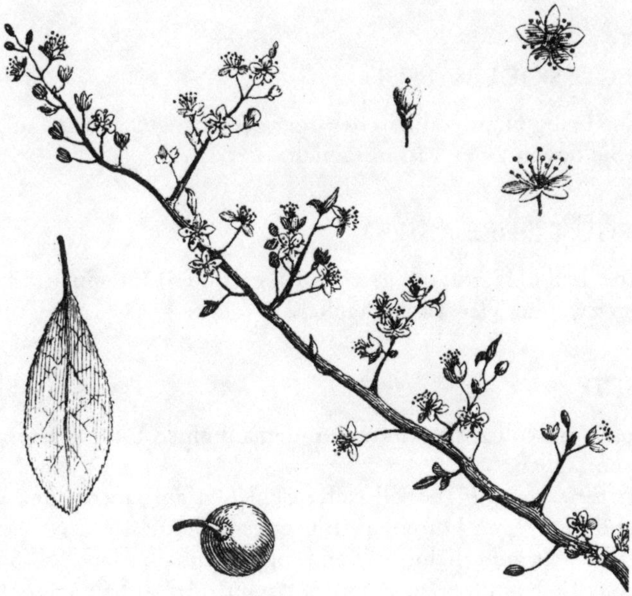

Koliken, aber auch von Husten, Lungenkrankheiten und von Weißfluß bei Frauen. Die Rinde dieses Strauches schließlich ist genauso adstringierend wie die Früchte und wirkt auch gegen Fieber; sie wird in Pulverform als Zahnpasta verwendet.

ERNTE

Pflücken Sie die Blüten des Schlehenstrauches zu Beginn des Frühlings, wenn sie sich noch nicht entfaltet haben, und lassen Sie sie in der Sonne ausgebreitet trocknen. Bei fortschreitender Jahreszeit können Sie die Blätter und die Rinde der Pflanze ernten. Die reifen Schlehen sammelt man erst im Winter.

ZUBEREITUNG UND ANWENDUNG

AUFGUSS ODER ABSUD

Aus Blättern: Eine halbe Handvoll frischer oder getrockneter Blätter auf einen Liter Wasser, trinken Sie davon zwei Tassen täglich.

AUFGUSS ODER ABSUD

Aus Blüten: Eine halbe Handvoll getrockneter Blüten auf einen Liter Wasser; trinken Sie davon zwei bis vier Tassen täglich.

ABSUD

Aus Rinden: Eine Handvoll zerkleinerter Rinden auf einen Liter Wasser, trinken Sie davon zwei Tassen täglich.

Aus Schlehen: Eine halbe Handvoll reifer Schlehen auf einen Liter Wasser. Als innerliche Anwendung, gegen Durchfall, Blutungen, Bettnässen usw., empfehle ich zwei Tassen täglich. Als äußerliche Anwendung eineinhalb Handvoll Schlehen pro einen Liter Wasser in Kompressen auf den Bauch oder auf den Unterleib gegen Durchfall und Infektionen der Harnwege, im Gurgelwasser gegen Halsschmerzen und Entzündungen im Mund.

PULVER

Aus Rinden: Als Zahnpasta verwenden, direkt auf die Zahnbürste streuen.

HAND- UND FUSSBÄDER

Nehmen Sie eine Handvoll Schlehen und Schlehenblüten pro Liter Wasser.

DAS SCHÖLLKRAUT

siehe Farbtafel XXVIII
Chelidonium majus L.
Familie der Mohngewächse

Schöllkraut ist nicht sehr schön und macht kaum Eindruck. Man könnte fast sagen, daß es ein wenig kränklich wirkt, und daher halten es viele für kraftlos. Aber es überlebt, wo die anderen sterben. In den Dörfern dringt das Schöllkraut sogar bis zur

Schwelle der Häuser vor, um dort seine gelappten Blätter auszubreiten, die an Eichenlaub erinnern. Von Mai bis Juli entfaltet es seine gelben Blüten mit den vier Blumenblättern. Möglicherweise verdankt das Schöllkraut seine Energie dem orangegelben Saft, der aus seinem gebrochenen Stengel tropft: Vorsicht, dieser Saft ist giftig! Auch die Wurzel enthält Gift. Man darf von dieser Pflanze keinesfalls etwas essen! Es ist auf jeden Fall eine Verwandte des asiatischen Mohns, der zur Opiumgewinnung dient, und auch verwandt mit dem hübschen Klatschmohn (Familie der Mohngewächse). Schöllkraut heißt auch Warzenkraut, Bocks- oder Ziegenkraut oder Schwalbenwurz. Die Alchimisten verwendeten es bei ihrer Suche nach dem Stein der Weisen und nannten es *coeli donum,* „Himmelsgabe". Paracelsus sah darin ein Gewächs, das sich zur Behandlung von Kreislaufstörungen eignet, wie auch dazu, Gelbsucht und Lebererkrankungen zu heilen.

Schöllkraut ist wie schon gesagt giftig: Besonders in großen Dosen. Obwohl man den Tee aus dieser Pflanze in homöopathischen, das heißt sehr schwachen Dosierungen trinken kann, empfehle ich ausschließlich ihre äußerliche Anwendung, bei der sie bereits unzählige Eigenschaften entwickelt.

Das Schöllkraut ist harntreibend und abführend, daher Rheuma- und Gichtkranken und allen, die unter Nierenkoliken leiden, zu empfehlen. Es ist ein spezielles Mittel für die Leber: Gelbsucht, Entzündungen dieses wichtigen Organs (der „Chemiefabrik des Körpers"), Verschleimungen der Gallenblase werden vom Schöllkraut geheilt. Es beruhigt, fördert den Schlaf und bekämpft Krämpfe; ich empfehle es allen, die schlecht schlafen, die Angstzustände haben, den Asthmatikern, den Hypernervösen, den chronisch Bronchitiskranken, jenen, die unter schweren Allergien leiden, denen Arterienverkalkung und Angina pectoris droht. Der Russe Denissenko hat sogar behauptet, daß es manche Krebsarten heilt. Das ist kaum anzunehmen, aber wenigstens mildert es die quälenden Schmerzen, die bei diesem Leiden auftreten. Die Wirkung des Schöllkrautes erweist sich auf anderen Gebieten als genauso beachtlich. Es heilt Augenentzündungen und allgemeine Augenbeschwerden. Es läßt Flechten verschwinden, bekämpft Grind, läßt Warzen, Schwielen und Hühneraugen buchstäblich schmelzen und beschleunigt das Vernarben von Geschwüren. In Kompressen auf Magen oder Bauch ist es das beste Mittel gegen Würmer. In Fußbädern regelt es den Zyklus der Frauen und läßt Regeln wieder auftreten, die auf anormale Weise unterbrochen worden sind. Ich gebe es außerdem in viele meiner Präparate, in denen es die Wirkung der anderen Pflanzen unterstützt.

ERNTE

Pflanzen Sie Schöllkrautstöcke in grobem Kies. Dies ist die beste Ausnützung des wertlosen Bodens und kostet Sie nichts. Sie können das Schöllkraut während eines großen Teiles der schönen Jahreszeit pflücken: Wählen Sie vorzugsweise junge Pflanzen, die gerade am Beginn ihrer Blüte sind. Bei diesem Kraut ist alles wirksam: Stengel, Blüten, Blätter, Früchte, besonders aber die Wurzeln. Graben Sie das Gewächs vorsichtig aus, damit es nicht bricht und der wertvolle orangefarbene Saft nicht ausfließt. Die Wurzeln müssen ziemlich weich sein, keinesfalls spröde; die Blüten dürfen ihren Duft nicht verloren haben. Lassen Sie Ihre Ernte im Schatten trocknen. Verwenden Sie von frischem Schöllkraut nur den Saft, den Sie mit der Hand leicht ausdrücken können. Er hält sich sehr gut: in einem Glasfläschchen vor Feuchtigkeit geschützt, wird er konzentriert bräunlich und löst sich, wenn auch mit Schwierigkeiten, in lauwarmem Wasser wieder auf.

ZUBEREITUNG UND ANWENDUNG

Da Schöllkraut ein starkes Gift ist, rate ich Ihnen, es nur äußerlich anzuwenden. Aber selbst in diesem Falle müssen die vorgeschriebenen Dosierungen strengstens eingehalten werden.

AUFGUSS UND ABSUD

Aus Blättern, zur äußerlichen Anwendung, in Kompressen, Lotionen usw.: Eine halbe Handvoll getrockneter Blätter auf einen Liter Wasser.

ABSUD

Aus getrockneten Wurzeln: Nehmen Sie drei Wurzeln pro Liter Wasser. (Äußerliche Anwendung: Örtliche Bäder, Friktionen.)

FRISCHER SAFT

Dies ist die gelbe „Milch" der Pflanze. Einen Teelöffel davon in Lindenaufguß oder Borretschaufguß.

Äußerliche Anwendung: Drei oder viermal täglich auf Warzen, Schwielen, Hühneraugen auflegen, wobei die benachbarten gesunden Hautpartien sorgfältig geschützt werden müssen.

MISCHUNG

Blutreinigend und entwurmend: Einen Kaffeelöffel voll frischem Saft mit ein wenig Wasser und Zucker und einem Eidotter mischen. Rühren Sie solange, bis Sie eine glatte Flüssigkeit erhalten.

Äußerliche Anwendung: Den Magen morgens und abends einsalben.

SCHÖLLKRAUTWEIN

Blutreinigend und beruhigend: Lassen Sie drei getrocknete Wurzeln zwölf Stunden lang in einem Liter guten, süßen Weißwein liegen.

Äußerliche Anwendung: Massagen und Einreibungen.

VAGINALSPÜLUNGEN

Gegen Unregelmäßigkeiten des Menstruationszyklus, Sterilität, Frigidität, Metritis (Entzündung der Muskulatur der Gebärmutter): Gleiche Dosierung wie für Schöllkrautwein.

AUGENWASSER

Gegen Augenbeschwerden: Nehmen Sie zwei Kaffeelöffel frischen Saft und einen Kaffeelöffel getrockneten Saft für ein Glas Wasser oder Rosenwasser.

MISCHUNG

Gegen Warzen und Schwielen: Bepinseln Sie diese unschönen oder schmerzhaften Hautwucherungen. Mischung: Ein Glas Wasser, in das Sie ein kleines Schöllkrautblatt eingelegt haben (sowie zwei Faulbaumblätter und einige Habichtskraut-, Erdrauch-, Wegerich- und Odermennigblüten).

FUSS- UND HANDBÄDER

Nehmen Sie eine kleine Handvoll getrockneter Blätter und Stengel pro Liter Wasser. (Zweimal täglich.)

In Fuß- und Handbädern wirkt Schöllkraut (Blätter und Stengel) bei der Behandlung folgender Krankheiten: Allergien, Arthritis, Arterienverkalkung, Infarkt, Zellulitis, Nesselfieber, Magenschmerzen, Leberbeschwerden und Rheumatismus.

Zur Behandlung von Akne, Flechten, Ekzemen, Bläschenflechten, hohem Blutdruck, Migränen, Gesichtsneuralgien, Ischias, Harnvergiftung oder Prostataerkrankungen verwende ich nur die Blätter.

DIE SCHWARZBEERE

siehe Farbtafel XXIX
DIE HEIDELBEERE
Vaccinium myrtillus L.
Familie der Heidekrautgewächse

Die Schwarzbeeren, die man auch Heidelbeeren, Blaubeeren, schwarze Heidelbeeren, Bickpeeren, Aigelbeeren, Roßbeeren, Staudenbeeren, schwarze Preiselbeeren, schwarze Moosbeeren, Waldbeeren, Krausbeeren usw. nennt, sind Verwandte des

Heidekrautes. Sie wachsen in riesigen Kolonien in der Tiefe der Gebirgswälder und im Norden, auf Böden mit viel Kieselsäure. Man erkennt sie an ihren winkeligen Zweigen und an ihren ovalen Blättern. Ihre abgerundeten, zuerst grünen, dann roten und schließlich schwärzlich violetten Früchte sind bei der Reife mit feinem weißen Staub bedeckt. Aus ihren Beeren, die man zwischen Juli und September entweder mit der Hand oder mit einem „Kamm" erntet, bereitet man schmackhafte Nachspeisen (mit Zucker, mit Wein), Kuchen, Konfitüre, Gelee, Sirup, Marmelade, Limonade und sogar Wein . . .

Ich empfehle, nicht nur die Früchte dieser Gattung, sondern auch die Blätter und ihre Wurzeln zu verwenden. Die Blätter sind kräftigend, harntreibend, antiseptisch und wirken gegen Zuckerkrankheit. Sie tragen zum guten Funktionieren aller Organe bei und zeigen sich besonders wirksam gegen Husten, Erbrechen, Magenschmerzen, Darmträgheit, Durchfall, schlechte Harnblasenfunktion und gegen Bettnässen bei Kindern. Sie desinfizieren die Verdauungs- und die Harnwege. Sie senken den Zuckergehalt des Blutes, dadurch sind sie für die Zuckerkranken sehr wertvoll. Äußerlich sind sie nützlich gegen Mund- und Kehlkopfinfektionen (im Gurgelwasser), gegen Augenentzündungen (in Augentropfen), gegen Hautkrankheiten, Geschwüre und Brandwunden (in Lotionen, Kompressen und örtlichen Bädern). Die Wurzeln dienen besonders dazu, Wunden zu desinfizieren und ihre Heilung zu beschleunigen.

Die Früchte haben auch noch andere Eigenschaften. Ihr violetter Saft, der viel Karotin enthält – Provitamin A, das Vitamin für die Augen –, schärft die Sehstärke. Ferner sind Heidelbeeren erfrischend. Wie die Blätter der Pflanze erweisen sie sich als stärkend und harntreibend; sie helfen bei Zuckerkrankheit. Ihre antiseptische und verdauungsfördernde Wirkung macht sich besonders bei allen Fällen von Darminfektionen und bei kindlicher Kolibazillose bemerkbar. Außerdem empfehle ich sie als Harntreibemittel und als Desinfizierungsmittel für das Harnsystem. Äußerlich dienen sie der Zubereitung von vorzüglichen Mundbädern, von Gurgelwasser (nützlich gegen Mundfäule, Zahnfleischentzündung, Angina), Kompressen (gegen Hämorrhoiden), Lotionen (gegen Hautkrankheiten), Vaginalspülungen (gegen Weißfluß), Klistieren (gegen Darmstörungen und Durchfall), Fuß- und Handbädern (gegen Ekzeme) usw. Durch die Nase aufgeschnupft ist der Absud aus Beeren ein unfehlbares Mittel gegen Schnupfen.

ERNTE

Schwarzbeeren sammelt man im Sommer, wenn sie gerade reif sind. Die Wurzeln müssen im Herbst aus dem Boden gezogen und die Blätter im Frühling, beim Steigen des Saftes, gepflückt werden. In den Bergen oder in nördlichen Wäldern findet man Schwarzbeerfelder.

ZUBEREITUNG UND ANWENDUNG

AUFGUSS UND ABSUD

Aus frischen und getrockneten Blättern: Eine Handvoll Blätter auf einen Liter Wasser. Trinken Sie davon zwei bis drei Tassen täglich.

Gegen Zuckerkrankheit: Mischen Sie, gleichfalls für einen Liter Wasser, eine Handvoll Schwarzbeerblätter und eine Handvoll Erdbeerblätter und trinken Sie davon zwei Tassen täglich.

ABSUD

Aus Blättern, zur äußerlichen Anwendung als Gurgelwasser, Lotion, Klistier usw.: Geben Sie zwei Handvoll frischer oder getrockneter Blätter in einen Liter Wasser.

Aus Wurzeln, zur äußerlichen Anwendung: Geben Sie eine Handvoll Wurzeln in einen Liter Wasser.

HAND- UND FUSSBÄDER

Aus Blättern: Gleiches Mengenverhältnis wie vorher für den Absud.

HEILTEE

Aus Früchten zur innerlichen Anwendung: Nehmen Sie vier Handvoll frischer Früchte pro Liter Wasser. Trinken Sie davon zwei bis drei Tassen täglich, im Falle von Darminfektion bis zu sechs Tassen.

MISCHUNG

Aus Früchten, zur äußerlichen Anwendung bei Durchfall und Hämorrhoiden: Nehmen Sie eine kleine Schale voll frischer Früchte pro Liter Wasser.

SCHWARZBEERWEIN

Verwenden Sie an der Luft getrocknete Früchte. Lassen Sie davon zwei Handvoll in ein wenig Wasser aufkochen und geben Sie nach 1/4 Stunde einen halben Liter Rotwein dazu; noch fünf Minuten lang auf kleinem Feuer stehen lassen. Trinken Sie davon zwei bis drei kleine Gläser täglich.

PULVER

Aus getrockneten Früchten: Nehmen Sie davon zwei Tage lang alle drei Stunden vier Prisen mit ein wenig Honig oder Milch.

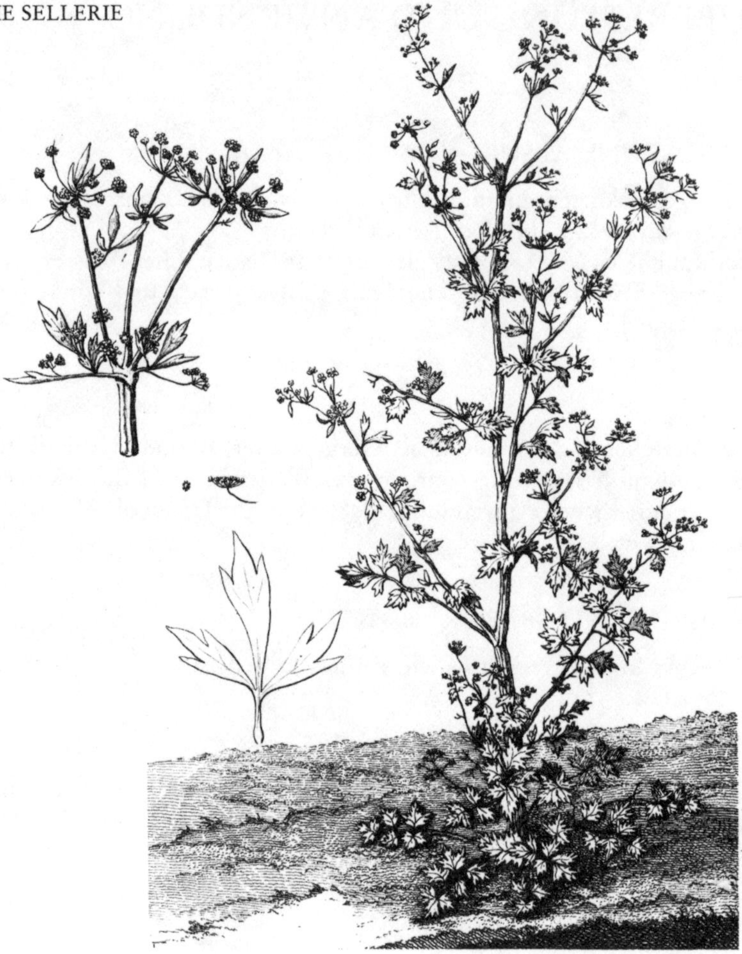

DER (ODER DIE) SELLERIE

Apium graveolens L.
Familie der Doldengewächse;
grünlichweiße Blüten

Es gibt viele Sprichwörter über Sellerie, der seinen Ruf, die Potenz des Mannes zu erhöhen, wahrscheinlich nicht umsonst besitzt. In wildem Zustand heißt Sellerie Eppich, auch Appich oder Sumpfpetersilie, der an feuchten Stellen wächst und nach dem die Bienen ganz besonders suchen (daher der erste lateinische Name der Pflanze *Apium*). Es handelt sich um ein Kraut aus derselben Familie wie die Möhre, mit kleinen Blättern, die dreieckige Zacken besitzen, weißen oder grünlichen Blüten mit hohlen, stark gefurchten Stengeln, die einen herben Geschmack und ziemlich abstoßenden Geruch haben. Diese einen Meter hohe Pflanze wächst fast nur auf salzreichen Böden, etwa im Küstenmoor und an salzigen Quellen und ist daher schwer zu entdecken. Die alten Griechen kannten sie ganz genau: In der *Ilias* von Homer wird berichtet, daß Achilles sich ihrer bediente, um seine kranken Pferde zu heilen.

Griechische Ärzte und später, im Mittelalter, die heilige Hildegard, betrachteten sie als Universalheilmittel. Man verwendete sie als harntreibendes und fiebersenkendes Mittel, bei Magenleiden, als Mittel gegen Skorbut, als Anregungsmittel – und natürlich schon damals als Aphrodisiakum. Vor fünfundzwanzig Jahrhunderten verkündete der große Hippokrates, der Vater der Medizin: „Hast Du zerrüttete Nerven, so sei Sellerie Deine Nahrung und Deine Arznei." Die Selleriezucht hat etwa im 16. Jahrhundert begonnen. Zunächst ist man vom Eppich auf den hohlen Sellerie übergegangen, der nicht mehr den abstoßenden Geruch der wilden Abart besitzt; dann hat man Knollensellerie entdeckt, um endlich beim Stangensellerie oder Zweigsellerie anzugelangen. Haussellerie hat den Großteil der Tugenden seiner natürlichen Ahnen behalten: er unterstützt die Nierentätigkeit, folglich empfehle ich ihn gegen alle Nierenbeschwerden, gegen Gicht und gegen Rheumatismus. Er bekämpft Fieber, unterstützt die Magenarbeit, ist stark appetitanregend, enthält Vitamine und ermuntert folglich Schwache, Kränkliche und die Opfer der Umweltverschmutzung. Als allgemeines Anregungsmittel gibt es nichts Besseres als Selleriesaft gemischt mit Karotten- und Tomatensaft. Sellerie macht außerdem schlank. Damen, die sich um ihre schlanke Linie sorgen, empfehle ich, zwischen den Mahlzeiten Selleriestengel zu knabbern. Das Wasser, in dem Sellerie gekocht wurde, bildet ein vorzügliches Shampoo gegen Schuppen . . .

ERNTE

Sparen Sie sich die Mühe, auf dem Lande nach wildem Eppich zu suchen, da er nur selten vorkommt. Kaufen Sie ihn in einer guten Kräuterhandlung, oder begnügen Sie sich mit gezüchteter Sellerie (Zweigsellerie oder Knollensellerie), vorausgesetzt, Sie wissen, wo er herkommt (Insektenvertilgungsmittel, Giftstoffe, Pilzmittel: Gefahr!)

ZUBEREITUNG UND ANWENDUNG

SAFT

Aus Blättern (Eppich oder Zweigsellerie), als Harntreibemittel: Ein Likörglas täglich. Gegen Fieber: Ein gewöhnliches Glas voll.

AUFGUSS

Aus Blättern (Eppich oder Zweigsellerie) für den Magen: Nehmen Sie eine große Handvoll frischer oder eine kleine Handvoll getrockneter Blätter pro Liter Wasser. Trinken Sie davon zwei Tassen täglich, nach den Mahlzeiten.

ABSUD

Aus den Wurzeln (Eppich oder Knollensellerie), als Anregungsmittel: Geben Sie eine Handvoll zerstoßener Wurzeln in einen Liter Wasser und trinken Sie davon zwei Tassen täglich.

HAND- ODER FUSSBÄDER

Anregend: Rechnen Sie 50 Gramm Zweigsellerie und Knollensellerie- (oder Eppich-) Wurzeln pro Liter Wasser. Eine Woche lang einmal täglich.

HAARWÄSCHE

Mit Sellerie: Verwenden Sie dazu das Kochwasser des Zweigsellerie. Lassen Sie es lauwarm werden und benutzen Sie es dann so, wie es ist, in mehreren Portionen. Spülen Sie Ihre Haare sorgfältig am Ende der Wäsche. Das Ergebnis wird noch besser sein, wenn Sie einen Absud aus Kletten- und Birkenblättern zu diesem Shampoo mischen.

DER SENF

SCHWARZER SENF

Sinapis nigra L.
Familie der Kreuzblütler;
gelbe Blüten

WEISSER SENF

Sinapis alba L.
Familie der Kreuzblütler;
gelbe Blüten

Er ist der hochgewachsene, elegante Verwandte des dickbauchigen Kohls. Die Bienen lieben ihn besonders, denn diese Pflanze ist reich an erstklassigem Nektar. Seine gelben Blüten mit den vier Blumenblättern, die einen angenehmen Duft verströmen, verzaubern die kalkigen und tonhaltigen Böden.

Es gibt mindestens drei verschiedene Senfarten, die man durch ihre Samenkörner unterscheidet. Der weiße Senf – auch weißer Ackersenf, Schnabelsenf, englischer,

SCHWARZER SENF

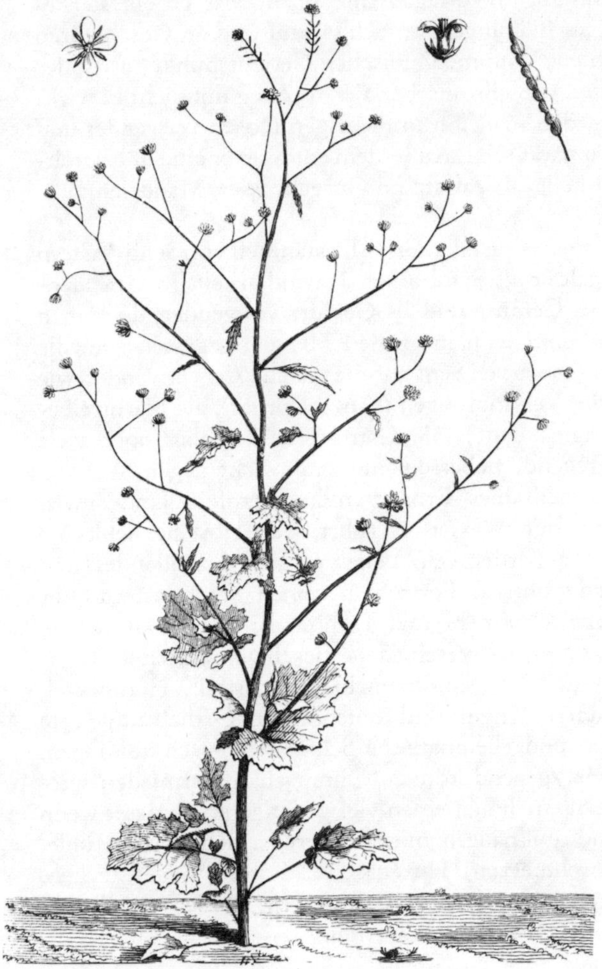

WEISSER SENF

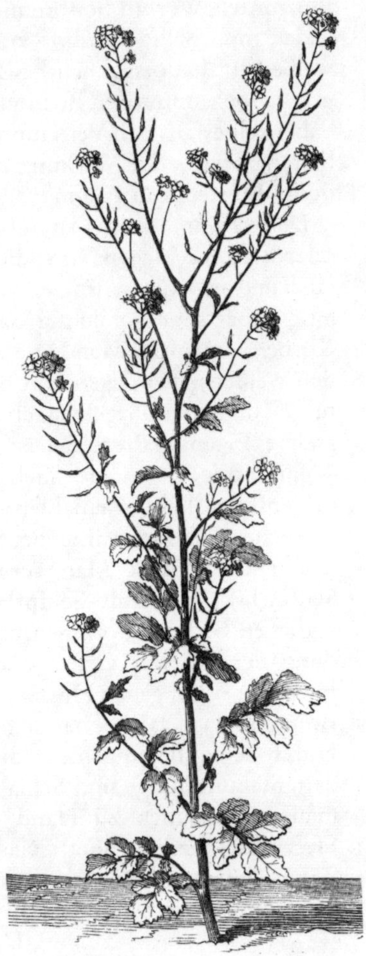

guter oder gelber Senf genannt –, hat dicke, sahnefarbene Samen. Der Ackersenf (oder wilder Senf) produziert winzige, schwarze Samenkörner. Der schwarze Senf endlich (mit anderem Namen grüner oder gemeiner Senf), bringt dicke, braune Samenkörner hervor. Die beiden ersten Arten besitzen völlig gleiche medizinische Tugenden.

Der weiße Senf, seit Jahrtausenden bekannt, diente im antiken Griechenland als pikantes Gewürz. Im Mittelalter aß man ihn, der heiligen Hildegard zufolge, als Gemüse (was einen starken Magen voraussetzt!). Seit langem gewinnt man daraus ein Öl, heute dient er kaum noch anderen Zwecken als der Erzeugung von Tafelsenf, der eine Mischung aus pulverisiertem oder zu Brei verarbeitetem Extrakt aus Samenkörnern, Essig, Pfeffer, Weinsteinsäure und Gewürzen ist. Tafelsenf sollte nur sehr sparsam verwendet werden, denn für die Magenschleimhäute ist er ein starkes Reizmittel. Wer an Sodbrennen, an Blähungen, an Schluckauf und an Geschwüren leidet, muß völlig auf ihn verzichten. Vom medizinischen Gesichtspunkt aus ist der weiße Senf hauptsächlich bei Fällen von chronischer Verstopfung nützlich: er wirkt gut, jedoch unter der Bedingung, daß man ihn in niedrigen Dosen verwendet und dabei keinesfalls den Verdauungsapparat reizt. Außerdem entfaltet er eine unbestreitbare harntreibende Wirkung und heilt, als Zusatz im Gurgelwasser, Mandelentzündung, Husten und Angina.

Der schwarze Senf – lateinisch *sinapis* – ist der Grundbestandteil von Senfpflastern oder Breiumschlägen. In Indien galt er als Symbol der Fruchtbarkeit. In Griechenland und in Rom wurde er viel als Gemüse und als Gewürz verwendet; doch man ging dabei sehr vorsichtig damit um, denn in großen Mengen gegessen sind die Körner sehr giftig. Man kann den schwarzen Senf auf die gleiche Art verwenden wie den weißen; also gegen chronische Verstopfungen (ganze Körner), als Harntreibemittel und im Gurgelwasser (Angina usw.) Die Gattung besitzt aber noch viele andere Eigenschaften. Sie ist anregend, fiebersenkend und wirkt gegen Skorbut. Wenn nötig, kann sie auch ein heilsames Erbrechen hervorrufen. Und sie ist magenfreundlich. Gemahlen und mit Wasser verrührt, vertreibt sie schlechte Gerüche. Der schwarze Senf ist außerdem ein beliebtes schmerzstillendes und ableitendes Mittel. Man verwendet ihn in Form von reinen Senfpflastern (nur Senfmehl), von Halb-Senfpflastern (Senfmehl und Leinmehl), von Kompressen, örtlichen Bädern, Lotionen usw. gegen so verschiedene Beschwerden wie Entzündung der inneren Organe, also der Lungen, Bronchien, Brustfell, Herzbeutel, Hirnhaut usw., gegen Husten, Katarrh, Angina und Keuchhusten. Örtlich aufgelegte Breiumschläge lassen neuralgische und rheumatische Schmerzen rasch abklingen. Durch Senfauflegungen auf die Herzgegend können Ohnmachten vermieden werden. Stauungslunge und Schlaganfälle nehmen einen viel günstigeren Verlauf, wenn man unverzüglich zu Hand- und Fußbädern mit Senf greift. Schwindelgefühle, Herzschwäche, Asthma, Rückenschmerzen, Hexenschuß, Ischias, Seitenstechen, Zahnschmerzen und, bei den Frauen, Menstruationsschmerzen, all diese Beschwerden können mit Senf ebenfalls wirksam bekämpft werden.

ERNTE

Vom Senf verwendet man meist nur die Samenkörner. Sammeln Sie weiße oder Ackersenfkörner auf dem Lande, die leicht zu finden sind. Den schwarzen Senf können Sie sehr gut im Garten oder auf einem kleinen Ackerstück ziehen. Er wird im Frühling ausgestreut und bringt im Herbst reiche Ernte, unter der Voraussetzung, daß der für ihn gewählte Boden humusreich und sehr tief ist und im betreffenden Gebiet viele Bienen sind, denn sie besorgen die Blütenbestäubung. Am besten erntet man die Körner im Morgentau.

ZUBEREITUNG UND ANWENDUNG

GURGELWASSER

Aus weißem Senfmehl: Mahlen Sie die Körner zu Mehl und geben Sie zwei bis drei Prisen in einen Liter Holunderblütenaufguß zu 20 Prisen Blüten pro Liter.

SCHWARZE SENFSAMEN

Gegen Verstopfung usw.: Legen Sie die ganzen Körner eine Stunde lang in ein wenig Wasser und nehmen Sie sie so, wie sie sind, zwei Tage lang morgens auf nüchternen Magen. Dosis: ein Kaffeelöffel; für Kinder die Hälfte.

PULVER

Aus schwarzem Senfsamen, als Brechmittel, im Falle von Vergiftungen: Gleiches Verfahren und gleiche Dosis wie beim vorhergehenden Rezept. Schlucken Sie aber nicht ganze, sondern nur zerstoßene Körner.

ABSUD

Aus schwarzen Senfkörnern, wirkt harntreibend, anregend, gut für das Verdauungssystem: Geben Sie zwanzig Prisen ganzer Körner in einen Liter Wasser und trinken Sie davon drei Tassen täglich.

FUSS- UND HANDBÄDER

Nehmen Sie eine Handvoll schwarzes Senfmehl pro Liter Wasser und verrühren Sie es darin; im Notfall können Sie die Dosis auf zwei Handvoll steigern (Schlaganfall und Stauungslunge, bis zum Eintreffen des Arztes).

VOLLBÄDER

Nehmen Sie ein Kilo schwarzes Senfmehl für eine mittelgroße Badewanne. Blutarme Menschen sollten auf Vollbäder unbedingt verzichten, denn für sie könnte das gefährlich werden.

SENFPFLASTER

Im Handel sind fertige Senfpflaster erhältlich. Stellen Sie aber die Pflaster lieber selbst her. Das schwarze Senfmehl muß sehr rein sein. Sie sollten es trocken und in einem luftdicht verschlossenen Behälter aufbewahren. Es darf, und dies ist ein wesentlicher Punkt, niemals über 40 bis 45 Grad Celsius erhitzt werden: es ist ein weitverbreiteter Irrtum zu glauben, daß die Wirkung durch den Hitzegrad des Breiumschlages erhöht wird. Im Gegenteil: hat er die Temperatur von 50 Grad Celsius überschritten, so verliert der Senf all seine ableitenden Eigenschaften. Für die Herstellung des Breiumschlages selbst gibt es zwei Verfahren. Beim ersten wird ein Pflaster aus angefeuchtetem Leinmehl auf 40 Grad Celsius erhitzt, der so entstandene Fladen reichlich mit Senfmehl bestreut und dann auf die zu behandelnde Körperstelle gelegt. Das zweite, das zu viel besseren Ergebnissen führt, verlangt, daß man Leinmehl und Senfmehl lange knetet, um sie gründlich zu vermischen, und das Ganze dann befeuchtet und auf 40 Grad Celsius erhitzt. Für eine maximale Wirksamkeit müssen pro Senfpflaster 100 bis 150 Gramm Senfmehl gerechnet werden.

DER SPARGEL

Asparagus officinalis L.
Familie der Liliengewächse;
grünliche Blüten

Vom Spargel ißt man nur die knapp unter der Erde liegenden Frühlingstriebe. Das ganze Gewächs setzt sich aus einer Gesamtheit von Wurzeln und unterirdischen Stengeln oder Rhizomen, die man die „Klaue“ nennt, und aus mehreren über dem Boden stehenden schlanken Stengeln voll kleiner Federbüsche aus verstümmelten Zweigen zusammen. Die winzigen und grünlichen Blüten gleichen ein wenig dem Maiglöckchen – und in der Tat gehört der Spargel genau wie dieses zur Familie der Liliengewächse. Wichtig sind vor allem zwei Gattungen: der Gartenspargel und der spitzblättrige wilde Spargel; dieser wächst nur auf dem trockenen und felsigen Boden der Mittelmeergegenden.

Schon die Ägypter züchteten Spargel, und die Griechen waren es, die ihn nach Südeuropa brachten. Die Schößlinge, die man zur Vorspeise ißt, haben die gleiche, nur schwächere Wirkung wie die Klauen der Pflanze. Die Gattung ist hauptsächlich harntreibend, und es ist bekannt, daß der Harn einen penetranten Geruch annimmt, wenn man Spargel gegessen hat. Er ist allen jenen zu empfehlen, deren Nieren eine gewisse Trägheit zeigen (außer im Falle einer Entzündung der Harnwege), jenen, die ein Harnblasen-, Leber-, Herz- oder Gichtleiden haben. Er ist besonders wirksam gegen ungenügende Leberfunktion, er beruhigt Herzklopfen besser als alles andere, und ich empfehle ihn ganz besonders Geistesarbeitern. Er enthält in großer Menge eine stickstoffhaltige Substanz, das Asparagin, die für den Aufbau, die Teilung und etwaige Wiederherstellung der Körperzellen unerläßlich ist.

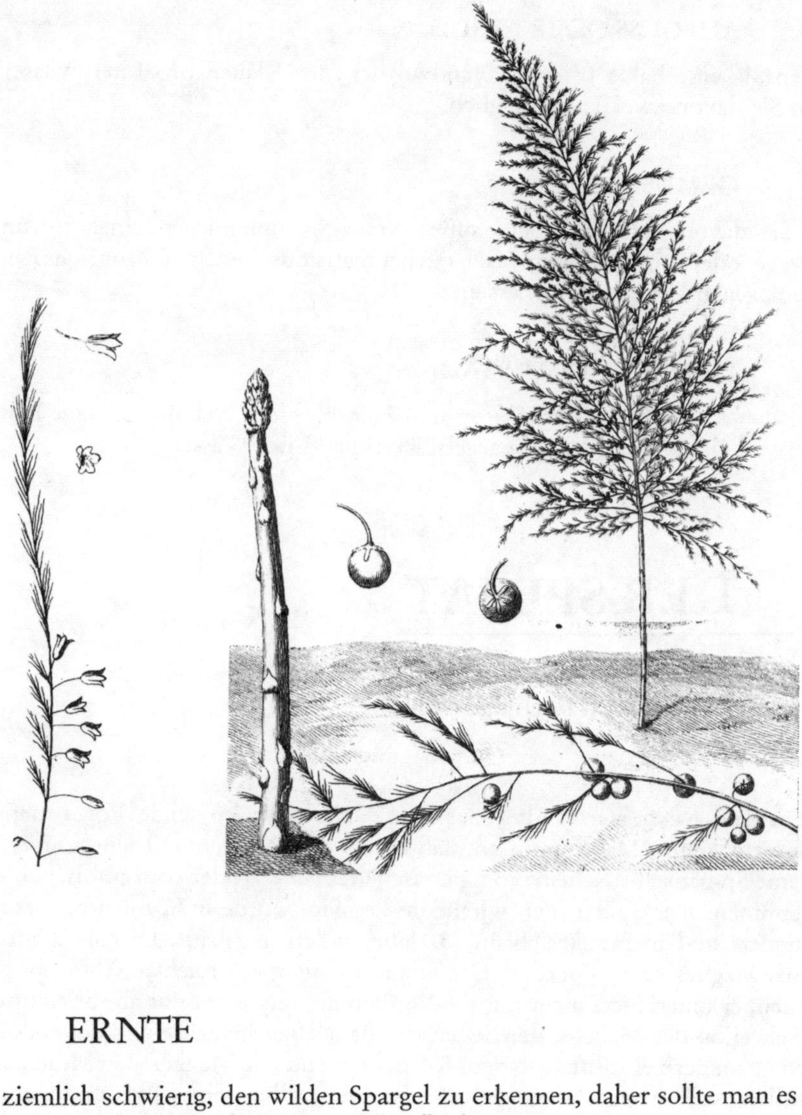

ERNTE

Es ist ziemlich schwierig, den wilden Spargel zu erkennen, daher sollte man es nicht riskieren, irrtümlich ein giftiges Kraut zu pflücken.

Begnügen Sie sich mit den „Klauen" des gezüchteten Spargels; falls es Ihnen gelingt, ihn im Garten zu ziehen, graben Sie seine Wurzeln und Rhizome im Herbst, wenn sie die meisten aktiven Substanzen enthalten, aus. Falls Sie in Ihrem Gemüsegarten jedoch keine Wurzeln haben, kaufen Sie welche in einer guten Kräuterhandlung; aber hüten Sie sich vor der üblichen Handelsware, die mit Chemiedünger und Insektenvertilgungsmitteln besprüht worden ist.

ZUBEREITUNG UND ANWENDUNG

AUFGUSS ODER ABSUD

Nehmen Sie eine halbe bis eine Handvoll frischer Klauen pro Liter Wasser, und trinken Sie davon zwei Tassen täglich.

GEMÜSE

Essen Sie davon nach Belieben, außer wenn Sie unter irgendeiner Störung der Harnwege oder unter akutem Gelenkrheumatismus leiden. Chronisch Rheumakranke dagegen können davon essen.

HAND- UND FUSSBÄDER

Gegen unzureichende Leberfunktion und Herzklopfen: Nehmen Sie eine Handvoll Klauen und einige zerdrückte Spargelspitzen pro Liter Wasser.

DER SPINAT

Spinacia oleracea L.
Familie der Gänsefußgewächse;
grünliche Blüten

Spinat ist ein naher Verwandter der Runkelrübe, dessen wilde Form man nicht einmal mehr kennt. Man nimmt an, daß er aus dem Mittleren Orient kommt, denn der Name Spinat selbst scheint vom persischen *aspanach* oder vom arabischen *isfinag* abzustammen. Der Spinat, den wir heute kennen, wurde in Spanien bereits im 11. Jahrhundert und in Frankreich im 13. Jahrhundert angebaut. Damals schon lobte Albertus Magnus seine Vorzüge. Der Spinat ist nicht nur reich an Chlorophyll und Proteinen, er unterstützt nicht nur die Verdauung, regt nicht nur alle Sekretionen an – die Sekretion des Magens, der Leber, der Bauchspeicheldrüse und der endokrinen Drüsen –, sondern er führt auch dem Körper bedeutende Mengen von Mineralien zu. Er enthält viel Eisen, aber auch Magnesium, Phosphor, Jod und zahlreiche Spurenelemente, die für das Gleichgewicht der Körperfunktionen unbedingt notwendig sind. Kindern, Jugendlichen, Genesenden, Blutarmen und allen chronisch Kranken rate ich ausdrücklich zum Genuß von Spinat. Ich empfehle ihn ganz besonders allen geistig Arbeitenden wegen des Phosphorgehalts, auch den Stadtbewohnern wegen des Eisengehalts, der den roten Blutkörperchen erlaubt, die Sauerstoffversorgung des Blutes zu beschleunigen. Und schließlich empfehle ich ihn allen, die unter Hautkrankheiten leiden.

ERNTE

Ich kann Ihnen nur empfehlen, bauen Sie Spinat möglichst selbst an. Auf diese Weise sind Ihre Produkte immer einwandfrei und frisch. Spinat gedeiht in jedem Erdreich; säen Sie ihn im Frühling in Reihen in gut gedüngten Boden.

ZUBEREITUNG UND ANWENDUNG

Als Gemüse können Sie den Spinat nach Belieben zubereiten, aber verderben Sie seine ausgleichende und mineralienzuführende Wirkung nicht durch zuviel unverdauliche Soße. Was für andere Gemüsesorten gilt, trifft auch für den Spinat zu: die einfachste Zubereitung ist die beste.

SAFT

Aus gekochtem Spinat: Kochen Sie Ihren Spinat womöglich so, daß sein Nährwert erhalten bleibt. Schütten Sie den Saft nicht weg, sondern drücken Sie ihn durch ein feines Tuch und trinken Sie ihn. Drei bis vier Tassen davon täglich sind eines der besten Aufbaumittel. Frischer Saft: Bereiten Sie ihn nur aus frisch gepflücktem, sorgfältig gewaschenem Gemüse. Trinken Sie davon drei bis vier Tassen täglich.

WEIN

Aus frischem Spinat: Legen Sie ein schönes Spinatblatt in ein Glas Rotwein. (Täglich ein Glas.)

GEGENINDIKATIONEN

Wegen seines reichen Gehaltes an Salzen und besonders an oxalsauren Salzen ist Gichtkranken, Arthritiskranken, Rheumakranken und jenen, die an Harnsteinen leiden, von Spinat allgemein abzuraten.

DIE TANNE UND DIE KIEFER

DIE TANNE

Abies pectinata MILLER
Familie der Nadelbäume;
aufrechte weibliche Zapfen

DIE GEMEINE KIEFER

Pinus sylvestris L.
Familie der Nadelbäume;
männliche Blüten bilden
gelbe Kätzchen,
weibliche Blüten
sind bei Reife zapfenförmig

Die Tanne ist gleichsam ein Symbol für das ewige Band zwischen Mensch und Natur. Sie strahlt Kraft, Ruhe und Sicherheit aus. Außerdem besitzen die Produkte der Tanne oder ihrer Verwandten, der Kiefer – Harz, die jungen Triebe, Pech und die Essenz – zahllose Heilkräfte. Manche sind schon in der Antike verwendet worden. Und heute zählen sie alle zu den bevorzugten Mitteln der Phytotherapeuten.

Hier seien nur die bekanntesten Arten genannt: Edeltanne (auch Taxustanne, Silbertanne oder Pechtanne), Weißtanne, Brechtanne, Schirmföhre, Fichte, gemeine Kiefer, Douglastanne, Balsamtanne, Alpenkiefer – dies sind nur einige Vertreter dieser großen Pflanzengruppe. Nützlich sind eigentlich alle, die meisten Vorzüge aber bergen die Edeltanne und die gemeine Kiefer.

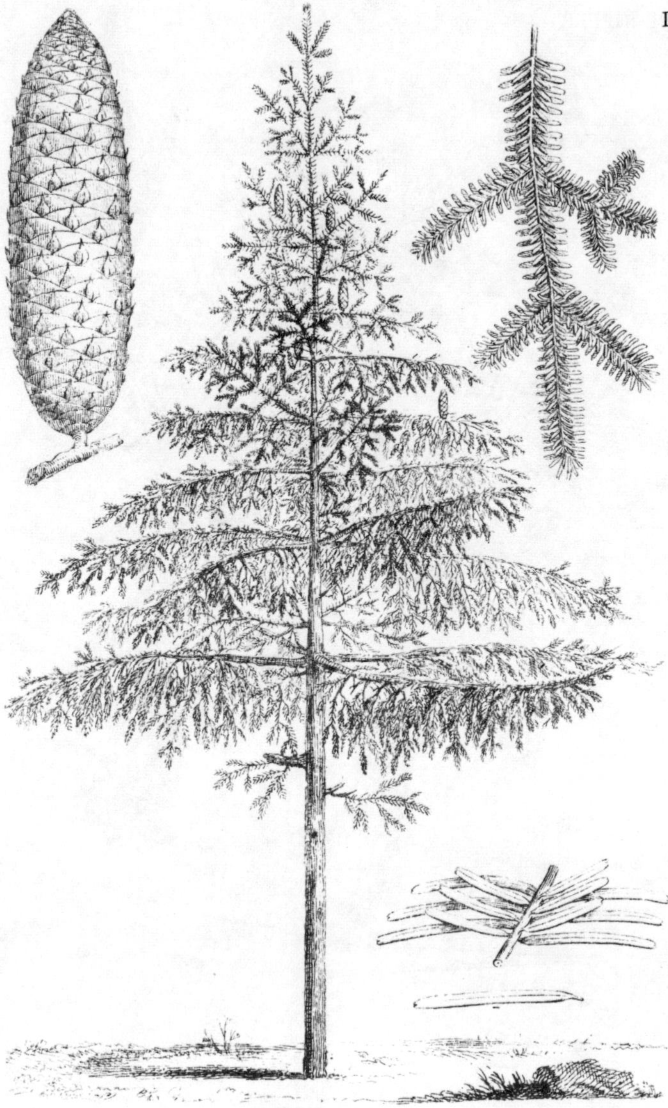

Ich verwende hauptsächlich das Harz dieser Bäume, die Knospen der gemeinen Kiefer und die Terpentinessenz. Ein berühmter Phytotherapeut sagte einmal, das Harz sei das Blut der Koniferen und könne gewissermaßen auch unser eigenes Blut werden. Er hatte vollkommen recht. Die Perlen, die aus den Wunden der Tanne und der Kiefer tropfen, regen nicht nur alle Sekretionen an und aktivieren die endokrinen Drüsen, die Herrscherinnen über unseren Organismus, sondern üben auch noch auf die meisten Organe eine günstige Wirkung aus. Das Harz führt bei chronischer oder

akuter Bronchitis, Lungenentzündung und Rippenfellentzündung tatsächlich zu sehr guten Ergebnissen. Man könnte sagen, daß wir zur Behandlung solcher Beschwerden heute über Antibiotika verfügen; nichts verbietet uns aber die Anwendung alter Heilmethoden, um die neuen zu unterstützen und ihre Mängel einzuschränken. Das Harz ist außerdem noch gegen unendlich viele Störungen wirksam. Man verwendet es mit Erfolg gegen Nierenträgheit, gegen Blasenkatarrh, Harnsteine, Weißfluß und Tripper. Ferner wirkt es ausgezeichnet gegen Leberkoliken. Mein Vater verwendete es besonders zur Beruhigung von Rheuma- und Ischiasschmerzen. Kügelchen, Pomaden und Pillen aus Harz wirken gegen parasitäre Würmer. Auch bei Blutergüs-

Farbtafel XXV

DER ROSMARIN

Rosmarinus officinalis L.

Familie der Lippenblütler

Farbtafel XXVI

DER SALBEI

(Wiesensalbei)

Salvia pratensis L.

Familie der Lippenblütler

Farbtafel XXVII

DIE SCHAFGARBE

Achillea millefolium L.

Familie der Korbblütler

Farbtafel XXVIII

DAS SCHÖLLKRAUT

Chelidonium majus L.

Familie der Mohngewächse

Farbtafel XXIX

DIE SCHWARZBEERE
(Heidelbeere)
Vaccinium myrtillus L.
Familie der Heidekrautgewächse

Farbtafel XXX

DIE TAUBNESSEL
Rote Taubnessel

Lamium purpureum L.
Familie der Lippenblütler

Farbtafel XXXI

DIE WIESENKÖNIGIN

Spiraea Ulmaria L.

Familie der Rosengewächse

Farbtafel XXXII

DIE ZICHORIE
Wegwarte
Cichorium intybus L.
Familie der Korbblütler

sen und ungewöhnlich starken Blutungen bei Frauen während der Menstruation sollte man Harz anwenden. Besonders gute Dienste leistet es bei Phosphorvergiftungen.

Aber das Harz besitzt auch Nachteile. Man darf nicht zu viel verwenden, weil sonst unangenehme Störungen wie Schwindelgefühle und Übelkeit eintreten können. Die Knospen der Tanne und vor allem die der gemeinen Kiefer bergen nicht die gleichen Gefahren und sind dennoch sehr wirksam. Sie können sie nicht nur bei Erkrankungen des Harnapparates anwenden (Nierenentzündung, Blasenkatarrh, Tripper usw.), sondern sie wirken auch gegen Husten, Grippe, Keuchhusten, Lungenbeschwerden und Asthma. Ferner führen sie bei Skorbut zu vorzüglichen Ergebnissen, wirken schweißtreibend und beruhigen Magen- und Darmkrämpfe. Energische Friktionen, Lotionen oder ein gutes Bad mit Kieferknospen können Akne und Hautkrankheiten heilen oder deprimierte, neurasthenische, apathische Menschen aufmuntern, oder auch ein schwaches Herz stützen und eine durch Ausschreitungen erschöpfte Leber kräftigen. Dampfbäder mit Kieferknospen sind vor allem blutarmen Menschen und rachitischen Kindern zu empfehlen: Dabei möchte ich ausdrücklich darauf hinweisen, daß diese Behandlung von den höchsten medizinischen Autoritäten nicht minder anerkannt wird. Die Essenz, die man aus Terpentin, das heißt aus gereinigtem und entwässertem Harz destilliert, wird auf vielerlei Arten verwendet. Einen großen Teil der Jahresproduktion verbraucht die pharmazeutische Industrie. Übrigens ist dieses Medikament schon lange bekannt, denn man verwendete es ja seit dem Mittelalter unter dem Namen *aqua ardens*, „glühendes Wasser". Äußerlich – und zwar ausschließlich äußerlich – angewendet, wirkt die Terpentinessenz ableitend und rötend: sie zieht entweder das Blut aus den verletzten Teilen, um ihnen Erleichterung zu bringen, oder treibt es hinein, um schnell die weißen Blutkörperchen zu mobilisieren. Sie heilt nicht nur Geschwüre und Brandwunden, sondern beruhigt auch Neuralgien. Alle Rheumakranken, alle, die an Ischias oder an Hexenschuß leiden, sollten sich daran halten. Ein guter, mit Terpentinessenz getränkter Breiumschlag kann genauso auch gegen Bronchitis, Halsschmerzen, Keuchhusten und Lungenentzündung Wunder wirken. Die Eigenschaften sind hier erstaunlich vielfältig.

ERNTE

Die Knospen der gemeinen Kiefer, eventuell auch anderer Kiefernarten, der Weißtanne oder der Edeltanne, pflückt man am besten im Frühling, wenn sie recht zart sind und sehr viel frisches Harz an ihnen klebt. Man sollte sie solange wie möglich aufbewahren und vor Feuchtigkeit schützen.

Die meisten Heilkräfte enthält das Harz im Frühling. Schlagen Sie wie die Harzsammler (die „Pecher") eine Kerbe in den Stamm, um seine „Tränen" aufzufangen. In jeder guten Kräuterhandlung bekommen Sie Terpentinessenz. Sie muß nur garantiert rein sein, darf keine chemischen Präparate enthalten. Sie können auch die jungen Nadeln pflücken und sie so verwenden wie Knospen: sie sind nur weniger aktiv. Und schließlich werden Sie im Wald auf jeden Fall Sauerstoff tanken. Und das ist vielleicht die beste Erfolgsgarantie für Ihre Behandlung.

ZUBEREITUNG UND ANWENDUNG

HARZKÜGELCHEN

Schlucken Sie sieben Tage lang täglich die Menge einer reinen Harzträne. Dies ist eine Frühlingskur gegen die Krankheiten des Atmungssystems.

HARZPILLEN

Gegen die Krankheiten des Harnsystems: Mischen Sie drei Suppenlöffel Harz und sechs Suppenlöffel Süßholzpulver und kneten Sie diese Masse. Nehmen Sie davon täglich ein kaffeebohnengroßes Stück ein.

HARZPOMADE

Für alle äußerlichen Anwendungsarten: Vermischen Sie vier Teile Süßmandelöl und vier Teile Harz. Erwärmen Sie diese Masse im Wasserbad und geben Sie einen Teil Bienenwachs dazu.

AUFGUSS

Aus Knospen: Geben Sie eine kleine Handvoll Knospen in einen Liter Wasser und trinken Sie davon zwei bis drei Tassen täglich.

ABSUD

Aus Knospen, zur äußerlichen Anwendung: Geben Sie eine große Handvoll Knospen in einen Liter Wasser und verwenden Sie es als Lotionen und Kompressen.

HAND- UND FUSSBÄDER

Mit Knospen: Gleiches Mengenverhältnis wie für das vorige Rezept.

DAMPF

Mit Knospen: Lassen Sie in einem kleinen, gut verschlossenen Raum (etwa wie eine Sauna) eine große Wanne mit Wasser und Knospen mehrere Stunden lang kochen.

FRIKTIONEN

Mit Terpentinessenz: Verwenden Sie dazu entweder reine oder mit Kampferöl gestreckte Essenz.

DIE TAUBNESSEL

siehe Farbtafel XXX
Rote Taubnessel
Lamium purpureum L.
Familie der Lippenblütler

Die Nessel ist eine typische Pflanze aus der großen Familie der Lippenblütler, der auch Lavendel, Pfefferkraut, Minze, Salbei, Rosmarin, Thymian und Melisse angehören.

Auf den ersten Blick erinnern die Nesseln an die Brennessel: beide haben ovale, spitz zulaufende und gezähnte Blätter. Sie unterscheiden sich von der Brennessel aber durch die Tatsache, daß sie keine Haare besitzen, die die Haut reizen. Sie brennen nicht und enthalten kein Gift. Ihre viereckigen Stengel tragen gegenständige Blätter, in deren Blattachseln mehrere Gruppen von Blüten entstehen, von denen jede einzelne an ein halb geöffnetes Maul erinnert (oder an eine Kehle, auf griechisch: *laimos;* daher der Name dieser Pflanzen). Nesseln wachsen an allen möglichen Stellen, in Wäldern, auf Ödland, am Wegesrand, und die Nähe von Wohnstätten stört sie überhaupt nicht. Man kann sie mühelos finden. Man kennt vier wesentliche Nesselarten, die bis auf geringe Unterschiede alle die gleichen Eigenschaften besitzen: Die Goldnessel (oder gelbe Taubnessel, gelber Hohlzahn oder gelbe Waldnessel), die gefleckte Taubnessel (oder Todnessel), die rote Taubnessel (oder kleine Hanfnessel), und die weiße Taubnessel (oder Löffelblume oder weißer Erzengel).

In erster Linie verwende ich die Blüten und die Blütenkronen der Nessel; sie sind harntreibend, blutreinigend, kräftigend, erfrischend und haben blutstillende Fähigkeiten. Für blutarme Menschen ist ihre Wirkung besonders wohltuend. Sie heilen Durchfall, Blutergüsse, Blutspucken, Milzkrankheiten, aber auch manche Reizungen der Atemwege sowie Harnverhaltung. Auch Frauen, die an unregelmäßiger oder schmerzhafter Menstruation mit allzu starkem Blutverlust oder an Weißfluß leiden, wird dringend empfohlen, zu dieser Pflanze zu greifen. Äußerlich verwende ich die Taubnessel als Pulver zur Behandlung von Wunden; gegen Schwellungen empfehle ich Umschläge mit der ganzen Pflanze, zum Heilen von Krampfadern den Absud, gegen Geschwüre und gegen Gicht Hand- und Fußbäder und gegen alle Ohrenleiden warmen, vom Absud aufsteigenden Dampf. Bei Brandwunden sollte man jene gallertartigen Ablagerungen auflegen, die dann entstehen, wenn man die Pflanze lange kochen und dann einige Stunden ziehen läßt.

ERNTE

Die Blätter und die Blütenkronen der wilden Taubnesseln zwischen Mai und Juni gerade vor dem Aufblühen pflücken und im Schatten trocknen. Nesseln kann man auch im Garten pflanzen. Sie sollten sie nur nicht wie Unkraut ausreißen.

ZUBEREITUNG UND ANWENDUNG

AUFGUSS UND ABSUD

Nehmen Sie eine halbe Handvoll Pflanzen pro Liter Wasser und trinken Sie davon zwei bis vier Tassen täglich.

PULVER

Aus getrockneten Blüten: Eine Prise täglich in Honig oder in Marmelade. Zur äußerlichen Anwendung bei Wunden.

KONZENTRIERTER ABSUD

Zur äußerlichen Anwendung: Eine gute Handvoll Pflanzen pro Liter Wasser.

HAND- UND FUSSBÄDER

Eine kleine Handvoll Pflanzen pro Liter Wasser (täglich zwei Bäder).

DER THYMIAN

(siehe auch unter Quendel)
Thymus vulgaris L.
Familie der Lippenblütler;
rosafarbene, selten auch weiße Blüten

ZUBEREITUNG UND ANWENDUNG

Benützen Sie Thymian in der Küche so oft als möglich. Für die Anwendung als Heilpflanze einige Rezepte:

AUFGUSS

Nehmen Sie einen kleinen Thymianzweig pro Tasse und geben Sie eventuell einige Minze-, Melisse- oder Bohnenkrautblätter dazu. Trinken Sie davon zwei Tassen täglich.

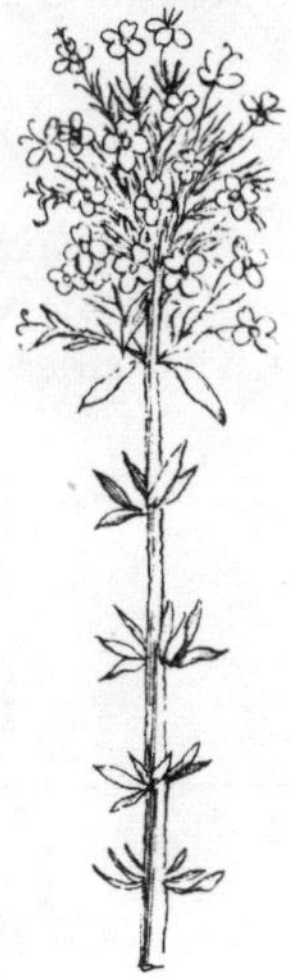

AUFGUSS ODER ABSUD

Zur äußerlichen Anwendung in Kompressen, Lotionen usw.: Geben Sie zwei bis drei Handvoll Thymian in einen Liter Wasser.

HAND- UND FUSSBÄDER

Gleiches Mengenverhältnis wie für das vorige Rezept.

THYMIANPULVER

Gleiches Verfahren wie beim Quendelpulver. Täglich einen kleinen zerriebenen Zweig mit Honig einnehmen.

GURGELWASSER

Mit Thymian: Lassen Sie eine Handvoll Thymian 1/4 Stunde in zwei Liter Wasser kochen und süßen Sie mit Honig.

ZAHNPASTA

Mit Thymian: Lassen Sie drei Handvoll Pflanzen in 1/2 Liter Branntwein liegen, tauchen Sie Ihre Zahnbürste in dieses Präparat und putzen Sie damit täglich die Zähne.

BREIUMSCHLÄGE

Mit Thymian: Einige Handvoll frischen Thymians werden erwärmt und die Pflanze direkt auf die schmerzenden Stellen gelegt. Wirkt bei Rheumatismus, Bronchitis usw.

ZUM ABSCHLUSS

Ein guter Rat: Wenn Sie einen Winter ohne Schnupfen verbringen wollen, dann machen Sie vorbeugend eine kleine Thymian- und Quendelkur. Trinken Sie jeden Abend einen warmen Aufguß zu zwei Prisen von jeder Pflanze pro Schale Wasser.

DAS VEILCHEN

Viola odorata L.
Familie der Veilchengewächse;
violette Blüten

Für die Völker der Antike war das Veilchen eine heilige Blume. Während der Feste zu Ehren des Saturn bekränzte man damit den Kopf, und man weihte das Veilchen dem großen Pan, dem seltsamen und allmächtigen Gott der Natur und des Lebens. Man kannte seine Heilkraft in Athen und in Rom. Der alte Hippokrates, der Vater der Medizin, hat es persönlich erstmals gegen Kopfschmerzen und Sehstörungen sowie gegen Melancholie, gesteigerte Galltätigkeit und Brustentzündung empfohlen.

Natürlich gibt es zahlreiche Veilchenarten, man kann sie aber in zwei Kategorien einteilen: jene, deren Blüten oben drei und unten zwei Blumenblätter haben, also die wohlriechenden Veilchen, und jene, deren Blüten oben vier Blumenblätter und unten nur ein einziges besitzen, die sogenannten Stiefmütterchen. Was die ersten betrifft, so sind das Rauhe Veilchen, das Hundsveilchen, das Waldveilchen und besonders das Märzveilchen (auch wohlriechendes Veilchen, Blauröschen, blaue Viole usw. genannt) die allerhäufigsten. Zu den zweiten, die man im allgemeinen wilde Stiefmütterchen nennt, gehören das Alpenstiefmütterchen, das gelbe Stiefmütterchen und das dreifarbige Veilchen, das auf den Feldern die alltäglichste Art ist und auch Ackerstiefmütterchen, Dreifaltigkeitskraut oder Dreifaltigkeitsblume genannt wurde. Diese hübschen Pflanzen sind nützlich für unsere Gesundheit. Besonders im Aufguß, aber auch im Absud und in einem Sirup – oder in Süßigkeiten, Bonbons, Konfitüre, Blütenpastete, Pralinen usw. – wirken sie wunderbar gegen viele kleine oder große Nöte. Im berühmten „Brusttee aus den sieben Blumen“ verbünden sie sich mit dem Klatschmohn, der Malve, dem Eibisch, dem Katzenpfötchen, dem Huflattich und der Königskerze, um Katarrhe, Angina, Bronchitis, Lungenentzündung, Keuchhusten und alle Krankheiten des Atmungsapparates zu heilen. Die

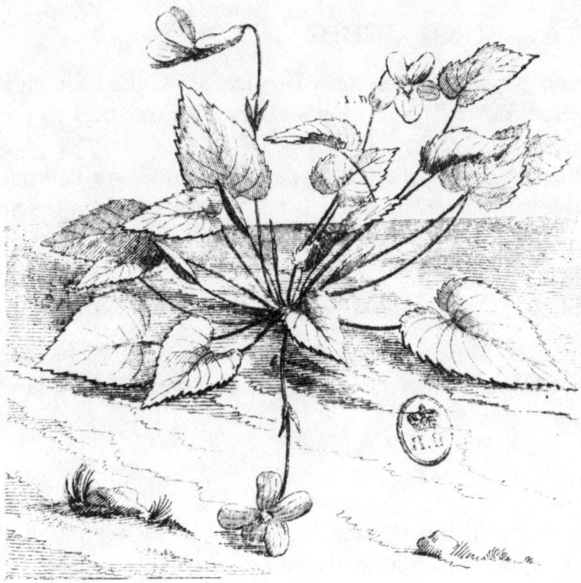

Veilchen selbst wirken hustenstillend. Allgemeiner gesehen, erweisen sie sich als kräftigend und beruhigend; die milde Substanz, der sogenannte Pflanzenschleim, von dem die Blätter große Mengen absondern, nützt gegen alle äußeren oder inneren Entzündungen, gegen Augenkrankheiten, gegen Magen- und Darmreizungen. Wurzeln und Körner rufen Erbrechen hervor (denken Sie bei Vergiftungen daran!) und sind abführend, was sie für zahlreiche Krankheiten, bei denen man sich selbst vergiftet (wie bei chronischer Verstopfung), wertvoll macht.

ERNTE

Pflücken Sie Märzveilchen, wilde Stiefmütterchen, Alpenstiefmütterchen usw. je nach der Jahreszeit und je nach Ihrem Wohnort. Man erntet am frühen Morgen bei trockenem Wetter, gerade nach dem Tau. Zu vermeiden ist besonders das Übereinanderschichten der Pflanzen. Verwenden Sie nur die Blüten und die Blätter. Sie können, sobald die Pflanze verblüht ist, auch die Wurzeln ausgraben und die Samenkörner einsammeln. Lassen Sie alles im Schatten trocknen, damit die hübsche Farbe und der Duft der Blumen erhalten bleiben. Zur Aufbewahrung füllt man die Pflanzen entweder in Papiersäckchen (vor Feuchtigkeit schützen) oder bindet sie zu kleinen Sträußen und hängt sie an die Zimmerdecke.

ZUBEREITUNG UND ANWENDUNG

AUFGUSS UND ABSUD

Aus Blüten, gegen Rheumatismus und Bronchitis: Geben Sie eine halbe Handvoll frischer oder getrockneter Blüten in einen Liter Wasser und trinken Sie davon vier Tassen täglich.

Aus ganzen Pflanzen, zur Behandlung der Atem- und Verdauungswege: Geben Sie eine halbe Handvoll Pflanzen in einen Liter Wasser und trinken Sie davon zwei bis drei Tassen täglich.

ABSUD

Aus Wurzeln, starkes Blutreinigungs- und Brechmittel: Nehmen Sie 1/2 Handvoll Wurzeln pro Liter Wasser und lassen Sie es 15 Minuten lang kochen. Trinken Sie davon täglich eine Tasse.

AUFGUSS

Aus Blättern, leichtes Abführmittel: Nehmen Sie 1/2 Handvoll Blätter pro Liter Wasser und trinken Sie täglich zwei Tassen davon.

SIRUP

Aus Märzveilchen: Lassen Sie drei Handvoll frischer Blüten einen halben Tag lang in einem Liter Wasser und einem Kilo Zucker ziehen. Lassen Sie dies eine Stunde lang im Wasserbad verkochen und füllen Sie den so gewonnenen Sirup dann in Flaschen. Ich empfehle drei Suppenlöffel täglich davon zu schlucken. Als Gurgelwasser gegen Angina, Katarrh, Bronchitis.

SAFT

Aus frischen Blättern: Drei oder vier Suppenlöffel täglich als Abführmittel.

WURZELPULVER

Täglich zwei oder drei Prisen in Honig oder in Milch.

BLÜTENTEE

Zur äußerlichen Anwendung in Kompressen, Lotionen usw.: Nehmen Sie eine Handvoll frischer oder getrockneter Blüten pro Liter Wasser.

HAND- UND FUSSBÄDER

Gleiches Mengenverhältnis wie vorher für den Absud.

DER WALNUSSBAUM

Juglans regia L.
Familie der Walnußgewächse;
gelbliche männliche Kätzchen

Dieser Baum hat herrliches, glänzendes schwarzes Holz. Früher machte man Betten, Tischplatten und große Truhen aus Walnußholz für die Wohnungen der Ärmsten, ehe die moderne Leidenschaft für das „Rustikale" den Preis dieses Holzes in die Höhe trieb. Die alten Griechen nannten den Walnußbaum ein königliches Gewächs. Bei den Lateinern war er Jupiter selbst geweiht, dem mächtigsten aller Götter (der Name *Juglans,* den ihm die Botaniker noch geben, ist die Zusammenziehung von *jovis glans*, „Jupitereichel"). Der Baum blüht im April und im Mai, seine Früchte reifen im Herbst. Die herabgefallenen Nüsse sind von einer dicken, grünen, braungesprenkelten Hülle umgeben, die tiefbraune Flecken auf den Händen hinterläßt.

Das Innere der Nuß ist ein aus vier Teilen geformter Kern mit völlig runzeliger Oberfläche. Dieser Nußkern ist sehr reich an nahrhaften Substanzen. Man verzehrt die Nüsse entweder, solange ihre Schale noch grün ist, wobei man sie rundherum mit dem Messer aufschneidet, oder nach der Reife, wenn die Schalen eintrocknen; der Nußkern hat dann den gleichen Nährwert wie ein guter Käse. Er enthält viel Vitamin B, Proteine, Fettstoffe und assimilierbare Zucker, die für Zuckerkranke wenig gefährlich sind. Die trockene Nuß ist viel weniger gut verdaulich, denn die Konzentration ihrer Fettstoffe wird mit der Zeit immer höher. Wenn sie alt ist, reizt sie die Verdauungsorgane. Das daraus gewonnene, heute leider sehr teuer gewordene Öl eignet sich vorzüglich für die Küche. Essen Sie Nüsse! Geben Sie Nüsse in Salate und Kuchen. Frische Nüsse haben das stärkste Aroma und greifen empfindliche Mägen am wenigsten an.

Man nennt den Walnußbaum auch den welschen Nußbaum, gemeinen Nußbaum, gemeinen Walnußbaum oder gemeine Walnuß. Aber wie sein Name auch lauten mag, für den Phytotherapeuten ist er immer gleich wertvoll. Seine Blätter, seine Rinde, seine Kätzchen, sein Saft, seine Knospen und seine Nußschalen sind nützlich. Sein Saft ist sehr süß und kann als Blutreinigungsmittel verwendet werden. Seine Knospen dienen zur Herstellung einer wirksamen Salbe gegen Haarausfall und gegen Schuppen. Seine Kätzchen ziehen die kapillaren Blutgefäße zusammen, daher wirken sie besonders gegen Blutungen, Schnittwunden, Blutergüsse, allzu starke Regelblutungen, Hämorrhoiden, Durchfall und Ruhr. Die Rinde ist ein gutes Wurmmittel. Die Blätter und Nußschalen besitzen vielerlei Nützliches. Ihre Bitterkeit und ihre zusammenziehenden Eigenschaften machen sie in den gleichen Fällen empfehlenswert wie die Kätzchen (Blutergüsse, Durchfall usw.). Äußerlich angewendet, reinigen sie Wunden, verhindern Infektionen und beschleunigen das Verheilen. Die Blätter vertreiben, ob frisch oder im Absud, parasitäre und unerwünschte Insekten, also Flöhe, Wanzen, Motten, Läuse, Ameisen usw. Sie sind stärkend. Sie bekämpfen Geschwüre, Ekzeme, Augeninfektionen, Mundfäule, Eiterungen, Abszesse. Sie zählen zu den besten Arzneien gegen Weißfluß, fördern die Heilung von Tuberkulose und senken den Zuckergehalt des Blutes. Diese Wirkung gegen die Zuckerkrankheit ist oftmals bestätigt worden.

ERNTE

Im Frühling, wenn die Natur neu erwacht, löst man die Rinde von den Walnußzweigen und fängt ihren Saft auf. Es ist auch die Zeit, in der man die Kätzchen pflückt und die Knospen trocknen läßt. Mit der Ernte der Blätter wartet man bis zum Juli, dann erst öffnen sie sich den Strahlen der starken Sonne und entwickeln ihre Vorzüge. Die äußeren grünen Nußschalen müssen beim Herabfallen der Früchte eingesammelt, gereinigt und zum Trocknen in den Schatten gelegt werden; wenn sie alt werden, dunkeln sie nach.

ZUBEREITUNG UND ANWENDUNG

ABSUD

Aus Rinden: Man gibt zwei Handvoll frischer oder trockener Rinde in einen Liter Wasser. Zwei Tassen täglich wirken entwurmend. Aus getrockneten Blättern zur innerlichen Anwendung gegen Rachitis, Diabetes, Lymphatismus. Man nimmt acht bis neun Blätter pro Liter Wasser und trinkt davon zwei Tassen täglich. Zur äußerlichen Anwendung für Bäder, Lotionen, Kompressen kommen fünfzehn Blätter in einen Liter Wasser.

HEILTEE

Aus Kätzchen: Geben Sie eine Handvoll Kätzchen in einen Liter Wasser zur innerlichen Anwendung gegen Durchfall, Ruhr usw. Zwei Handvoll für die äußerliche Anwendung in Lotionen, Kompressen gegen Blutungen, Hämorrhoiden, für Vaginalspülungen, Klistiere usw.

FRISCHER BAUMSAFT

Täglich morgens auf nüchternen Magen einen Kaffeelöffel, als blutreinigendes Mittel.

SALBE

Gegen Haarausfall und Schuppen: Eine Handvoll frischer Knospen wird 1/2 Stunde lang in einem Pfund Schweineschmalz gekocht und die erkaltete Salbe in Ton- oder Porzellantöpfen aufbewahrt. Unmittelbar auf den Haarboden auftragen.

AUFGUSS

Aus frischen oder getrockneten Blättern zur innerlichen Anwendung: Vier große Walnußblätter gibt man in einen Liter Wasser und trinkt davon täglich zwei Tassen, gegen Würmer vier.

NUSSSCHALENABSUD

Zur innerlichen Anwendung: Nehmen Sie eine Handvoll zerstoßener Nußschalen pro Liter Wasser und trinken Sie zwei Tassen täglich. Zur äußerlichen Anwendung nimmt man zwei Handvoll pro Liter.

HAND- UND FUSSBÄDER

Nehmen Sie zwei bis drei Handvoll frischer oder getrockneter Blätter oder Nußschalen oder eine Mischung aus beiden pro Liter Wasser.

PULVER

Aus Walnußschalen, wirkt desinfizierend, heilend: Zwei Kaffeelöffel Pulver in Kräutertee geben und zwei Tassen täglich trinken. Zur äußerlichen Anwendung: Vier Kaffeelöffel in einen Absud aus Schafgarbe oder Arnika für Lotionen oder Kompressen.

SIRUP

Aus frischen Blättern: Die frischen Blätter 48 Stunden lang in ein gleiches Gewicht Alkohol legen und dann soviel Zucker dazutun, daß ein dicker Sirup entsteht. Man nimmt einen Suppenlöffel voll vor den Mahlzeiten.

DER WEISSDORN

Crataegus oxyacantha L.
Familie der Rosengewächse;
weiße oder rosa Blüten

Den Weißdorn, auch Mehlbaum, Mehlfäßchen, Mehlhosen, Müllerbrot, Christdorn, Hagedorn, Hageapfel oder Heckdorn genannt, ordnet man wie die Heckenrose, den Brombeerstrauch und den Apfelbaum in die Familie der Rosengewächse. Dieser Strauch wird unterschiedlich groß (manchmal etwa fünf Meter hoch) und bildet ein undurchdringliches Geflecht von Zweigen mit hellgrauer Rinde und kleinen, grünleuchtenden, ausgezackten Blättern. Die Blüten sind aus reinweißen, manchmal leicht rosa gefärbten Blumenblättern zusammengesetzt, mit einem gelben Moos aus Staubfäden in der Höhlung der Blumenkrone, und strömen, um ehrlich zu sein, einen eher unangenehmen Geruch aus. Die runden Früchte werden im Herbst rot; unsere Ahnen in den Pfahlbauten haben sich damit ernährt, denn man hat große Mengen von Fruchtkernen neben ihren Wohnstätten gefunden. In Zentraleuropa dienen sie noch heute zur Herstellung von einer Art wildem „Brot".

Der Weißdorn ist von den höchsten medizinischen Autoritäten des Mittelalters und der Neuzeit gegen Gicht, Brustfellentzündung, Blutungen und Weißfluß empfohlen worden. Die Hebamme der Maria von Medici, Louise Bourgeois,

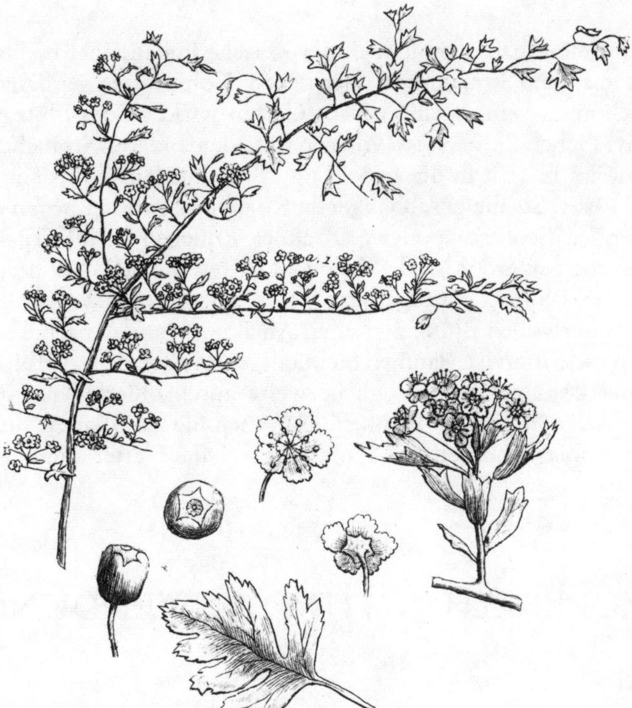

verabreichte ihn ihren vornehmen Patienten, um damit Harnsteine aufzulösen. Man sollte sich hüten, allen diesen Ansichten durchweg zu widersprechen, in denen die Erfahrung des Volkes und der Gelehrten vieler Jahrhunderte zusammengefaßt sind. Mein Vater verwendete die Rinde der Pflanze gegen Fieber, ihre Früchte gegen Durchfall und ihre Blüten zur Regelung der Herztätigkeit und des Blutdrucks. Ich verwende sie ebenso gegen nervöse Krämpfe, Arteriosklerose, Angina pectoris und Fettleibigkeit. Der Weißdorn ist eines der besten beruhigenden Kräuter. Alle, die sich müde fühlen, denen es an Spannkraft fehlt, die schlecht schlafen, schwer atmen, zu Schwindelanfällen, Herzklopfen, Angstgefühlen, Nervosität und Ohrensausen neigen, alle Streßgeplagten (und man weiß, wie weit der Streß in unserem Jahrhundert der ungesunden Ernährung, der Verschmutzung und der Aufregungen verbreitet ist), alle jene, die sich vor den Gefahren des Cholesterins und der Arterienverhärtung schützen wollen, alle, die an Herzanfällen leiden, sie alle können beruhigt zum Weißdorn greifen. Die Behandlung muß ziemlich lange fortgesetzt werden, bis endgültige Erfolge zu bemerken sind. Wenn der Weißdorn auch weniger rasch auf das Herz wirkt als der Fingerhut, so heilt er dafür die Beschwerden des gesamten Kreislaufsystems viel besser; und er hat den ungeheuren Vorteil, keinerlei giftige Eigenschaften zu besitzen.

ERNTE

Auf dem Lande kann man überall Weißdornbüsche finden; aber meiden Sie jene, die man als Hecken an den Straßenrand oder neben Wohnstätten gepflanzt hat, denn sie könnten verschmutzt sein. Weißdorn im Garten wirkt in der Blütezeit ausgesprochen dekorativ. Gehen Sie genauso vor wie mit allen anderen Sträuchern, oder legen Sie die Früchte im Herbst in die Erde. Die Pflanze gedeiht in jedem Boden und in jedem Klima. Lösen Sie die herabhängende Rinde im Frühling, wenn der Saft steigt, und verwenden Sie diese frisch oder getrocknet. Pflücken Sie die Früchte im Herbst, wenn sie ganz rot geworden sind. Manche Abarten bleiben eher orange oder gelb. Sammeln Sie die Blüten, vorzugsweise die weißen, entweder als Knospen oder unmittelbar vor der vollen Blüte, zwischen April und Juni, je nachdem, wie weit die Jahreszeit fortgeschritten ist. Säumen Sie nicht, denn nach dem Aufblühen öffnen sie sich weiter und könnten dann möglicherweise auseinanderfallen. Nehmen Sie die Blüten einzeln oder in ganzen Trauben, entfernen Sie alle Blätter, die während der Ernte gelitten haben könnten, und breiten Sie die Blätter dünn geschichtet im Schatten aus.

ZUBEREITUNG UND ANWENDUNG

ABSUD

Gegen Fieber, zum Trinken oder auch als Fußbad: Nehmen Sie 10 Prisen gehackter Rinde pro Liter Wasser. Trinken Sie davon zwei oder drei Tassen täglich oder nehmen Sie zwei bis drei Bäder täglich.

Aus getrockneten Früchten, gegen Durchfall – zum Trinken: Geben Sie 10 Prisen Beeren in einen Liter Wasser, und trinken Sie die gesamte erhaltene Menge in kleinen Portionen innerhalb von 48 Stunden.

AUFGUSS

Aus Blüten, gegen Krämpfe und Kreislaufstörungen: Geben Sie zwei reichliche Prisen Blüten pro Tasse in kochendes Wasser. Trinken Sie davon zwei bis drei Tassen täglich, solange wie notwendig, aber mit regelmäßigen Unterbrechungen von einigen Tagen.

HAND- UND FUSSBÄDER

Aus Blüten, gleiche Indikationen wie beim Aufguß: Nehmen Sie 10 bis 20 Prisen Blumenkronen pro Liter Wasser (zwei Bäder täglich). Unterstützen Sie diese Hand- und Fußbäder, die sich lediglich zu einer Dauerbehandlung eignen, im Falle von Angina pectoris, Infarkt, Herzjagen oder Lungenödemen mit Kompressen auf die Herzgegend. Verstärken Sie bei Magenschmerzen und Krämpfen die Wirkung der

Hand- und Fußbäder ebenfalls durch warme Kompressen jeweils nach den Mahlzeiten auf die schmerzende Stelle. Legen Sie gegen Hexenschuß Kompressen auf das Kreuz. Eiskalte Kompressen auf den Kopf können bei nervöser Migräne die beste Wirkung haben. Falls man unter Krampfadern leidet, sind Fußbäder zu unterlassen; in diesem Falle ist es besser, nur Handbäder zu machen.

BREIUMSCHLÄGE

Aus frischen Blüten oder zerdrückten Früchten: Gegen Anfälle von Angina pectoris, Herzklopfen, Durchfall, Hexenschuß, Rheumatismus.

DER WERMUT

Artemisia absinthium L.
Familie der Korbblütler;
gelbe Blüten

Dieses Konzentrat an Bitterkeit, das in der Heiligen Schrift die Prüfungen des Lebens symbolisiert, enthält in der Tat ein furchtbares Gift. In schwachen Dosen ist der Wermut ein ebensolcher Appetitanreger wie Anis oder Fenchel. Bei zu starker Dosierung wird er zu einer Droge, von der man nicht mehr lassen kann. Er greift das gesamte Nervensystem an, führt zu Halluzinationen, dann zu allgemeiner Erstarrung, zu Stumpfsinn, körperlichem Verfall und schließlich zum Tod.

Den großen Wermut, auch bitterer Beifuß, Kampferkraut, Kittelkraut, Grabkraut oder Wiegenkraut genannt, erkennt man leicht an seinen flaumigen, silbrigen und schmalen Blättern sowie an seinen winzigen blaßgelben Blüten, die wie Quasten aussehen. Vor allem aber erkennt man ihn am starken, aromatischen Geruch, wenn man ihn zwischen den Fingern zerreibt.

Er war schon bei den Ägyptern, den Griechen und den Kelten berühmt; den Berichten des Arabers Avicenna zufolge galt er als Appetitanregungsmittel, nach der Schule von Salerno im 14. Jahrhundert hielt man ihn für wirksam gegen die Seekrankheit, schließlich ist er gegen Rheumatismus, Pest, Cholera, Gelbsucht, Angina, Lähmungen, Skorbut, Mumps, Mittelohrentzündungen und Zahnschmerzen – eben für fast alles – verwendet worden. Außerdem benützte man ihn, um Motten und Fliegen fernzuhalten, Nagetiere zu töten, und, wie ein Schriftsteller des Mittelalters sagte, um „zänkische und gallige Frauen zu beruhigen"! Davon ist natürlich nicht alles ernst zu nehmen. Was mich betrifft, so habe ich die Wirkung der Pflanze hauptsächlich gegen Parasiten aller Art und namentlich gegen Würmer nachgeprüft. Hätten das Pulver, die Bierbeize oder der Aufguß, den man aus ihren

Blättern bereitet, nicht diesen abscheulichen Geschmack, so würde ich sie den Kindern öfter empfehlen. Erwachsene haben sich daran gewöhnt. Ferner ist der Wermut ein vorzügliches allgemeines Tonikum; er regt den Appetit und die gesamte Verdauungsfunktion an. Er zeichnet sich auch dadurch aus, daß er gegen unzureichende Lebertätigkeit wirkt, er kann Gelbsucht heilen, und ich verschreibe ihn gerne den Rekonvaleszenten, die sich von einer nervösen Leberentzündung erholen. Außerdem wirkt er fiebersenkend; vor der Entdeckung des Chinins verwendeten unsere Vorfahren bei Fieber große Mengen davon. Ich empfehle ihn, um die Menstruation zu regeln oder um sie hervorzurufen. Er ist ein nützliches Antiseptikum und eine Pflanze, die wunderbar gegen Durchfall wirkt.

Aber Vorsicht! Die Dosierungen müssen gewissenhaft eingehalten werden. Wer sie überschreitet, setzt sich ernsten Störungen wie Kopfschmerzen, Schwindelgefühl, Entzündung der Bindehäute usw. aus. Schwangeren Frauen, stillenden Müttern und allen, die an Magen- oder Darmblutungen leiden, rate ich dringend vom Gebrauch dieser Pflanze ab.

ERNTE

Pflücken Sie Blätter und Blüten des Wermuts zwischen Juli und August, bevor sie sich voll entfaltet haben. Achten Sie darauf, solche Stücke zu wählen, die weit weg von den Auspuffgasen der Autos gewachsen sind, denn die Gattung liebt es nämlich, am Straßenrand zu gedeihen.

Verwenden Sie die Pflanze entweder frisch oder nachdem sie im Schatten liegend getrocknet wurde.

ZUBEREITUNG UND ANWENDUNG

WERMUTPULVER

Zerreiben Sie zwei Prisen getrockneter Wermutblätter zu Pulver. Mischen Sie dazu zwei Prisen Lakritzenpulver und eine halbe Prise Anispulver. Als Tonikum, ein bis zwei Prisen mit gedörrten Pflaumen. Als Wurmabtreibemittel fünf Tage lang zwei bis drei Prisen auf nüchternen Magen, ebenfalls mit gedörrten Pflaumen.

AUFGUSS

Geben Sie 5 bis 20 Prisen Wermutblätter in einen Liter warmes oder kaltes Wasser und süßen Sie reichlich. Trinken Sie davon allerhöchstens zwei Tassen täglich.

WERMUTWEIN

Geben Sie eine halbe Handvoll Wermutblüten in einen Liter Weißwein oder Bier, und lassen Sie das Gemisch zwei Wochen lang stehen.

Ein anderes Rezept: Legen Sie den Wermut 24 Stunden lang in Alkohol und fügen Sie den Wein oder das Bier erst nachher hinzu. Lassen Sie das Gemisch dann zehn Tage lang stehen und filtern Sie dann. Trinken Sie davon drei bis vier Tage lang allerhöchstens ein Likörglas täglich vor den Mahlzeiten, um den Appetit anzuregen, oder nach den Mahlzeiten, um die Verdauung zu erleichtern. Morgens auf nüchternen Magen wirkt er gegen Würmer.

SIRUP

Mischen Sie zwei Handvoll getrockneter, blühender Wermutspitzen, eine halbe Handvoll rote, getrocknete Rosenblätter, sechs Prisen Zimt und 400 Gramm Honig mit einem Liter guten Weißwein. Lassen Sie dies 24 Stunden lang in milder Wärme oder eine Woche lang in normaler Temperatur stehen und filtern Sie. Trinken Sie davon drei Tage lang vor den Mahlzeiten täglich ein Glas als Verdauungs- und als Wurmabtreibemittel.

ANMERKUNG

Frauen, die ihr Kind stillen, sowie gallige und sanguinische Temperamente, aber auch Personen, die unter Magen- oder Darmkrankheiten leiden, müssen unbedingt vom Gebrauch des Wermuts Abstand nehmen.

DIE WIESENKÖNIGIN

siehe Farbtafel XXXI
Spiraea ulmaria L.
Familie der Rosengewächse

Sie ist schön, diese Königin der Quellen und der zauberhaften Bäche, wenn sie an feuchten, schattigen Stellen ganze Gebüsche bildet! Ihren kleinen, in dichten Büscheln wachsenden, reinen Blümchen entströmt ein herrlicher Duft. Es handelt sich um ein schlankes Gewächs mit etwas rötlichen Stengeln, das mehr als einen Meter hoch wird und mit großen, ausgeschnittenen Blättern so verschwenderisch besetzt ist, daß man meinen könnte, sie seien aus Spitze. Sie blüht mitten im Sommer. Man nennt sie auch Sumpfspierstaude, Geißbart, Bockfuß oder Wiesenschönchen. Vor dem 17. Jahrhundert ist die Wiesenkönigin in der Phytotherapie kaum verwendet worden, dann aber wurde sie ein vielseitiger Erfolg. Man empfahl sie gegen Masern, Blattern, Ruhr, bösartige Fieberkrankheiten, Durchfall, Blutspucken und Hämorrhoiden. Und vor nicht allzu langer Zeit setzte man auch Gicht, Magenschmerzen, Verletzungen, Hysterie, Migräne und die Nöte von Frauen in den Wechseljahren auf die Liste jener Krankheiten, die sich mit dieser Pflanze heilen lassen.

Man kann sie in allen Fällen von Wassersucht, Rheumatismus, Gicht, Nierenkoliken und Harnsteinen verwenden, denn die Aussichten auf Heilung oder Besserung sind ausgezeichnet. Bei Fettleibigkeit und Zellulitis fördert sie die Ausscheidung von Wasser und Giftstoffen, um so mehr, als sie auch die Schweißabsonderung anregt. Sie zeigt stärkende und beruhigende Eigenschaften, und wenn man auch noch ihre schweißtreibende Wirkung dazuzählt, macht sie das zu einer vorzüglichen Arznei gegen Infektionskrankheiten, und zwar besonders gegen Grippe, Masern und Scharlach. Außerdem ist sie ein Wundheilmittel, beschleunigt das Vernarben und Verheilen von Wunden, Geschwüren und Schnittwunden. Ich habe sie gegen

Blutungen, Blutergüsse, Verschleimung der Atemwege, Durchfall usw. verwendet. Dies alles genügt für den Beweis, daß sie – in den Reihen der Heilkräuter – in der sogenannten „Apotheke des lieben Gottes“ ihren Platz voll ausfüllt. Um so mehr, als ihre stärkende Wirkung für das Herz sehr wertvoll ist.

ERNTE

Die Wiesenkönigin pflückt man zu Beginn ihrer Blütezeit, im Juni und Juli; sie wächst auf stark durchnäßten Wiesen, bei Quellen und am Flußufer. Die Wurzeln sind heilkräftig, die Blätter etwas weniger, aber die Blüten duften so köstlich, daß man diese pflücken sollte. Man schneidet die großen „blühenden Stengel“ der Pflanze auf halber Höhe ab und läßt sie, mit den Köpfen nach unten hängend, auf dem Dachboden trocknen. Wer will, kann die Wiesenkönigin natürlich auch im Garten pflanzen. Sie vermehrt sich sehr gut durch Wurzelsprossung und verlangt nur zweierlei: viel Wasser und ein wenig Schatten.

ZUBEREITUNG UND ANWENDUNG

RASCHER AUFGUSS

Gießen Sie einen Liter kochendes Wasser über eine Handvoll frischer oder getrockneter Blüten, und trinken Sie davon drei bis vier Tassen täglich.

LANGSAMER AUFGUSS

Viel wirkungsvoller: Gießen Sie einen Liter Wasser – 80 Grad Celsius – über eine Handvoll frischer oder getrockneter Blüten; 12 Stunden stehen lassen; trinken Sie davon drei bis vier Tassen täglich.

WEIN

Vier Handvoll frischer oder getrockneter Blüten auf einen Liter Rotwein, sechs bis zehn Stunden ziehen lassen. Ich empfehle ein kleines Glas zu den Mahlzeiten.

ABSUD

Zur äußerlichen Anwendung in Kompressen, Lotionen, Verbänden, Vaginalspülungen: Zwei Handvoll Blüten auf einen Liter Wasser.

HAND- UND FUSSBÄDER

Gleiches Mengenverhältnis wie für das vorige Rezept.

DIE ZICHORIE

siehe Farbtafel XXXII
Wegwarte
Cichorium intybus L.
Familie der Korbblütler

Gewiß, es gibt herrliche exotische Orchideen. Doch wer zu sehen versteht, dem bietet die Natur auch bei uns wahre Wunder. Man muß die schönsten Pflanzen nicht in der Tiefe tropischer Wälder suchen. Für mich existiert keine andere Blume, deren Blau seltsamer und schöner wäre als jenes der Zichorie: sie hat das beunruhigende und gleichzeitig göttliche Leuchten des Himmels, wie ihn die Maler des Nordens malen.

Wenn auch alle Zichorien bitter sind wie Galle, so muß man sich doch davor hüten, die Gattung, die im Garten wächst, mit den wilden Arten zu verwechseln. Die Zichorie des Gartens stammt von einem mediterranen Typus ab, ist eine Abart der Endivie, ebenso wie Krauslattich und Salatzichorie. Sie regt die Verdauungstätigkeit an, und obwohl sie nicht sehr reich an Vitaminen ist (diese fehlen besonders in den bei Dunkelheit gebleichten Endivien), empfehle ich sie als Stärkungsmittel, als Harntreibemittel und als Magenberuhigungsmittel. Aber Achtung auf die „Stärke" Ihrer Salatsoßen: Verderben Sie die Wirkung der Pflanzen nicht durch ein Übermaß an Essig und Senf!

Die wilde Zichorie, auch Feldzichorie, Wegwarte, wilde Endivie, Samenbrand oder Hindläufte genannt, erkennt man an ihrer dicken Hauptwurzel, an ihren harten und wenig verzweigten Stengeln, ihren langen, ausgeschnittenen Blättern und ihren im schönsten Blau leuchtenden Blütenköpfen. Die Gattung ist ausdauernd, blüht von Juli bis September und wird bis zu einen Meter hoch. Unsere Urahnen hielten sie für einen Freund der Leber; im Ägypten der Pharaonen war sie bekannt; der griechische Arzt Dioscorides sah darin ein Stärkungsmittel für die Verdauungswege, und sein Kollege Galen verwendete sie gegen Augenkrankheiten und Vergiftungen. Man begegnet der wilden Zichorie an allen ziemlich trockenen Stellen, am Wegesrand, auf Ödland und auf Bahndämmen. Sie wird manchmal unter dem Namen Bindesalat oder Endiviensalat wegen ihrer Blätter gezüchtet, aber auch wegen ihrer Wurzel, die geröstet als Kaffeersatz oder als Kaffeezusatz (der in der Tasse dann eine sehr dunkle Farbe annimmt) verwendet wird.

In der Zichorie sehe ich hauptsächlich ein Mittel gegen Leberbeschwerden, also gegen Gelbsucht, Leberkoliken, Gallenträgheit und infektiöse Störungen, die durch das schlechte Funktionieren der „Chemiefabrik" des Körpers bedingt sind (Karbunkel, Furunkel, Ekzeme). Die Pflanze reinigt ferner die Verdauungswege und die Wege des Harnsystems; sie ist magenstärkend, abführend und harntreibend. Sie kann bei Verstopfung, Harnverhaltung und Wasseransammlungen Wunder wirken. Sie heilt gut verschiedene Hautbeschwerden, senkt das Fieber und ist kräftigend und entwurmend.

ERNTE

Es ist am besten, diese Pflanze selbst anzubauen, wobei aber auf Chemiedünger und Giftstoffe radikal verzichtet werden muß. Von der wilden Zichorie wird die gesamte Pflanze verwendet; die Wurzel, die im Herbst ausgegraben wird, die Blätter und Blüten, die gerade vor dem Aufblühen (Anfang Juli) gepflückt werden, und die Samenkörner, die Sie Ende September in einem kleinen Papiersäckchen aufbewahren werden. Die Wurzel wird der Länge nach aufgeschlitzt und dann in der Sonne oder in der Dörrkammer getrocknet. Die im Schatten ausgebreiteten Blätter und Blüten bewahrt man auf, die Samenkörner dagegen kann man sofort verwenden. Ich empfehle aber, einen Teil davon zurückzubehalten, damit Sie sich selbst eine kleine, wilde Zichorienplantage anlegen können: diese Samen behalten Jahre hindurch ihre Keimfähigkeit und verlangen zum Gedeihen nur einen trockenen und tiefen Boden. Der Zeitpunkt für das Einsetzen in die Erde ist gleichgültig.

ZUBEREITUNG UND ANWENDUNG

AUFGUSS UND ABSUD

Aus frischen oder getrockneten Blättern: Fünf oder sechs ganze Blätter auf einen Liter Wasser; trinken Sie davon zwei Tassen täglich.

Aus Blüten: Eine kleine Handvoll getrockneter Blüten auf einen Liter Wasser. Trinken Sie zwei Tassen auf nüchternen Magen.

Aus Samenkörnern: Zehn Prisen Samenkörner auf einen Liter Wasser. Trinken Sie davon täglich morgens eine Tasse.

Aus trockenen Wurzeln: Geben Sie eine halbe, dicke, geriebene Wurzel in einen Liter Wasser. Ich empfehle täglich eine Tasse vor dem Mittagessen.

FUSS- UND HANDBÄDER

Gegen alle Leberbeschwerden und gegen Verstopfung: Nehmen Sie eine halbe Handvoll Mischung aus Blättern, Samenkörnern und Wurzeln pro Liter Wasser. (Zwei Bäder täglich.)

ZICHORIENKOMPRESSEN

Gegen Hautbeschwerden, Furunkel, Karbunkel usw.: Bereiten Sie einen Absud aus Wurzeln und Blüten in einer Dosis von einer Handvoll pro Liter Wasser.

SIRUP

Gegen Würmer und Verstopfung, für Kinder: Drücken Sie ein Glas voll frischen Zichoriensaft aus und lösen Sie darin 250 Gramm Zucker auf. Lassen Sie dies fünf bis zehn Minuten lang auf kleinem Feuer verkochen und geben Sie davon zwei Kaffeelöffel täglich ein.

DER ZITRONENBAUM

Citrus medica L.
Familie der Rautengewächse;
weiße Blüten

Er ist sauer. Allein schon sein Name läßt mit den Augen zwinkern oder eine Grimasse schneiden. Er ist frisch und leicht wie ein munterer Frühlingswind, duftet wohltuend nach Gesundheit und prickelt auf der Zunge. Ich atme gerne seinen lästigen und gleichzeitig belebenden Duft. Er ist eine der Pflanzen, die man sich am besten „mit der Zunge vorstellen" kann. Versuchen Sie, sich etwas „mit der Zunge vorzustellen", das ist der beste Weg, um mit Heilkräutern vertraut zu werden.

Von diesem Baum mit den schönen, grüngoldenen Früchten gibt es verschiedene Arten: den gemeinen Zitronenbaum, Limettenbaum, Zedratbaum, Limonenbaum usw. – Alle besitzen ungefähr die gleichen medizinischen Vorzüge. Die Blätter des Baumes sind beruhigend, stärkend und entwurmend. Sie wirken schweißtreibend und stillen Krämpfe, wie sie bei Husten, Asthma, Nervosität, Schlaflosigkeit, Herzflattern und ähnlichen Beschwerden vorkommen. Diese Eigenschaften haben übrigens auch die Blätter des Orangenbaumes. Im Handel sind beide oft miteinander vermischt. Das wäre nicht so schlimm, wenn nicht beide genauso unvernünftig mit hochgradig giftigen Insektenvertilgungsmitteln und schädlichen Stoffen besprüht wären. Aus der ganzen Frucht stellt man harntreibende und erfrischende Limonaden her, die jenen ganz besonders wohltun, die an Erkrankungen des Magens, des Darmes und der Leber leiden. Der Zitronensaft ist wegen seines Vitaminreichtums (Vitamine A, B, B_2 und besonders C) zu Recht berühmt. Er ist erfrischend, harntreibend und entwurmend, außerdem ein Tonikum und ein Mittel, das wieder zu neuen Kräften verhilft. Alle Verdauungsstörungen, vor allem die der Kinder, können damit behoben werden. Er ist ein gutes Mittel gegen alkalische Gifte wie Soda und Pottasche.

Im Gurgelwasser oder in Pinselungen heilt er Halsbeschwerden. Die Rinde (Außenschale) der Zitrone ist kräftigend, sie regt die Gesamtheit der Organe an, ist schweißtreibend und daher vorzüglich gegen die Ansammlung von Giftstoffen und unterstützt kraftvoll die Magentätigkeit.

ERNTE

Zitronenbäume wachsen nur an auserwählten Plätzen des Mittelmeerraumes; gewiß haben nur wenige einen Zitronenbaum im Obstgarten stehen. Die anderen müssen sich daher mit Blättern, die man in den Kräuterhandlungen bekommt, und mit den Früchten vom Markt begnügen. Was die Früchte betrifft, so sind sie noch annehmbar. Über den Rest kann ich nicht schweigen.

Alle Südfrüchte werden heute übermäßig behandelt; zuerst mit Insektenvertilgungsmitteln, dann mit Konservierungsmitteln (namentlich mit Diphenyl). Es ist besser, auf alle aus Zitronen hergestellten Arzneien zu verzichten, als derart beeinträchtigte Blätter und Früchte für medizinische Präparate zu benützen. Wenn man sich über die Herkunft und die biologische Reinheit der Produkte nicht absolut sicher ist, dann lehnt man besser die Verwendung ab.

ZUBEREITUNG UND ANWENDUNG

AUFGUSS UND ABSUD

Aus Blättern: Geben Sie zehn Prisen getrockneter Blätter in einen Liter Wasser und trinken Sie davon zwei bis drei Tassen täglich.

HEILLIMONADE

1. REZEPT

Zwei in feine Scheiben geschnittene Zitronen werden eine Stunde lang in Wasser gelegt und – wenn möglich – mit Honig gesüßt. Man trinke davon drei bis vier große Gläser täglich.

2. REZEPT

Eine Zitrone wird geschält, der Saft der Schale in ein Glas warmes Wasser gedrückt, der Saft des Fruchtfleisches mit einigen Löffeln Honig vermischt und mit Wasser verlängert. Davon soll man im Laufe des Vormittags drei bis vier große Gläser trinken.

3. REZEPT

Zwei in Scheiben geschnittene Zitronen läßt man in einem Liter Wasser aufkochen und süßt mit Honig. Man kann das Wasser auch durch Molke ersetzen (zwei bis drei Gläser täglich).

ZITRONENSAFT

Begnügen Sie sich nicht damit, die Zitrone in zwei Teile zu schneiden, um sie auszupressen. Befreien Sie die Frucht zunächst sorgfältig von ihrer Schale, von ihrem „Weiß“ und von ihren Kernen. Der Saft kann entweder mit Honig eingenommen oder gestreckt (eine Zitrone für zwei Liter Wasser) bei Sodbrennen genossen werden. Mit Selterswasser und Sodabikarbonat wirkt er gegen Verdauungsstörungen und den berühmten „Kater“; mit Rhizinusöl versetzt, hat er wurmtreibende Eigenschaften. Äußerlich angewendet, empfehle ich den Saft in Pinselungen oder im Gurgelwasser gegen Halsschmerzen, sowie in Hand-, Fuß- oder Vollbädern gegen Migräne, Nasenbluten und für die Schönheit der Haut (eine gepreßte Zitrone pro Liter verwendetes Wasser).

PULVER

Aus getrockneten Zitronenschalen: Die zerstoßene Obstschale hält sich sehr gut. Als Tonikum, als Anregung für die Magentätigkeit und um Harn- und Schweißproduktion zu fördern, nimmt man täglich drei Kaffeelöffel voll mit Honig ein.

IN ALKOHOL

Gleiche Indikationen wie zuvor: Zerschneiden Sie eine Handvoll frischer Schalen ganz fein und geben Sie diese in ein Glas mit 90prozentigem Alkohol. (Einen Kaffeelöffel täglich.)

GEGENINDIKATIONEN

Der Zitronenbaum ist ein wertvoller Verbündeter wegen der Säure in seinen Früchten und der Wirkung seiner Essenz in den Obstschalen, aber – mit Ausnahme der Blätter – Gichtkranken, Rheumakranken und jenen, die an Nierenbeschwerden leiden (Nierenkoliken, Nierensteine) nicht zu empfehlen!

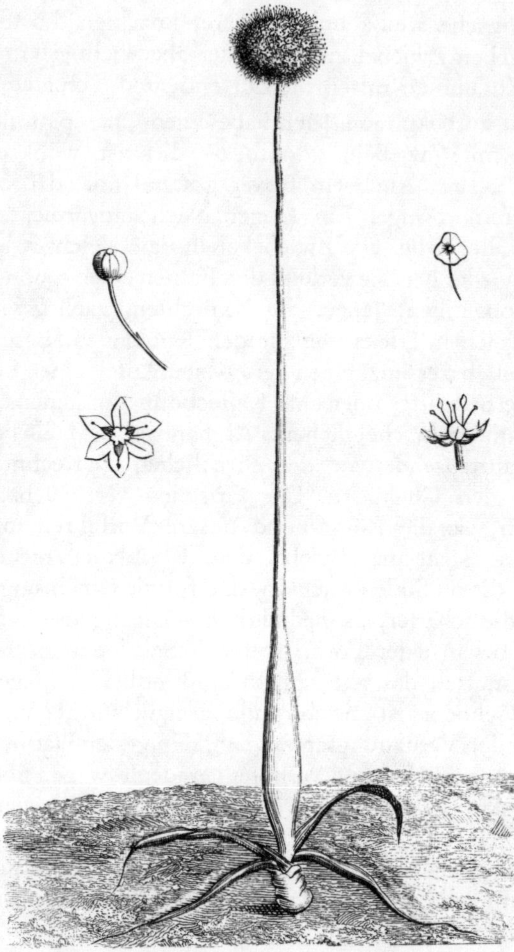

DIE ZWIEBEL

Allium cepa L.
Familie der Liliengewächse;
grünliche oder rosafarbene Blüten

Die Zwiebel ist mit dem Knoblauch verwandt und wie dieser ein Symbol der Lebenskraft. Betrachten Sie ihn, diesen Dickbauch mit seinem grünen Stengel und seiner breiten, rosafarbenen Knolle: er ist das Abbild der fruchtbaren Erde selbst. Es gibt dicke rote, hübsche weiße und kleinere, knackige, köstliche, duftende ... Manche Bauern machen Zwiebel zu einem der allerwichtigsten Grundbestandteile ihrer Ernährung. Zusammen mit Brot, Olivenöl und Tomaten scheint das ihnen gar nicht so schlecht zu bekommen! Ich habe einen Champion der Tour de France gekannt, der sich mit Zwiebeln „dopte" – dies ist wohl ein erlaubtes und ungefährliches Doping ... Auch ein Boxer gestand mir, daß er sich mit diesem Gemüse „auf Touren" bringe. Ein kluger Nachtschwärmer sagte mir, daß er Zwiebelsuppe über alles liebe. Die Zwiebel stellt das Gleichgewicht aller wichtigen Körperfunktionen wieder her. Sie verleiht den Frauen einen schönen Teint: die Farbe von Rosen und von Lilien. Jenen, die befürchten, nach Zwiebeln zu riechen, empfehle ich die gleichen Tricks wie für den Knoblauch: Besprühen mit Minze, einige Tropfen Engelwurzessenz, einen geriebenen Apfel, einen Löffel Honig, einige Petersilien- oder Kerbelblätter oder eine Kaffeebohne zu kauen.

Die Zwiebel stammt wahrscheinlich aus Afghanistan und aus Persien, man erntete sie aber bereits Jahrtausende vor der christlichen Zeitrechnung bei den alten Ägyptern und bei den Chaldäern. Die Griechen verbrauchten davon genauso beachtliche Mengen wie die Römer und unsere Vorfahren im Mittelalter. Was Heilkraft anlangt, so steht die Zwiebel dem Knoblauch nicht nach. Die etwas milderen Zwiebeln, die im Süden wachsen, sind für die Ernährung besser geeignet als jene des Nordens, die schärfer, als medizinische Gattung aber auch wirksamer sind. Essen Sie die Zwiebel in jeder Form: roh, mit Salz oder im Salat ist sie ein sehr gesundes Nahrungsmittel, das aber einem empfindlichen Magen Schwierigkeiten bereiten könnte. Gekocht ist sie für alle geeignet; ihre Vitamine halten sich wunderbar; sie regt den Verdauungsapparat an, reinigt den Darm, bekämpft den Stau von schlecht verdauten Stoffen und verhütet gerade deswegen übermäßige Nervosität, Schlaflosigkeit, Arterienverkalkung und hohen Blutdruck ebensogut wie manche Krebsarten.

Damit sind aber noch nicht alle Verdienste dieses Gemüses aufgezählt. Die Zwiebel wirkt erstaunlich gut harntreibend; es genügt, das Kreuz oder den Unterleib des Patienten mit einer Zwiebelhälfte einzureiben, und schon steigt die Urinproduktion um ein Viertel. Eine intensive oder regelmäßige Zwiebelkur ist allen jenen, die an Nierenkoliken, an Nieren- oder Blasensteinen, an Ödemen, Harnverhaltung, Albuminurie (Harneiweiß), Gicht oder Rheumatismus leiden, zu empfehlen. Die Zwiebel hat auch starke schweißtreibende Fähigkeiten und bewirkt dadurch die Beseitigung von Giftstoffen, was im Falle von Infektionskrankheiten besonders wichtig ist. Sie wirkt gegen Skorbut, denn sie ist reich an Vitamin C, und gegen Zuckerkrankheit, denn einer ihrer Wirkstoffe, das Glucocinin, senkt den Zuckergehalt im Blut.

Wie der Knoblauch ist auch sie ein gutes Mittel gegen Würmer, und sie erweist sich, wie der Knoblauch, als ein sehr wirksames Antiseptikum. Ein Verband mit Zwiebelsaft kann die Infektion von kleinen Schnittwunden, kleinen Brandwunden usw. verhüten. Die Zwiebel reinigt außerdem die Haut sehr gut: Sie ist ein echter Freund von schönen Frauen und von jungen Leuten, die Akne zur Verzweiflung bringt. Sie wirkt auch potenzsteigernd. Besonders wenn sie gekocht ist, bekämpft sie die Nervosität, Angstzustände, Herzklopfen; sie ist dann ein Linderungsmittel, ein krampfstillendes Mittel (Husten, Asthmaanfälle) und eine vorzügliche Arznei gegen Katarrhe und Angina.

Von den vielen Verwendungsarten der Zwiebel erwähne ich noch die Zwiebelbreiumschläge (wirken gegen Kopfschmerzen und fördern die Heilung von Hirnhautentzündung), das Auflegen von rohen Zwiebeln (auf Insektenstiche, Spinnen- und Hundebisse), die warme Zwiebel (die auf Hämorrhoiden oder, gegen Halsschmerzen, auf den Hals gelegt werden), die unter der Asche gekochte Zwiebel (wird auf Frostbeulen, Schrunden, Abszesse, Furunkel, Geschwüre gerieben), und frischen Zwiebelsaft (unübertroffen gegen Bienen- oder Wespenstiche).

ERNTE

Die Zwiebel in Ihrem Garten wird Ihnen viele gastronomische Freuden bescheren – Salate, Suppen, Kuchen: der Phantasie der Hausfrauen sind keine Grenzen gesetzt. Für dieses Gemüse, das besonders leichte und gesunde Böden liebt, ist jedes Klima geeignet. Säen Sie die Samenkörner im Frühling oder pflanzen Sie die Knollen im Herbst in drei oder vier Zentimeter Tiefe.

ZUBEREITUNG UND ANWENDUNG

AUFGUSS

Aus frischen Zwiebeln: Zwei schöne, rote, in Scheiben geschnittene Zwiebeln auf einen Liter Wasser. Trinken Sie im Laufe des Tages die gesamte Flüssigkeitsmenge. Geeignet als Frühlingskur, zur Beseitigung von Giftstoffen. Drei oder vier Tage lang die gleiche Dosis.

ABSUD

Mit Honig (für die Frühlingskur, als Blutreinigungsmittel oder als Wurmabtreibemittel): Vier bis fünf Zwiebelknollen in einen Liter Wasser, mengen Sie im Laufe der Kochzeit beliebig viel Honig dazu. Drei bis vier Tassen täglich.

ZWIEBELWEIN

Harntreibend und stärkend: Zerdrücken Sie in einem Liter Weißwein mit 100 Gramm Honig drei bis vier schöne Zwiebeln; lassen Sie dies fünfzehn Tage lang ziehen und filtern Sie. Nehmen Sie davon drei bis vier Suppenlöffel ein.

Wurmkur: Schneiden Sie eine schöne Zwiebel fein und geben Sie sie in ½ Liter Rotwein. 48 Stunden lang stehen lassen, dann filtern. Ich empfehle morgens ein Glas auf nüchternen Magen.

ZWIEBELTINKTUR

Hacken Sie eine rohe Zwiebel und lassen Sie sie eine Woche lang in einem gleichen Gewicht von 90prozentigem Alkohol ausziehen. Filtern Sie und nehmen Sie zwei Kaffeelöffel täglich ein.

BREIUMSCHLÄGE

Aus rohen Zwiebeln: Gegen Migräne und Kopfschmerzen auf die Schläfen legen. Gegen Hirnhautentzündung auf den Scheitel legen. Gegen Fieber, namentlich gegen Nervenfieber, acht Stunden lang auf die Füße legen.

Aus gekochten Zwiebeln: Auf Insektenstiche und auf Bisse von Hunden, Katzen, Spinnen usw. legen.

WARME ZWIEBELN

Auf die Kehle, bei Angina, Bronchitis, oder auf Wunden legen, oder auch, örtlich aufgelegt, gegen Hämorrhoiden.

IN DER ASCHE GEKOCHTE ZWIEBELN

Sehr nützlich gegen Abszesse, Furunkel, Frostbeulen, Schrunden usw.

HAND- UND FUSSBÄDER

Als Harntreibemittel, gegen Akne, gegen Bronchitis: Reiben Sie eine oder zwei rohe Zwiebeln in einen Liter Wasser.

SAFT

Aus frischen Zwiebeln: Reichlich auf Bienen- oder Wespenstiche streichen.

SCHÖNHEITSSALBE

Aus Zwiebeln: Lassen Sie drei feinzerdrückte Zwiebeln bei sehr kleinem Feuer in ein wenig Schmalz kochen. Rühren Sie sorgfältig um und geben Sie einen Löffel Honig, ein kleines Glas voll Rosenwasser und eine Tasse Milch dazu. Wenn alle Bestandteile gut vermengt sind, kann die Salbe auf häßliche Hautstellen, auf Kopfausschlag, auf „Orangenhaut“ und auf Falten aufgetragen werden.

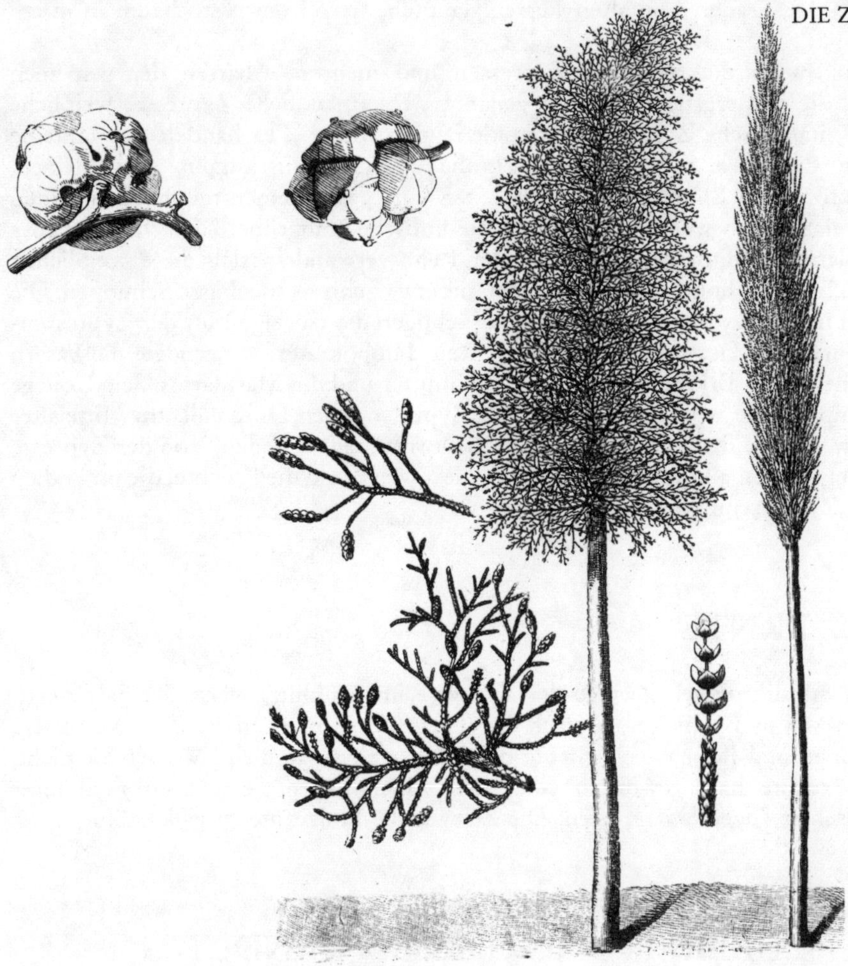

DIE ZYPRESSE

Cupressus sempervirens L.
Familie der Zypressengewächse;
weibliche Blüten bei der Reife kegelförmig

Niemand hat so ausdrucksvolle Zypressen unter tiefblauem Himmel gemalt wie Vincent van Gogh. Schon in der Antike galt die Zypresse als magischer Baum. Platon nannte sie härter als das Bronze der Statuen und machte ihre immergrünen Blätter zum Symbol der Unsterblichkeit der Seele. Horaz sah in ihr den pflanzlichen

Ausdruck der Trauer. Die alten Perser glaubten, sie sei der erste Baum in ihrem Paradies . . .

Es gibt mehrere Arten von Zypressen und mehrere Abarten der gemeinen Gattung, die immergrüne Zypresse genannt wird (männliche Zypresse, weibliche Zypresse, italienische Zypresse, Pyramidenzypresse usw.). Es handelt sich um eine Konifere, die etwa zwanzig Meter Höhe erreicht, mit kurzen, von kleinen, schuppenförmigen Blättern bedeckten Ästen. Die ganz kleinen männlichen Blüten wachsen neben den weiblichen Blüten, die hübsche graugrüne Kügelchen mit rosa oder violettem Schimmer bilden. Bei der Reife verwandeln sich diese weiblichen Blüten in bis 3 cm hohe, eiförmige Kegel mit etwa zehn sechseckigen Schuppen. Die Griechen ließen gewöhnlich alle Schwindsüchtigen die würzige Luft der Zypressenwälder einatmen. Der große Arzt dieser Zeit, Hippokrates, verwendete die Fasern des Baumes gegen Erkrankungen der Gebärmutter und des Mastdarms. Sein Kollege Galen empfahl die weiblichen Blüten der Zypresse gegen Durchfall. Im Mittelalter hatten die Zweige der Pflanze den Ruf, Hämorrhoiden zu heilen. Von der Zypresse verwendet man im allgemeinen das Holz, die Zweige und die Früchte, die unter dem Namen „Zypressennüsse" bekannt sind.

ERNTE

Pflücken Sie die jungen Zweige der Zypresse im Frühling, wenn der Saft steigt. Zwischen Mai und Juni, gerade nach der Befruchtung, ist es an der Zeit, die zarten, noch grünen und fleischigen Früchte der Pflanze einzusammeln. Warten Sie nicht, bis die Früchte hart geworden sind, denn dann haben sie den Großteil ihrer medizinischen Tugenden verloren. Die Zeit für die Holzernte ist gleichgültig.

ZUBEREITUNG UND ANWENDUNG

AUFGUSS UND ABSUD

Aus dem Holz, gegen Erkrankungen der Gebärmutter und des Mastdarms: Zerstoßen Sie ein streichholzschachtelgroßes Stück frischen oder halbtrockenen Holzes pro Liter Wasser. Trinken Sie davon zwei bis drei Tassen täglich.

Aus Zweigen, gegen Hämorrhoiden: Zerhacken Sie einen grünen Zweig pro Liter Wasser und trinken Sie davon zwei Tassen täglich.

HAND- UND FUSSBÄDER

Mit dem Holz (gleiche Indikationen): Nehmen Sie pro Liter Wasser doppelt soviel zerstoßenes Holz.

SITZBÄDER

Mit Zweigen, gegen Hämorrhoiden: Nehmen Sie ein oder zwei Pflanzenzweige pro Liter Wasser. Zwei Bäder täglich, das eine nach dem Aufstehen, das andere vor dem Schlafengehen.

ABSUD

Aus Zypressennüssen: Zerstoßen Sie drei oder vier Nüsse für einen Liter Wasser. Zur innerlichen Anwendung: Täglich drei Tassen vor den Mahlzeiten.

Aus Zypressennüssen, zur äußerlichen Anwendung in Kompressen, Klistieren, Verbänden: Nehmen Sie sieben oder acht zerstoßene Nüsse pro Liter Wasser.

KRANKHEITEN UND REZEPTE ZU IHRER BEHANDLUNG

Hinweis: Außer den im folgenden angeführten Spezialrezepten finden Sie eine Fülle weiterer Rezepturen unter den Abschnitten der jeweils als zur Behandlung geeignet angegebenen Pflanzen.

ABSZESS

Alle erweichenden Pflanzen. Im besonderen Knoblauch, Arnika, Klette, Bärenklau, Borretsch, Kamille, Kohl, Kresse, Bockshorn, Erdrauch, Fenchel, Eibisch, Malve, Rübe, Zwiebel, Brennessel, Rose, Tanne, Salbei, Ringelblume, Eisenkraut, Veilchen.

MEIN REZEPT

Umschlag aus Kohlblättern, die mit dem Bügeleisen erwärmt wurden, direkt auf die erkrankten Körperstellen legen (alle 15 Minuten wechseln).

Oder auch Malvenbäder, wenn die befallene Körperstelle gebadet werden kann.

AKNE

Alle blutreinigenden Pflanzen. Besonders: Schafgarbe, Knoblauch, Arnika, Artischocke, Weißdorn, Klette, Bärenklau, Borretsch, Buchsbaum, Kamille, Gartenmöhre, wilde Möhre, Schöllkraut, Klatschmohn, Kohl, Eibisch, Malve, Minze, Rübe, Zwiebel, Brennessel, Rose, Tanne, Salbei, Ringelblumen, Linde, Veilchen.

MEIN REZEPT

Hand- und Fußbäder mit folgender Zusammensetzung: Eine Handvoll Artischokkenblüten, eine Handvoll Klettenblätter, eine Handvoll Schöllkrautblätter, eine Handvoll Malvenblüten und Malvenwurzeln und eine Handvoll Salbeiblüten für zwei Liter Wasser. (Zwei Bäder täglich, besonders wenn es sich um leberbedingte Akne handelt. Sollte es nicht möglich sein, täglich zwei Bäder zu nehmen, dann machen Sie einfach einen Thymianaufguß zu zwei Prisen pro Schale Wasser.)

ALBUMINURIE

Alle harntreibenden und der Großteil aller blutreinigenden Pflanzen. Besonders Knoblauch, Birke, Sellerie, Besenginster, Walnuß, Zwiebel.

MEIN REZEPT

Zwiebelwein: 250 Gramm Zwiebel zu Brei quetschen und 1/4 Stunde lang in 100 Gramm Honig und 1/2 Liter Weißwein ruhen lassen. (Vier Kaffeelöffel voll täglich.)

Noch besser: Hand- und Fußbäder mit folgender Zusammensetzung: Eine halbe Handvoll Besenginsterblüten sowie Besenginsterschoten und eine große geriebene Zwiebel für zwei Liter Wasser.

ALLERGIEN

Alle blutreinigenden und alle lindernden Pflanzen. Besonders: Knoblauch, Weißdorn, Hundszahngras, Besenginster, Salbei, Linde, Schöllkraut, nur zur äußerlichen Anwendung.

MEIN REZEPT

Hand- und Fußbäder und Nierenkompressen: Eine Knoblauchzwiebel, eine halbe Handvoll Weißdornblüten, eine halbe Handvoll Schöllkrautblätter, eine halbe Handvoll Hundszahngraswurzel, eine halbe Handvoll Besenginsterblüten, eine halbe Handvoll Salbeiblätter und eine halbe Handvoll Lindenblüten pro Liter Wasser. (Täglich zwei Bäder, bei heftiger Reaktion auch mehr.)

Oder auch ein Aufguß mit folgender Zusammensetzung: Basilikum, Rosmarin, Thymian, Eisenkraut und Anis (jeweils eine Prise für zwei Schalen Wasser).

ANGINA

Zusammenziehende, hustenstillende und erweichende Pflanzen. Besonders: Odermennig, Weißdorn, Basilikum, Eiche, Klatschmohn, Bockshorn, Eibisch, Walnuß, Malve, Brennessel, Immergrün, Rose, Brombeere, Salbei, Veilchen.

MEIN REZEPT

Sehr warmer Aufguß: eine Handvoll Brennesselblätter, eine Handvoll Brombeerblätter, eine Handvoll rote Rosenblütenblätter, eine Handvoll Veilchenblüten. (Drei bis vier Tassen täglich.)

Vorbeugen ist besser als Heilen, und daher empfehle ich eine kleine Behandlung „für alle Fälle“ zu Beginn des Winters: Trinken Sie jeden Abend eine Schale mit Thymianaufguß zu zwei Prisen pro Schale.

ANGINA PECTORIS

Herzstärkende und beruhigende Pflanzen. Besonders: Schafgarbe, Knoblauch, Anis, Arnika, Weißdorn, Kamille, Schöllkraut, Klatschmohn, Besenginster, Majoran, Melisse, Senf, Zwiebel, Orangenbaum, Salbei, Linde, Eisenkraut.

MEIN REZEPT

Eine Handvoll Weißdornblüten, eine Handvoll Schöllkrautblätter und Schöllkrautstengel und eine Handvoll Besenginsterblüten gemischt in einen Liter Wasser für Herzkompressen.

Zum Vorbeugen: Trinken Sie jeden Abend einen gemischten Aufguß aus Salbei und Linde zu jeweils zwei Prisen pro Schale Wasser.

ANGSTGEFÜHL

Alle krampfstillenden und alle beruhigenden Pflanzen. Im besonderen: Knoblauch, Weißdorn, Klatschmohn, Lavendel, Melisse, Zwiebel, Orangenbaum, Bohnenkraut, Thymian, Linde, Salbei, Eisenkraut, Veilchen.

MEIN REZEPT

Ich rate ganz besonders zu meinem „Glückstee", den Sie folgendermaßen zubereiten können: Zwei Prisen Minze, zwei Prisen Linde, zwei Prisen Eisenkraut und zwei Prisen Kamille pro Liter Wasser. (Nach Belieben.)

Oder auch ein Weißdornaufguß: Pro Schale Wasser eine Prise Weißdornblüten, eine Feige und eine Backpflaume zehn Minuten ziehen lassen.

ARTERIENVERKALKUNG

Alle blutreinigenden Pflanzen. Besonders: Knoblauch, Arnika, Artischocke, Weißdorn, Birke, Hirtentäschelkraut, Schöllkraut, Kresse, Heckenrose, Erdrauch, Besenginster, Mistel, Majoran, Melisse, Senf, Zwiebel, Löwenzahn, Rosmarin, Rose, Bohnenkraut, Salbei, Thymian, Linde, Veilchen.

MEIN REZEPT

Vorbeugende Dauerbehandlung mit Knoblauch.

Falls die Krankheit bereits ausgebrochen ist: Hand- und Fußbäder mit folgender Zusammensetzung: Zwei große zerquetschte Knoblauchknollen, eine Handvoll Weißdornblüten, eine Handvoll Schöllkrautblätter und eine Handvoll Besenginsterblüten für zwei Liter Wasser. (Zwei Bäder täglich.)

Ergänzen Sie diese Bäderbehandlung außerdem immer wieder mit Aufgüssen aus Majoran, Salbei und Minze (jeweils eine gute Prise pro Schale Wasser).

ARTHRITIS (siehe Rheumatismus)

ASTHMA

Alle krampfstillenden, alle bitteren und alle aromatischen Pflanzen. Besonders: Knoblauch, Engelwurz, Anis, Arnika, Artischocke, Alant, Kamille, Distel, Schöllkraut, Klatschmohn, Eukalyptus, Fenchel, Lavendel, Erdefeu, Majoran, Melisse, Minze, Senf, Brennessel, Pflaumenbaum und Schlehenstrauch, Rettich, Meerrettich, Rosmarin, Tanne, Bohnenkraut, Salbei, Thymian, Eisenkraut.

MEIN REZEPT

Aufguß mit folgender Zusammensetzung: Eine zerquetschte Knoblauchzehe, zwei Prisen Klatschmohnblütenblätter, zwei Prisen Thymian, zwei Prisen Lavendel, eine Prise Anisfrüchte pro Liter Wasser. (Zwei bis drei Tassen davon täglich.)

Oder auch ein Aufguß mit einer der beiden folgenden Mischungen:

1. Thymian, Quendel, Rosmarin, Eisenkraut (jeweils eine Prise);
2. Malve, Lavendel, Salbei, Linde (jeweils eine Prise).

ATEM, REINER

Für reinen Atem rate ich besonders zu: Wermut, Alant, Distel, Kresse, Melisse, Minze, Senf, Petersilie, Salbei, Thymian, Veilchen.

MEIN REZEPT

Kauen Sie eine Viertelstunde lang eine Prise frischer Petersilie und essen Sie dann einen Apfel.

ATEMNOT (siehe Erstickungsgefühl)

AUGEN

Augenkrankheiten (Ophtalmie, Bindehautentzündung, Entzündung usw.) müssen mit Augentropfen behandelt werden. Es helfen: Wermut, Kornblume, Königskerze, Kamille, Schöllkraut, Fenchel, Eibisch, Lattich, Malve, Brennessel, Rose, Salbei, Ringelblume.

MEIN REZEPT

Augentropfen aus Kornblumen und aus Ringelblumen. Oder, wenn nur die Augenlider geschwollen sind: Augenbäder mit Kamillenabsud (fünf Kamillenköpfe für eine Schale Wasser).

BANDWURM (siehe Würmer)

BETTNÄSSEN

Kräftigende, zusammenziehende und krampfstillende Pflanzen. Besonders: Schafgarbe, Odermennig, Knoblauch, Weißdorn, Königskerze, Eiche, Taubnessel, Schwarzbeere, Zwiebel.

MEIN REZEPT

Sitzbäder mit folgender Zusammensetzung: Eine zerquetschte Knoblauchknolle und eine Handvoll Weißdornblüten für zwei Liter Wasser. (Zwei Bäder täglich.)

Oder auch: Jeden Abend einen Aufguß aus Eisenkraut, Anis und Bohnenkraut (von jeder Pflanze jeweils eine Prise pro Schale Wasser).

BINDEHAUTENTZÜNDUNG (siehe Augen)

BLÄSCHENFLECHTE (siehe Haut)

BLASENKATARRH

Harntreibende (in gewissen Fällen), lindernde und antibiotische Pflanzen. Besonders: Knoblauch, Alant, Basilikum, Heidekraut, Sellerie, Kirschbaum, Klatschmohn, Fenchel, Bockshorn, Erdbeerstrauch, Taubnessel, Mais, Schwarzbeere, Birnbaum, Rose, Tanne, Salbei, Veilchen.

MEIN REZEPT

Gemischter Aufguß aus Maisbärten (eine Handvoll), Klatschmohn (eine halbe Handvoll), Schwarzbeeren (eine Handvoll Früchte), Kirschbaum (eine Handvoll Kirschenstengel) für einen Liter Wasser. (Zwei bis drei Tassen davon täglich.)

Oder auch: Absud aus Heidekrautblüten zu zwei Prisen pro Tasse Wasser. (Zwei bis drei Tassen davon täglich.)

BLUTARMUT

Alle tonischen, alle bitteren, alle appetitfördernden und alle aufbauenden Pflanzen. Besonders: Wermut, Anis, Weißdorn, Alant, Birke, Eiche, Gartenmöhre, wilde Möhre, Bockshorn, Enzian, Walnuß, Brennessel, Sauerampfer, Löwenzahn, Meerrettich, Rosmarin, Rose, Salbei, Thymian.

MEIN REZEPT

Frischer Spinatsaft (drei bis vier Tassen davon täglich), eventuell gemischt mit Möhrensaft, Brennesselsaft und Meerrettichsaft.

Oder auch: Rosmarinaufguß (drei Prisen für eine Schale Wasser).

BLUTDRUCK

Gegen *Hypertonie* rate ich Ihnen besonders zu: Knoblauch, Anis, Arnika, Weißdorn, Basilikum, Hirtentäschelkraut, Borretsch, Kamille, Eiche, Schöllkraut, Erdrauch, Besenginster, Mistel, Minze, Zwiebel, Löwenzahn, Rose, Salbei, Thymian.

Gegen *Hypotonie:* Knoblauch, Weißdorn, Basilikum, Hirtentäschelkraut, Kamille, Besenginster, Mistel, Minze, Löwenzahn, Rosmarin.

MEIN REZEPT

Viel Knoblauch essen und regelmäßig Weißdornaufgüsse trinken.

Gegen *Hypertonie* (zu hoher Blutdruck) Hand- und Fußbäder: Eine Knoblauchknolle, eine Handvoll Weißdorn, eine Handvoll Schöllkraut und eine Handvoll Besenginsterblüten für zwei Liter Wasser. (Zwei Bäder täglich.)

Gegen *Hypotonie* (zu niederer Blutdruck) Hand- und Fußbäder: Eine Handvoll Weißdorn, eine Handvoll Bärenklau, eine Handvoll Mariendisteln und eine Handvoll Maisbärte. (Zwei Bäder täglich.)

Zur Regelung des Blutdruckes trinken Sie jeden Abend einen Aufguß mit folgender Zusammensetzung: Eine Prise Minze, eine Prise Basilikum, eine Prise Eisenkraut und eine Prise Kamillen für eine große Schale Wasser.

BLUTERKRANKHEIT

Blutstillende Pflanzen. Besonders: Frauenmantel, Arnika, Hirtentäschelkraut, Distel, Eiche, Klatschmohn, Besenginster, Mistel, Brennessel, Immergrün.

BLUTKREISLAUF

Denken Sie bei allen Kreislaufstörungen an herzstärkende, blutreinigende, anregende und allgemein stärkende Pflanzen. Besonders: Knoblauch, Frauenmantel, Anis, Arnika, Weißdorn, Basilikum, Hirtentäschelkraut, Distel, Erdrauch, Enzian, Mistel, Lavendel, Melisse, Minze, Senf, Zwiebel, Löwenzahn, Rosmarin, Bohnenkraut, Salbei, Thymian, Veilchen.

MEIN REZEPT

Essen Sie viel Knoblauch und trinken Sie regelmäßig folgenden Aufguß: Anis, Minze, Salbei, Basilikum, Eisenkraut, von jeder Pflanze eine Prise für eine Schale Wasser.

BLUTSPUCKEN

Zusammenziehende Pflanzen. Besonders: Wermut, Schafgarbe, Frauenmantel, Arnika, Hirtentäschelkraut, Eiche, Mistel, Erdefeu, Brennessel, Immergrün, Brombeere, Salbei.

MEIN REZEPT

Aufguß mit folgender Zusammensetzung: Zwei Prisen Schafgarbe, zwei Prisen Frauenmantel, eine Prise Arnika, zwei Prisen Hirtentäschelkraut. (Notfalls mehrere Tassen täglich.)

Auch Eiswürfel und kalte Getränke (besonders geeister Brennesselsaft) können durch Auflegen bzw. Einnahme den Blutverlust eindämmen.

BLUTUNGEN

Blutstillende Pflanzen. Besonders: Frauenmantel, Schafgarbe, Odermennig, Arnika, Hirtentäschelkraut, Distel, Eiche, Eukalyptus, Erdbeerstrauch, Himbeerstrauch, Taubnessel, Brennessel, Brombeere, Ringelblume.

MEIN REZEPT

Schafgarbenverbände.

BLUTVERGIFTUNG

Alle antibiotischen Pflanzen. Besonders: Wermut, Knoblauch, Kohl, Lavendel, Melisse, Minze, Bohnenkraut, Salbei, Thymian.

BRANDWUNDEN

Schmerzlindernde, narbenbildende, antibiotische Pflanzen. Besonders: Mandelbaum, Klette, Königskerze, Borretsch, Gartenmöhre, wilde Möhre, Distel, Kohl, Heckenrose, Spinat, Farnkraut, Baumefeu, Brennessel, Tanne, Ringelblume.

MEIN REZEPT

Möhren, Kohl, Spinat und Baumefeublätter (pro Breiumschlag nur ein einziges Blatt) zerkleinern und mischen, etwas Brennesselsaft und Saft aus den Blütenblättern der Ringelblume dazugeben und das Ganze als Breiumschlag örtlich auflegen.

Oder, wenn es sich nur um leichte Brandwunden handelt, einfach frische und sorgfältig gewaschene Efeublätter auf die kranken Stellen legen.

BRONCHITIS

Alle hustenstillenden Pflanzen. Besonders: Knoblauch, Engelwurz, Anis, Alant, Basilikum, Königskerze, Borretsch, Kapuzinerkresse, Distel, Kohl, Klatschmohn, Kresse, Eukalyptus, Bockshorn, Eibisch, Lattich, Lavendel, Bodenefeu, Majoran, Malve, Senf, Zwiebel, Immergrün, Pflaumenbaum und Schlehenstrauch, Tanne, Bohnenkraut, Salbei, Thymian, Linde, Eisenkraut, Veilchen.

MEIN REZEPT

Aufguß mit folgender Zusammensetzung: Eine Prise Salbei, eine Prise Thymian und eine Prise Brennesseln pro Liter Wasser. (Zwei bis drei Tassen täglich.)

Oder auch ein Aufguß mit folgender Zusammensetzung: Thymian, Quendel, Eisenkraut und Rosmarin, jeweils eine Prise pro Schale Wasser.

CHOLESTEROL

Alle blutreinigenden Pflanzen. Besonders: Knoblauch, Anis, Arnika, Weißdorn, Borretsch, Schöllkraut, Erdrauch, Besenginster, Zwiebel, Löwenzahn, Rose, Salbei, Thymian.

MEIN REZEPT

Aufguß aus drei Knoblauchzehen, zwei Prisen Kerbel, einer Prise Lavendel und drei Prisen Salbei pro Liter Wasser. (Zwei bis drei Tassen täglich.)

Oder auch: Aufguß aus einer Prise Minze, einer Prise Fenchel und einer Prise Lindensplint pro Schale Wasser.

DEPRESSIONEN (siehe Neurasthenie)

DERMATOSE (siehe Haut)

DIABETES

Besonders: Wermut, Odermennig, Knoblauch, Frauenmantel, Artischocke, Alant, Klette, schwarzer Johannisbeerstrauch, Sellerie, Kresse, Erdbeerstrauch, Himbeerstrauch, roter Johannisbeerstrauch, Enzian, Schwarzbeerstrauch, Walnußbaum, Zwiebel, Sauerampfer, Apfelbaum, Brombeerstrauch.

DRÜSENVERSTOPFUNG (BRÜSTE USW.)

Aromatische Pflanzen. Besonders: Knoblauch, Eiche, Zitronenbaum, Bockshorn, Besenginster, Melisse, Minze, Rosmarin, Salbei, Ringelblume, Thymian.

MEIN REZEPT

Aufguß mit folgender Zusammensetzung: Eine zerquetschte Knoblauchknolle, zwei Prisen Melisse, zwei Prisen Rosmarin und zwei Prisen Thymian pro Liter Wasser. (Täglich zwei bis drei Tassen trinken. Oder in Kompressen auflegen, besonders auf die Brüste.)

DURCHFALL UND RUHR

Alle zusammenziehenden Pflanzen. Besonders: Wermut, Schafgarbe, Odermennig, Knoblauch, Frauenmantel, Arnika, Distel, Edelkastanie, Eiche, Eukalyptus, Erdbeerstrauch, Klette, Buchsbaum, Himbeerstrauch, Schwarzbeerstrauch, Walnußbaum, Zwiebel, Brennessel, Pflaumenbaum und Schlehenstrauch, Wiesenkönigin, Brombeerstrauch, Salbei.

MEIN REZEPT

Hand- und Fußbäder mit folgender Zusammensetzung: Eine Handvoll Malven (Blüten und Wurzeln), eine Handvoll Brennessel (Blätter) und eine Handvoll Wiesenkönigin (Blüten) für zwei Liter Wasser. (Zwei Bäder täglich.)

Oder auch: Klistiere mit hochdosiertem Absud aus Lindenblüten, mindestens drei Handvoll pro Liter Wasser.

DYSPEPSIE (siehe Sodbrennen und Magenkrämpfe)

EKZEM

Blutreinigende Pflanzen. Besonders: Mandelbaum, Arnika, Artischocke, Alant, Klette, Gartenmöhre, wilde Möhre, Zichorie, Kohl, Kresse, Heckenrose, Besenginster, Lavendel, Schwarzbeerstrauch, Rübe, Brennessel, Apfelbaum, Rose, Salbei, Ringelblume, Veilchen.

MEIN REZEPT

Hand- und Fußbäder mit folgender Zusammensetzung: Eine Handvoll Artischocken (Blätter), eine Handvoll Alant (Blätter und Blüten), eine Handvoll Schöllkraut (Blätter) und eine Handvoll Kohl (Blätter) für zwei Liter Wasser. (Zwei Bäder täglich.)

Oder auch ein Aufguß mit folgender Zusammensetzung: Eine Prise Thymian, eine Prise Quendel, eine Prise Rosmarin, eine Prise Eisenkraut, eine Prise Basilikum und eine Prise Salbei für eine große Schale. (Jeden Abend.)

ENTZÜNDUNGEN

Lindernde und erweichende Pflanzen. Besonders: Mandelbaum, Klette, Königskerze, Borretsch, Gartenmöhre, wilde Möhre, schwarzer Johannisbeerstrauch, Fenchel, Bockshorn, roter Johannisbeerstrauch, Eibisch, Lavendel, Malve, Apfelbaum, Tanne, Salbei, Ringelblume, Thymian.

MEIN REZEPT

Zur Reinigung der entzündeten Stellen Absud aus Klettenblättern, zur Linderung der Entzündung Pflaster aus Eibischblättern.

Oder auch, im Falle von Zahnfleischentzündung: Mundspülungen mit Salbeiaufguß, eine Handvoll Pflanzen pro Liter Wasser.

ERBRECHEN

Besonders: Wermut, Distel, Kamille, Zitronenbaum, Enzian, Melisse, Pflaumenbaum und Schlehenstrauch.

MEIN REZEPT

Zur Bekämpfung von nervösem und krampfhaftem Erbrechen kühle oder säuerliche Getränke verwenden; kaltes, in kleinen Schlucken getrunkenes Wasser oder ein langsam gelutschter Eiswürfel führen oft zu einer Beruhigung.

ERSTICKUNGSGEFÜHL (ATEMNOT)

Krampfstillende und kräftigende Pflanzen. Besonders: Weißdorn, Basilikum, Kamille, Schöllkraut, Mistel, Fenchel, Lavendel, Majoran, Melisse, Minze, Orangenbaum, Salbei, Linde, Eisenkraut.

MEIN REZEPT

Aufguß mit folgender Zusammensetzung: Zwei Prisen Weißdorn, zwei Prisen Lavendel, zwei Prisen Melisse, zwei Prisen Orangenbaumblüten und zwei Prisen Eisenkraut pro Liter Wasser. (Zwei bis vier Tassen täglich.)

FETTLEIBIGKEIT

Harntreibende und blutreinigende Pflanzen. Besonders: Frauenmantel, Odermennig, Artischocke, Birke, Kamille, Kirschbaum, Bockshorn, Besenginster, Mais, Löwenzahn, Pflaumenbaum und Schlehenstrauch, Rosmarin, Rose, Salbei, Thymian.

MEIN REZEPT

Aufguß aus Kirschenstengeln (eine halbe Handvoll), Artischockenblättern (eine halbe Handvoll), Mais (eine halbe Handvoll Maisbart) und Rosen (eine Handvoll Blütenblätter) für einen Liter Wasser. (Zwei Tassen täglich.)

Ein dauerhafter Erfolg ist aber nur bei regelmäßiger körperlicher Bewegung (Gehen), strenger Diät sowie Sauna und gründlichen Massagen möglich.

FIEBER

Alle fiebersenkenden, alle kühlenden, alle antibiotischen Pflanzen. Besonders: Wermut, Schafgarbe, Knoblauch, Mandelbaum, Artischocke, Alant, Birke, Borretsch, Buchsbaum, Kamille, Sellerie, Distel, Zitronenbaum, Eukalyptus, Fenchel, Esche, Erdrauch, Enzian, Flieder, Minze, Schwarzbeerstrauch, Zwiebel, Brennessel, Immergrün, Apfelbaum, Wiesenkönigin, Rose, Bohnenkraut, Salbei, Veilchen.

MEIN REZEPT

Aufguß aus Eukalyptusblättern (siehe Eukalyptus.)

Oder: Eisenkrautaufguß aus einer Prise Pflanzen pro Tasse Wasser.

FIEBERKRÄMPFE (FIEBERFRAISEN)

Bis zum Eintreffen des Arztes empfehle ich Ihnen gegen diese schreckliche Kinderkrankheit: Wermut, Arnika, Weißdorn, Königskerze, Kamille, Klatschmohn, Zitronenbaum, Mistel, Malve, Linde, Eisenkraut, Veilchen.

MEIN REZEPT

Beruhigender und krampfstillender Aufguß aus zwei Prisen Weißdorn, einer Prise Wermut, einer Prise Arnika, drei Prisen Königskerze und drei Prisen Malven für einen Liter Wasser; eine Tasse davon vor dem Eintreffen des Arztes. Noch einfacher ist eine gründliche Behandlung mit Lindenaufguß.

FLECHTEN

Blutreinigende Pflanzen. Besonders: Wermut, Schafgarbe, Engelwurz, Artischocke, Alant, Klette, Königskerze, Birke, Heidekraut, Kerbel, Distel, Schöllkraut, Eiche, Zichorie, Kohl, Kresse, Heckenrose, Spinat, Erdrauch, Besenginster, Melisse, Rübe, Walnußbaum, Brennessel, Brombeerstrauch, Rose, Salbei, Thymian, Veilchen.

MEIN REZEPT

Breiumschlag aus warmen Kohlblättern, Kresseblättern und Rübenblättern.

Ein weiteres Rezept: Hand- und Fußbäder mit folgender Zusammensetzung: Eine Handvoll Artischockenblätter, eine Handvoll Blüten und Blätter des Alants, eine Handvoll Blätter der Klette, eine Handvoll halbgetrockneter Blätter des großen Schöllkrautes, eine Handvoll Zichorie (einschließlich der Wurzeln), eine halbe Handvoll Blüten des Besenginsters, eine halbe Handvoll Lavendel und eine Handvoll Blätter der Brennessel auf zwei Liter Wasser.

FURUNKEL, KARBUNKEL

Reinigende, erweichende, keimtötende und blutreinigende Pflanzen. Besonders: Odermennig, Knoblauch, Arnika, Klette, Bärenklau, Königskerze, Kohl, Eibisch, Malve, Zwiebel, Salbei, Ringelblume, Veilchen.

MEIN REZEPT

Kompressen getränkt mit Aufguß oder Absud aus Kletten (eine Handvoll pro Liter), oder aus Kletten (eine Handvoll), Zwiebeln (eine zerquetschte Knolle) und Veilchen (eine Handvoll) pro Liter Wasser.

Oder auch ein Aufguß aus zerstoßenen Klettenwurzeln (eine Handvoll pro Liter Wasser); drei Tassen täglich.

GALLENSTEINE

Alle stark abführenden Pflanzen. Besonders: Artischocke, Faulbaum, Birke, Kamille, Distel, Schöllkraut, Hundszahngras, Baumefeu, Brennessel, Löwenzahn, Linde.

MEIN REZEPT

Heiße Kompressen auf die Gallenblase und Hand- und Fußbäder mit folgender Zusammensetzung: Eine Handvoll Artischockenblätter, eine halbe Handvoll Zichorienblätter und Zichorienwurzeln, eine halbe Handvoll Löwenzahn, eine Handvoll geriebener Hundszahngraswurzeln und eine Handvoll Klatschmohnblütenblätter und Klatschmohnsamenkapseln. (Kompressen nach Belieben; zwei Bäder täglich, eventuell auch mehr.)

Oder auch ein Aufguß mit folgender Zusammensetzung: Eine Prise Lindenblüten, eine Prise Lindensplint, eine Prise Minze für eine Schale Wasser. (Zwei bis drei Tassen täglich.)

GEHIRNHYPERÄMIE (siehe Schlaganfall)

GELBSUCHT (IKTERUS)

Stark abführende und verdauungsfördernde Pflanzen. Besonders: Wermut, Odermennig, Knoblauch, Artischocke, Alant, Klette, Buchsbaum, Kamille, Distel, Schöllkraut, Zichorie, Estragon, Erdrauch, Zwiebel, Löwenzahn, Rosmarin, Thymian, Linde.

MEIN REZEPT

Hand- und Fußbäder mit folgender Zusammensetzung: Eine Handvoll Artischokkenblätter, eine Handvoll Schöllkrautblätter, eine halbe Handvoll Zichorienblätter, eine halbe Handvoll ganzen Löwenzahn, eine Handvoll Hundszahngraswurzeln für zwei Liter Wasser. (Zwei Bäder täglich.)

Oder auch, aber diesmal als Aufguß: Thymian, Rosmarin, Linde (jeweils zwei Prisen für eine Schale).

GESCHWÜRE

Reinigende und wundheilende Pflanzen. Besonders: Wermut, Schafgarbe, Odermennig, Knoblauch, Klette, Bärenklau, Königskerze, Distel, Eiche, Kohl, Bockshorn, Lavendel, Baumefeu, Rübe, Walnußbaum, Brennessel, Sauerampfer, Immergrün, Rose, Tanne, Bohnenkraut, Salbei, Ringelblume, Eisenkraut, Veilchen.

MEIN REZEPT

Breiumschläge mit warmen Kohlblättern, Rübenblättern oder Brennesselblättern. Hand- und Fußbäder mit folgender Zusammensetzung: Eine Handvoll Kletten, eine Handvoll Disteln, eine Handvoll Baumefeu, eine Handvoll Brombeeren und eine Handvoll Salbei für zwei Liter Wasser. (Zwei bis vier Bäder täglich.)

Oder auch Kompressen mit Absud aus Eisenkraut oder Salbei oder Bohnenkraut tränken, eine Handvoll Pflanzen pro Liter Wasser.

GICHT

Harntreibende und blutreinigende Pflanzen. Besonders: Knoblauch, Artischocke, Spargel, Klette, Birke, Kamille, schwarze Johannisbeere, Kirschbaum, Hundszahngras, Himbeerstrauch, Farnkraut, Esche, Besenginster, roter Johannisbeerstrauch, Lavendel, Majoran, Zwiebel, Löwenzahn, Birnbaum, Apfelbaum, Wiesenkönigin, Rosmarin, Bohnenkraut, Salbei, Thymian, Veilchen.

MEIN REZEPT

Aufguß aus vier Zitronenscheiben, einer Prise Lavendel, einer Prise Hundszahngras für einen Liter Wasser (vier Tassen täglich); oder Breiumschläge mit warmen Kohlblättern; oder auch Lager aus männlichem Schildfarn.

Noch einfacher: Essen Sie viel Knoblauch und trinken Sie jeden Abend einen Aufguß aus Minze und Lindensplint (zu jeweils zwei Prisen pro Schale Wasser).

GRIND

Antiparasitäre Pflanzen. Besonders: Schafgarbe, Knoblauch, Klette, Kohl, Lavendel, Rübe, Minze, Salbei, Thymian, Veilchen.

GRIPPE

Antibiotische Pflanzen. Besonders: Knoblauch, Engelwurz, Königskerze, Birke, Borretsch, Zitronenbaum, Fenchel, Lavendel, Erdefeu, Melisse, Zwiebel, Orangenbaum, Rose, Salbei, Thymian, Veilchen.

MEIN REZEPT

Aufguß mit folgender Zusammensetzung: 15 Prisen Birkenblätter, fünf Prisen Veilchen und fünf Prisen Linde für einen Liter Wasser. (Drei bis vier Tassen täglich.)

Oder auch ein Aufguß aus Thymian und Quendel, zu jeweils zwei Prisen für eine Schale Wasser.

GÜRTELROSE

Blutreinigende und allgemein reinigende Pflanzen. Besonders: Knoblauch, Weißdorn, Basilikum, Kerbel, Zitronenbaum, Lavendel, Melisse, Rosmarin, Rose, Salbei, Thymian, Linde.

MEIN REZEPT

Örtliche Kompressen, Hand- und Fußbäder mit folgender Zusammensetzung: Eine Handvoll Klatschmohnblüten und Samenkapseln, eine Handvoll Wiesenkönigin und eine Handvoll Linde für zwei Liter Wasser.

Als Ergänzung: Trinken Sie jeden Abend einen Aufguß aus Thymian, Rosmarin, Lavendel, Linde und Kerbel; jeweils eine Prise davon pro Schale Wasser.

HAARE

Gegen Haarausfall empfehle ich folgende Pflanzen: Klette, Birke, Buchsbaum, Kapuzinerkresse, Kresse, Walnußbaum, Brennessel, Löwenzahn.

MEIN REZEPT

Lotion mit folgender Zusammensetzung: Ein Glas Kressensaft, ein Glas 90prozentiger Alkohol, ein Likörglas Birkensaft, ein Likörglas Kapuzinerkressensaft. Ein gehacktes Klettenblatt in dieser Mischung einweichen.

Oder, falls Ihnen dieses Gemisch nicht zusagt, versuchen Sie den Aufguß aus Salbei und Rosmarin (jeweils eine Handvoll pro Liter).

HÄMORRHOIDEN

Lindernde, blutstillende und aufbauende Pflanzen. Besonders: Schafgarbe, Königskerze, Kerbel, Distel, Eiche, Kohl, Zypresse, Taubnessel, Lavendel, Salbei, Veilchen.

MEIN REZEPT

Sitzbäder mit folgender Zusammensetzung: Eine Handvoll Schafgarbenblüten, eine Handvoll Wurzeln und Blätter der Mariendistel, eine Handvoll Hundszahngraswurzeln und eine Handvoll Lavendelblüten für zwei Liter Wasser. (Zwei Bäder täglich.)

Oder auch: Sitzbäder mit Kerbelabsud in Milch (eine Handvoll pro Liter).

STEIFER HALS

Schmerzlindernde und krampfstillende Pflanzen. Besonders: Arnika, Zwiebel, Rosmarin, Thymian.

MEIN REZEPT

Örtliche Kompressen mit Absud aus zerquetschten Zwiebeln, Rosmarin und Thymian (jeweils zwei Prisen für eine Schale).

UNWILLKÜRLICHER HARNABGANG

(siehe Bettnässen)

HARNBLASE (siehe Blasenkatarrh)

HARNSTEINE

Alle harntreibenden Pflanzen. Besonders: Schafgarbe, Odermennig, Knoblauch, Frauenmantel, Anis, Weißdorn, Klette, Birke, Borretsch, Heidekraut, schwarzer Johannisbeerstrauch, Kirschbaum, Hundszahngras, Heckenrose, Besenginster, roter Johannisbeerstrauch, Mais, Apfelbaum, Pflaumenbaum und Schlehenstrauch, Rettich, Wiesenkönigin, Rose.

MEIN REZEPT

Aufguß mit folgender Zusammensetzung: Eine halbe Handvoll Borretschblüten, eine halbe Handvoll Klettenblätter, eine halbe Handvoll Hundszahngraswurzeln und eine Handvoll Maisbärte (drei Tassen täglich). Gleichzeitig ebenfalls als Nierenkompressen auflegen; mit zusätzlich einer halben Handvoll Schöllkrautblätter als Hand- und Fußbäder verwenden.

Oder, falls diese Pflanzen nicht greifbar sind, auch Aufguß aus vier Prisen Lindensplint und einer Prise Minze für eine Schale Wasser. (Drei Tassen täglich.)

HARNVERHALTUNG

Alle harntreibenden Pflanzen. Besonders: Knoblauch, Mandelbaum, Artischocke, Basilikum, Birke, Borretsch, Heidekraut, schwarzer Johannisbeerstrauch, Sellerie, Kerbel, Kirschbaum, Distel, Hundszahngras, Erdbeerstrauch, Erdrauch, Besenginster, roter Johannisbeerstrauch, Mais, Petersilie, Löwenzahn, Birnbaum, Pflaumenbaum oder Schlehenstrauch, Rosmarin, Tanne, Salbei, Thymian.

MEIN REZEPT

Erdbeerkur (in der entsprechenden Jahreszeit), Kirschenstengeltee, Aufguß aus Maisbärten oder Löwenzahn.

Oder auch: Aufguß aus Erdbeerblättern, falls es gelingt, gesunde Blätter zu finden.

HAUT

Verwenden Sie bei allen Hautkrankheiten blutreinigende und lindernde Pflanzen. Besonders: Odermennig, Arnika, Artischocke, Weißdorn, Alant, Klette, Borretsch, Kamillen, Schöllkraut, Zichorie, Kohl, Zitronenbaum, Klatschmohn, Kresse, Hekkenrose, Erdbeerstrauch, Himbeerstrauch, Erdrauch, Eibisch, Lavendel, Malve, Melisse, Minze, Rübe, Zwiebel, Brennessel, Löwenzahn, Rose, Tanne, Salbei, Ringelblume, Eisenkraut, Veilchen.

HAUTJUCKEN, JUCKREIZ

Blutreinigende und zusammenziehende Pflanzen. Besonders: Mandelbaum, Alant, Klette, Königskerze, Kerbel, Kohl, Spinat, Erdrauch, Eibisch, Malve, Schwarzbeere, Löwenzahn, Pflaumenbaum und Schlehenstrauch, Rose.

MEIN REZEPT

Kompressen, Hand- und Fußbäder mit folgender Zubereitung: Eine Handvoll Alant, eine Handvoll Kletten, eine Handvoll Eibischwurzeln, eine Handvoll Löwenzahnwurzeln und eine Handvoll Rosenblütenblätter für zwei Liter Wasser.

Oder auch: Hautspülungen mit Kerbelaufguß; eine Handvoll pro Liter Wasser.

HEISERKEIT

Lindernde und erweichende Pflanzen. Besonders: Frauenmantel, Odermennig, Anis, Königskerze, Kohl, Klatschmohn, Eukalyptus, Eibisch, Erdefeu, Malve, Bohnenkraut, Salbei, Thymian, Veilchen.

MEIN REZEPT

Gurgelwasser aus folgendem Absud: Kohlblätter (eine Handvoll), Lavendel (eine Handvoll), Malve (eine Handvoll), Veilchen (eine Handvoll) pro Liter Wasser. Trinken Sie gleichzeitig täglich einen Aufguß aus Quendel, Anis und Odermennig, jeweils eine Prise pro Schale Wasser.

HERZ

Gegen Herzerkrankungen brauchen Sie je nach Fall anregende, herzstärkende, krampfstillende, blutreinigende oder harntreibende Pflanzen. Besonders: Schafgarbe, Knoblauch, Anis, Arnika, Spargel, Weißdorn, Borretsch, Heidekraut, Kerbel, Distel, Schöllkraut, Fenchel, Bockshorn, Besenginster, Enzian, Mistel, Lavendel, Melisse, Minze, Senf, Zwiebel, Orangenbaum, Pflaumenbaum und Schlehenstrauch, Meerrettich, Rose, Rosmarin, Bohnenkraut, Salbei, Thymian.

MEIN REZEPT

Aufguß mit einer bewährten Mischung aus Anis, Bohnenkraut, Minze, Kerbel und Fenchel (jeweils eine Prise für eine Schale Wasser).

HERZKLOPFEN (siehe Herz)

HEXENSCHUSS (siehe Rheumatismus)

HÜHNERAUGEN

Schmerzlindernde, lindernde und erweichende Pflanzen zur äußerlichen Anwendung. Besonders: Knoblauch, Schöllkraut, Kohl, Rübe, Ringelblume.

MEIN REZEPT

Eine zerstoßene Knoblauchzehe auf das Hühnerauge, wobei die umliegende Haut mit einem Heftpflaster geschützt werden muß. Hühneraugen verschwinden auch, wenn man Pflaster aus in Essig eingelegten Efeublättern und Schöllkrautblätter darüberlegt und oft wechselt.

HUSTEN

Hustenstillende, beruhigende und erweichende Pflanzen. Besonders: Mandelbaum, Knoblauch, Engelwurz, Anis, Alant, Basilikum, Königskerze, Borretsch, Klatschmohn, Eukalyptus, Fenchel, Farnkraut, Eibisch, Lattich, Erdefeu, Malve, Senf, Rübe, Sauerampfer, Petersilie, Pflaumenbaum oder Schlehenstrauch, Thymian, Linde, Veilchen.

MEIN REZEPT

Borretsch- oder Veilchenaufguß. Hand- und Fußbäder mit folgender Zusammensetzung: Eine Handvoll Borretsch, eine Handvoll Erdefeu, eine Handvoll Malven, eine Handvoll Minze, eine Handvoll Petersilien und eine Handvoll Veilchen für zwei Liter Wasser.

Oder auch ein Aufguß mit folgender Zusammensetzung: Eine halbe Handvoll Thymian, eine halbe Handvoll Quendel, eine halbe Handvoll Salbei und eine Handvoll Malvenblüten für einen Liter Wasser. (Zwei bis vier Tassen täglich.)

HYPERTONIE, HYPOTONIE (siehe Blutdruck)

HYSTERIE

Alle beruhigenden und alle krampfstillenden Pflanzen. Besonders: Wermut, Engelwurz, Kamille, Majoran, Melisse, Rose, Thymian, Veilchen.

MEIN REZEPT

Aufguß mit folgender Zusammensetzung: Eine Prise Engelwurz, eine Prise Primeln, eine Prise Weide, eine Prise Baldrian pro Schale Wasser. (Zweimal täglich.)

Oder auch ein Aufguß aus Kamillen und Lavendel; jeweils eine Prise pro Schale Wasser; eine Schale täglich.

IMPOTENZ, FRIGIDITÄT

Alle tonischen und alle aufbauenden Pflanzen. Besonders: Knoblauch, Anis, Basilikum, Bärenklau, Schöllkraut, Kohl, Bockshorn, Lavendel, Minze, Rosmarin, Bohnenkraut, Salbei.

MEIN REZEPT

Knoblaucheinreibungen auf den unteren Teil der Wirbelsäule. Außerdem einen Aufguß mit folgender Zusammensetzung: Sechs Prisen Bohnenkraut, zwei Prisen Rosmarin, zwei Prisen Minze, zwei Prisen Eisenkraut pro Liter Wasser. (40 Tage lang zweimal täglich.) Ersetzen Sie, sobald die 40 Tage um sind, den obigen Aufguß drei Tage lang durch reinen Bohnenkrautaufguß zu sechs Prisen Pflanze für eine Schale.

Einfacher ist ein Aufguß mit Bohnenkraut, Basilikum, Rosmarin, Anis, Salbei, jeweils eine Prise davon pro Schale Wasser. (Jeden Abend eine Schale.)

INFEKTIONEN

Antibiotische Pflanzen. Besonders: Knoblauch, Mandelbaum, Alant, Heidekraut, Möhre, Kirschbaum, Hundszahngras, Fenchel, Lavendel, Mais, Minze, Schwarzbeere, Birnbaum, Rose, Bohnenkraut, Salbei, Thymian.

MEIN REZEPT

Möhrensaft und geriebene Möhren wirken gründlich gegen alle Infektionen.

INSEKTENSTICHE

Antiseptische, schmerzlindernde und beruhigende Pflanzen. Besonders: Wermut, Knoblauch, Bärenklau, schwarzer Johannisbeerstrauch, Zitronenbaum, roter Johannisbeerstrauch, Lavendel, Malve, Melisse, Zwiebel, Petersilie, Salbei, Thymian.

MEIN REZEPT

Reiben Sie den Stich mit einer frischen Pflanze ein, namentlich mit der Malve.

ISCHIAS

Beruhigende, schmerzlindernde und krampfstillende Pflanzen. Besonders: Arnika, Kamille, Schöllkraut, Kohl, Klatschmohn, Farnkraut, Minze, Senf, Brennessel, Meerrettich, Thymian.

MEIN REZEPT

Sitzbäder, Hand- und Fußbäder mit folgender Zusammensetzung: Eine Handvoll Schöllkrautblätter, eine Handvoll Kohlblätter, eine Handvoll Minze und eine Handvoll Thymian für zwei Liter Wasser. Außerdem: Breiumschläge aus Farnkraut oder aus warmen Kohlblättern.

JUCKREIZ (siehe Hautjucken)

KARBUNKEL (siehe Furunkel)

KATARRH

Hustenstillende Pflanzen. Besonders: Arnika, Königskerze, Borretsch, Klatschmohn, Kresse, Eukalyptus, Eibisch, Lavendel, Erdefeu, Majoran, Minze, Senf, Zwiebel, Salbei, Thymian, Veilchen.

MEIN REZEPT

Aufguß aus zwei Prisen Thymian und zwei Prisen Quendel pro Liter Wasser. (Drei oder vier Tassen täglich.)

Vorbeugen ist besser als Heilen: Machen Sie also zu Beginn des Winters eine Thymian- und Quendelkur; dies wird Ihnen eine ganze Menge von Unannehmlichkeiten ersparen.

KEHLE

KEHLKOPFENTZÜNDUNG, RACHENENTZÜNDUNG, LUFTRÖHRENENTZÜNDUNG

Verwenden Sie gegen Halsbeschwerden vor allem hustenstillende, lindernde und auswurffördernde Pflanzen. Besonders: Odermennig, Frauenmantel, Mandelbaum, Weißdorn, Alant, Klette, Königskerze, schwarzer Johannisbeerstrauch, Edelkastanie, Eiche, Kohl, Zitronenbaum, Klatschmohn, Esche, Eibisch, roter Johannisbeerstrauch, Erdefeu, Malve, Minze, Sauerampfer, Brombeere, Rose, Tanne, Salbei, Thymian, Veilchen.

MEIN REZEPT

Gurgelwasser mit folgender Zusammensetzung: Eine Handvoll Alantblüten, eine Handvoll Hundszahngraswurzeln, eine Handvoll Kohlblätter, eine Handvoll Klatschmohnblüten, eine Handvoll Malvenblüten und eine Handvoll Veilchenblüten für zwei Liter Wasser.

Oder auch jeden Abend einen Aufguß mit folgender Zusammensetzung: Eine Prise Thymian, eine Prise Minze und eine Prise Malvenblüten für eine Schale Wasser.

KEUCHHUSTEN

Alle beruhigenden, alle hustenstillenden und alle krampflösenden Pflanzen. Besonders: Mandelbaum, Anis, Arnika, Basilikum, Königskerze, Borretsch, Klatschmohn, Eukalyptus, Fenchel, Lattich, Lavendel, Majoran, Melisse, Minze, Walnuß, Pfirsichbaum, Apfelbaum, Rettich, Rosmarin, Salbei, Thymian, Eisenkraut, Veilchen.

MEIN REZEPT

Hustenstillender Aufguß aus zwei Prisen Veilchen, zwei Prisen Königskerze, zwei Prisen Malve und zwei Prisen Borretsch für einen Liter Wasser. (Vier bis fünf Tassen täglich.)

Oder: Aufguß aus Klatschmohn und Lavendel (je eine Prise pro Schale; zwei bis drei Schalen täglich).

Oder: Aufguß aus Lavendel, Majoran, Thymian und Eisenkraut (gleiches Mengenverhältnis wie zuvor).

KLIMAKTERIUM

Gegen Beschwerden während des Klimakteriums empfehle ich besonders: Knoblauch, Frauenmantel, Weißdorn, Alant, Basilikum, Zypresse, Fenchel, Mistel, Taubnessel, Minze, Rose, Salbei, Thymian.

MEIN REZEPT

Vaginalspülung und Hand- und Fußbäder mit folgender Zusammensetzung: Eine Handvoll Weißdornblüten, eine Handvoll Mistelblätter und eine Handvoll Salbei für zwei Liter Wasser. Oder ein Aufguß aus Salbei, Rosenblütenblättern, Minze, Fenchel, Basilikum, jeweils eine Prise pro Schale Wasser. (Jeden Abend zwei Tassen.)

KOLIKEN UND DARMENTZÜNDUNG

Reinigende, blähungstreibende und abführende oder zusammenziehende Pflanzen. Besonders: Wermut, Knoblauch, Engelwurz, Arnika, Basilikum, Königskerze, Kamille, Klatschmohn, Lavendel, Majoran, Malve, Melisse, Minze, Brennessel, Rosmarin, Tanne, Salbei, Thymian, Linde.

MEIN REZEPT

Warmer Aufguß aus zwei Prisen Lavendel, zwei Prisen Linde, zwei Prisen Majoran, zwei Prisen Malve pro Liter Wasser. (Zwei Tassen täglich.)

KRÄMPFE

Alle krampfstillenden, anregenden und kräftigenden Pflanzen. Besonders: Schafgarbe, Knoblauch, Engelwurz, Weißdorn, Kamille, Schöllkraut, Klatschmohn, Fenchel, Enzian, Lavendel, Majoran, Melisse, Minze, Orange, Pflaume, Schlehenstrauch, Salbei, Thymian, Linde, Eisenkraut.

MEIN REZEPT

Hand- und Fußbäder mit folgender Zusammensetzung: Eine Handvoll Schafgarbe, eine zerdrückte Knoblauchzehe, je eine halbe Handvoll Kamille und Schöllkraut, je eine Handvoll Salbei und Thymian auf zwei Liter Wasser. (Mehrere Bäder, falls notwendig.)

KRAMPFADERN

Blutreinigende, tonische und auflösende Pflanzen. Besonders: Schafgarbe, Arnika, Weißdorn, Basilikum, Bärenklau, Zypresse, Besenginster, Taubnessel, Erdefeu, Minze, Rosmarin, Rose, Salbei, Thymian, Eisenkraut, Veilchen.

MEIN REZEPT

Handbäder (niemals Fußbäder – diese können gefährlich werden) mit folgender Zusammensetzung: Eine Handvoll Weißdorn, eine Handvoll Besenginsterblüten, eine Handvoll Schafgarben und eine Handvoll Rosenblütenblätter für zwei Liter Wasser.

Oder auch ein Aufguß mit folgender Zusammensetzung: Minze, Salbei, Basilikum, Eisenkraut (je eine Prise für eine große Schale Wasser; eine Schale täglich).

KRÄTZE

Antiparasitäre Pflanzen. Besonders: Knoblauch, Faulbaum, Lavendel, Baumefeu, Rosmarin, Bohnenkraut, Thymian.

MEIN REZEPT

Baumefeubeize: Eine Handvoll Blätter 24 Stunden lang in einem Liter Weinessig ausziehen lassen, filtern und auf die Haut auftragen.

Oder: Eine halbe Handvoll getrockneter Borretschrinden in einen Liter kaltes Wasser geben, zum Sieden bringen und die Pflanzen 15 Minuten kochen; eine halbe Stunde ruhen lassen und das gefilterte Gemisch dann in ein Becken mit lauwarmem Wasser gießen, das zur Hälfte mit Weinessig gemischt ist, die befallenen Stellen darin baden; die Behandlung zweimal täglich wiederholen, und die Parasiten werden schnell verschwinden.

KROPF

Aufbauende Pflanzen. Besonders: Wermut, Schafgarbe, Kohl, Kresse, Spinat, Rosmarin, Salbei.

MEIN REZEPT

Aufbauende Säfte (Kohl, Kresse, Spinat) nach Belieben.

LÄHMUNGEN

Um die Besserung von zufälligen oder krankheitsbedingten Lähmungen zu unterstützen, empfehle ich besonders: Engelwurz, Arnika, Farnkraut, Mistel, Lavendel, Minze, Rosmarin, Salbei, Thymian.

Eine Behandlung selbst ist natürlich Sache des Arztes.

LÄUSE, FLÖHE, WANZEN

Antiparasitäre Pflanzen. Besonders: Wermut, Knoblauch, Arnika, Kamille, Taubnessel, Lavendel, Minze, Rosmarin, Bohnenkraut, Salbei, Thymian.

MEIN REZEPT

Zum Schutz gegen diese Insekten den Körper mit frischem Lavendel oder Thymian einreiben.

LEBER

Alle stark abführenden und alle verdauungsfördernden Pflanzen. Besonders: Schafgarbe, Odermennig, Knoblauch, Anis, Artischocke, Spargel, Klette, Basilikum, Birke, Borretsch, Buchsbaum, Kamille, Gartenmöhre, wilde Möhre, schwarzer Johannisbeerstrauch, Kerbel, Distel, Schöllkraut, Zichorie, Zitrone, Kohl, Fenchel, Erdrauch, Besenginster, roter Johannisbeerstrauch, Melisse, Minze, Zwiebel, Petersilie, Löwenzahn, Rosmarin, Rose, Tanne, Salbei, Thymian, Eisenkraut.

MEIN REZEPT

Nach den Hauptmahlzeiten einen Aufguß mit folgender Zusammensetzung: Anis, Basilikum, Fenchel, Minze, Rosmarin, Bohnenkraut, Kerbel, jeweils eine Prise davon pro Schale Wasser.

LEBERKOLIKEN

Stark abführende und gallentreibende Pflanzen. Besonders: Artischocke, Klette, Birke, Distel, Schöllkraut, Zichorie, Hundszahngras, Kohl, Enzian, Mistel, Erdefeu, Löwenzahn, Rosmarin, Salbei.

MEIN REZEPT

Gleiches Präparat wie für die Gallensteine. Oder: Breiumschläge aus einem Gemisch von gehackten Kohl- und Kresseblättern und einem zu Schnee geschlagenen Eiweiß.

Oder auch einen guten Aufguß aus frischer Minze: Eine Handvoll Pflanzen für einen Liter Wasser; zwei bis drei Tassen täglich.

LEUKORRHOE (siehe Weißfluß)

LUFTRÖHRENENTZÜNDUNG (siehe Kehle)

LUFTSCHLUCKEN

Die meisten krampfstillenden und magenstärkenden Pflanzen. Besonders: Schafgarbe, Engelwurz, Anis, Weißdorn, Alant, Fenchel, Majoran, Minze, Brombeerstrauch, Salbei.

MEIN REZEPT

Warme Magenkompressen, Hand- und Fußbäder mit folgender Zusammensetzung: Eine Prise Schafgarbenblüten, eine Prise Weißdornblüten, eine Prise Alantblüten, eine Prise Minzblätter, eine Prise Brombeerblätter und eine Prise Salbeiblätter und Salbeiblüten für einen Liter Wasser.

Oder auch nach jeder Mahlzeit eine Tasse mit folgendem Aufguß: Anis, Fenchel, Salbei (jeweils eine Prise).

LUNGENENTZÜNDUNG

Erweichende, antibiotische und auswurffördernde Pflanzen. Besonders: Schafgarbe, Knoblauch, Engelwurz, Arnika, Königskerze, Borretsch, Schöllkraut, Klatschmohn, Besenginster, Senf, Zwiebel, Meerrettich, Rose, Tanne, Salbei.

LUNGENSTAUUNG

Ableitende und stark abführende Pflanzen. Besonders: Arnika, Basilikum, Kamille, Mistel, Majoran, Senf, Orangenbaum, Brennessel, Linde.

MEIN REZEPT

Gleiches Präparat wie für Schlaganfall. Außerdem ein Aufguß mit folgender Mischung: Eine Prise Kamillen, eine Prise Majoran, eine Prise Linde und eine Prise Eisenkraut für eine Schale Wasser.

MAGENKRÄMPFE

Alle krampfstillenden Pflanzen. Besonders: Schafgarbe, Engelwurz, Anis, Arnika, Weißdorn, Kamille, Schöllkraut, Klatschmohn, Fenchel, Enzian, Lavendel, Majoran, Melisse, Minze, Orangenbaum, Pflaumenbaum und Schlehenstrauch, Salbei, Thymian, Linde.

MEIN REZEPT

Aufguß aus Lavendel (zwei Prisen), Anis (eine Prise), Majoran (eine Prise), Melisse (zwei Prisen) und Salbei (drei Prisen) für einen Liter Wasser. (Eine Tasse vor den Mahlzeiten.)

MALARIA (siehe Fieber)

MASERN, ROSEOLA, POCKEN, SCHARLACH, WINDPOCKEN

Antibiotische und fiebersenkende Pflanzen. Besonders: Schafgarbe, Knoblauch, Engelwurz, Borretsch, Zitronenbaum, Himbeerstrauch, Zwiebel, Brombeerstrauch, Salbei, Thymian, Veilchen.

MENSTRUATION

Gegen *Amenorrhoe* (das Ausbleiben der Menstruation) empfehle ich Ihnen: Schafgarbe, Wermut, Knoblauch, Alant, Kamille, Hundszahngras, Erdrauch, Majoran, Melisse, Minze, Zwiebel, Brennessel, Petersilie, Rosmarin, Rose, Bohnenkraut, Salbei, Thymian.

Gegen *Dysmenorrhoe* (unregelmäßige Menstruation): Wermut, Schafgarbe, Engelwurz, Weißdorn, Kamille, Farnkraut, Erdrauch, Minze, Zwiebel, Brennessel, Petersilie, Salbei, Ringelblume, Thymian.

Gegen *Metrorragie* oder Zwischenblutungen: Knoblauch, Frauenmantel, Weißdorn, Hirtentäschelkraut, Klette, Kamille, Schöllkraut, Klatschmohn, Zypresse, Mistel, Taubnessel, Malve, Brennessel, Immergrün, Salbei, Ringelblume.

MEIN REZEPT

Gegen *Amenorrhoe* Vaginalspülungen mit folgender Zusammensetzung: Eine Handvoll Schafgarben, eine Handvoll Alantblüten, eine Handvoll frischer Petersilien und eine Handvoll Salbei für zwei Liter Wasser.

Gegen *Dysmenorrhoe* Vaginalspülungen mit folgender Zusammensetzung: Eine Handvoll Schafgarben, eine Handvoll Minzblätter, eine Handvoll Petersilie und eine Handvoll Salbei für zwei Liter Wasser.

Gegen *Metrorragie* Vaginalspülungen und Hand- und Fußbäder mit folgender Zusammensetzung: Eine zerquetschte Knoblauchknolle, eine Handvoll Weißdornblüten, eine Handvoll Schöllkrautblätter, eine Handvoll Malven, eine Handvoll Brombeeren und eine Handvoll Salbei für zwei Liter Wasser.

MIGRÄNE, KOPFSCHMERZEN

Schmerzlindernde und krampfstillende Pflanzen. Besonders: Engelwurz, Arnika, Basilikum, Kamille, Distel, Schöllkraut, Heckenrose, Fenchel, Lavendel, Malve, Melisse, Minze, Orangenbaum, Petersilie, Rosmarin, Rose, Salbei, Thymian, Linde, Eisenkraut, Veilchen.

MEIN REZEPT

Kompressen auf die Stirn bei akuten Anfällen, oder Hand- und Fußbäder als Dauerbehandlung mit folgender Zusammensetzung: Fünf Kamillenblüten, eine Handvoll Lavendel und eine Handvoll Melissen für zwei Liter Wasser.

Oder auch ein Aufguß mit folgender Zusammensetzung: Eisenkraut, Kamille, Quendel, Basilikum; jeweils eine Prise pro Schale Wasser.

MUNDFÄULE

Die meisten zusammenziehenden Pflanzen. Besonders: Anis, Klette, Kornblume, Salbei, Veilchen.

MEIN REZEPT

Mundspülungen und Gurgelwasser mit Absud aus zwei Prisen Anisfrüchten, zwei Prisen Klettenblättern, zwei Prisen Salbeiblüten und zwei Prisen Veilchenblüten pro Liter Wasser. Flüssigkeit lauwarm verwenden.

Oder auch Mundspülungen mit zwei Prisen Basilikum, zwei Prisen Thymian und zwei Prisen Quendel pro Schale.

MUSKELKRÄMPFE

Krampfstillende, anregende und aufbauende Pflanzen. Besonders: Schafgarbe, Knoblauch, Engelwurz, Weißdorn, Hirtentäschelkraut, Kamille, Schöllkraut, Klatschmohn, Lavendel, Majoran, Melisse, Orangenbaum, Bohnenkraut, Salbei, Thymian, Linde, Eisenkraut.

MEIN REZEPT

Hand- und Fußbäder mit folgender Zusammensetzung: Eine Handvoll Schafgarbe, eine zerquetschte Knoblauchknolle, eine halbe Handvoll Kamille, eine halbe Handvoll Schöllkraut, eine Handvoll Salbei und eine Handvoll Thymian für zwei Liter Wasser. (Wenn notwendig, mehrere Bäder.)

NAGELGESCHWÜR (FINGERWURM)

Alle antibiotischen Pflanzen. Besonders: Knoblauch, Zitronenbaum, Klatschmohn, Eibisch, Bockshorn, Lavendel, Bohnenkraut, Tanne, Salbei, Thymian.

MEIN REZEPT

Tränken Sie einen Verband mit Aufguß aus Knoblauch (eine zerquetschte Knoblauchzehe), Klatschmohn (zwei Prisen), Bohnenkraut (zwei Prisen) und Tannenknospen (zwei Prisen) pro Liter Wasser.

NASENBLUTEN

Blutstillende Pflanzen. Besonders: Schafgarbe, Frauenmantel, Distel, Zypresse, Klatschmohn, Besenginster, Mistel, Immergrün, Salbei.

MEIN REZEPT

Einen Wattebausch mit Aufguß oder Absud aus Schafgarbe tränken und ins Nasenloch stecken.

NESSELAUSSCHLAG (siehe auch Allergien)

Verwenden Sie dagegen: Klatschmohn, Malve, Brennessel, Salbei, Linde, Veilchen, Schöllkraut. (Letzteres nur zur äußerlichen Anwendung und mit viel Vorsicht.)

MEIN REZEPT

Örtliche Auflegungen (nicht einreiben) und Hand- und Fußbäder mit folgender Zusammensetzung: Jeweils eine Handvoll Schöllkraut, Klatschmohn, Malven, Brennesseln, Salbei und Veilchen für zwei Liter Wasser.

Versuchen Sie auch einfachere Bäder nur mit Malvenblättern und Lindenblüten.

NEURALGIE

Schmerzlindernde, ableitende und krampfstillende Pflanzen. Besonders: Knoblauch, Mandelbaum, Arnika, Königskerze, Kamille, Distel, Schöllkraut, Kohl, Klatschmohn, Farnkraut, Lavendel, Baumefeu, Majoran, Minze, Senf, Wiesenkönigin, Bohnenkraut, Salbei, Thymian, Linde, Eisenkraut.

MEIN REZEPT

Hand- und Fußbäder mit folgender Zusammensetzung: Jeweils eine Handvoll Schöllkraut, Kohlblätter und Thymian für zwei Liter Wasser. Diese Blätter sind durch häufige Einnahme von milden Abführmitteln zu ergänzen.

Oft führt auch eine gründliche Kur mit reinem Eisenkrautaufguß zu guten Ergebnissen: Zwei Prisen Eisenkraut pro Schale Wasser, jeden Abend.

NEURASTHENIE, DEPRESSION

Alle stärkenden und aufbauenden Pflanzen. Besonders: Wermut, Schafgarbe, Arnika, Weißdorn, Kamille, Sellerie, Distel, Eiche, Klatschmohn, Estragon, Farnkraut, Lavendel, Majoran, Melisse, Minze, Meerrettich, Wiesenkönigin, Salbei, Ringelblume, Thymian, Linde, Eisenkraut, Veilchen.

MEIN REZEPT

Hand- und Fußbäder mit folgender Zusammensetzung: Eine Handvoll Weißdornblüten, eine Handvoll Salbeiblüten und Salbeiblätter und eine Handvoll Veilchen für zwei Liter Wasser. (Täglich zwei Bäder.)

Oder, falls Bäder nicht möglich sind, Aufguß mit folgender Zusammensetzung: Eisenkraut, Linde, Salbei, Thymian – jeweils eine Prise für eine Schale Wasser –, jeden Abend.

Oder auch mein „Glückstee“, der bereits gegen Angstgefühl empfohlen wurde.

NEUROSE

Alle krampfstillenden Pflanzen. Besonders: Weißdorn, Schöllkraut, Zitronenbaum, Klatschmohn, Enzian, Lavendel, Minze, Rosmarin, Rose, Salbei, Linde, Eisenkraut.

MEIN REZEPT

Gleiche Präparate wie für Neurasthenie, besonders der „Glückstee".

NIERENSTEINKOLIKEN

Alle harntreibenden Pflanzen. Besonders: Odermennig, Frauenmantel, Mandelbaum, Weißdorn, Klette, Birke, Heidekraut, schwarzer Johannisbeerstrauch, Hundszahngras, Heckenrose, Erdbeerstrauch, Himbeerstrauch, Esche, Besenginster, roter Johannisbeerstrauch, Mais, Malve, Löwenzahn, Pflaumenbaum und Schlehenstrauch, Wiesenkönigin, Brombeere, Rose, Bohnenkraut, Salbei.

MEIN REZEPT

Sitzbad mit folgender Zusammensetzung: Eine Handvoll Hundszahngraswurzeln, eine Handvoll Maisbärte und eine Handvoll Malvenblüten für zwei Liter Wasser (zwei oder drei Bäder täglich).

Oder auch: Aufguß aus Lindensplint und Eisenkraut, jeweils zwei Prisen davon pro Schale Wasser, zwei bis drei Tassen täglich.

ÖDEM (WASSERSUCHT)

Alle harntreibenden Pflanzen. Besonders: Knoblauch, Artischocke, Weißdorn, Birke, Faulbaum, Kirschbaum, Besenginster, Mais, Löwenzahn, Wiesenkönigin.

MEIN REZEPT

Hand- und Fußbäder mit folgender Zusammensetzung: Eine Handvoll Schöllkrautblätter, ein Bündel Kresse, eine geriebene Zwiebel, ein Bündel Petersilie und eine Handvoll Wiesenkönigin für zwei Liter Wasser, zwei Bäder täglich.

OHNMACHT

Ableitende und aromatische Pflanzen. Besonders: Wermut, Knoblauch, Anis, Arnika, Zitronenbaum, Estragon, Lavendel, Melisse, Minze, Bohnenkraut, Salbei, Thymian.

Man kann den Kranken, nachdem man ihn hingelegt hat, Essig einatmen lassen und sein Gesicht mit kaltem Wasser bespritzen.

OHREN (OHRENENTZÜNDUNG USW.)

Gegen Ohrenbeschwerden empfehle ich besonders: Basilikum, Kamille, Eibisch, Taubnessel, Walnußbaum, Salbei.

OHRENSAUSEN

Alle kreislaufregelnden Pflanzen. Besonders: Knoblauch, Weißdorn, Besenginster, Zwiebel, Löwenzahn, Salbei.

MEIN REZEPT

Hand- und Fußbäder mit folgender Mischung: Weißdorn, Löwenzahn (ganze Pflanzen) und Salbei – jeweils eine halbe Handvoll pro Liter Wasser. Dazu abwechselnd wiederholte Aufgußbehandlungen mit zwei Prisen Salbei pro Schale Wasser.

OPHTALMIE (siehe Augen)

POCKEN (siehe Masern)

QUETSCHUNGEN, SCHLAGWUNDEN, BLUTERGÜSSE, STÜRZE

Narbenbildende, lindernde Pflanzen. Besonders: Schafgarbe, Frauenmantel, Mandelbaum, Arnika, Hirtentäschelkraut, Kohl, Rübe, Petersilie, Rosmarin, Rose, Tanne, Bohnenkraut, Salbei, Ringelblume, Thymian.

MEIN REZEPT

Arnikatinktur für Kompressen.

Oder auch wundheilenden Arzneitee aus Schafgarben und Eisenkraut; jeweils eine Prise davon für eine Schale Wasser.

RACHENENTZÜNDUNG (siehe Kehle)

RACHITIS

Kräftigende und aufbauende Pflanzen. Besonders: Aprikosenbaum, Knoblauch, Edelkastanie, Kohl, Kresse, Spinat, Himbeerstrauch, Walnußbaum, Meerrettich, Brombeere, Thymian.

MEIN REZEPT

Kohlsaft, Spinatsaft, Kressensaft und Meerrettichsaft nach Belieben.

REISEKRANKHEIT

Krampfstillende Pflanzen. Besonders: Lavendel, Minze, Rose, Salbei.

MEIN REZEPT

Minzeaufguß.

RHEUMATISMUS

Harntreibende, schmerzlindernde und allgemein lindernde Pflanzen. Besonders: Knoblauch, Engelwurz, Anis, Arnika, Artischocke, Klette, Kornblume, Königskerze, Heidekraut, Kamille, Schöllkraut, Hundszahngras, Farnkraut, Erdbeerstrauch, roter Johannisbeerstrauch, Lavendel, Majoran, Minze, Zwiebel, Löwenzahn, Apfelbaum, Wiesenkönigin, Rosmarin, Tanne, Bohnenkraut, Salbei, Thymian, Veilchen.

MEIN REZEPT

Aufguß mit folgender Zusammensetzung: Eine Prise Kamillen, eine Prise Lavendel, zwei Prisen Veilchen, zwei Prisen Salbei, zwei Prisen Rosmarin für einen Liter Wasser; vier Tassen täglich. Gleichzeitig: Hand- und Fußbäder mit folgender Zusammensetzung: Eine Handvoll Heidekraut, eine Handvoll Kletten, eine Handvoll Kamillen, eine Handvoll Hundszahngraswurzeln, eine Handvoll Schöllkraut, eine Handvoll Besenginsterblüten, eine Handvoll Lavendel und eine gehackte Zwiebel für zwei Liter Wasser. Außerdem: Lager aus Farnkräutern und Breiumschläge mit warmem Kohl.

RIPPENFELLENTZÜNDUNG

Erweichende und hustenstillende Pflanzen. Besonders: Artischocke, Königskerze, Birke, Faulbaum, Kirschbaum, Kohl, Klatschmohn, Besenginster, Mais, Malve, Zwiebel, Rose, Salbei.

MEIN REZEPT

In der Pfanne angebratenes Weißkraut und feingeschnittenen Porree mit einem Glas Essig übergießen und diese Mischung für Breiumschläge verwenden.

ROTLAUF

Antibiotische Pflanzen. Besonders: Mandelbaum, Artischocke, Alant, Klette, Schöllkraut, Kohl, Farnkraut, Besenginster, Eibisch, Lattich, Lavendel, Rübe, Brennessel.

MEIN REZEPT

Hand- und Fußbäder mit folgender Zusammensetzung: Eine Handvoll Artischokkenblätter, eine Handvoll Schöllkrautblätter, eine Handvoll Farnkrautblätter und eine Handvoll Brennesselblätter, für zwei Liter Wasser (zwei Bäder täglich).

SCHARLACH (siehe Masern)

SCHEIDENENTZÜNDUNG (siehe Weißfluß)

SCHLAFLOSIGKEIT

Krampfstillende, beruhigende und schlafbringende Pflanzen. Besonders: Weißdorn, Königskerze, Schöllkraut, Klatschmohn, Lattich, Minze, Orangenbaum, Pflaumenbaum und Schlehenstrauch, Wiesenkönigin, Linde, Eisenkraut.

MEIN REZEPT

Am Abend Vollbäder mit Linde oder ein leichter Lindenaufguß. Gut wirken Hand- und Fußbäder mit folgender Zusammensetzung: Eine Handvoll Weißdornblüten, eine Handvoll Klatschmohnblüten und Samenkapseln, eine Handvoll Minzeblätter und eine Handvoll Linde für zwei Liter Wasser.

Ich rate besonders zu meinem „Glückstee", den ich schon gegen Angstgefühl empfohlen habe; oder zu folgendem: Jeden Abend eine Schale mit einem Aufguß aus einer Prise Linde, einer Prise Eisenkraut und einer Prise Majoran.

SCHLAGANFALL

Bis zum Eintreffen des Arztes die stärksten ableitenden und abführenden Pflanzen: Knoblauch, Arnika, Weißdorn, Basilikum, Zitronenbaum, Enzian, Mistel, Majoran, Senf, Brennessel, Rettich, Meerrettich.

MEIN REZEPT

Hand- und Fußbäder mit schwarzem Senf; zwei Handvoll Mehl pro Liter Wasser. Bis zum Eintreffen des Arztes.

SCHLANGENBISSE

Zur Unterstützung der gewöhnlichen Behandlung (Serum) nehmen Sie: Arnika, Klette, Lavendel, Thymian.

MEIN REZEPT

Während des Transportes zum Arzt oder bis zur Verabreichung des Serums die Wunde bluten lassen und Kompressen mit Arnika und Quendel darauf legen.

SCHLUCKAUF

Alle krampfstillenden Pflanzen. Besonders: Wermut, Engelwurz, Anis, Fenchel, Lavendel, Salbei.

SCHNITTWUNDEN

Blutstillende, zusammenziehende und wundheilende Pflanzen. Besonders: Schafgarbe, Frauenmantel, Klette, Hirtentäschelkraut, schwarzer Johannisbeerstrauch, Farnkraut, roter Johannisbeerstrauch, Taubnessel, Immergrün, Brombeere.

MEIN REZEPT

Breiumschlag aus frischer Schafgarbe oder einen mit Schafgarbenabsud (eine Handvoll pro Liter Wasser) getränkten Verband auf die Schnittwunde legen, oder auch Salbeiaufguß mit Wasser, Weißwein oder Bier mischen und den Verband damit tränken.

SCHNUPFEN (siehe Katarrh)

SCHUPPENFLECHTE

Blutreinigende und beruhigende Pflanzen. Besonders: Kamille, Lavendel, Salbei, Thymian, Linde.

MEIN REZEPT

Aufguß aus diesen fünf Pflanzen, zu jeweils zwei Prisen pro Schale Wasser. Drei Tassen davon täglich.

SCHWEISSAUSBRUCH

Zusammenziehende und schweißstillende Pflanzen. Besonders: Alant, Eiche, Eukalyptus, Tanne, Salbei.

MEIN REZEPT

Absud aus Tannenknospen.

SCHWINDELGEFÜHL

Kräftigende Pflanzen und alle Pflanzen, die den Kreislauf regulieren. Besonders: Knoblauch, Arnika, Weißdorn, Basilikum, Kamille, Lavendel, Majoran, Melisse, Minze, Zwiebel, Rosmarin, Bohnenkraut, Salbei.

MEIN REZEPT

Hand- und Fußbäder mit folgender Zusammensetzung: Eine Handvoll Weißdorn, eine halbe Handvoll Kamillen, eine Handvoll Lavendel, eine Handvoll Minze und eine Handvoll Salbei für zwei Liter Wasser.

Oder auch ein Aufguß aus Aniskörnern, zwei Prisen davon pro Schale (eine Tasse nach jeder Mahlzeit).

SKORBUT

Alle Pflanzen mit reichem Vitamin-C-Gehalt und alle aufbauenden Pflanzen. Besonders: Knoblauch, Engelwurz, Artischocke, Kapuzinerkresse, schwarzer Johannisbeerstrauch, Sellerie, Kohl, Zitronenbaum, Kresse, Heckenrose, Erdbeerstrauch, Himbeerstrauch, Enzian, roter Johannisbeerstrauch, Erdefeu, Senf, Schwarzbeere, Orangenbaum, Sauerampfer, Immergrün, Birnbaum, Apfelbaum, Pflaumenbaum und Schlehenstrauch, Rettich, Meerrettich, Tanne.

SODBRENNEN

Alle magenstärkenden Pflanzen. Besonders: Wermut, Engelwurz, Anis, Weißdorn, Kamille, Schöllkraut, Zitronenbaum, Heckenrose, Erdrauch, Enzian, Lavendel, Malve, Melisse, Minze, Walnuß, Orangenbaum, Birnbaum, Apfelbaum, Pflaumenbaum und Schlehenstrauch, Rosmarin, Brombeerstrauch, Salbei, Linde, Eisenkraut.

MEIN REZEPT

Aufguß aus Aniskörnern: Fünf oder zehn Prisen pro Liter Wasser, eventuell mit einer Prise Lavendel und einer Prise Minze gemischt. (Zwei bis drei Tassen täglich.)

Oder auch ein Aufguß aus Kamillen und Minze, jeweils eine Prise davon pro Schale.

SOMMERSPROSSEN

Wenn Sie Ihre Sommersprossen entfernen wollen, dann versuchen Sie es mit Schafgarbe, Petersilie, Rose, Salbei, Veilchen.

STUHLVERSTOPFUNG

Abführende Pflanzen. Besonders: Wermut, Knoblauch, Mandelbaum, Artischocke, Faulbaum, Basilikum, Kamille, Kirschbaum, Zichorie, Kohl, Estragon, Bockshorn, Fenchel, Esche, Malve, Senf, Zwiebel, Pfirsichbaum, Apfelbaum, Pflaumenbaum oder Schlehenstrauch, Rose, Thymian, Veilchen.

MEIN REZEPT

Hand- und Fußbäder mit folgender Zusammensetzung: Eine Handvoll Artischokkenblätter, eine halbe Handvoll Kamillenblüten, eine Handvoll Zichorienblätter und Zichorienwurzeln, eine Handvoll Kohlblätter, eine Handvoll Malvenblüten und eine Handvoll Veilchen für zwei Liter Wasser; zwei Bäder täglich.

Oder auch ein Aufguß mit folgender Mischung: Anis, Salbei, Kamille, Eisenkraut und Basilikum; je eine Prise pro Schale Wasser; eine bis zwei Schalen täglich.

VENENENTZÜNDUNG

Besonders: Schafgarbe, Knoblauch, Distel, Zypresse, Veilchen.

MEIN REZEPT

Örtliche Kompressen, getränkt mit einem Absud aus einer Knoblauchknolle, einer Handvoll Disteln und einer Handvoll Schafgarbe pro Liter Wasser.

VERDAUUNGSSTÖRUNG

Alle verdauungsfördernden Pflanzen. Besonders: Knoblauch, Anis, Basilikum, Kamille, schwarzer Johannisbeerstrauch, Zitronenbaum, Estragon, Fenchel, Majoran, Minze, Brennessel, Bohnenkraut, Thymian, Eisenkraut.

MEIN REZEPT

Gemischter Aufguß aus zwei Prisen Kamille, zwei schwarzen Johannisbeerblättern, zwei Prisen Estragon pro Liter Wasser. Eine oder zwei Tassen nach den Mahlzeiten.

Oder auch ein Aufguß aus Anis, Basilikum, Minze und Bohnenkraut; davon jeweils eine Prise pro Schale (jeden Abend).

VERGIFTUNG

Alle abführenden Pflanzen. Besonders: Knoblauch, Artischocke, Schöllkraut (zur äußerlichen Anwendung), Brennessel.

MEIN REZEPT

Absud aus Artischockenblättern von einer halben Handvoll Pflanzen pro Liter Wasser (im Notfall bis zu einer ganzen Handvoll).

Falls Erbrechen, heftige Koliken, Kreislaufstörungen oder nervöse Beschwerden auftreten, dann rufen Sie unverzüglich den Arzt; geben Sie dem Vergifteten unterdessen warme Aufgüsse zu trinken, besonders Lindenaufguß.

VERSTAUCHUNGEN UND VERRENKUNGEN

Schmerzlindernde und lindernde Pflanzen. Besonders: Arnika, Kamille, Gartenmöhre, wilde Möhre, Kohl, Erdefeu, Rübe, Salbei.

MEIN REZEPT

Arnikatinktur oder Breiumschläge mit warmen Kohlblättern.

Oder auch Kompressen mit Absud aus Schöllkrautblättern tränken (eine große Handvoll für einen Liter Wasser; Flüssigkeit bis auf ein Drittel verkochen lassen).

WARZEN

Besonders: Knoblauch, Schöllkraut, Kohl, Walnuß, Ringelblume.

MEIN REZEPT

Schöllkrautsaft oder Knoblauchscheibe direkt auf die Warze tropfen bzw. legen und die benachbarten Hauptpartien mit einem Heftplaster schützen.

WASSERSUCHT (siehe Ödem)

WEISSFLUSS (LEUKORRHOE, SCHEIDENENTZÜNDUNG)

Alle zusammenziehenden Pflanzen. Besonders: Schafgarbe, Odermennig, Knoblauch, Frauenmantel, Engelwurz, Alant, Hirtentäschelkraut, Schöllkraut, Eiche, Zypresse, Bockshorn, Erdbeerstrauch, Taubnessel, Lavendel, Majoran, Walnußbaum, Rosmarin, Brombeere, Rose, Bohnenkraut, Salbei, Thymian.

MEIN REZEPT

Vaginalspülungen mit folgender Zusammensetzung: Eine Handvoll Alantblätter, eine Handvoll Brombeerblätter, eine Handvoll Rosenblütenblätter, eine Handvoll Salbei für zwei Liter Wasser; zwei bis drei Spülungen täglich.

Oder auch Spülungen mit folgender Zusammensetzung: Eine Handvoll Rosmarin und eine Handvoll Thymian für zwei Liter Wasser.

WINDPOCKEN (siehe Masern)

WÜRMER (BANDWÜRMER, SPRINGWÜRMER, SPULWÜRMER)

Alle wurmabtreibenden Pflanzen.

WUNDEN, INFIZIERTE ODER SCHWER HEILENDE

Wundheilende, antibiotische und reinigende Pflanzen. Besonders: Wermut, Schafgarbe, Odermennig, Frauenmantel, Arnika, Klette, Gartenmöhre, wilde Möhre, Kohl, Farnkraut, Himbeerstrauch, Taubnessel, Melisse, Schwarzbeere, Rübe, Walnuß, Immergrün, Brombeere, Rose, Tanne, Salbei, Thymian.

MEIN REZEPT

Lotionen und Verbände mit Schafgarbe, Immergrün und Tannenharz.

TIEFE WUNDEN

Wundheilende und blutstillende Pflanzen. Besonders: Schafgarbe, Knoblauch, Frauenmantel, Arnika, Kohl, Farnkraut, Taubnessel, Schwarzbeere, Ringelblume.

MEIN REZEPT

Verbände aus frischen Schafgarbenblättern oder mit Schafgarbenaufguß getränkte Verbände.

ZÄHNE

Alle schmerzlindernden und antibiotischen Pflanzen können bei Zahnbeschwerden nützlich sein. Besonders empfehle ich: Kamille, Sellerie, Schöllkraut, Klatschmohn, Eibisch, Lavendel, Erdefeu, Majoran, Melisse, Rosmarin, Bohnenkraut, Salbei, Thymian, Veilchen.

MEIN REZEPT

Wenn Sie geschwollenes Zahnfleisch haben, dann essen Sie Kresse. Wenn ein kariöser Zahn der Übeltäter ist, dann legen Sie ein kleines Wattestück in die Zahnhöhlung, das mit einer Beize aus Pfefferminz (in 90prozentigem Alkohol) getränkt ist.

Wenn es sich nur um geringe Schmerzen handelt, dann kauen Sie trockene, in etwas destilliertem Wasser geweichte Malvenblüten.

ZAHNFLEISCHENTZÜNDUNG

Mildernde, erweichende und antibiotische Pflanzen. Besonders: Kornblume, Kamille, Klatschmohn, Eibisch, Malve, Schwarzbeere, Rose, Bohnenkraut, Salbei, Thymian, Veilchen und Linde.

MEIN REZEPT

Mundspülungen mit einem Aufguß aus Rosen (eine halbe Handvoll Blütenblätter), Salbei (eine halbe Handvoll), Veilchen (eine halbe Handvoll) und Schwarzbeeren (eine halbe Handvoll Früchte) pro Liter Wasser.

Oder auch einen Thymianaufguß aus zwei Prisen pro Schale.

ZELLULITIS

Blutreinigende, abführende und harntreibende Pflanzen. Besonders: Birke, Heidekraut, Kirschbaum, Schöllkraut, Hundszahngras, Bockshorn, Farnkraut, Besenginster, Baumefeu, Erdefeu, Mais, Wiesenkönigin, Rose, Salbei, Thymian.

MEIN REZEPT

Hand- und Fußbäder aus einer Handvoll Heidekraut, einer Handvoll Kirschenstengeln, einer Handvoll Schöllkraut, einer Handvoll Hundszahngras, einer großen geriebenen Zwiebelknolle und einer Handvoll Wiesenkönigin für zwei Liter Wasser. (Zwei Bäder täglich.)

Oder auch Kompressen oder örtliche Bäder mit einer Mischung aus Efeu und Schöllkraut (je eine halbe Handvoll pro Liter Wasser) und als Ergänzung Aufgüsse, gemischt aus: Minze, Lavendel, Linde, Eisenkraut, Basilikum (je eine Prise für zwei Schalen Wasser).

ZIRRHOSE (siehe Leber)

ZITTERN

Besonders: Engelwurz, Arnika, Kamille, Salbei, Linde, Eisenkraut.

MEIN REZEPT

Leichter Aufguß mit Linde und Kamillen (jeweils zwei Prisen pro Liter Wasser).